普通高等院校经济管理系列规划教材

The Strategy on Enterprise Operation

企业经营战略

主　编　李恒兴
副主编　李　君　柳　娜　刘阳威

上海交通大学出版社
SHANGHAI JIAO TONG UNIVERSITY PRESS

内容提要

全书论述了企业战略的性质，企业战略具有指导性、全局性、长远性、竞争性、系统性、风险性、竞争与合作性、稳定与流动性八大主要特征，对发展型战略、稳定型战略、收缩型战略、成本领先战略、差异化战略和集中化战略、并购战略等进行了阐述，详尽分析了新产品开发战略、采购战略、生产运作战略、销售战略等十三项职能战略的内涵、作用及其管理原则、方法和手段，从而发挥了职能战略对企业总体战略全方位、强有力的支撑，以实现企业的长盛不衰和可持续发展。

图书在版编目（CIP）数据

企业经营战略 / 李恒兴 主编 . —上海：上海交通大学出版社，2017
ISBN 978－7－313－16481－0

Ⅰ．①企…　Ⅱ．①李…　Ⅲ．①企业战略　Ⅳ．①F272.1

中国版本图书馆 CIP 数据核字（2017）第 031035 号

企业经营战略

主　　编：李恒兴
出版发行：上海交通大学出版社　　地　　址：上海市番禺路 951 号
邮政编码：200030　　电　　话：021－64071208
出 版 人：郑益慧
印　　制：北京蓝创印刷有限公司　　经　　销：全国新华书店
开　　本：787mm×1092mm　1/16　　印　　张：19.5
字　　数：474 千字
版　　次：2017 年 4 月第 1 版　　印　　次：2017 年 4 月第 1 次印刷
书　　号：ISBN 978－7－313－16481－0/F
定　　价：46.00 元

前　言

众所周知，一个企业从其诞生之日起，就处于市场经济的海洋里，面临生死存亡的激烈竞争。在这个看不见硝烟的战场上，企业为了求得自身的生存和发展，管理者必须制定适合本企业的企业经营战略，唯有如此，才能指引企业不断发展壮大；反之，会险象频发，终将企业送上不归路。

企业经营战略由称之为“纲”的总战略（通常称为公司战略），与称之为“目”的职能战略两大框架构成，二者缺一不可。缺少其一的“跛子”企业经营战略论著，对指导企业经营毫无意义。因为企业没有一个明确的总战略，公司经营的大政方针就会摇摆不定，难免酿成企业经营危机，企业战略目标当然不可能实现；反之，企业虽然提出了企业总战略，却没有健全的职能战略支撑，企业战略目标也不可能实现。纵观现在的图书市场，谈论企业经营战略的版本繁多，可谓林林总总，目不暇接，但能够做到“纲”“目”俱全，协调统一，将总战略与职能战略结合起来，全方位论述企业经营战略的教材少之又少。针对上述问题本书意欲做出改进的尝试。与已有的版本比较，本书具有如下特点：

第一，本书做到“纲”“目”较为完美的结合。在阐释经营总战略时，虽然笔墨不多，但言简意赅，以此论述为指南，管理者可迅速做出正确的战略抉择。关于职能战略，所用文字颇多，内容详实，理论陈述与操作指导相辅相成，可达成理论指导下的科学操作的目的。

第二，本书脉络清晰，层次清楚。企业经营战略是一个综合系统，它由四个子系统构成：第一章论述的总战略是主导子系统，该系统直接关系到企业的成败兴衰。第二章新产品开发战略至第五章市场营销战略是增值子系统，该系统具备创造利润的功能。第六章财务战略至第十三章组织结构战略是支持子系统，它的任务是为增值子系统提供服务支持，确保增值子系统增值目标的实现。第十四章企业危机应对战略是危机预警化解子系统，其任务是防止和解决企业可能发生的各种危机。四个子系统的逻辑搭配组合，为企业经营战略绘制出清晰的框架和具体运作的路线图。

第三，本书为企业的战略跟踪评估指明了方向。当今企业经营中之所以遭遇困难和险情，除了少数企业因总战略选择失误外，多为职能战略实施中出现偏差所致，管理者可根据企业的行业属性和本企业的特点，对十二种职能战略中的相关环节，给与重点关注，做好事中跟踪监管和事后评估工作。

第四，本书各章结构紧凑，逻辑性强。书中每章前有“开篇案例”，后有思考与练习。“开篇案例”的内容紧扣正文主题，由于案例选材均来自中外著名企业的战略成败实践，极易引起学生的兴趣和深入思考，迫切希望找到案例中成败的内中原因和答案。紧接其后的正文，不但针对案例释疑解惑，更将学生的认知水平提升到一个全新的高度。正文之后的思考与练习可以促进学生对正文知识的深度理解，尤其是最后的案例分析，在培养学生利用前述知识分析解决实际问题的能力方面会起到很好作用。

第五，本书理论部分深浅适度，实践操作部分具体翔实，具有广泛的适应性。编写此教材的主要目的是为在校本科生提供教学用书。同时，本书对于大专生也不失为增加知识储备的优质教材。再者，本书对企业管理者提升其经营战略管理水平，同样具有参考价值。

为突出应用型教材特色，保证良好的教学效果，本书提供了较丰富和全面的学习资料（包括各类型习题和相应参考答案），致力于培养学生对教材知识点的全面掌握以及提高对企业经营战略的认知能力和业务处理能力，为广大读者的学习和研究提供服务。

本教材由李恒兴担任主编，李君、柳娜、刘阳威担任副主编。参加本书编写的有（以姓氏笔画为序）：于国庆、王娜、王艳红、白樱、汉吉月、扬帆、刘少文、刘阳威、牟燕妮、李丹、李君、李恒兴、李新宇、张颖、余传英、柳娜、高搏。

本书的主要执笔者具有多年的教学经历和丰富的企业管理经验，出版过多部教材、专著，深得读者赞誉。由于水平有限，书中存在欠妥和疏漏之处，敬请读者批评指正。

本书编写过程中，参阅了大量参考文献，在此谨向文献的各位编著者致以深深的谢意。

目　录

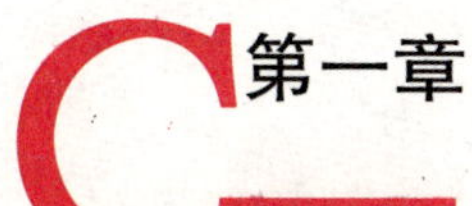

第一章 企业经营战略概述

Chapter 1

教学目标

（1）明确何谓企业战略。
（2）掌握企业战略的特征。
（3）能够从战略性质的差异区分各种战略形式。
（4）懂得如何划分战略层次。
（5）明确企业战略管理的原则。
（6）学会区分战略管理的类型。

开篇案例

沃尔玛的发展史

沃尔玛是一个典型的拓展型企业。1955 年，当美国著名财经杂志《财富》首次推出“全球 500 强”排行榜时，它尚在孕育之中。历经数十年的风雨历程，终于在 2002 年、2003 年、2004 年连续荣登《财富》“全球 500 强”之首，它就是铸就“环球商业神话”的美国沃尔玛零售连锁集团。沃尔玛的辉煌成就令人难以置信，它从无到有，直至独霸一方的发展历程仅有短短数十年。

1940 年，沃尔玛公司的创始人山姆·沃顿（Sam Walton）获密苏里大学经济学学士学位，二战期间，沃尔顿服役于陆军情报团。

1950 年山姆·沃顿在美国阿肯色州本顿威尔镇，开办了店名“5－10 美分”的廉价商店，只是当地一家名不见经传的小企业。

1962 年，沃尔玛公司开办了第一家连锁商店，1970 年建立起第一家配送中心，走上了快速发展之路。

1983 年，第一家山姆俱乐部建立。

1988 年，第一家沃尔玛超级购物中心（Supercenter）开设。

1991 年，沃尔玛年销售额突破 400 亿美元，成为全球大型零售企业之一。

据 1994 年 5 月美国《幸福》杂志公布的全美服务行业分类排行榜，沃尔玛 1993 年销售额高达 673.4 亿美元，比上一年增长 118 亿多美元，超过了 1992 年排名第一位的西尔斯（Sears），雄居全美零售业榜首。

1995 年沃尔玛销售额持续增长，并创造了零售业的一项世界纪录，实现年销售额 936 亿美元。据《财富》杂志英文网店，其 1995 年在美国最大企业排行榜上名列第四。事实上，沃尔玛的年销售额相当于全美所有百货公司的总和，而且至今仍保持着强劲的发展势头。

截至 2001 年 4 月 15 日，该公司在国内外共有 4249 家连锁店，遍布美国、墨西哥、加拿大、波多黎各、巴西、阿根廷、南非、中国、印尼等处。分为折扣商店、购物广场、山姆会员店、家居商店四种形式，全部由该公司控股，实行直营连锁。它在短短几十年间有如此迅猛的发展，不得不说是零售业的一个奇迹。让我们看一下沃尔玛是怎样打造这一奇迹的。

沃尔玛的成功职能战略如下：

（1）以顾客为导向。沃尔玛坚信，“顾客第一”是其成功的精髓。1985 年被美国《福布斯》杂志列为首富，1992 年美国总统自由勋章获得者、沃尔玛庞大事业的缔造者山姆·沃尔顿曾这样说过：“我们的老板只有一个，那就是我们的顾客。是他付给我们每月的薪水，只有他有权解雇上至董事长的每一个人。道理很简单，只要他改变一下购物习惯，换到别家商店买东西就是了。”沃尔玛的营业场所总是醒目地写着其经营信条：“第一条：顾客永远是对的；第二条：如有疑问，请参照第一条。”沃尔玛这种服务顾客的观念并非只停留在标记和口号上，而且深入到经营服务行动。沃尔玛店铺内的通道、灯光设计都为了令顾客更加舒适；店门口的欢迎者较其他同行更主动热情；收银员一律站立工作以示对顾客的尊敬；当任何一位顾客距营业员三米的时候，营业员都必须面向顾客，面露微笑，主动打招呼，并问“有什么需要我效劳的吗?”沃尔玛力图让顾客在每一家连锁店都感到“这是他们的商店”，都会得到“殷勤、诚恳的接待”，以确保“不打折扣地满足顾客需要”。正是这事事以顾客为先的服务精神为沃尔玛赢得了顾客的好感和信赖。

（2）天天低价。沃尔玛一直特别注重价格竞争，长期奉行薄利多销的经营方针。沃尔顿的名言是：“一件商品，成本 8 毛，如果标价 1 元，可是销售数量却是 1.2 元时的 3 倍，我在一件商品上所赚不多，但卖多了，我就有利可图”。所以，沃尔玛提出了一个响亮的口号：“销售的商品总是最低的价格”。在同类商品中，沃尔玛的价格要比最大的竞争对手之一——凯马特的价格低 5%。然而，维持长期低价并不是一件轻而易举的事，沃尔玛之所以能长期保持价格优势还得益于其有效的成本控制。

（3）实现与供应商双赢。沃尔玛避开了一切中间环节直接从工厂进货，其雄厚的经济实力使之具有强大的议价能力。更重要的是，沃尔玛并不因自身规模大、实力强而以肆意损害供应商来增加自身利润，而是重视与供应商建立友好融洽的协作关系，保护供应商的利益。沃尔玛给予供应商的优惠远超同行。美国第三大零售商——凯马特对供应的商品平均45天付款，而沃尔玛仅为平均29天付款，这大大激发了供应商与沃尔玛建立业务的积极性，从而保证了沃尔玛商品的最优进价。

（4）完善的物流管理系统。沃尔玛被称为零售配送革命的领袖。其独特的配送体系，大大降低了成本，加速了存货周转并成为“天天低价”的最有力的支持。沃尔玛的补充存货的方法被称为“交叉装卸法”。这套“不停留送货”的供货系统共包括两部分：①高效率的配送中心。沃尔玛的供应商根据各分店的订单将货品送至沃尔玛的配送中心，配送中心则负责完成对商品的筛选，包装和分拣工作。沃尔玛的配送中心具有高度现代化的机械设施，送至此处的商品85%都采用机械化处理，这就大大减少了人工处理商品的费用。同时，由于购进商品数量庞大，使自动化机械设备得以充分利用，规模优势充分显示。②迅速的运输系统。沃尔玛的机动运输车队是其供货系统的另一无可比拟的优势。截至1999年，沃尔玛已拥有30个配送中心，2000多辆运货卡车，保证进货从仓库到任何一家商店的时间不超过48小时，相对于其他同业商店平均两周补货一次，沃尔玛可保证分店货架平均一周补货两次。快速的送货，使沃尔玛各分店即使只维持极少存货也能保持正常销售，从而大大节省了存贮空间和费用。由于这套快捷运输系统的有效运作，沃尔玛85%的商品通过自己的配送中心运输，而凯马特只有5%，其结果是沃尔玛的销售成本因此低于同行业平均销售成本2%~3%，这也成为沃尔玛全年低价策略的基石。

（5）先进信息系统。巨资建立的卫星通信网络系统使沃尔玛的供货系统更趋完美。这套系统的应用，使配送中心，供应商及每一分店的每一销售点都能形成连线作业，在短短数小时内便可完成“填妥订单—各分店订单汇总—送出订单”的整个流程，大大提高了营业的高效性和准确性。

（6）营销成本的有效控制。沃尔玛对营销成本的控制非常严格。沃尔玛的广告开支仅相当于美国第二大连锁店——西尔斯的三分之一，每平方英尺销售额比美国第三大连锁店凯马特高一倍。沃尔玛的营销成本仅占销售额的1.5%，商品损耗率仅为1.1%，而一般美国零售商店这两项指标的平均值分别高达5%和2%。这些都使得沃尔玛实施低价策略的实力进一步加强。

（7）科学激励员工。员工利益与沃尔玛紧紧相连。除了让工资奖金与员工自身的工作业绩挂钩外，沃尔玛还实行职工入股、利润分享等制度。

1982年，沃尔玛发给每一位员工的红利，相当于其年薪的5.6%。沃尔玛股票从20世纪80年代起成为纽约证券交易所的明星，从1977年到1987年，股票价格上涨了20倍，20年的股票回报高达近400倍。参加股票购买方案的员工都得到了丰厚的回报。

充足的职工培训。沃尔玛雇佣当地人，给予训练，并鼓励他们提出问题，并尽可能予以解决。公司非常重视对职工的培养和教育，在总部和各级商店开设各类培训班，利用晚间上课；并设有沃尔顿零售学校、萨姆营运学院等培训组织。

（8）优秀的企业文化。沃尔玛高度重视培养员工的主人公意识，沃尔玛的每个基层店，都挂有这样的标记牌：“今天我们公司的股票价格，就靠我们的工作。”员工具有强烈的归属感和自豪感。沃尔玛的员工不是被称为“雇员（employee）”，而是被称为“合作者（partner）”或“同事（assoliate）。”从总裁到营业员的每一位员工左胸前都佩戴着工作牌，除姓名外，更醒目地印着“我们的员工与众不同”的字样。

沃尔玛积极推行先进的管理文化。沃尔玛的最高管理层不是直接指导每家分店负责人该怎样做生意，而是创造一种环境，让分店经理们从市场、从其他分店学习这门功课。例如，沃尔玛的先进情报资讯系统，为分店经理提供了有关客服和顾客行为的详细资料，供其学习和参考。此外，沃尔玛还投资购置了专机，定期载送各分店经理飞往公司总部，参观有关市场趋势及商品采购的研讨会。后来随着公司规模的持续扩大又配备了卫星通信系统，公司总部经常召开电话会议，分店经理无须跨出店门便能和其他分店彼此交换市场信息。

本章知识结构图

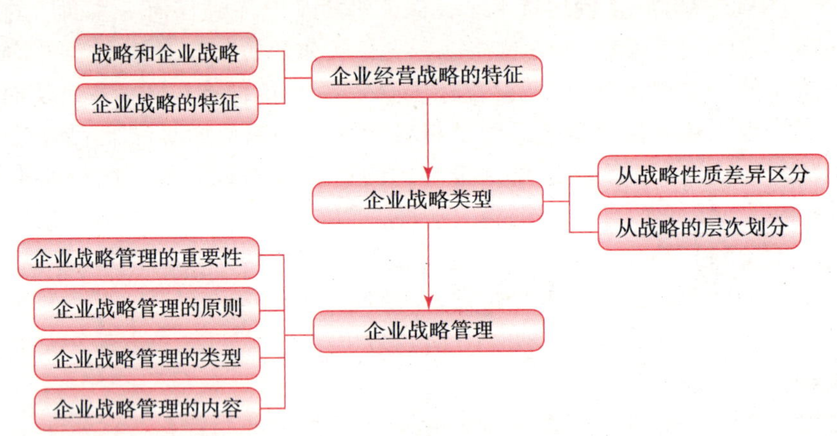

第一节　企业经营战略的特征

一、战略和企业战略

1. 战略

战略一词最早是军事方面的概念。在西方，战略一词源于希腊语，意为军事将领、地方行政长官，后来演变成军事术语，指军事将领指挥军队作战的谋略。在中国，战略一词历史久远，“战”指战争，“略”指谋略，合起来表述就是指挥战争的谋略。春秋时期孙武的《孙子兵法》被认为是中国最早的战略著作。在现代，“战略”一词被引申至政治和经济领域，其含义演变为泛指统领性的、全局性的、左右成败的谋略、方案和对策。

2. 企业战略

企业战略是对企业各种战略的统称，其中既包括竞争战略，也包括研发战略、采购战略、生产与运作战略、营销战略、财务战略、产品质量战略、信息战略等。企业战略是层出不穷的，如信息化就是一个全新的战略。企业战略虽然有多种，但基本属性是相同的，都是对企业的生存和发展的谋略，都是对企业整体性、长期性和基本性问题的计谋。例如，企业竞争战略是对企业竞争的谋略，是对企业竞争整体性、长期性、基本性问题的谋划；企业的研发战略是对企业如何不断堆出新产品的整体性、长期性、基本性问题的谋划，以此类推，都是一样的。各种企业战略有同也有异，相同的是基本属性，不同的是谋划问题的层次、角度和内容都有所差异。总之，无论哪个方面的谋划，只要涉及企业整体性、长期性、基本性问题，就属于企业战略的范畴。

二、企业战略的特征

企业战略是设立远景目标，并对实现目标的轨迹进行的总体性、指导性谋划，属宏观管理范畴，具有指导性、全局性、长远性、竞争性、系统性、风险性、竞争与合作性以及稳定性与动态性。八大主要特征。

1. 指导性

企业战略界定了企业的经营方向、远景目标，明确了企业的经营方针和行动指南，并筹划了实现目标的发展轨迹及指导性的措施、对策，在企业经营管理活动中起着导向的作用。

2. 全局性

企业战略立足于未来，通过对国际、国内的政治、经济、文化及行业等经营环境的深入分析，结合自身资源，站在系统管理高度，对企业的远景发展轨迹进行全面的规划。

3. 长远性

企业在兼顾短期利益的同时，企业战略要着眼于长期生存和长远发展，要确定远景目标，并谋划实现远景目标发展轨迹及宏观管理的措施、对策。其次，围绕远景目标，企业战略必须经历一个持续、长远的奋斗过程，除根据市场变化进行必要的调整外，制定的战略通常不能朝令夕改，须具有长效地稳定性。

4. 竞争性

竞争是市场经济不可回避的现实，也正是因为有了竞争才确立了“战略”在经营管理中的主导地位。面对竞争，企业战略需要进行内外环境分析，明确自身的资源优势，通过设计适体的经营模式，形成特色经营，增强企业的对抗性和战斗力，推动企业长远、健康的发展。

5. 系统性

立足长远发展，企业战略确立了远景目标，并须围绕远景目标设立阶段目标及各阶段目标实现的经营策略，以构成一个环环相扣的战略目标体系。同时，根据组织关系，企业战略须由决策层战略、经营层战略、职能部门战略三个层级构成一体。决策层战略是企业总体的指导性战略，决定企业经营方针、投资规模、经营方向和远景目标等战略要素，是战略的核心；经营层战略是企业独立核算经营单位或相对独立的经营单位，遵照决策层的战略指导思想，通过竞争环境分析，侧重市场与产品，对自身生存和发展轨迹进行的长远谋划；职能部门战略是企业各职能部门，遵照决策层的战略指导思想，结合经营层战略，侧重分工协作，对本部门的长远目标、资源调配等战略支持保障体系进行的总体性谋划，如策划部战略、生产部战略、采购部战略等。

6. 风险性

企业作出任何一项决策都存在风险，战略决策也不例外。市场研究深入，行业发展趋势预测准确，设立的远景目标客观，各战略阶段人、财、物等资源调配得当，战略形态选择科学，制定的战略就能引导企业健康、快速的发展。反之，仅凭个人主观判断市场发展趋势，设立目标过于理想，制定的战略就会产生偏差，导致管理误导，将企业引入困境，甚至给企业带来破产的风险。

7. 竞争与合作性

战略的制定和实施，目的就是要获得竞争优势，赢得市场竞争的胜利，确保企业的生存和发展。企业战略就像军事战略，虽然目的也是为了克敌制胜，但有些时候，也会因为有某种需要而同竞争对手合作，如同三国里孙刘联合对付曹操一样。

8. 稳定性与动态性

企业战略一方面对企业的长期发展作出规划，具有稳定性的特点；同时应考虑由于无法预计的内外环境的变化，不得不对先前的规划作出必要的调整，以适应变化了的情况。这种调整应当是局部的，具有微调的性质。一般说来，企业战略规划一经制定，应在较长时间内保持稳定，以利于企业各级单位、各部门从长计议，认真贯彻执行。

第二节　企业战略类型

企业战略可以按不同的标准，从不同的角度分类，如从战略的性质、战略的层次、战略涉及的内容不同等进行分类。

一、从战略性质差异区分

根据企业战略性质的不同可分为：发展型战略、稳定型战略、收缩型战略、成本领先战略、差异化战略、集中化战略和并购重组战略。

（一）发展型战略

发展型战略包括一体化战略、多元化战略、密集型成长战略。

1. 一体化战略

一体化战略包括纵向一体化战略和横向一体化战略。

（1）纵向一体化战略。该战略的实质是谋求获得对供应商、分销商或者零售商经营的商品所有权或对其加强控制，称为纵向一体化战略。

（2）横向一体化战略。该战略是为谋求获得与自身生产同类产品的企业的所有权或加强对他们的控制，称为横向一体化战略。一体化战略可以通过购买、合并、联合等途径实现。

2. 多元化战略

该战略是指企业在原有生产经营范围之外的领域开展生产经营活动，也就是说企业将要从现有的产品和市场中分出一部分资源和精力投入到企业以前不太熟悉或者是不太了解的产品和市场上。多元化经营主要有两个好处：

（1）增加效益降低成本。一个企业经营多种产品，肯定比经营一个产品可获得更多的收益，如果这些产品有联系，那么还可以节约生产中的一些费用，可以共享信息、设施设备、营销资源等，降低产品成本。

（2）缓解企业面对的市场风险。企业的经营风险分为公司特有风险和市场风险。公司特有风险是企业在内部管理上所面临的风险，它可以通过改善企业内部管理，予以解决。市场风险是企业在市场上所面临的产品销售风险。企业实施多元化经营，可以做到“东方不亮西方亮”，某些产品滞销的经济损失，可由畅销产品弥补，以规避市场风险。

3. 密集型成长战略

密集型成长战略，也称为加强型成长战略，包括三种类型：市场渗透战略、市场开发战略和产品开发战略。

（1）市场渗透战略。市场渗透战是指实现市场逐步扩张的拓展战略，该战略可以通过扩大生产规模、提高生产能力、增加产品功能、改进产品用途、拓宽销售渠道、开发新市场、降低产品成本、集中资源优势等单一策略或组合策略来开展，其战略核心体现在两个方面：一是利用现有产品开辟新市场实现渗透；二是向现有市场提供新产品实现渗透。市场渗透战略是比较典型的密集型成长战略。

（2）市场开发战略。市场开发战略是由现有产品和新市场组合而产生的战略。它是发展现有产品的新顾客群或新的地域市场，从而扩大产品销售量的战略。市场发展可以分为区域性发展、国内市场发展和国际市场发展等。日本松下公司曾将国内已饱和的黑白电视机和老型号彩色电视机推向国外市场，维持其增长速度，就是市场开发战略的成功一例。由于市场开发战略是企业用现有的产品开辟新的市场领域的战略，不难看出，如果市场上企业现有的产品已经没有进一步渗透的余地时，就必须设法开辟新的市场，比如将产品由城市推向农村，由本地区推向外地区等。

（3）产品开发战略。产品开发战略是建立在市场观念和社会观念的基础上，企业向现有市场提供新产品，以满足顾客需要，增加销售的一种战略。这种战略的核心内容是激发顾客的新需求，以高质量的新品种引导消费潮流，并保护人类及一切生物赖以生存的环境和实现可持续发展所必需的资源。

（二）稳定型战略

稳定型战略，也称为防御型战略或维持型战略，包括四种类型：无变化战略、维持利润战略、暂停战略、谨慎前进战略。

1. 无变化战略

无变化战略就是基本没有什么变化的战略，是一种没有增长的战略。企业采用这种战略可能基于以下两个原因：一是企业过去的经营相当成功，并且企业内外环境没有发生重大变化；二是企业并不存在重大的经营问题或隐患，因而战略管理者没有必要进行战略调整，或者害怕战略调整会给企业带来资源分配的困难。在这两种情况下，企业的管理者和职员可能不希望企业进行重大的战略调整，因为这种调整可能会在一定时期内降低企业的利润总额。采用无变化战略的企业除了每年按通货膨胀率调整其目标外，其他暂时保持不变。

2. 维持利润战略

维持利润战略是指为了维持目前的利润水平而牺牲企业未来成长的战略。维持利润战略注重短期效果而忽略长期利益，其根本意图是度过暂时性的难关，因而往往在经济形势不景气时被采用，以维持过去的经济状况和效益，实现稳定发展。但如果使用不当的话，维持利润战略可能会使企业的元气受到伤害，并影响企业长期发展。

3. 暂停战略

暂停战略是指企业经过一段时期的快速成长之后，企业可能变得缺乏效率，或者难以管理而刹车。经常发生的情况是，企业通过购买或内部新增事业部或分公司，使管理人员过度紧张，造成各种资源过于分散，企业不得不在一段时期内降低企业目标水平，放慢快速成长的步伐，经过一段时间调整后再行加速。

4. 谨慎前进战略

如果企业外部环境中的某一重要因素难以预测或变化趋势不明显，企业的战略决策就要有意识地降低实施进度，审时度势，步步为营，这就是所谓的谨慎前进战略。

（三）收缩型战略

收缩型战略，也称为撤退型战略，包括三种类型：转变战略、放弃战略、清算战略。

1. 转变战略

转变战略是指为防止企业业务和企业整体的衰退命运所实施的经营战略。企业在判断是否需要采取转变战略时，需要权衡成本与收益，当企业业务还能长期盈利，并且长期继续经营所获的价值大与清算价值时才应该采取的战略。转变战略的具体措施主要包括削减成本、提高价格、加强推销、增加新的预算和控制等。

2. 放弃战略

放弃战略是指将企业的一个或几个主要部门转让、撤销或停止经营。这个部门可以是一个经营单位，一条生产线或者一个事业部。放弃战略有时指对已经进入“休眠”状态的专利进行放弃的战略。放弃战略的适用对象是企业申请的专利中已进入“休眠”状态的那部分。企业将自己的发明创造申请专利，是一种成本的投入。由于专利的实施给企业带来了赢利，专利成为资源，完成了由成本到资源的循环。而当专利不能继续成为资源时就应当考虑放弃。需要指出的是放弃战略并非是单纯地从资金角度作出的选择，放弃战略同时也标志企业技术的更换。

3. 清算战略

清算战略又称清理战略，是指企业受到全面威胁、濒于破产时，通过将企业的资产转让、出卖或者停止全部经营业务结束企业的生命。

（四）成本领先战略

成本领先战略，也称低成本战略。成本领先战略也许是通用战略中最清楚明了的。在这种战略的指导下，企业决定成为所在行业中低成本生产的厂家。成本优势的来源因产业结构的不同而不尽相同，它们可以包括追求规模经济、专利技术、原材料的价格优惠或其他因素。成本领先战略的优势包括：可以抵御竞争对手的价格进攻；具有较强的对供应商的议价能力；形成进入壁垒等。

成本领先战略的适用条件：市场需求具有较大的价格弹性；所处行业的企业大多生产标准化产品，价格因素决定了企业的市场地位；实现产品差异化的途径很少；多数客户以相同的方式使用产品；用户购买从一个销售商改变为另外一个销售商时，转换成本很小，因而倾向于购买价格最优惠的产品。

（五）差异化战略

差异化战略又称别具一格战略，是将公司提供的产品或服务差异化，在同行业范围中具有独特性。实现差异化战略可以有许多方式：品牌形象、技术特点、外观特点、客户服务、经销网络及其他方面的独特性等。

差异化具有如下优势：

第一，差异化本身可以给企业产品带来较高的溢价。这种溢价应当补偿因差异化所增加的成本，并且可以给企业带来较高的利润。产品的差异化程度越大，所具有的特性或功能就越难以替代和模仿，顾客越愿意为这种差异化支付较高的费用，企业获得的差异化优势也就越大。

第二，由于差异化产品和服务是竞争对手不能以同样的价格提供的，因而明显地削弱了顾客的讨价还价能力。

第三，采用差异化战略的企业在应对替代品竞争时将比其竞争对手处于更有利的地位，因为购买差异化产品的顾客不愿意接受替代品。

第四，产品差异化会形成一定的壁垒，在产品差异化明显的行业，因产品差别化形成的进入壁垒就越高。

差异化战略亦有一定风险，采取差异化战略的风险包括：

（1）竞争者可能模仿，使得差异消失。

（2）保持产品的差异化往往以高成本为代价。

（3）产品和服务差异有时对消费者并无实际意义。

（4）与竞争对手产品的成本差距大。

（5）企业要想取得产品差异，有时要放弃获得较高市场占有率的目标。

（六）集中化战略

集中化战略即聚焦战略，是指把经营战略的重点放在一个特定的目标市场上，为特定的地区或特定的购买者集团提供特殊的产品或服务，即指企业集中使用资源，以快于过去的增长速度来增加某种产品的销售额和市场占有率。该战略的前提思想是企业业务的专一化，能以更高的效率和更好的效果为某一狭窄的细分市场服务，从而超越广阔范围内的竞争对手。这样可以避免大而弱的分散投资局面，容易形成企业的核心竞争力。

集中化战略的成因：①企业资源和能力有限，难以在整个行业内实现成本领先或者差异化，只能选定个别细分市场；②目标市场具有较大的需求空间或增长潜力；③目标市场的竞争对手尚未采用同一战略。

实施集中化战略的风险包括：①竞争者可能模仿；②目标市场由于技术创新、替代品出现等原因而需求下降；③由于目标细分市场与其他细分市场的差异过小，大量竞争者涌入细分市场。

（七）并购重组战略

并购重组是两个以上公司合并、组建新公司或相互参股。它往往同广义的兼并和收购是同一意义，泛指在市场机制作用下，企业为了获得其他企业的控制权而进行的产权交易活动。其目的是谋求企业经济实力的增长，促进企业扩张；追求规模经济和获取垄断利润；获取先进技术与人才，跨入新的行业；收购低价资产从中谋利或转手倒卖。

二、从战略的层次划分

根据企业战略层次的不同可分为：公司战略、经营单位战略和职能战略。

（一）公司战略

公司战略又称总体战略，它是企业最高层次战略，是由企业最高层制定的。总体战略主要回答企业采取何种性质的竞争策略，是采用差异化战略、成本领先战略，还是集中化战略等。该战略要决定大型企业或集团公司类企业在哪些领域里开展活动，即选择企业进入哪一产业的哪一行业，是工业、农业还是服务业。是工业产业中的汽车行业，还是家电行业，还是其他行业。该战略要选择经营范围，如确定汽车行业，是选择载重汽车还是轿车，还是兼而有之等。确定行业和经营范围后，还要进行资源配置等。

（二）经营单位战略

在一些大企业，特别是集团公司内部，还有一些二级单位，如一些大集团内部的事业部、下属公司。这些下属公司或事业部分布在不同的地区或生产不同的产品，从事不同的业务，或为不同的顾客服务。公司或集团内部的事业部或下属公司各自有其不同的利益，各自有配置资源的权利。经营单位战略就是各个经营单位或各有关事业部、集团下属公司制定的战略。通常，经营单位战略与公司战略具有很大的同质性，故不再进行专门的叙述。

（三）职能战略

职能战略是由职能部门制定的战略，如产品的开发、原材料的采购、产品制造、市场营销、人力资源管理等战略。职能战略服从于经营单位战略。职能战略可以使职能部门及其管理人员更加清楚地认识本部门在实施总体战略，经营单位战略中的任务、责任要求，有效运用管理职能，保证企业目标的实现。

上述三种战略并不一定在一个企业中同时存在，主要取决于企业的规模、组织结构等。

为了增强教材的实践性和对企业战略的全面深入了解，本书以职能战略为骨架，对企业战略进行通俗易懂的阐释。

第三节　企业战略管理

一、企业战略管理的重要性

在怎样才能使企业永葆青春、持续发展壮大的问题上，有人强调对现有规章的执行，也有人强调对现有规章制度的细节的完善等，但这些说法都只从特定的角度说明了问题的某个方面。在“执行”与“细节”之上，有一个更重要的因素决定着企业的前途与命运，那就是战略管理。美国人马克·麦克内利挖掘我国《孙子兵法》的战略智慧，写了一本名叫《经理人的六项战略修炼》的著作，被微软、IBM等企业推崇，其中有一句话非常有警示作用：他说“忽视战略管理，仅关注战术和执行，就会给企业带来灾难。”战略管理的重要性表现在以下几个方面：

第一，企业经营战略是决定企业经营活动成败的关键性因素。也就是说，决定企业经营成败的一个极其重要的问题，是看企业经营战略的选择是否科学，是否合理；或者说企业能否实现高效经营的目标，关键就在于对经营战略的选择，如果经营战略选择失误，那么企业的整个经营活动必然会满盘皆输。

第二，企业经营战略是企业充满活力的有效保证。在现实经营活动中，企业具有活力的一个关键性因素就是企业要有效地发挥自己的比较优势。而比较优势的发挥，则在于自己对经营战略的选择，即在经营战略中充分体现自己的比较优势。也就是说，从战略上考量一个企业到底有什么样的比较优势，在经营战略中充分体现自己的比较优势。如果一个企业选择了不能体现自己比较优势的经营战略，企业经营就缺乏活力，那么这个企业最后必然会衰败，也就根本谈不上高速发展。

第三，企业经营战略是企业及其所有企业员工的行动纲领。一个企业的负责人按照怎样的准则来安排企业的日常经营活动？只能是依据企业经营战略，企业的日常经营活动必须要服从于自身的经营战略，任何个人都不能置企业经营战略于不顾。我行我素，此种表现，其后果堪忧，会把企业推上危机之路。

现实企业所犯的最致命的错误是战略性质的错误，主要表现为：

（1）缺乏长远发展规划，战略变化频繁。

（2）盲目追逐市场热点，企业投资过度多元化。

（3）战略决策随意性较大，缺乏科学的决策机制。

（4）对市场和竞争环境认识模糊，缺乏量化分析。

（5）企业战略计划流于书面报告，没有切实可行的战略策略和措施。

（6）企业战略计划没有得到中下层的深刻理解和有力支持。

（7）缺乏战略落实的监督机制。

总之，一个企业的成功往往是战略的成功。战略有问题，单纯地靠改善内部运营效率，业绩改善的效果是有限的。企业要站得高，才能看得远——洞察事物的本质和未来的发展趋势，制定正确的企业战略，才会科学地配置资源，企业才会发展壮大。

二、企业战略管理的原则

企业战略是从全局和长远的观察角度研究企业在竞争环境下，生存与发展的重大问题。制定企业战略是现代企业高层领导的主要的职能，在现代企业管理中处于核心地位，是决定企业经营成败的关键。企业战略规划是一个层次化的体系，理论认为公司战略分为三个层次：公司层战略、经营层战略、职能层战略。每个层次针对本层次的任务和特点，进行战略的制定，实施控制和评价，完善管理。完善管理的原则如下。

（一）科学的原则

正确的企业战略管理有助于企业走上成功之路，不正确的战略管理有时会适得其反。因此，战略管理要遵循科学管理的原则，即按照现代管理理论的计划管理理论、组织管理理论、领导管理理论、协调管理理论、激励管理理论和控制管理等理论实施管理。

（二）适应环境原则

来自环境的影响力在很大程度上会影响企业的经营目标和发展方向。战略管理一定要注重企业与其所处的外部环境的互动性，与外部环境相适应。

（三）全程管理原则

战略是一个过程，包括战略的制定、实施、控制与评价。在这个过程中，各个阶段相互衔接、互为支持、互为补充，忽略其中任何一个阶段，任何阶段的失误，战略管理都不可能成功。

（四）整体最优原则

战略管理要将企业视为一个整体来处理，要强调整体最优，而不是局部最优。战略管理不强调企业某一个局部或部门的重要性，通过强调企业的宗旨、整体目标实现的重要性和必要的举措，来协调各单位、各部门的活动，形成集体合力。

（五）全员参与原则

由于战略管理是全局性的，并且需要一个制定、实施、控制和修订的全过程，所以战略管理绝不仅仅是企业领导和战略管理部门的事，在战略管理的全过程中，涉及每个部门、每位员工，企业全体员工都必须积极参与。

（六）反馈修正原则

战略管理涉及时间跨度较大，一般在五年以上。战略的实施过程通常分为多个阶段，因此必是分步骤实施的整体战略。在战略实施过程中，环境因素可能会发生变化。此时，企业只有不断的跟踪反馈和微调方能保证战略的适应性。

三、企业战略管理的类型

由于企业内外环境的差异，领导风格和企业自身在经济市场中要达成的战略目标不同，从而企业对于战略管理的实施对策也会有所不同。企业在实施战略管理体系时，需要了解其实施措施有哪些，进而选择出适合自身的战略管理实施对策。

（一）指令型

这种方法的特点是高层管理人员依据现时的内外环境制定战略，战略的实施由下属完成。它的优点是在原有战略的条件下，企业实施战略时，体制和机制不会有大的变化，实施起来不会引起大的波动，通常效果也比较明显。缺点是由于战略的制定没有基层管理人员和普通员工的参与，不利于调动企业全体员工的积极性。

（二）转化型

转化型也称变革型。这种方法的特点是高层管理人员重点研究如何适应变化了的外部环境和未来的发展趋势，需要进行一系列变革和转化，如重建组织机构、优化业务流程等，以增加战略成功的机会。这种方法的优点是从变革的角度考虑企业战略实施问题，具有生命力和前瞻性。缺点也很明显，一是存在企业的变革和转换是否能够很快地适应环境变化的问题，如果适应的过渡期太长，将会影响战略目标的实现；二是企业的变革很可能触及部分人的既得利益，会遭到他们的消极抵制，需要妥善处理。

（三）合作型

这种方法的特点是战略制定者充分调动各方面的积极性，各方在战略制定中可以充分发表自己的意见，战略制定者实际上是一个协调员的角色。这种方法的优点是，决策的科学性和民主性，得以充分调动各类人员的积极性。不足之处在于讨论时间可能过长，甚至争执不下，以致错过战略实施的大好时机；二是战略的全局性容易受到职能部门局部性和倾向性的影响而被削弱。

四、企业战略管理的内容

战略管理就是战略规划的制定和实施的过程。

（一）企业战略规划的制定

1. 目前企业战略环境的特点

（1）激烈的市场竞争。随着信息技术的飞速发展，企业生产的产品或提供的服务可以短时间内提供给顾客，优质的产品和个性化的服务可以在全球范围内迅速扩散。企业的市场互动竞争明显增强，竞争的速度和强度显著提高。

（2）快速的技术发展。技术的快速发展也是构成企业竞争环境动态化的重要因素。快速的技术创新和扩散，使得新产品的研发和推出周期越来越短，产品的更新换代频率加快，领先的技术和产品转瞬之间就有可能被新的技术和产品所代替。

（3）模糊的产业边界。高新技术不断向传统工业领域渗透，使得传统工业逐渐呈现高技术化，不断开发出新的产业和市场。高新技术在不同的产业和市场之间渗透力增强，模糊了产业的界限，企业面临的竞争对手增多，竞争态势趋于复杂。

（4）不确定的环境信息。企业的外部信息环境虽说是开放的，但是，要想获得有价值的技术信息和市场信息并非易事，企业在收集判断信息的过程中容易出现信息过时、失真的情况。

2. 战略规划制定的影响因素

（1）环境因素。环境因素主要是指企业所处竞争环境的动态性、不确定性和复杂性。由于战略决策是企业在特定的环境下作出的，因此，企业战略决策的过程必然受到环境的动态性、不确定性和复杂性特征的影响。

（2）决策者因素。企业战略决策的制定人员，尤其是高层管理人员是最终作出战略决策选择的人员，其个性特征、风险偏好及决策风格都会对战略决策过程产生影响，并最终影响战略决策方案的选择。

（3）决策时间因素。企业在战略决策时，时间的充裕程度影响战略决策过程的规范性。一般而言，在时间较为充裕的条件下，企业往往会遵循规范的战略决策过程，进行严谨的战略分析后，制定出战略决策。而在环境变化较快、决策时间紧迫的情况下，则会精简战略决策程序，甚至抛弃规范的决策程序，高层的管理人员往往根据个人的经验、认知和偏好作出决定。

（4）组织因素。企业组织的规模、权力结构、过去绩效等也会对战略决策过程产生显著影响。企业规模越大，权力越集中，战略决策的职工参与度越低，战略决策权越会集中于少数人手中。过于集中的决策权，容易导致决策的偏差。

（5）决策的复杂程度。又一影响战略决策过程的因素是决策内容的复杂程度。为了节约战略决策成本，企业不舍得对每个战略问题都动用大量资本进行调查分析判断。对一些比较简单的、经常碰到的问题，企业往往会简化决策程序，以提高决策效率，节约决策成本。而对于比较复杂的，对企业影响比较大的战略问题，企业会动用大量资源进行调查分析判断，力求保证有关资料的适用性、真实性和全面性，努力提高决策的科学性，降低战略决策风险。

3. 战略规划的制定方法

战略规划的制定需要进行战略分析，认定企业的外部机会与威胁，企业内部优势与弱点，目的是确定企业任务。

一是外部环境分析。外部环境分析包括宏观环境分析和微观环境分析。

企业的宏观环境因素有五类，即政治法律环境、经济环境、社会文化环境、自然环境及技术环境。

(1) 政治法律环境。政治法律环境是指那些制约和影响企业的政治要素和法律要素及其运行状态。政治环境主要包括国家的政治制度、权力机构、方针政策、政治团体和政治形势等因素。法律环境主要包括国家制定的法律、法规、法令以及国家的执法机构等因素。政治法律因素是保障企业生产经营活动的基本条件。

(2) 经济环境。经济环境是指构成企业生存和发展的社会经济状况及国家的经济政策，主要包括社会经济结构、经济体制、发展状况、宏观经济政策等要素。通常衡量经济环境的指标有国内生产总值、就业水平、物价水平、消费支出分配规模、国际收支状况、银行利率、货币汇率、通货供应量和国家财政政策等。经济环境对企业生产经营的影响更为直接、具体。

(3) 社会文化环境。社会文化环境是指企业所处的社会结构、社会风俗习惯、民众信仰、价值观念、行为规范、生活方式、文化传统、人口规模与地理分布等因素的形成和变动情况。

(4) 自然环境。自然环境是指企业所处的自然资源条件与生态环境，包括土地、森林、河流、海洋、生物、矿产、能源、水源、环境保护、生态平衡等方面的发展变化情况。这些因素关系到企业确定投资方向、产品改进与革新等重大经营决策问题。

(5) 技术环境。技术环境是指企业所处环境中的科技要素及与该要素直接相关的各种社会现象的集合，包括国家科技体制、科技政策、科技水平和科技发展趋势等。技术环境影响到企业能否及时调整战略决策，以获得新的竞争优势。

企业的微观环境主要包括有关产业环境和市场环境的四个方面内容：

① 产业的生命周期。在一个产业中，企业的经营状况取决于其所在产业的整体发展状况以及该企业在产业中所处的竞争地位。分析产业发展状况的常用方法是认识产业所处的生命周期的阶段。产业的生命周期阶段可以用产品的周期阶段来表示，分为开发期、成长期、成熟期和衰退期四个阶段。只有了解产业目前所处的生命周期阶段，才能决定企业在某一产业中应采取进入、维持或撤退何种措施，才能采取正确的投资决策，才能对企业在多个产业领域的业务进行合理组合，提高整体盈利水平。

② 产业结构分析。产业结构分析是从产业组织理论角度提出的。产业结构分析的基本框架是五种竞争力分析，即从潜在进入者、替代品、购买者、供应者与现有竞争者间的抗衡来分析产业竞争的强度以及产业利润率。潜在进入者的进入威胁，在于减少了市场集中，激发了现有企业间的竞争，并且瓜分了原有的市场份额。替代品作为新技术与社会新需求的产物，对现有产业的“替代”威胁的严重性十分明显，但几种替代品长期共存的情况也很常见，替代品之间的竞争规律仍然是价值高的产品获得竞争优势。购买者、供应者讨价还价的

能力取决于各自的实力，例如卖（买）方的集中程度、产品差异化程度与资产专用性程度、纵向一体化程度以及信息掌握程度等。产业内现有企业的竞争，即一个产业内的企业为市场占有率而进行的竞争，通常表现为价格竞争、广告战、新产品引进以及增进对消费者的服务等方式。

③ 产业内的战略群体。确定产业内所有主要竞争对手战略诸方面的特征，是产业分析的一个重要方面。一个战略群体是指某一个产业中在某一战略方面采用相同或相似战略的各企业组成的集团。战略群体分析有助于企业了解自己的相对战略地位和企业战略变化可能产生的竞争性影响，使企业更好地了解战略群体间的竞争状况，发现竞争者，了解各战略群体之间的“移动障碍”，了解战略群体内企业竞争的主要着眼点，预测市场变化和发现战略机会等。

④ 市场结构与竞争。经济学中对市场结构的四种分类：完全竞争、完全垄断、垄断竞争、寡头垄断。

二是内部环境分析。内部环境分析主要是企业的资源状况分析。

（1）人力资源状况。人力资源状况是指管理层的现代化管理水平，领导指挥协调控制能力；员工的技术水平、业务水平、知识水平。

（2）设施设备的技术含量、数量及配套情况；信息化水平等。

4. 战略选择

战略选择阶段所要解决的问题是“企业向何处发展”。其步骤分为三步：

（1）制定战略的方式。根据不同层次管理人员介入战略分析和战略选择工作的程度，将战略形成的方法分为三种形式：

① 自上而下。先由企业最高管理层制定企业的总体战略，再由下属各部门根据自身的实际情况将企业的总体战略具体化，形成系统的战略方案。

② 自下而上。企业最高管理层对下属部门不作具体规定，但要求各部门积极提交战略方案，企业的最高层根据下属提供的方案，制定企业的总战略。

③ 上下结合。企业最高管理层和下属各部门的管理人员共同参与，通过上下级管理人员的沟通和磋商，制定出适宜的战略。不难看出，三种形式的主要区别在战略制定中对集权与分权程度的把握上。

（2）评估战略备选方案。评估战略备选方案通常使用两个标准：一是考虑选择的战略是否发挥了企业的优势、克服了劣势，是否利用了机会，将威胁削弱到最低程度；二是考虑选择的战略能否被企业利益相关者所接受。

（3）选择战略。选择战略指最终的战略决策，即确定准备实施的战略。如果用多个指标对多个战略方案的评价产生不一致时，确定最终的战略可以考虑以下几种方法：

① 把企业目标作为选择战略的依据。

② 提交上级管理层审批。

③ 聘请外部机构提供咨询。

④ 战略政策和计划的可执行性。

（二）企业战略规划的实施

战略实施是为实现企业战略目标而对战略规划的执行。企业在明晰了自己的战略目标后，就必须专注于如何将其落实转化为实际的行为并确保战略目标的实现。

战略实施是一个自上而下的动态管理过程。所谓“自上而下”，主要是指，战略目标在公司高层达成一致后，再向中下层传达，并在各项工作中得以分解、落实。所谓“动态”，主要是指战略实施的过程中，常常需要在“分析→决策→执行→反馈→再分析→再决策→再执行”的不断循环中达成确定的战略目标。经营战略在尚未实施之前，只是纸面上或人们头脑中的东西，而企业战略的实施是战略管理过程的行动阶段，因此它比战略的制定更加重要。在将企业战略转化为实践的过程中，有四个相互联系的阶段。

（1）战略发动阶段。在这一阶段，企业的领导人要研究如何将企业战略的设想变为企业大多数员工的实际行动，调动起大多数员工实现新战略的积极性和主动性，这要求对企业管理人员和员工进行培训，向他们灌输新思想和新观念，消除不利于战略实施的陈旧思想观念，使大多数人接受新战略。对于一个新的战略，在开始实施时，相当多的人会产生各种疑虑，而一个新战略往往要将人们引入一个全新的境界，如果员工对新战略没有充分的认识和理解，它就不会得到大多数员工的充分拥护和支持。因此，战略的实施是一个发动广大员工的过程，要向广大员工讲清企业内外环境的变化给企业带来的机遇和挑战、旧战略存在的各种弊病、新战略的优点以及存在的风险等，使大多数员工能够认清形势，认识到实施战略的必要性和迫切性，树立信心，打消疑虑，为实现新战略的美好前途而努力奋斗。在发动员工的过程中，尤其要努力争取战略的关键执行人员的理解和支持，企业的领导人更要考虑机构和人员的调整问题，扫清战略实施的组织障碍。

（2）战略计划阶段。该阶段是将经营战略分解为几个战略实施阶段，每个战略实施阶段都有各自的分阶段目标和相应的指导方针、具体政策措施、部门策略等。对远期阶段的目标方针可以概括一些，对近期阶段的目标方针则应该尽量详细一些。同时要定出分阶段目标的时间表，要对各分阶段目标进行统筹规划、全面安排，并注意各个阶段之间的顺利过渡。战略实施的第一阶段尤其应该做好新战略与旧战略的衔接过渡，尽可能减少之间的阻力和摩擦。

（3）战略运作和控制阶段。企业战略的实施运作主要与下面六大要素有关，即各级领导人员的素质和价值观念、企业的组织机构、企业文化、资源结构与分配、信息沟通、控制及激励制度。通过这六大要素合理组织科学运用，使企业战略真正落实到企业的日常生产经营活动中去，达到企业的奋斗目标。

（三）战略评估阶段

战略是在变化的环境中实践的，由于内外环境的变化和制定计划时的疏漏，经过一定时间的运作，往往不能达到预期目标。通过阶段性和年度性的评估，可以及时地发现计划和运作中存在的问题，通过修正计划，或者改进执行中的不足，确保近期目标和长远目标的实现。

本章小结

企业战略是对企业整体性、长期性、基本性问题的计谋。

企业战略具有指导性、全局性、长远性、竞争性、系统性、风险性、竞争与合作性和稳定与流动性八大主要特征。

企业战略类型分类如下：

从企业战略性质不同可分为：发展型战略、稳定型战略、收缩型战略、成本领先战略、差异化战略和集中化战略、并购战略等。

从层次上划分可分为：公司战略、经营单位战略和职能战略。

企业战略管理的重要性：企业经营战略是决定企业经营活动成败的关键性因素，也就是说，决定企业经营成败的一个极其重要的问题；企业经营战略是企业充满活力的有效保证；企业经营战略是企业及其所有企业员工的行动纲领。

企业战略管理的原则包括：科学的原则、适应环境原则、全程管理原则、整体最优原则、全员参与原则、反馈修正原则。

企业战略管理类型：指令型、转化型和合作型企业战略管理。

管理的内容：企业战略规划的制定、企业战略规划的实施与控制和企业战略评估三阶段。

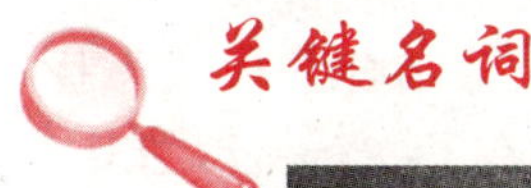

关键名词

企业战略　战略类型　战略层次　战略管理

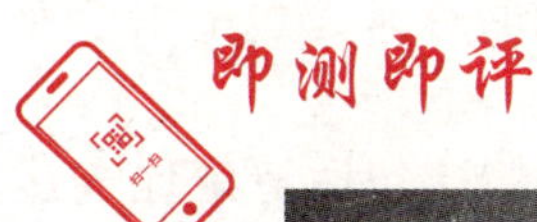

即测即评

选择题

判断题

思考题

一、简答题

1. 企业战略的特征是什么？
2. 从战略性质的差异性区分有哪几种战略形式？
3. 如何划分战略层次？
4. 企业战略管理的原则是什么？

5. 企业战略管理有哪几种类型?

二、论述题

试述战略管理的内容。

春兰集团的多元化经营

2002年12月30日，中央电视台“2002CCTV中国经济年度人物”评选结果揭晓，春兰集团董事局主席、首席执行官陶建幸荣列其中。主持人在介绍陶建幸时评论道：“家电、汽车、新能源，昔日的空调业老大在这些毫不相关的行业里左右逢源，这种惊人的适应力，来自企业强大的技术实力。2002年，他率领的企业获得中国家电制造业综合排名第一。”与GE（美国通用电气公司）的理念及构架“相似”的春兰，是继续向产金结合的模式靠拢，还是一如既往，继续“有限结合”？或者改弦易辙，专心从事实业？春兰站在了一个十字路口。

多元化历程。2002年，对于家电市场来说，惯于打价格战的春兰表现颇为平淡，但对于春兰集团而言却是个丰收年。春兰的中型卡车在国内市场的销售挺进三甲，研制了八年之久的高动能镍氢电池项目也开花结果。对于春兰的这种多元化，许多家电同行认为是“叛逆”。而陶建幸却认为，春兰的发展模式对中国的家电行业有振聋发聩的意义，跨不出产业同心圆，家电企业面临的只能是竞争越来越残酷的绝境。

春兰的发展是从空调开始的，“没有空调，就没有春兰”，陶建幸的这句话清楚地表达了春兰对空调产业运作成功的欣慰。从1989年春兰成为中国空调市场的老大，市场占有率连续六年在30%以上，到1994年，春兰已成为中国最大空调生产基地、世界空调七强之一。

1994年，春兰在当时还只有单一的空调产品时，曾创下过一个月回笼20亿元资金的记录。然而，春兰没有就此满足，1994年年底，春兰投资20多亿元兴建了年产100万辆摩托车和100万辆摩托车发动机的生产线，迈出了春兰多元化经营的第一步。迈出的这一步，当时并没有为春兰赢得好评，反对的声音甚至掩盖了这样的创举。春兰一举进入摩托车发动机制造领域，第一次改变了当时中国摩托车企业，以整车组装为主的生产模式。

1995年至1996年这一阶段是春兰发展史上的扩张期。在此期间，春兰推出了第一个五年计划“100工程”，确定“立足空调产业，进行产业扩张，形成多元经营框架”，开始逐步涉足家电、自动车、电子和海外产业。1995年春兰与韩国LG集团合资的无氟冰箱项目启动。到1996年底，产品开始陆续投放市场。选择市场上相对稀缺的无氟冰箱为切入点，与陶建幸1986年进入空调业的思路一脉相承。当时他提出“避开大路，占领两厢”，回避正面强敌，寻找市场空档。

1997年11月，春兰以7.2亿元接手了已经举步维艰的南京东风汽车公司，成立南京春兰汽车有限公司。2001年3月份开始投入批量生产，气派的春兰豪华卡车彻底改写了中国卡车质量低劣的形象，也让外界对春兰的多元化另眼相看。

2002 年，在中国家电“行业效益”整体下滑的大背景下，春兰的多元化之路越走越宽，春兰中型卡车国内销售挺进三甲，已能够为春兰集团贡献 2 亿元的利润，春兰公司成为中国汽车产业里杀出的一匹黑马，也标志着春兰第二个产业支柱——汽车产业初具规模；年产 3 万套高能动力镍氢电池组和 3 万辆电动自行车生产线全面投产，标志着继传统家电产业、汽车产业后，春兰第三个产业支柱——新能源产业正在崛起。当然，春兰的多元化历程也并非一马平川。早在 1996 年，他携百亿巨资想上家庭轿车，但因拿不到准生证而流产；1997 年，他启动 0.8 微米集成电路项目，因不能收购信息产业的“908 工程”而受挫。当然，也有他主动放弃的，2000 年以 6 亿美元投资进入液晶显示器，全球技术的瞬息万变将其挡在门外。但是，家电出身的春兰最终超越了家电。陶建幸说，春兰的家电公司，属于家电企业，而春兰集团不是。春兰现在定位的目标就是争取在两到三四十年内，把春兰建成一个世界著名的多元化的公司，让春兰成为中国的“通用”。

陶建幸不仅是之前为数不多的与杰克·韦尔奇面对面交流过的中国企业家之一，而且早在 2000 年 5 月，陶建幸曾与中海油集团总裁卫留成、中远集团总裁魏家福、南航集团总裁颜志卿等其他 22 名中国企业“国家队”的首脑们一起，在 GE“中央党校”，一位于美国克劳顿村的 GE 管理发展学院（现已更名为约翰·F·韦尔奇领导人员发展中心）“充电”。从克劳顿村回国后，陶建幸曾经一度“言必称 GE”。陶建幸推崇 GE，是因为他感到春兰与 GE 不乏相同之处。“我和杰克说过，我们是相似形。他造飞机发动机，我造汽车发动机；他做工程塑料，我做塑料加工；他做家电，我也做家电；他们的资本运作在 50% 左右，我们也在 50% 左右。”

金盆洗手不炒股。与中国大多数企业主要依靠工业利润进行资本积累的发展方式不同，春兰的资本积累一半来自非工业利润。“我们前十年走的路，在资本运作上作了大文章。”1996 年 11 月 29 日，在泰州市工业经济工作会议上，陶建幸坦承，“第一，股票我们做了，这是外国大公司最主要的收入之一；第二是做外汇，外汇是国家禁止的，现在我们也不做了；第三，变无形资产为有形资产；第四，组织企业上市”。到了 2001 年 10 月，陶建幸已明确表示，春兰已“金盆洗手”，不再炒股，而将资本运作的重点放在对外投资、收购高新技术公司、企业上市等方面。“我说的资本运作不是金融投机，我不是索罗斯。”面对曾被中国企业界推崇备至的“产业与金融结合”，陶建幸在 2002 年就断言：“这种结合目前在中国不存在。”什么叫“产金结合”？陶建幸认为：“如果所控制的资源对双方的互补有什么影响，这才叫产金结合。”按照这个标准判断，春兰进入金融业是产金“有限结合”。一个例子是，春兰曾经控股交通银行泰州分行 60% 股份，但在陶建幸看来，这也只是“有产有金”而已，并没有做到“产金结合”。陶建幸的聪明之处，在于春兰并没有把“投机”作为唯一的生财之道，而是将资本经营所获得的丰厚利润反馈于工业投资，用于扩大再生产，拓展产业领域，加大技术投入。正是在春兰从资本市场赚得盆满钵满的 20 世纪 90 年代，春兰空调的市场占有率曾连续八年雄居国内第一，并进入了冰箱、洗衣机、彩电、自动车和高能电池领域。国家体改委课题组为此曾三次深入春兰调研，并赞扬春兰：“产品经营与资本经营有机结合，工业资本、商业资本和金融资本相互渗透、相互融通，反过来又成为这一良性循环机制的润滑剂，这便是春兰非工业资本积累的特征之所在。”

十字街头。然而，时移势易。春兰的主导产品空调的市场占有率已连续数年被挤出前五名。与此同时，春兰集团的核心资产——上市公司春兰股份的业绩也开始大幅下滑。2002年，春兰股份实现净利润120399811元，比上一年下降了45.11%；2003年，春兰股份在主营业务收入同比大幅上升84.76%的情况下，净利润仍下滑48.93%，仅为61490421元。

春兰卡车是春兰集团近几年全力打造的新经济增长点。据了解，2003年，春兰卡车首期投资已经全部收回，不过据汽车业内人士介绍，春兰卡车销量虽号称位居全国第三，但它与该行业的伯仲一汽、二汽相比，无论规模、实力还是市场占有率，均存在很大差距。目前，春兰将发展卡车业的希望寄托在与日本某汽车厂商的合资上，但迄今国家发改委对该项目仍未批复。在资本市场，近两年春兰也无大手笔的动作。对国内外企业的收购兼并，春兰似乎停止了脚步；陶建幸孜孜以求的要将春兰的“几个公司”组织到美国上市的计划，也早已没有了下文。可喜的是，春兰股份的“长期负债”迄今仍然为零，可见其家底依然殷实。“我没有讲一切向GE学习，杰克来中国也可能一事无成。”两年前，陶建幸如是说。与GE的理念及构架“相似”的春兰，是继续向产金结合的模式靠拢，还是一如既往，继续“有限结合”？或者改弦易辙，专心从事实业？当今，春兰仍然站在一个十字路口。

案例分析题：

1. 春兰集团是如何开展多元化经营的？
2. 多元化经营有何利弊？

第二章 Chapter 2 新产品开发战略

教学目标

（1）明确新产品是如何分类的。
（2）掌握新产品开发战略包括的内容。
（3）学会实施新产品开发的流程管理。
（4）掌握新产品销售的有关知识。

开篇案例

Canon 开发新产品之路

新产品开发是生产型企业的经营命脉。一个企业要想有发展，必须自主创新，自主开发新产品，不然企业只能逐渐衰退。依靠新产品的持续开发，使企业长盛不衰，是所有百年老店的成功之道。而有些企业为了保持市场活力、扩大市场份额，试图通过持续不断地开发新产品来推动企业销售增长，结果出现了“产品结构乱，品种上量难，品牌提升慢”的现象，打乱了整体市场的销售布局。两者都是力图通过新产品开发，增强企业活力，实现企业的可持续发展，但结局却大相径庭，通过下面的两个案例会得到一些启示。

日本 Canon 公司对喷墨打印机的开发。打印机制造业是伴随着计算机的普及而迅速成长起来的一个产业。该产业经历从应用碰撞原理的色带打印、针式打印到应用非碰撞原理的感热打印，以及目前流行的激光打印和喷墨打印的技术与市场的巨变过程。

Canon 自 1988 年到 20 世纪 90 年代中期，一直保持着该行业领头羊的优势地位。这一地位的取得，不仅取决于该公司从研发复印机中培养起来的电子照相技术在开发激光打印机得到充分应用的优势，而且还取决于该公司未雨绸缪地开发和培育出喷墨技术，及这一新技术市场化的结果。

从1986年到1994年，Canon的喷墨打印机的累计市场占有率高达68%。激光打印机虽然具有打印速度快、清晰度高、噪音低等优势，但同时也因其构造复杂，存在着难以小型化、彩色化、低价格化等问题，而能解决这些问题的则是喷墨式打印技术。

1975年，Canon完成了将电子照相技术应用于激光打印机LBP的开发工作，并把它作为企业的一项核心事业。这项事业刚起步，Canon中央研究所的研究人员就开始了探索替代该技术的新技术。他们把目光投向喷墨打印技术时，发现今后可能成为喷墨打印机技术主流的压电振动子原理的技术专利都已被人申请了。

为此，他们只能寻找新的技术，并于1977年发明了以热能为喷射源的喷墨技术原理，又称BJ原理。但靠激光技术起家的公司其他技术人员的反应则是十分冷淡的。他们认为，该技术作为原理虽很理想，但从实现它的方法上看，却是完全“没用的技术”。为了完善这一技术，BJ开发组成员开始了长达10多年的技术开发与改良工作。为了消除其他技术人员的偏见，使自己开发出来的技术得以应用，他们说服了公司的各个事业部门。几经周折，最终以使用原有的打印机外壳，不增加产品开发成本为前提，换取了使用他们开发的机芯的机会，实现喷墨打印技术的产品化和量产化。

1990年在公司首脑的主导下，他们推出了世界上最廉价的小型喷墨打印机BJ—10V，迈出了该技术走向产业化的关键一步。1991年以后喷墨打印机开发集团作为新的核心部门，其产量大大超过了激光打印机。1995年的销售额超过了Canon总销售额的20%。一般来说，企业要获得竞争的优势，就必须开发出其他企业所没有的核心技术与能力，而且还必须进行持续的投资以进一步改良和完善这一技术。

但通过这一系列努力而达到的技术能力一旦确立，特别是当能为企业带来强大的竞争力时，就蕴含着可能出现阻碍开发和培育另一种新技术的危险性。这是因为在通常情况下，处于发明初期阶段的新技术在多数成果指标上，大都比现有技术拙劣得多，与发明无关的技术开发人员一般不会热心对待这些“不过关的技术”，而产品开发部门也因为它无法满足作为目前事业活动中心的顾客需求，而不敢轻易采用这些新技术。那些曾经一度辉煌的领袖企业之所以走向衰落和失败，其中的一个重要原因在于它们没能及时地开发和培育出适应技术与市场变化环境的新的核心替代技术。

Canon可以说是一个能够比较好地处理和平衡企业现有核心技术与新的核心技术关系的典范企业。该公司在现有企业核心技术，作为事业中心起步之时，就着手开发新的核心技术，并且锲而不舍地从人力和财力等多方面培育这一技术。该公司先是应用电子照相技术开发出激光打印机，取得竞争优势，当激光打印机的技术逐渐被竞争企业所模仿和超越时，又不失时机地应用新的核心技术推出喷墨打印机，比较持久地维持它的竞争优势。

本章知识结构图

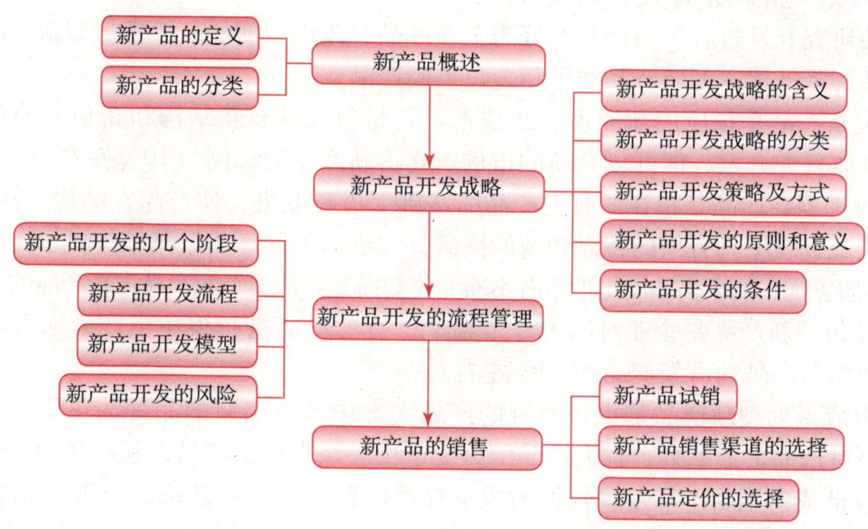

第一节　新产品概述

一、新产品的定义

对新产品的定义可以从企业、市场和技术三个角度来表述。对企业而言，第一次生产销售的产品都叫新产品，但对市场而言，只有第一次出现的产品才叫新产品；从技术方面看，在产品的原理、结构、功能和形式上发生了改变的产品叫新产品。

营销学的新产品包括了前面三者的成分，但更注重消费者的感受与认同，它是从产品整体性概念的角度来定义的。凡是产品整体性概念中任何一部分的创新、改进，都能给消费者带来某种新的感受、满足和利益的，相对新的或绝对新的产品，都叫新产品。

通常意义的新产品指采用新技术原理、新设计构思研制、生产的全新产品，或在结构、材质、工艺等某一方面比原有产品有明显改进，从而显著提高了产品性能或扩大了使用功能的产品。它既包括政府有关部门认定并在有效期内的产品，也包括企业自行研制开发，未经政府有关部门认定，从投产之日起一年之内的产品。新产品用来反映科技产出及对经济增长的直接贡献。

二、新产品的分类

为了便于对新产品进行分析研究，可以从多个角度进行分类。

（一）市场营销意义上的新产品

（1）因科学技术在某一领域的重大发现所产生的新产品。

（2）在生产销售方面，只要产品在功能和或形态上发生改变，与原来的产品产生差异，甚至只是产品从原有市场进入新的市场，都可视为新产品。

(3) 在消费者方面，则是指能进入市场给消费者提供新的利益或新的效用而被消费者认可的产品。

（二）以产品研究开发过程分类

按产品研究开发过程，新产品可分为全新产品、改进型新产品、模仿型新产品、形成系列型新产品、降低成本型新产品和重新定位型新产品。

(1) 全新产品是指应用新原理、新技术、新材料，具有新结构和新功能的产品。该新产品在全世界首先开发，能开创全新的市场。它占新产品的比例为10%左右。

(2) 改进型新产品是指在原有老产品的基础上进行改进，使产品在结构、功能、品质、花色、款式及包装上具有新的特点和新的突破。改进后的新产品，其结构更加合理，功能更加齐全，品质更优，能更多地满足消费者不断变化的需要。该类型新产品占新产品的26%左右。

(3) 模仿型新产品是企业对国内外市场上已有的产品进行模仿生产，称为本企业的新产品。模仿型新产品约占新产品的20%左右。

(4) 形成系列型新产品是指在原有的产品大类中开发出新的品种、花色、规格等，从而与企业原有产品形成系列，扩大产品的目标市场。该类型新产品占新产品的26%左右。

(5) 降低成本型新产品是以较低的成本提供同样性能的新产品，主要是指企业利用新科技，改进生产工艺或提高生产效率，削减原产品的成本，但保持原有功能不变的新产品。这种新产品的比重为11%左右。

(6) 重新定位型新产品是指企业的老产品进入新的市场而被称为该市场的新产品。这类新产品约占全部新产品的7%左右。

（三）以潜在市场分类

(1) 世界性新产品。该产品可以在世界范围内销售。

(2) 全国性新产品。该产品可以在全国范围内销售。

(3) 地区性新产品。该产品可以在国家的局部范围内销售。

(4) 企业性新产品。该产品只能在本企业派上用场。

（四）以应用的范围分类

(1) 独立使用型新产品。该产品可以独立用于生产和消费。

(2) 配套使用型新产品。该产品可以与其他部件组合成新产品。

(3) 系列型新产品。该产品与已有的产品构成系列产品。

第二节　新产品开发战略

一、新产品开发战略的含义

新产品开发战略，是建立在市场观念和社会观念的基础上，企业向现有市场提供新产品，以满足顾客需要，增加销售的一种战略。

新产品开发战略亦可表述为：新产品是向企业现有市场和其他企业已经开发的而本企业正准备投入生产和销售新产品的战略，即对企业现有和未来市场投放新产品或利用新技术增加产品的种类，以扩大市场占有率和增加销售额的企业发展战略。

这种战略的核心内容是激发顾客的新的需求，以高质量的新品种引导消费潮流，并保护人类及一切生物赖以生存的环境和实现可持续发展所必需的资源。

二、新产品开发战略的分类

（一）从技术角度分类

1. 领先型开发战略

企业采取这种战略，意在追求产品技术水平和最终用途的新颖性，保持技术上的持续优势和市场竞争中的领先地位。实施该策略要求企业有很强的研究、开发能力和雄厚的资源。贯彻高度领先型的产品开发战略，主要对策有：

（1）进行持续性的研究与开发，不断推出让顾客喜欢的新产品。

（2）新产品开发必须注重速度时效问题，研制速度快，开发周期短。

（3）以顾客需求为导向，产品质量务求完美，减少顾客怨言直到消除为止。

（4）有效降低成本，以价格优势竞逐市场。

（5）制定合理的激励机制，充分调动研发人员的主动性、积极性和创造性。

（6）重视教育训练，全体员工每年有一定时间进行以学习新技术和质量管理为主的培训。

（7）运用政治技巧，做好与本国政府和各主要市场国家政府相关单位的沟通工作，使各国政府能够正确理解科技变革与合理的规制。

2. 追随型开发战略

企业采取这种战略，并不抢先研究新产品，而是当市场上出现较好的新产品时，进行仿制并加以改进，迅速占领市场。这种战略要求企业具有较强的跟踪竞争对手情况的能力与足够的动态的技术信息机构与人员，并具有很强的消化、吸收与创新能力。

3. 替代型开发战略

企业采取这种战略，有偿运用其他单位的研究与开发成果，替代自己研究与开发新产品。研究与开发力量不强、资源有限的企业宜于采用这种战略。

4. 混合型开发战略

企业采取这种战略，以提高产品市场占有率和企业经济效益为准则，依据企业实际情况，混合使用上述几种产品开发战略。

（二）按产品开发的新颖程度进行分类

1. 全新型新产品开发战略

全新型新产品是指新颖程度最高的一类新产品，它是运用科学技术的新发明而开发和生产出来的，具有新原理、新技术、新材质等特征的产品。选择和实施此战略，需要企业投入大量资金，拥有雄厚的技术基础，开发实力强，同时花费时间长，并需要一定的需求潜力，故企业承担的市场风险比较大。调查表明，全新产品在新产品中只占10%左右。

2. 换代型新产品开发战略

换代型新产品使原有产品发生了质的变化。选择和实施换代型新产品开发战略，只需投入较少的资金，费时不长，就能改造原有产品，使之成为换代新产品，具有新的功能，满足顾客新的需要。

3. 改进型新产品开发战略

所开发的新产品与原产品相比，只发生了量的变化，即渐进的变化，同样能满足顾客新的需求。这是代价最小、收获最快的一种新产品开发战略，但容易被竞争者模仿。

4. 仿制型新产品开发战略

开发这种产品不需要太多的资金和尖端的技术，因此比研制全新产品要容易得多，但企业应注意对原产品的某些缺陷和不足加以改造，并结合市场的需要进行改进，而不应全盘照抄。

以上四种产品开发战略中，第一类开发战略，一般企业实施较难，只有大型企业或特大型企业在实行“产学研”联合开发工程的条件下，才能仿效。第二、第三、第四类开发战略，多数企业选择和实施较为容易，且能迅速见效。多数企业应着重考虑选择第二、第三和第四种新产品开发战略。

（三）按新产品开发的范围和水平进行分类

1. 地区级新产品开发战略

这里所指的“地区级”，是指省、市、自治区一级。也就是新产品开发达到省、市、自治区一级水平的战略。凡我国其他省（市、自治区）已经开发和生产的新产品，本省（市、自治区）还没有这种新产品，而某企业率先开发和生产出来，经有关部门鉴定和确认，则属于本省（市、自治区）一级新产品。

2. 国家级新产品开发战略

这是指新产品开发达到国家一级水平的战略。国家级新产品，是指在全国范围内新出现的产品。凡国外已率先开发和生产，国内尚没有这类产品，国内某企业率先开发和生产出来，经国家有关主管部门鉴定和确认，则属于国家级新产品。

3. 国际级新产品开发战略

这是指新产品开发达到国际级水平的战略。国际级新产品包括：①在国际市场上尚未出现、本国某企业率先开发和生产出来的先进产品；②国外虽然已经出现某种新产品，国内企业在掌握国外新产品特点的基础上，开发出性能更好、水平更高的同类产品，属于国际领先产品。

以上三种新品开发战略，可以由低向高逐级选择和实施，即先选择第一级，即地区新产品开发战略，实施成功后，再选择第二级，即国家级新产品开发战略，这一战略实施成功后，再选择第三级，即国际级新产品开发战略。条件好的，也可跳跃式开发，企业还没有地区级新产品，可直接开发国家级新产品；有些企业拥有地区新产品，但还没有国家级新产品，只要条件允许，亦可选择开发国际级新产品的战略。

三、新产品开发策略及方式

新产品开发要以满足市场需求为前提，企业获利为目标，根据市场需要，开发适销、对路的产品；根据企业的资源、技术等能力确定开发方向；量力而行，选择切实可行的开发方式。采用何种策略则要根据企业自身的实力、市场情况和竞争对手的情况。当然，这与企业决策者的个人素质也有很大关系，开拓型与稳健型的经营者会采用不同的策略。

（一）开发策略

1. 先发制人策略

先发制人策略是指企业率先推出新产品，利用新产品的独特优点，占据市场上的有利地位。采用先发制人策略的企业具备强烈地占据市场“第一”的意识，因为对于广大消费者来说，对企业和产品形象的认知都是先入为主的，他们认为只有第一个上市的产品才是正宗的产品，其他产品都以“第一”为参照标准。

因此，采取先发制人策略，能够在市场上捷足先登，利用先入为主的优势，最先建立品牌偏好，从而取得丰厚的利润。而且，从市场竞争的角度看，如果你能抢先一步，竞争对手就只能跟在后面追，而你由于不满足占领已有的市场，连续不断地更新换代，开发以前没有的新产品、新市场，竞争对手就得疲于奔命。一个不断变化的目标要比一个固定的靶子更难以击中，这样就会取得竞争优势。采用先发制人的策略，企业必须具备以下条件：企业实力雄厚，且兼备科研实力和经济实力，并具备对市场需求及其变动趋势的超前预判能力。

2. 模仿式策略

模仿式策略就是等别的企业推出新产品后，立即加以仿制和改进，之后推出自己的产品。这种策略并不把投资用在抢先研究新产品上，而是绕过新产品开发这个环节，专门模仿市场上刚刚推出并畅销的新产品，进行追随性竞争，以此分享市场收益。所以又称为竞争性模仿，即既有竞争，又有模仿。竞争性模仿不是刻意追求市场上的领先，但它绝不是纯粹的模仿，而是在模仿中创新。企业采取竞争性模仿策略，既可以避免市场风险，又可以节约研究开发费用，还可以借助竞争者领先开发新产品的声誉，顺利进入市场。更重要的是，它通过对市场领先者的创新产品作出许多建设性的改进，有可能后来居上。

3. 系列式产品开发策略

系列式产品开发策略就是围绕产品向上下左右前后延伸，开发出一系列类似的但又各不相同的产品，形成不同类型、不同规格、不同档次的系列产品。采用该策略开发新产品，企业可以尽量利用已有的资源，设计开发更多的相关产品，如海尔围绕客户需求开发的洗衣机系列产品，适合了城市与农村、高收入与低收入、多人口家庭与少人口家庭等不同消费群的需要。

（二）开发方式

在选择不同策略的基础上，企业应根据具体情况选择相应的新产品开发方式。

1. 独立研制方式

这种方式指企业依靠自己的科研和技术力量研究开发新产品。

2. 联合研制方式

这种方式是指企业与其他单位，包括大专院校、科研机构以及其他企业共同研制新产品。

3. 技术引进方式

技术引进方式是指通过与外商进行技术合作，从国外引进先进技术来开发新产品。这种方式也包括企业从本国其他企业、大专院校或科研机构引进技术来开发新产品。

4. 自行研制与技术引进相结合的方式

这种方式是指企业把引进技术与本企业的开发研究结合起来，在引进技术的基础上，根据本国国情和企业技术特点，将引进技术加以消化、吸收、再创新，研制出独具特色的新产品。

5. 仿制方式

按照外来样机或专利技术产品，仿制国内外的新产品，是迅速赶上竞争者的一种有效的新产品开发方式。

四、新产品开发的原则和意义

（一）新产品开发的原则

1. 服从企业总体经营战略的要求

新产品开发策略是企业经营决策的一部分，而战略性的经营决策应当并已经在企业资源与外部环境之间做出了最佳选择，所以制订新产品开发策略首先应该服从总体经营战略的要求。

2. 准确定义新产品的开发目标

只有准确定义新产品的开发目标，才能约束和限定开发工作的方向，并有助于在开发过程中对执行情况作自身评价，制定正确的新产品营销计划。

3. 加强开发过程中的指导

企业有关负责人应对开发过程中所需的协调、控制和决策给以原则性的指导。这样做的目的是为了避免在具体开发中出现过多的争执和冲突。

4. 加强开发过程中的沟通工作

开发过程中，研发部门要加强与原材料部门、生产等部门沟通，确保未来开发成功的产品、原材料有保证，生产加工不存在任何困难。

5. 开发的持续性

任何产品都有一定的生命周期，企业要生存、发展，必须持续进行新产品的开发，持续不断地以性价比更高的新产品取代老产品，只有这样企业才能充满活力。

（二）新产品开发的意义

第一，开发新产品是企业生存和发展的根本保证。

第二，开发新产品能够更好地满足人们日益增长的物质和文化生活的要求。

第三，开发新产品是提高企业竞争能力的重要手段。

第四，开发新产品是提高企业经济效益的重要措施。

第五，新产品开发能提升企业的形象。

第六，新产品开发有利于保持和增强企业的研发能力。

第七，新产品开发可以充分利用企业的生产和经营资源。

五、新产品开发的条件

（一）商业可行性

检验商业可行性的结果将证实新产品或服务是否会有市场，顾客是否愿意购买你的新产品或接受你的服务，他们对你的新产品或服务究竟有多大的需求，你是否可以从新产品或新服务中赢利。比如，某游泳池决定在其游泳服务的项目中增加一项健身服务。他们认为这是很自然的事，因为顾客可以在游泳之前先锻炼一下身体。在组织了几场小组座谈会之后，他们得到了一些有利的反馈信息。于是他们决定先选一个点进行试验，结果也非常乐观，于是他们决定继续完善新项目的开发计划。

（二）企业内部条件

企业必须检查是否有足够的能力支持新产品的开发。这些能力包括技术能力、成本投入能力、经营网络能力等。

1. 技术可行性

检验技术可行性，必须要求企业的生产能力以及产品或服务能实现设计的功能。例如，某公司开发新产品的原型，将这种新产品安在一个正常的灯泡上可使灯泡的使用寿命延长10倍，市场前景非常可观，而且他们可以利用自己闲置的机器生产这种产品，但存在的问题是需要找到一种能抗高温的粘合剂。他们自己没有这方面的技术能力开发这种抗高温的粘合剂，若与国际上较先进厂商合作开发，费用将远远超出利润，因此从整体上来分析，这是不可行的。

2. 成本投入能力

产品开发涉及规模越大，资金投入越大，成本回收就越慢。从现实来看，如果没有数千万的资金支持和不少于两年时间的回笼投资的思想准备，做高档品牌的开发，恐怕不会有好结果。

3. 经营网络能力

如果只熟悉低端市场，拥有一张低档产品的销售网络，那么，新的产品最好定位在低档范围。否则，因为没有高档产品的销售网络，造成产品销售困难，导致投入资源的浪费。如果开发新的商业网络，则需要雄厚的资本，企业恐不堪重负。更重要的是，重新开发商业网络，在短期内未必能达到预期目的，将会造成更大的经济损失。

第三节　新产品开发的流程管理

一、新产品开发的几个阶段

开发新产品通常要经历以下几个阶段：产品构思、筛选、产品初步设计、可行性研究、试制、试销、正式上市和投产。

1. 产品构思

产品构思又称创意，是指对新产品的设想。产品构思的内容包括产品的使用目的、基本功能、产品大致轮廓和大概制造方法等。市场需求是开发新产品的出发点，产品构思来自于市场有关的几个方面：一是用户；二是销售者；三是科技人员。产品构思的其他一些来源包括中间商、企业生产人员和管理人员乃至竞争对手。

2. 筛选

在筛选时必须考虑以下两个重要因素：

（1）构思的新产品是否符合企业的目标，如利润目标、销售稳定目标、销售增长目标和企业总体营销目标等。

（2）企业是否具备足够的实力来开发所构思的新产品，这种实力包括经济和技术两个方面。

3. 产品初步设计

产品构思抽象地提出了开发新产品的方向和途径，构思虽经筛选但仍是抽象产品，把抽象产品具体化，需要从原理、结构、外形、性能等方面，对筛选出来的构思产品进行初步的产品设计，以达到产品构思所提出的目标。

4. 可行性研究

在产品初步设计的基础上，对新产品方案进行可行性研究，是进一步决定产品取舍的重要环节。可行性研究是要解决新产品实体构思能否转化为在生产技术和商业上可行的问题。

5. 试制和鉴定

新产品的开发是通过对新产品实体设计、试制、测试和鉴定来完成的。

6. 试销

新产品的试销是把经过鉴定的样品投入少量的生产，按企业所制定的营销策略计划，将产品小范围投放市场，以观测用户的反应，并把用户的意见及时反馈，对新产品作进一步的改进后再试销。这个过程有时要反复多次。

7. 正式上市和投产

新产品经过试销获得成功后，企业就可把产品正式投入大批量生产。正式投产不仅需要大量资金，企业还应注意上市的时间、地点以及市场的营销策略。

二、新产品开发流程

新产品的开发流程大体要做好以下几方面工作。

1. 现有产品市场的把握

新产品开发的策划人员要清楚企业产品的市场销售状况，哪些产品畅销，哪些产品滞销，滞销是企业营销的原因，还是产品本身的问题。同时，还应掌握市场上顾客的需求动向，对产品性能方面有何需求等。

2. 新产品的构思和验证

新产品的构思和验证，图 2－1 是新产品构思至验证过程。

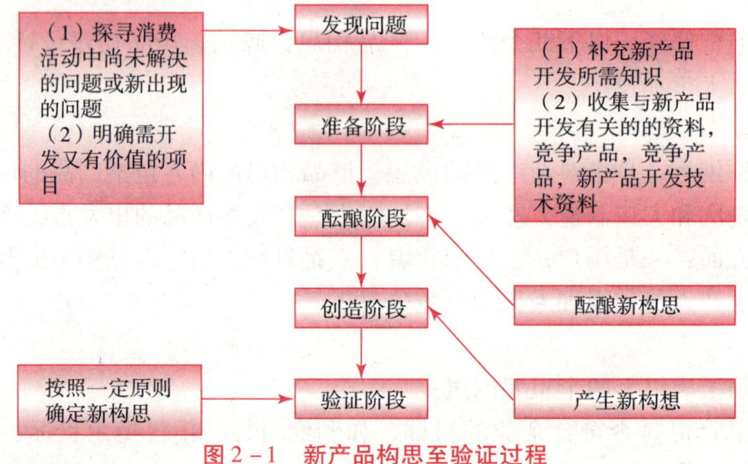

图 2－1　新产品构思至验证过程

3. 描述新产品

对欲开发的新产品尽可能作出详尽的描述，如产品的性能、结构、外观、使用的方便性、可维护性、原材料的易得性、可加工性、成本的低廉性等。在描述的过程中，要注意和已有的产品作对比，展示其长处。

4. 新产品的创意审议阶段

该阶段主要是评价项目各阶段成果与设计的符合性，评价设计文件的准确性，评价项目设计的先进性，同时评价结构、性能方面存在的具体问题、整改措施和整改结果。

5. 新产品开发资源需求计划

新产品的开发需要投入资金，如增添必要的设施设备，构成产品本身的外购件，原材料。同时，开发新产品还需要解决人力资源问题，它可以在公司内部调剂解决，或再进行招聘。

6. 新产品的市场预期

由于欲开发的新产品尚未问世，我们不可能得到本产品的市场销售数据，但我们可以通过类似已上市的产品的市场销售情况调查，预测新产品的市场前景。

7. 新产品的试制

试制是根据设计图纸，工艺文件和少数必不可少的工艺装备，由试制车间试制出样品，以便检验产品的结构、性能及主要工艺是否达到设计要求，设计图纸是否正确，以便肯定或进一步校正产品设计。

8. 新产品的试销

新产品市场试销的目的是对新产品正式上市前所做的最后一次测试。尽管从新产品构思到新产品实体开发的每一个阶段，企业开发部门都对新产品进行了相应的评估、判断和预测，但这种种评价和预测在很大程度上带有新产品开发人员的主观色彩，最终投放到市场上的新产品能否得到目标市场消费者的青睐，企业对此没有把握。通过市场试销将新产品投放到有代表性地区的小范围目标市场进行测试，企业才能真正了解该新产品的市场前景。

9. 新产品的财务预期

(1) 设施设备的支出。

(2) 消耗物资的支出。

(3) 购置技术资料的支出。

(4) 管理费用的支出。

(5) 其他费用的支出，如能源消耗、外出学习考察等。

三、新产品开发模型

(一) 古特巴模型

该模型将新产品的开发视为一系列活动的有序衔接。其中包括概念的形成、研发部门活动、设计部门活动、生产部门活动和销售部门活动，如图 2－2 所示。

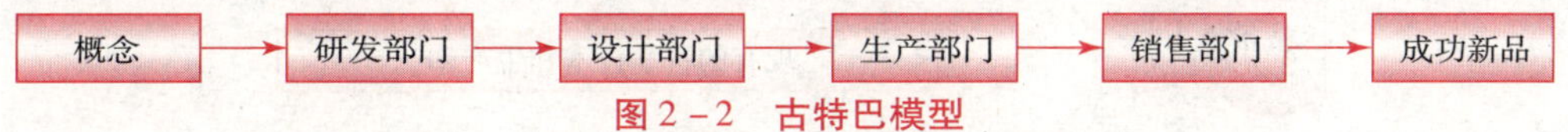

图 2－2　古特巴模型

1. 概念形成阶段

概念的形成阶段，是产品开发的主体阶段，通常是研发项目的负责人对准备研发的产品的总体构思，其内容包括：

(1) 结构、型号、规格和性能。

(2) 安装、使用、操作、保养、维修和存放方法。

（3）保护操作者和产品的安全措施，发生意外的应急处理。

（4）对涉及环境和能源的产品，应规定必要的环境保护和节约能源等的总体构思。

2. 研发部门活动

研发部门可以从各个部门抽调参与研发的人员，包括设计人员、项目管理人员、测试人员、前期调研人员等，然后公司以文件的形式成立研发部或研发中心，再配备相应的研发设备、设施，制定研发相关管理制度，进行费用预算并下拨研发经费。研发部门利用这些条件预计目标、策划设计、修正不足、完成效果、打稿出样。

3. 设计部门的活动

设计部门的活动，主要是进行技术规范制定工作。主持产品技术转化和制造技术交底工作，根据用户或公司其他部门的要求和加工的工艺要求对研发部门提供的样机提出修改建议和意见。

4. 生产部门的活动

人们常说一个产品能设计出来，但不一定能生产出来。根据设计部门提出的生产工艺，进行产品的试制加工。加工出的产品应努力达到产品的研发设计要求。如果达不到要求，就要找出原因，是原材料的原因，是外构件的原因，是加工设备能力不足的原因还是设计本身不合理的原因，并作出反馈。

5. 销售部门的活动

销售部门的活动是指新产品通过设计评审，经过小批量试制阶段后，设计出初步的营销方案，并在可信的消费者环境中，对它进行系列的推广销售测试工作。

（二）罗斯维尔和罗伯逊模型

该模型认为新产品开发是一个逻辑的序列过程，如图 2－3 所示。第一个逻辑序列是社会目标和市场需求的拉动作用。第二个逻辑系列是现有科学技术和生产知识提供支持。第三个逻辑系列实际是第一逻辑系列的拉动和第二逻辑系列支持下新产品开发的过程。

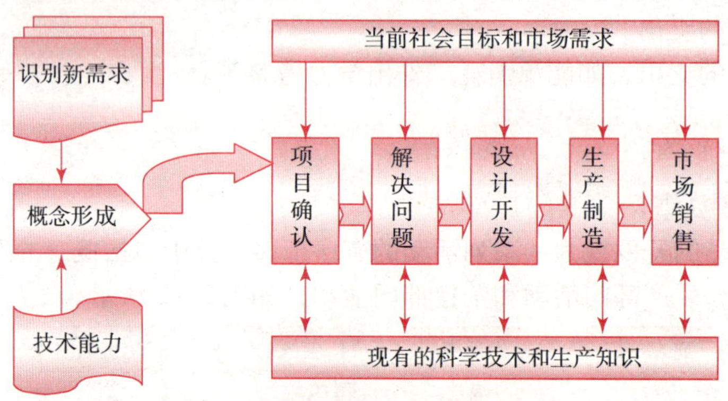

图 2－3　罗斯维尔和罗伯逊模型

（三）特维斯综合模型

模型如图 2－4 所示。特维斯综合模型的特点是：首先强调创新的外部环境，外部市场有这种产品的需求，同时外部提供了研发生产该种新产品的科学技术条件；其次在内部环境方面强调研发部门与销售部门的密切配合；再次在研发项目的确定上，强调战略思维，就是新产品的开发目标，既要考虑到企业的近期收益，更要考虑企业的长远发展。

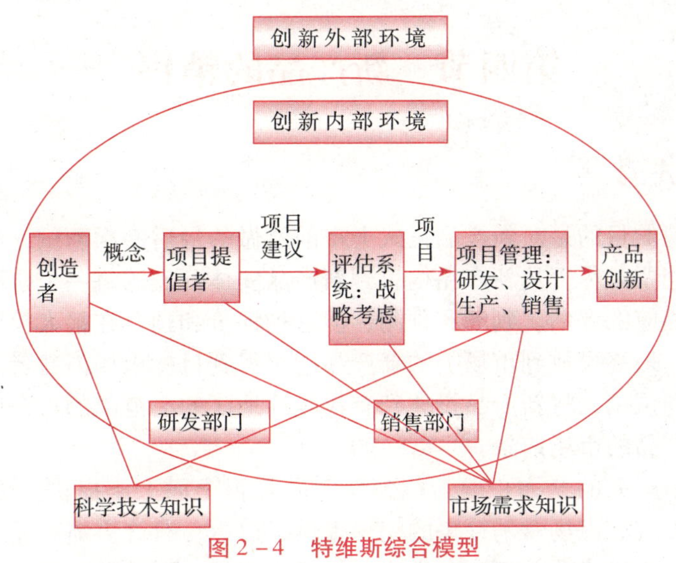

图 2－4　特维斯综合模型

四、新产品开发的风险

（一）新产品开发风险的表现

（1）在新产品投入市场时，并不都能为市场所接受，并不都能迅速成长且较快的达成企业的销售和利润目标。

（2）新产品在开发的过程中，有很高的淘汰率。从历年统计数字看，消费品新品的失败率为 40%，工业品新品的失败率为 20%。

（二）新产品开发失败的原因

1. 失败的外部原因

（1）在通常的生产和生活领域，值得投资的新技术微乎其微。

（2）激烈的竞争导致市场不断分裂，新产品只能针对已经细分了的市场，只能获得较低的销售额和利润额。

（3）技术含量低的新产品没有开发价值，而技术含量高新产品开发过程中的费用日益增大。

（4）技术开发往往需要较高的资金支持，而大多数企业的资金并不充裕。

（5）新产品开发的时限在缩短，当新产品上市时，它已成为“昨日黄花”。

2. 失败的内部原因

（1）新产品开发的方向不对。

（2）对新产品的市场没有足够了解，特别是对用户在产品功能特性和质量方面的要求没有充分认识。

（3）新产品品种单调。

（4）新产品功能未达预期目标。

（5）缺乏有关竞争对手开发新产品的情报，导致多家企业重复研发，结果是成功者只有一家，其余诸家均告失败。

第四节 新产品的销售

一、新产品试销

新产品市场试销的目的是对新产品正式上市前所做的最后一次测试，且该次测试的评价者是消费者的货币选票。尽管从新产品构思到新产品实体开发的每一个阶段，企业开发部门都对新产品进行了相应的评估、判断和预测，但这种评价和预测在很大程度上带有新产品开发人员的主观色彩，最终投放到市场上的新产品能否得到目标市场消费者的青睐，企业对此没有把握。通过市场试销，将新产品投放到有代表性地区的小范围的目标市场进行测试，企业才能真正了解该产品的市场前景。

市场试销是对新产品的全面检验，能为新产品是否全面上市提供全面、系统的决策依据，也为新产品的改进和市场营销策略的完善提供了启示，有许多新产品是通过试销改进后才取得成功的。而且试销成功并不一定意味着市场销售就一定成功，原因在于消费者偏好的易变性、竞争者的加入及其他环境因素的变化，都会影响新产品的销售。

新产品的试销要做好以下几项工作：

（1）制定试销计划。

（2）选择合适的试销市场。

（3）选择正确的展销方式。

（4）选择合适的试销评价工具。

二、新产品销售渠道的选择

（一）销售渠道的概念、效用和类型

1. 新产品销售渠道的概念及其效用

销售渠道的整体概念包括企业的销售组织、中间商及最终消费者。在大多数情况下，选择中间商销售是不可缺少的。因为包括中间商在内的各种销售渠道能够给生产者和消费者提供各种方便，能够创造必要的效用，主要包括三个方面：

（1）时间效用。即创造一种消费者随时可以买到商品的状态。

（2）场地效用。即创造一种消费者随处可以买到商品的状态。

（3）所有权转让效用。即流通渠道能够在生产者和消费者之间提供最为方便的所有权转让途径。

2. 新产品销售渠道的类型

关于销售渠道的类型，主要表现为中间环节的多少。构成渠道的中间环节有零售商、批发商、代理人等。新产品从生产者到达消费者手中是否要选择中间商，选择哪些中间商，就构成了销售渠道的不同类型。一般来说，由于工业品与消费品的市场特点，其新产品的渠道结构形式有所不同。销售渠道的一般结构形式如图 2－5 所示。

（二）新产品销售渠道的选择

在选择销售渠道时，一定要结合主客观条件等多种因素进行审慎分析才能作出决定。影

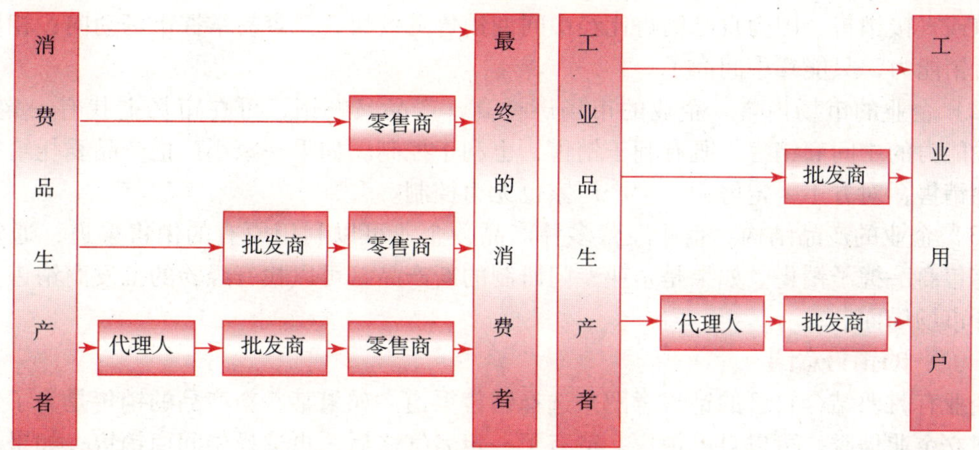

图 2－5 销售渠道的一般结构形式

响新产品销售渠道的选择，主要有以下几个方面。

1. 市场因素

（1）市场集中程度。市场比较集中，分布的市场范围不大，适宜采取直销渠道；市场分散，就需要采取较长的分销渠道。

（2）市场潜力的大小。市场潜力大，预计潜在消费者多，销售规模大，就需要通过更多的中间商提供服务；反之，市场潜力小，消费者不多，企业直接销售为妥。

（3）消费者的购买频率。如果消费者对某种新产品的购买频率高，每次购买量又比较小，适宜选用中间商；反之，消费者大批量购买的新产品，可直接销售。

（4）消费者的购买习惯。消费者购买日用消费品，都希望随时随地能买到，而购买特种或贵重商品，却愿意到处选购，或者到制造厂看样交货。这种不同的购买习惯也决定了新产品销售渠道的选择。

（5）竞争产品的销售渠道。新产品进入市场时，已存在同类产品的销售，在这种情况下，通常要争取与竞争者相同的销售渠道，这样比较容易进入市场。

2. 产品因素

（1）产品价格高低。新产品的售价不高，或者采取薄利多销，一般说来，销售渠道较长；产品价格越高，销售渠道越短。

（2）产品的复杂程度。产品的技术复杂程度越高，越应选用较短的销售渠道，如家电等耐用消费品，应避免中间商层层转手，可以直接销售或直接交零售商销售。

（3）产品的季节性和时令性。对季节性和时令性比较突出的新产品，都要求严格控制仓储，保证产品及时上市，以选择短销售渠道为宜。

（4）产品的标准化程度。新产品的标准化程度越高，销售面越广，通过的中间商会越多，销售渠道会越长。

（5）产品的用途不同。有些产品可以作为工业品，也可以作为消费品，如某些建筑材料，当销售给工业用户时，可以直接销售；当销售给最终消费者时，销售渠道长一些为好。

3. 企业因素

（1）企业的销售能力。企业本身具备了足够的财力、销售机构和销售队伍，可以选择

短渠道或直接销售，因为自己销售比经中间商销售见效快，又容易掌握市场动向；相反，不具备自销能力，只能靠中间商了。

（2）企业的市场声誉。企业的市场声誉高，产品又畅销，可在市场上找有一定影响、有较强能力的中间商销售，既有利于销售，也利于控制。如果一家小厂把产品委托给很大的中间商销售，对方不一定努力，生产厂家也无力控制。

（3）企业的产品结构。企业经营多种产品，企业可以利用原有的销售渠道，通常是供应给零售商一揽子销售。如果是企业专门研制的新产品，可以找有经验的批发商销售，有利于打开市场局面。

4. 企业的销售意图

企业有时要结合自己的销售意图来选择销售渠道。如果某些新产品的销售是为了创出品牌，树立企业信誉，可以自己销售，待有了一定名气之后，再选择中间商销售；如果希望某种新产品在零售市场上销售，打开知名度，也可采取较短渠道。

三、新产品定价的选择

1. 影响新产品定价的因素

（1）目标市场和定位。新产品定价主要由目标市场和定位的选择决定。一般来说，企业新产品目标市场和定位越清晰，定价越容易。例如某房地产开发商，要在北京为艺术界的高收入者细分市场建设豪华别墅，这一定位意味着定价要高。

（2）消费需求。消费需求具体反应为市场销量的预测值，消费需求大多会为新产品的定价划上上限，同时，企业新产品的定价也将影响需求，不同的定价将产生不同的需求水平。

（3）成本。如果说消费需求会对新产品定价划上上限，那么，新产品的成本将对新产品的定价划上下限。新产品的成本包括研制生产成本和分销促销成本。

（4）竞争者的价格和产品情况。竞争者的价格和产品情况，应作为新产品定价的参考点。如果新产品类似竞争者的产品，定价应接近竞争者的水平；如果新产品逊于竞争者，定价要低于竞争者；如果新产品优于竞争者，则可高于竞争者的定价。

2. 新产品定价目标的确定

新产品的定价目标可分为下列几种：

（1）预期效益。在新产品的开发中，企业要规定投资的收益率。有的企业会因新产品的垄断性很强，可把短期的预期收益率定得很高；有的企业为了防止潜在竞争，也可把定期收益率定得低些。预期的收益率目标不同，定价自然不同。

（2）稳定价格。在为新产品定价时，不是考虑因定价引起需求量的增减，而是考虑用什么样的价格才能抑制竞争对手的涨价或降价，尤其是要防止降价。这种定价目标若能实现，对企业实现长远利润目标是有很大益处的。

（3）保持或改变市场占有率。有的企业为了实现新产品占领某一目标市场，就要把预定的市场占有率作为新产品的定价目标，或者说，新产品的定价应保证市场占有率的实现。

（4）预期销售额。由于预期销售额关系到新产品的市场前途，关系到企业的发展方向，因此，不少企业都十分重视和追求预期销售额，把实现预期销售额作为新产品的定价目标。

（5）适应或防止竞争。企业开发新产品的目标在很大程度上是为了参与市场竞争。有的企业为了达到竞争目标，把新产品的价格定得很低，以阻止新的竞争者加入，或将现有的竞争者排挤出市场。

（6）最大利润。一般来说，新产品刚上市，往往会有一段时间亏损。把最大利润作为新产品目标，就是要从长远考虑，从尽快打开新产品的销路出发，使新产品的定价有利于企业最大利润目标的实现。

3. 新产品定价策略

新产品价格的确定，不仅是方法问题，也是一种策略，一种艺术。确定新产品的价格策略，不存在一成不变的模式，要善于根据产品和市场因素的变化采取不同的市场策略。

（1）成本加成定价。成本加成定价是最常用的定价方法。这种方法是指估计出平均可变成本与平均固定成本的基础上，加上一个预定比例的利润，制定出价格的方法。

（2）增量分析定价。增量分析定价，是指通过计算由价格决策引起的利润增量，来判断定价方案效果的方法。具体的讲，如果利润的增量是正直，说明新产品的定价是可以接受的；如果利润的增量是负值，说明新产品的价格是不可接受的。

（3）掠夺性定价。掠夺性定价是指新产品生产厂家，为将对手挤出市场和吓退企图进入该市场的潜在竞争对手而降价，待对手退出市场后再进行提价。

（4）限制进入定价。限制进入定价是指新产品的生产厂家，将新产品的价格和产量控制在某一水平，以至于新厂商进入市场后发现，所剩需求不足以使他们获利，不得不退出的方法。

（5）撇脂定价。撇脂定价是一种高价格策略。它指新产品生产厂商，在初期把价格定得较高，以便在较短时间内收回投资，获取利润的定价策略。

（6）渗透定价。渗透定价是指厂商推销新产品时，把价格定得很低的一种方法。厂商希望利用此种方法进入市场，且能占据较大的市场份额。

4. 价格与促销配合策略

在新产品的市场开发中，价格策略虽然很重要，但它不是独立起作用，而是要和市场营销组合中的其他因素相配合，才能有效地发挥价格策略的作用。除产品定价策略外，可以把营销组合的其他因素归结为企业的促销努力，现实有两种相反的策略：一是高代价促销努力，其目的是迅速打开市场局面，提高市场占有率；二是低代价促销努力，其目的是尽可能地降低销售成本，争取更多的销售利润。如果把两种定价策略与两种促销策略结合起来就会出现四种市场销售策略。四种可供选择的策略如图2－6所示。

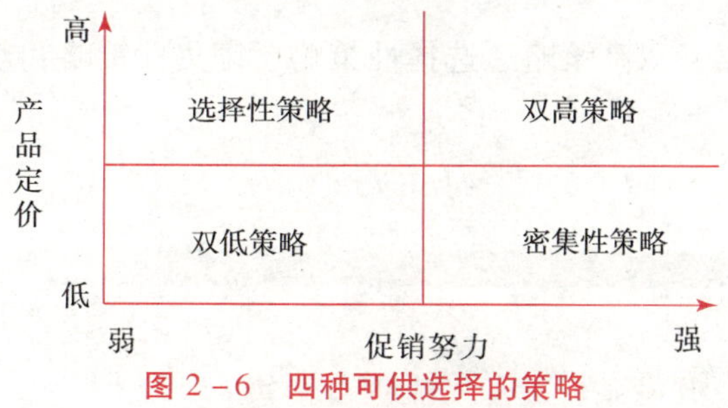

图2－6　四种可供选择的策略

（1）双高策略。即以高价格与高度的促销努力相配合的销售策略。采用这种策略是为了把新产品迅速打进市场，并力求尽快获得最大利润。

(2) 选择性策略。即以高价格与低促销努力相结合的销售策略。采用这一策略是为了充分利用产品的竞争优势，尽可能降低销售费用，增加销售利润。

(3) 密集性策略。即以低价格与高度的促销努力相配合的销售策略。采用这种策略是为了迅速占领市场，争取最高的销售量和市场占有率，并保持市场竞争优势。

(4) 双低策略。即以低价格和低促销努力相配合的销售策略。采取这一策略是为了利用企业的信誉和原有的销售渠道推出新产品和占领市场，增加更多的利润。

以上四种类型的销售策略，一般是在运用新产品价格策略的条件下，配合促销努力的措施形成的，也就是在对市场营销组合因素综合的基础上产生的，因而对新产品的开发是极为重要的。

本章小结

新产品的分类：市场营销意义上的新产品、按产品研究开发过程区别的新产品、以潜在市场分类的新产品和以应用的范围分类的新产品。

新产品开发战略的分类：从技术角度分类、按产品开发的新颖程度进行分类和按新产品开发的范围和水平进行分类。

新产品开发策略：先发制人策略、模仿式策略和系列式产品开发策略。

新产品开发方式：独立研制方式、联合研制方式、技术引进方式、自行研制与技术引进相结合的方式和仿制方式。

新产品开发的原则：服从企业总体经营战略的要求、准确定义新产品开发的目标、加强开发过程中的指导、加强开发过程中的沟通工作和开发的持续性。

开发新产品阶段：产品构思、筛选、产品初步设计、可行性研究、试制、试销、正式上市和投产。

新产品开发模型：古特巴模型、罗斯维尔与罗伯逊模型和特维斯综合模型。

新产品定价策略：成本加成定价、增量分析定价、掠夺性定价、限制进入定价、撇脂定价和渗透定价。

价格与促销配合策略：双高策略、选择性策略、密集性策略和双低策略

关键名词

新产品　开发战略　开发条件　开发流程　销售

选择题

判断题

一、简答题

1. 新产品是如何分类的?
2. 新产品开发有哪几种策略和方式?
3. 新产品开发的原则是什么?
4. 新产品开发模型有哪几种?
5. 新产品的定价策略有哪几种?

二、论述题

试述新产品开发的流程。

新可乐的失败

自从1886年亚特兰大药剂师约翰·潘伯顿发明神奇的可口可乐配方以来,可口可乐在全球开拓市场上可谓无往不胜。1985年4月23日,为了迎战百事可乐,可口可乐在纽约宣布更改其行销了99年的饮料配方,此事被《纽约时报》称为美国商界一百年来最重大的失误之一。

在80年代,可口可乐在饮料市场的领导者地位受到了挑战,其可口可乐在市场上的增长速度从每年递增13%下降到只有2%。在巨人踌躇不前之际,百事可乐却创造着令人瞩目的奇迹。它首先提出"百事可乐新一代"的口号,这一广告活动抓住了那些富于幻想的青年人的心理。这一充满朝气与活力的广告,极大地提高了百事可乐的形象,并牢固地建立了它与软饮料市场上最大部分的消费者之间的关系。在第一轮广告攻势大获成功之后,百事可乐公司仍紧紧盯着年轻人不放,继续强调百事可乐的"青春形象",又展开了号称"百事挑战”的第二轮广告攻势，在这轮攻势中，百事可乐公司大胆地对顾客口感试验进行了现场直播，即在不告知参与者在拍广告的情况下，请他们品尝各种没有品牌标志的饮料，然后说出哪种口感最好，试验过程全部直播。百事可乐公司的这次冒险成功了，几乎每一次试验后，品尝者都认为百事可乐更好喝，“百事挑战”系列广告使百事可乐在美国的饮料市场份额从 6% 猛升至 14%。

可口可乐公司不相信这一事实，也立即组织了口感测试，结果与“百事挑战”中的一样，人们更喜爱百事可乐的口味。市场调查部的研究也表明，可口可乐独霸饮料市场的格局正在转变为可口可乐与百事可乐分庭抗礼。20 世纪 70 年代，18% 饮料消费者只认可口可乐这一品牌，认同百事可乐的只有 4%，到了 20 世纪 80 年代只有 12% 的消费者忠于可口可乐，而只喝百事可乐的消费者则上升到 11%，达到了与可口可乐持平的水平。而在此期间，无论是广告费用支出还是销售网站，可口可乐公司都比百事可乐公司高得多。它拥有两倍于百事的自动售货机、优质的矿泉水，更多的货架空间以及更具竞争力的价格，但是为什么它仍然失去了原属自己的市场份额呢？面对百事可乐的挑战，1980 年 5 月，可口可乐董事会接受了奥斯丁和伍德拉夫的推荐，任命戈伊祖艾塔为总经理。在戈伊祖艾塔于 1981 年 3 月成为公司的董事长之后，唐纳德·基奥接任总经理。不久，戈伊祖艾塔召开了一次全体经理人员大会，他宣布，对公司来说，没有什么是神圣不可侵犯的，改革已迫在眉睫，人们必须接受它。于是，公司开始将注意力转移到调查研究产品本身的问题上来，证据日益明显地表明，味道是导致可口可乐衰落的唯一重要的因素，已经使用了 99 年的配方，似乎已经合不上今天消费者的口感要求了。在这种情况下，公司开始实施堪萨斯计划——改变可口可乐的口味。可口可乐公司在研制新可乐之前，秘密进行了代号“堪萨斯工程”的市场调查行动，它出动了 2000 名市场调查员在 10 个主要城市调查顾客是否接受一种全新的可口可乐，问题包括：可口可乐配方中将增加一种新成分使它喝更柔和，你愿意吗？假如可口可乐将与百事可乐口味相仿你会感到不安吗？你想试试一种新饮料吗？

调查结果表明只有 10% ~12% 的顾客对新口味的可口可乐表示不安，而且其中一半表示会适应新的可口可乐，这表明顾客们愿意尝试新口味的可口可乐。但是另外一些测试却提供了一些相反情况，大小不同的消费者团体分别表明了强烈的赞成和不赞成的情绪。

1984 年 9 月，可口可乐公司技术部门决定开发出一种全新口感、更惬意的可口可乐，并且最终拿出了样品，这种“新可乐”比可口可乐更甜、气泡更少，因为它采用了比蔗糖含糖量更多的谷物糖浆，是一种带有柔和的刺激味的新饮料。公司立即对它进行了无标记味道测试，测试的结果令可口可乐公司兴奋不已，顾客对新可乐的满意度超过了百事可乐，市场调查人员认为这种新配方的可乐至少可以将可口可乐的市场占有率推高 1% ~2%，这就意味着多增加 2 亿 ~4 亿的销售额。为了确保万无一失，在采用新口味之前，可口可乐公司投入 400 万美元，进行前所未有的大规模口味测试。在 13 个城市中约 19.1 万人被邀请参加了无标记的不同配方的可口可乐的比较。55% 的参加者更喜欢新可乐，这表明可口可乐击败了百事可乐。调查研究的结果似乎证明，支持新配方是不容置疑的了。

在新可乐投产之前，一系列辅助性的决定必须相应地实施。例如，必须考虑是在产品大类中加入新口味的可乐还是用它来替代老可乐。在反复考虑以后，公司的高级经理们一致同意改变可口可乐的味道，并把旧可乐撤出市场。

1985 年 4 月 23 日，可口可乐公司董事长戈伊祖艾塔宣布经过 99 年的发展，可口可乐公司决定放弃它一成不变的传统配方，原因是消费者更偏好口味更甜的软饮料，为了迎合这一需要，可口可乐公司决定更改配方调整口味，推出新一代可口可乐。为了介绍新可乐，戈伊祖艾塔和基奥在纽约城的林肯中心举行了一次记者招待会。请柬被送往全国各地的新闻媒介机构，大约有 200 家的报纸、杂志和电视台的记者出席了记者招待会，但他们大多数人并未信服新可口可乐的优点，他们的报道一般都持否定态度。新闻媒介的这种怀疑态度，在以后的日子里，更加剧了公众拒绝接受新可口可乐的心理。

消息迅速地传播开来，81% 的美国人在 24 小时内知道了这种转变，这一数字超过了 1969 年 7 月知道尼尔·阿姆斯特朗在月球上行走的人数。1.5 亿人试用了新可口可乐，这也超过了以往任何一种新产品的试用记录，大多数的评论持赞同态度，瓶装商的需求量达到 5 年来的最高点。决策的正确性看来是无可怀疑了，但这一切都是昙花一现。在新可乐上市 4 小时之内，接到抗议更改可乐口味的电话达 650 个；到 5 月中旬，批评电话每天多达 5000 个；6 月份这个数字上升为 8000 多个。由于宣传媒介的煽动，怒气迅速扩展到全国。对一种具有 99 年历史的饮料配方的改变，本来是无足轻重的，可如今却变成了对人们爱国心的侮辱。堪萨斯大学社会学家罗伯特·安东尼奥论述道："有些人感到一种神圣的象征被粗暴地践踏了。"甚至戈伊祖艾塔的父亲也从一开始就反对这种改变。他告诫他的儿子说这种改变是失败的前奏，并开玩笑地威胁说要与儿子脱离关系。公司的领导们开始担心消费者会联合起来，抵制其产品。他们看到的是灾难性的上市效果："我感到十分悲伤，因为我知道不仅我自己不能再享用可口可乐，我的子孙们也都喝不到了……我想他们只能从我这里听说这一名词了。"

人们纷纷指责可口可乐作为美国的一个象征和一个老朋友，突然之间就背叛了他们。有些人威胁说以后不喝可口可乐而改喝茶或白开水。下面是这些反应中的几个例子："它简直糟透了！你应该耻于把可口可乐的标签贴在上面……这个新东西的味道比百事可乐还要糟糕。""很高兴结识了你，你是我 33 年来的老朋友了，昨天我第一次喝了新可乐，说实话，如果我想喝可乐，我要订的将是百事可乐而不是可口可乐。"在那个春季和夏季里，可口可乐公司收到这样的信件超过了 4 万封。在西雅图，一些激进的忠诚者（他们称自己为美国喝可口可乐的人）成立"美国老可口可乐饮用者"组织来威胁可口可乐公司：如果不按老配方生产，就要提出控告。在美国各地，人们开始囤积已停产的老可口可乐，导致这一"紧俏饮料"的价格一涨再涨。当 7 月份的销售额没有像公司预料的那样得到增长以后，瓶装商们要求供应老可乐。

公司的调查也证实了一股正在增长的消极情绪的存在。新可乐面市后的三个月，其销量仍不见起色，而公众的抗议却愈演愈烈。最终可口可乐公司决定恢复传统配方的生产。这一消息立刻使美国上下一片沸腾，当天即有 18000 个感激电话打入公司免费热线。当月，可口可乐的销量同比增长了 8%，股价攀升到 12 年来的最高点，每股 2.37 美元。但是可口可乐公司已经在这次的行动中遭受了巨额的损失。

案例分析题：

1. 百事可乐通过何种手段挑战可口可乐？
2. 新可口可乐开发失败的根本原因是什么？

第三章 采购战略

Chapter 3

教学目标

（1）了解企业采购的分类。

（2）明确采购管理的内容和目标。

（3）通晓几种采购战略的策略。

（4）掌握采购战略制定的依据和内容。

开篇案例

外国的集中采购机构

在实行集中采购或集中采购与分散采购相结合的国家和地区，都设立了集中采购机构，其形式有如下几种。

（一）美国联邦政府集中采购机构——联邦事务服务总局（General services Administration，GSA）

美国联邦政府采购已有两百多年的历史。1792 年颁布了第一部政府采购的法律，确定了美国的政府采购的基本制度，此后，又颁布了大量的政府采购法律法规，形成了完整的政府采购法律体系。与此同时，美国联邦政府采购法随之也发生演变。1949 年以前，由各部门依法自行采购，这种完全的分散采购的模式造成重复采购、过度采购以及采购效率低下。1949 年，美国国会通过了《联邦财产与行政服务法》（Federal and Administrative Service Act）依据该法设立了联邦事务服务总局，在全美设立一个地区分局，负责联邦政府的采购工作。为了促进各个政府采购机构采购规则的协调和统一，联邦事务服务总局有权为几乎所有的联邦政府机构进行采购，有权设立标准和规范，有权为将来之需而进行采购和存储，有权在政府部门之间调剂采购商品。由此，美国联邦政府确立了集中采购的管理体制。

联邦事务服务总局设立供应管理、购储标准，运输管理和动产利用四个司。集中采购供应由联邦供应系统具体运作，该系统使用了一个供应—销售—设施系统。由 20 个批发站和 73 个自助式零售商店组成，零售商店可以随时提供标准的办公用品货源，从而方便联邦政府机构采购。在集中采购的程度上，联邦事务服务总局实行“放大集小”和“集大放小”相结合的政府采购体制。联邦事务服务总局还设立合同争议委员会，处理招标过程以及合同执行中的争议，供应商对合同争议委员会处理不服的可以向会计总署投诉，或向联邦索赔法院起诉。

1974 年，美国联邦采购政策办公室成立，该办公室作为总统行政办公室管理与预算局的一个组成部分，其职责是制定统一的政府采购政策，建立和发展统一协调的政府采购制度。联邦事务服务总局的职能得到了进一步的发挥。随着组织采购职能的不断提升，也由于采购业务日益复杂，专业技能不断提高，以及电子采购的广泛运用，政府集中采购的趋势得到了加强。

（二）加拿大联邦政府集中采购机构——加拿大公共工程政府服务部（Public Works and Government Services Canada，PWGSC）

加拿大公共工程和政府服务部是加拿大联邦政府的集中采购机构，根据加拿大《政府服务规划》规定，PWGSC 的主要业务领域包括：建筑和工程咨询服务，建筑、维修货物和服务。PWGSC 在整个加拿大，美国和欧洲拥有近 14000 个雇员为大约 140 个联邦政府机构、部门的采购项目，以及主要的国有项目进行采购，每年的采购额近 60 亿美元。

PWGSC 主要通过加拿大投标服务系统公布采购信息，并通过灵活多样的采购方式进行采购，主要采购方式有电话采购，要求报价，邀请招标，要求提供建议，要求固定报价和单一来源采购。PWGSC 合同办公室官员有权处理供应商在采购过程中提出的争议，供应商对合同办公室处理不服的可以向加拿大国际贸易仲裁委员会提出质疑。PWGSC 有权根据采购项目情况确定采购方式，根据招标文件中确定的标准评估投标文件，以确定中标供应商并将政府采购合同授予供应商。一些重大、复杂的政府采购合同必须经过财政委员会批准。

（三）韩国政府集中采购机构——采购厅

韩国政府采购采取高度集中采购。韩国政府在财政部下设采购厅，由采购厅统一负责政府集中采购工作。采购厅是副部级单位，厅长由总理任命，工作完全独立自主。集中采购的程度是采取“集大放小”，根据不同的采购主体确定不同的限额标准。中央政府部门及所属单位，采购价值在 30 亿韩元（约合 250 万美元）以上的工程项目和价值 5 000 万韩元（约合 4. 1 万美元）以上的货物和服务项目，地方政府采购价值在 100 亿韩元（约合 830 万美元）以上的工程项目和价值在 5000 万韩元以上的货物和服务项目，都必须由采购厅集中采购。采购厅还有权接受并处理供应商的质疑。

本章知识结构图

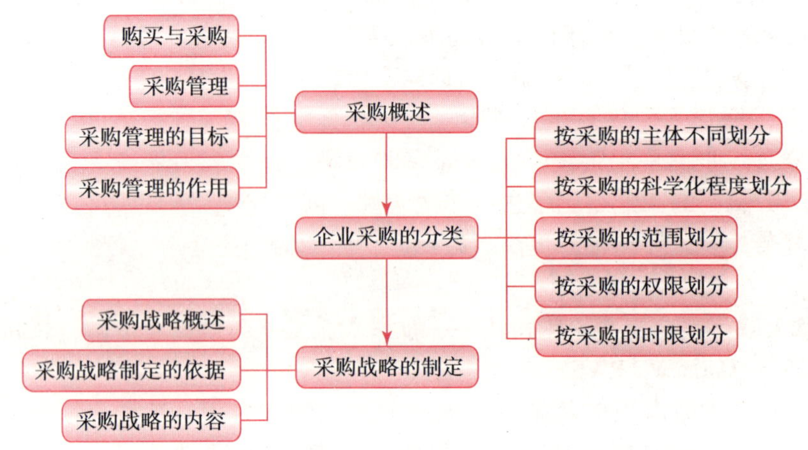

第一节　采购概述

采购活动是人类经济活动的基本环节，无论是生产领域还是流通领域，都离不开采购活动。生产领域离开采购活动，企业就无法获得生产所需要的原材料、零部件和其他辅助材料，就无法组织生产；流通领域没有采购活动，就无货可售，流通即告终止；其他部门，如科学、教育、文化、卫生、体育及一切社会部门运行的物资支持，同样都离不开采购活动，采购在整个经济和社会生活中，起着十分重要的作用，所以必须制定正确的采购战略，加强采购管理，明确采购目标，采购的作用，采购实施等诸多问题，研究其内在规律，用于指导采购实践活动。

一、购买与采购

购买与采购虽然词义相近，但它们是有区别的。

1. 购买

与采购词义最接近的词汇是购买。购买通常是指需求的主体，用自身的劳动收益，通过货币交换，获取衣食住行用等生活资料。购买有如下特点：

（1）购买的主体通常是家庭或个人。

（2）购买的物品，就独立的购买个体而言，数量不多，品种有限。

（3）物品供应商到用户的距离一般不是很远。

（4）购买从筹划开始至实施到完成，相对比较简单易行。

（5）购买的风险，无论是自然风险还是社会风险都不是很大。

2. 采购

采购与购买的含义不同。采购是指需求的主体，从众多的备选客体中，有选择的通过合同方式，有偿取得所需要的物资、工程或服务。不难看出，采购有两层含义：一层是“采”，就是要有选择；另一层是“购”，就是通过商品交易的手段，将选中的对象的所有权，从其所有者手中，转移到需求者手中。采购区别于购买的不同之处在于：

（1）采购的主体通常是企业、事业单位、政府部门、军队和其他社会团体。

（2）采购的客体不仅是生活资料，更多的是生产资料。

（3）采购的品种、规格繁多，所需金额巨大。

（4）采购从策划至实施到任务的完成，整个过程十分复杂。

（5）采购的过程实际是商流、物流、信息流、资金流综合运行的过程。

（6）采购，尤其是国际采购存在一定的社会和自然风险。

由于采购对企业的生存发展具有重大意义，因此应从战略的高度讨论采购问题。在讨论采购战略之前先行了解采购管理方面的内容。

二、采购管理

所谓采购管理，就是为保障企业物资供应，对采购活动进行计划、组织、协调和控制的活动，保证采购计划的完成。它不但面向全体采购人员，而且面向企业组织其他人员（进行有关采购的协调配合工作），其任务是调动整个企业的资源，满足企业的物资供应，确保企业经营战略目标的实现。

采购管理和采购不完全是一回事，两者之间既有区别又有联系。采购是按采购订单规定指标，去资源市场完成采购任务，它本身也有自己的管理工作，这是采购的具体业务管理，如与供应商谈判、签订合同、组织进货等。如果对这些工作的管理称之为采购管理的话，只能是狭义的采购管理。而本章所讨论的采购管理，不仅包含了具体采购过程中的业务管理，而且涵盖了与采购业务有关的其他方面的管理，这是广义的采购管理。

采购管理的内容概括起来包括三个方面：一是与采购需求有关的企业内部管理；二是企业外部的市场和供应商管理；三是采购过程本身的管理。

（1）采购需求管理。企业采购计划的形成主要来自生产部门。生产部门根据年度生产计划，提出该年度的原材料、零部件、辅助材料等的需求计划；其次是销售部门根据年度销售情况，提出的非本厂生产的产成品需求计划；此外，还有固定资产管理部门提出的设备添置、维修需求计划及技术、科研开发部门提出的新产品开发需求计划和后勤保障等部门提出的物资保障需求计划。采购管理要对这些计划进行审查，汇总，并就采购的品种、规格、数量、质量、进货时间等，与各部门研究协商，综合平衡，编制出切实可行的采购计划。

（2）市场与供应商管理。市场是提供资源的外部环境。采购管理要了解外部资源市场，是买方市场还是卖方市场；是完全竞争市场，还是完全垄断市场；是垄断竞争市场，还是寡头垄断市场；不但要了解地区市场、国内市场，还要了解国际市场。针对不同的市场采取不同的应对策略。

毫无疑义，良好的供应商群体，是实现采购目标的基础。为此，必须下大力气做好供应商管理工作。其中的必要环节，包括供应商调查、供应商的审核认证、供应商的选择、供应商的使用、供应商的考核、供应商的激励与控制，必要时结束与供应商的合作等。

（3）具体采购业务的管理。采购管理系统是企业管理系统的一个重要子系统，是企业战略管理的重要组成部分。管理群体一般由中层管理人员组成。这些管理人员，对采购有关的事务负有管理责任，更重要的是要对具体的采购业务实施管理。具体采购业务包括采购谈判、签订合同、安排催货、组织运输、验收入库、支付货款等一系列工作。管理人员除了指挥业务人员尽职尽责做好本职工作外，还要取得企业内部各部门，外部供应商等有关部门的支持与配合。只有这样，才会确保采购任务的完成。

三、采购管理的目标

采购管理的总目标是确保企业生产经营中的物料供应，具体有以下几点：

（一）确保供应物资的质量

质量是产品的生命。唯有质量合格的原材料、外协件，才能生产出合格的产品。如果原材料、外协件不合格，入库前作退货处理，将造成采购过程中的人力、财力的浪费；如果制造出成品以后推向市场，因质量问题退货，会进一步增加生产过程中各种资源的浪费。并且，由于产品的质量问题，会损害消费者的利益，影响企业的声誉，不利于企业的长远发展。当然，外购产品的质量不可要求过高，只要合格、够用就可以。否则，会增加产品的质量成本。

（二）确保供应物资的供货时间

目前，企业为了加速资金周转，减少资金占用时间，备料的提前期大大缩短。通常根据市场的需求组织生产，组织原材料供应，对于到货准时性的要求越来越高。时间上的延误，将影响企业的生产经营，对企业产生不利的经济后果。

（三）确保供应物资的数量

企业生产经营中总需要储备一定的原材料、产成品。但是，这种储备不是愈多愈好，也不是愈少愈好，应维持在适当的水平上。库存量过大，生产消耗用不了，必然造成原材料的积压，不仅占用了资金，减缓了流动资金的周转速度，而长期积压的结果，会导致物资报废。当然，库存量不宜能过低，库存量过低往往发生原材料供不应求，停工待料，影响企业生产经营，这也是必须避免的。

（四）采购应实现合理的价格

采购价格是影响采购成本的重要因素。因此，采购中能以适当的价格完成采购任务，是采购管理的主要目标之一。在全球范围内的工业产品成本构成中，采购的原材料及零部件成本占企业总成本的30%～90%，平均在60%左右。因此，采购物资的价格在总成本中的地位举足轻重。价格过高，产品的总成本也会增加，产品在市场上就失去了竞争力；价格过低，供应商利润空间太小，缺乏合作热情，或因无利可图而离去。因此价格过高或过低都是不可取的。

四、采购管理的作用

采购管理是企业总体经营战略的重要组成部分，关系到企业的生存和发展，具有十分重要的作用。

（一）采购管理是企业正常生产的保证

任何生产企业的生产经营活动都是由研发、供应、生产、销售四个基本环节组成的，缺少了采购供应这个环节，就没有原材料、燃料、零部件、辅助材料及所需的一切物资，就无法组织生产。没有采购，企业就成了无源之水，无本之木。

（二）采购管理是企业产品质量的基本保证

企业产品的质量当然与企业的生产加工过程有关，加工不当会影响产品质量。但是，没有合格的原材料，合格的设备和工具，就根本生无法生产出合格产品，更不用说优质产品了。

（三）采购成本是产品成本的主体部分

采购成本由订货费、保管费、购进费和进货费构成。采购成本是产品成本的主体。采购成本的少许变化都会对产品的成本产生显著影响。过高的采购成本，会降低企业的效益，削弱产品的市场竞争力。

（四）采购是企业获取市场信息资源的接口

采购人员采购物资，主要和资源市场打交道。但是，资源市场与销售市场是混杂在一起的，采购人员在获取资源市场信息的同时，也能获取大量的销售市场信息，这些信息可为领导决策提供重要参考。

（五）采购是企业科学管理的开端

企业的物资供应是直接与生产发生联系的，采购方式决定和影响着生产方式。科学的采购方式，必然要求科学的生产方式与其相适应，并要求与供应和生产相关的整个企业管理模式发生根本性变革，实现企业管理的规范化科学化和现代化。

（六）采购决定了企业产品周转速度

采购是企业生产的开端。采购不仅是企业生产的基本保证，而且在很大程度上决定了企业产品的周转速度。采购人员必须解决采购物品的适时适量问题，必须实现与生产等环节的高度统一。这种统一保证了生产而且节约了资金。否则，要么物料不到位，车间停工待料影响生产；要么到货物料超过需求，造成物料积压，物资周转速度减缓，产品保管费用增加，以致于不得不花费大量的人力物力去处理积压物料，造成更大的浪费。

（七）做好采购工作可以合理利用物质资源

节约和合理利用物质资源，是开发利用物质资源的头等大事。采购工作须贯彻节约的方针，通过科学采购，合理利用物质资源。第一，通过合理采购，企业可以防止优料劣用，长材短用；第二，优化配置物质资源，防止优劣混用。在采购中要力求优化配置和整体效应，防止局部优化损害整体优化，部分优化损害综合优化；第三，在采购工作中，要应用价值工程分析，力求功能与消耗匹配；第四，通过采购，企业可以引进新技术、新工艺，提高物质资源利用率；第五，要贯彻执行有关的经济、技术政策法律法规，如产业政策、综合利用节能降耗等政策法律法规，防止违反政策法律法规的行为发生。

第二节 企业采购的分类

依据不同的划分标准可以对采购进行不同的分类。针对不同的类别，实施不同的采购策略。

一、按采购的主体不同划分

（1）企业采购。

（2）政府采购。

（3）事业单位采购。

（4）军队采购。

（5）其他社会团体采购。

在这些采购主体中，需要进行深入研究的是企业采购，这类采购占了全社会采购总额的绝大部分，对社会经济生活影响巨大。

二、按采购的科学化程度划分

（一）传统采购方式

（1）询价采购。询价采购是采购人员询问信用可靠的厂商，将采购条件将明，通过电话、传真、E－mail或寄发询价单等方式，询问价格，经过比较后，按现价采购。

（2）比价采购。采购人员请数家厂商报价，经过比较后，决定向哪家采购。

（3）议价采购。采购人员与厂家谈判，讨价还价，谈定价格后决定购买哪家货品。实际采购中，很少是以一种方式单独进行的，通常是几种方式结合起来进行。

（二）科学采购

所谓科学采购，就是在科学理论的指导下，采用科学的方法和现代科技手段实施的采购。科学采购根据指导理论和采取的方式方法的不同，可划分为订货点采购、JIT采购、MRP采购、供应链采购、招标采购和电子商务采购。

1. 订货点采购

订货点采购已有半个多世纪的历史，无论从理论上还是实践上都比较成熟。订货点采购的原理是，当库存降低到一定水平时，按规定的量组织订货。订货点采购还可细分为定量订货法、定期订货法。订货点采购在现实中有着广泛应用。

2. JIT采购

JIT采购是由JIT生产发展而来的，有时又把它称为准时制供应、零库存供应。JIT采购的基本思想是，追求零库存，“杜绝一切浪费”。具体做法是，在需要的时候，将合适的品种、合适的数量、合适质量的物料送达合适的地点。这种即时送达，要做到既不早又不晚，既不多又不少，既保证需要又不增加库存。

3. MRP采购

MRP采购是一种解决相关需求的采购方式，主要应用于生产企业的物料采购。生产企业的主产品，有时称为主机，是由许多部件构成的，部件是由组件构成的，而组件又是由零件构成的。这种从主机到零件的树形图构成了主产品结构文件。在MRP计算机系统中，输入主产品数量、主产品结构文件和载明库存量的库存文件，系统就可输出何时采购，采购多少原材料，零部件的指导文件。按此文件采购，既可满足生产需求，又能实现最小量库存。

4. 供应链采购

供应链采购就是在供应链条件下的采购。这是供应方积极主动向采购方提供其所需物料的采购。在供应链的条件下，供应方遵循供应链的宗旨，在利益共享的原则基础上，依据采购方提供的信息，及时满足采购方对原材料和产成品的需求。

5. 招标采购

招标采购一般是大宗物品和工程的采购。采购方为了寻求最好的供应商，通过发布标书的形式，向特定或非特定的潜在供应商提出采购物资或工程的条件。由于众多的供应商参与竞标，采购方可以在更广泛的范围内寻求最优合作伙伴，达到价格最低，服务最优。

6. 电子商务采购

电子商务采购是在计算机技术、通信技术和网络技术高度发展的条件下的科学采购方式。这种采购方式，可以在全球范围内，寻求到最好的供应商，而且速度快，费用低，操作简单，效率高。这种采购方式通常适于标准或不太复杂的产品的采购。

三、按采购的范围划分

1. 国内采购

所谓国内采购，是指企业以本币向国内供应商采购所需物资的活动。例如，国内机械制造企业向国内钢铁企业采购钢材；服装厂向纺织厂采购布料等。国内采购指在国内市场采购，但采购的物资并不一定是本国生产的。例如，外资企业在中国境内生产的产品、国外生产的在中国市场上销售的产品。这些产品的采购都是以本币支付货款。

当国内材料价格、品质、性能与国外材料相差无几时，选择国内采购。国内采购机动性强，手续简单方便。国内市场采购又分本地市场和外地市场两种。通常情况下，首先考虑本地市场，这样可以节约采购成本，减少运输时间，保障供应。在本地市场不能满足供应时，再考虑外地市场。

2. 国外采购

所谓国外采购，是指国内企业直接向国外厂商的采购。当国外材料价格低、品质优、性能好、综合成本低时，可考虑国外采购。这种采购一般直接向国外厂商咨询，同国外厂商谈判采购，或者向国外生产厂设在本地的代理商咨询采购。这种采购的范围很广，包括高新技术产品、成套技术设备、必须进口的原材料等。

国外采购的优点是：一是可以弥补国内资源的不足，解决我国不能生产的高新技术产品和原材料；二是某些产品我们虽然能够生产，但性能质量上还存在不足，而进口产品在性能质量上更有保证；三是进口一些物资，利用“汇率”的变动，可以获利。

国外采购也有一些不足：一是交易过程复杂，影响交易效率；二是需要较高库存，加大了储存费用；三是路途遥远，无法满足急需；四是发生纠纷，追索困难。

我国准许货物的自由进出口，但是自由不是绝对的，属于下列情形之一的货物，国家禁止进口：

（1）危害国家安全和公共利益的。

（2）为保护人民的生命或健康禁止进口的。

（3）破坏生态环境的。

（4）根据中华人民共和国所缔结或参加的国际条约、协定的规定，禁止进口的。

四、按采购的权限划分

（一）集中采购

（1）集团实施的采购活动。作为大的企业集团，生产的产品多为系列产品，虽然产品规格型号多达千百种，但许多原材料、零部件是通用的。实行集中采购，可以充分享用集中采购带来的好处。

（2）跨国公司的采购。随着经济的发展，企业经济实力的增强，不少企业走出国门，纷纷在国外不同地域投资建厂。由于区域经济发展的不平衡，原材料、零部件，在价格上会产生不同程度的差异。实行跨国跨地区集中采购，不仅可以享受批量采购带来的优惠，更能获得价差所带来的产品成本优势。

（3）不同企业之间的联合采购。同城企业或邻近地区的企业，在产品相同或相近的情况下，在采购相同原材料或零部件时，为了共同的利益，可以实施联合采购，尤其在企业规模比较小的情况下更有必要。

（4）商贸企业的联合采购。随着经济的发展，人们生活水平的提高，连锁零售企业蓬勃发展。不仅美国的沃尔玛、法国的家乐福等零售连锁企业登陆我国，迅速拓展，本土的连锁零售企业，也在以每年20%左右的速度增长。毫无疑问，这为数众多的企业连锁店，更应以联合采购的形式组织进货。

（二）分散采购

所谓分散采购，是指按照需要由单位设立的部门自行组织采购，以满足生产经营的需要。

1. 分散采购的优点

（1）针对性强。生产企业或商贸企业，可以针对企业自身的需求，采购规格品种最合适、价格最合理的原材料、零部件或产成品。

（2）决策快，效率高。分散采购，减少了集中汇总，层层审批的烦琐程序，可以很快作出采购决策，并立即组织实施，减少了时间上的延迟，提高了工作效率。

（3）有利于激励机制的贯彻实施。直接采购的采购人员，为本企业的职工，其收益与企业的经营成果密切相关，采购绩效如何不仅关系到企业的经济效益，也关系到职工的切身利益，所以，采购人员能从自身的利益出发，努力做好采购工作。而且企业直接管理职工，可根据采购工作的业绩，给予奖励或惩罚，则进一步调动了采购人员的积极性。

2. 分散采购的实施范围

（1）分散采购适用于小批量价格低的物资的采购。

（2）市场资源有保证，运输费用低的物资的采购。

（3）各基层单位具有检测能力的物资的采购。

（4）产品研制开发阶段所需的物资的采购。

（5）分散采购的成本低于集中采购时的物品的采购。

五、按采购的时限划分

企业的物资采购，按照供应商与采购商之间交易时间的长短不同，一般分为如下两类。

（一）长期合同采购

长期合同采购是供应商和采购商为了在较长期间内维持稳定的供需关系，通过合同的形式，将这种较长期间的供求关系固定下来的采购形式。长期合同的有效时间通常在一年以上。在合同期内，采购方承诺在供应方采购其所需产品，供应方承担保证采购方在品种、规格、数量等方面的需要。

1. 长期合同采购的优点

（1）有利于增强双方的理解和信任，建立稳定的供需关系。

（2）有利于降低双方洽谈价格的费用。

（3）有明确的法律保障，维护双方的利益。

2. 长期合同采购的缺点

（1）价格调整困难。如果市场价格发生变化，双方要求调整价格都很困难。

（2）数量调整困难。由于受到合同条款的约束，采购方在采购数量的调整上有难度。

（3）采购人员容易形成依赖思想，缺乏创新意识。

（4）合同期内采购商既使有了更好的供应渠道，也难于作出新的选择。

3. 长期合同采购的适用范围

长期合同采购，供需关系稳定，主要适应于采购方需求量大，且要求连续不断的供货，其多为企业所需要的主要原材料、燃料、动力及配套设备等，如炼油厂长期需要的石油，化工厂长期需要的煤炭等。

（二）短期合同采购

短期合同采购指采购商和供应商为实现一次交易，以满足生产经营活动的需要实施的采购。

1. 短期合同采购的优点

短期合同采购双方之间具有很大的灵活性，采购的品种、规格、型号、数量等，可以随时做出调整，并能够根据情况的变化调整供应商。

2. 短期合同采购的缺点

短期合同采购由于供需关系不稳定，会出现交易中断、价格波动频繁及服务质量下降等方面的不足。

3. 短期合同采购的适用范围

（1）持续消耗的物品，如机械设备、运输车辆、家庭耐用消费品等补缺产品。

（2）由于供求关系的变化，长期合同供货不能满足需要，需要短期合同供货予以补充。

（3）价格波动大的产品的采购。无论是采购商还是供应商，对于价格波动大的产品都不希望签订长期合同，避免利益受损。

（4）质量不稳定的产品。对于质量不稳定的产品，如农副产品，试生产的产品等，通常也是一次性采购。

第三节　采购战略的制定

一、采购战略概述

1. 采购战略的含义

战略是为实现长期具体的目标而制定的一种行动计划。战略的重点应放在成功所需的关键因素和为确保未来而现在应采取的行动上。自 20 世纪 90 年代以来，降低成本、不断实现增值、提高企业在全球的竞争力成了企业经营的重点，从而促使采购部门十分重视与供应商建立密切的关系。现在，企业的最高管理部门已经认识到，把长远采购工作纳入到公司整体长远战略规划中去的必要性。越来越多的公司从战略高度来考虑采购和供应职能，因此，有越来越多的采购部门参与到企业战略决策中来。

采购战略的关键在于采购职能如何有效地作用于企业目标和战略。也就是说，采购部门不仅仅是接受最高管理部门的指令，它还要参与企业战略制定工作，以使企业目标和战略能体现出采购战略的重要性，并通过采购战略来实现。

典型的采购供应目标通常为质量、性能、交货期、数量、价格条件以及服务。如图 3－1 所示，采购战略与企业战略的关系：①企业战略规定了采购战略；②采购战略要支持企业战略的实现；③企业战略确定了企业的目标；④采购战略规定了采购目标；⑤采购目标要确保企业目标的实现。

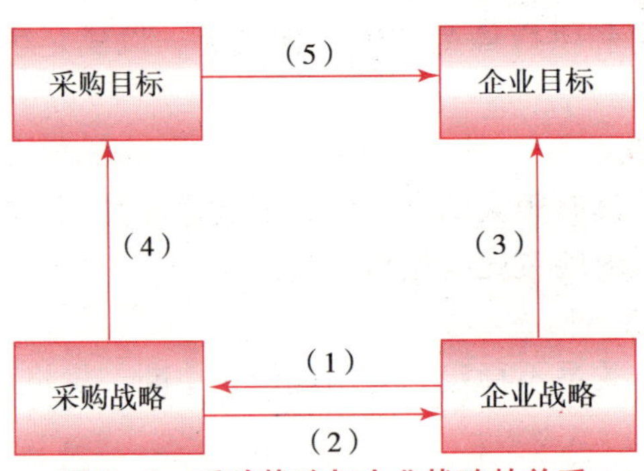

图 3－1　采购战略与企业战略的关系

另外，有效的采购战略还应把当前的需求及市场与将来的需求及市场联系在一起。

2. 采购战略达成目标

企业采购战略应达成目标，可分为以下五个方面：

（1）保证供应。保证将来的供应至少是在质量和数量上能满足企业的需求。

（2）降低成本。该战略的目的是减少采购成本，或减少采购和使用的总成本，即产品生命周期成本。随着环境和技术的变化，通过改变物料、货源、采购方法和与供应商的关系，降低企业总的运营成本是可行的。

（3）获得供应商对企业采购的支持。制定该战略的目的是使采购企业能最大可能地了解供应商的生产能力及其他情况。例如，在买卖双方之间有完备的信息交流系统，及时沟通情况，保证供应商的库存和生产目标与采购企业的需求一致。采购企业还需要与供应商建立长期合作关系，确保质量的稳定性，并能根据需方的要求，进一步提升产品的质量标准。

(4) 能够把握宏观环境的变化。该战略应能把握整个环境（经济、社会、技术、组织、人力、法律及法规等）的变化，因时而动，与时俱进。

(5) 增强企业竞争优势。该战略的目的在于利用市场机会、自身实力和科学的采购方法，使企业获得明显的竞争优势。

二、采购战略制定的依据

在制定采购战略之前，必须先进行采购市场研究和采购组织内部分析。

1. 采购市场研究

采购市场研究是指系统地收集、分类以及分析所有影响公司获取货物和服务的相关因素的数据，旨在满足现在和未来的公司需求，使其能够为获得最优回报做出贡献。主要包括三部分内容：

(1) 原料、货物和服务。了解市场供求状况，目标是实现节约或降低与采购相关的成本，同时意在减少公司寻找替代供应来源的风险。

(2) 供应商。与供应商有关的研究涉及与供应商之间的长期关系。在这里要提出的问题是“供应商是否能够继续满足未来市场需求与技术的要求”？

(3) 系统的程序。优秀的采购信息系统对所有买主都起着至关重要的作用，因而应持续努力改善信息的供应。信息和通信技术为此提供了极大的可能，但须在买主需求的基础上加以引导。与此相关，采购研究还应注重买主和供应商之间关系的管理程序的简化。

2. 采购组织内部分析

(1) 产品（或服务）采购金额占企业经营总成本或总收入的百分比。

(2) 采购对达成企业目标的机会或威胁。

将以上两个因素进行组合，可以创造一个二维的四象限矩阵，用于展示产品类别，如图3－2所示。不同类别的产品，应采用不同的采购战略。

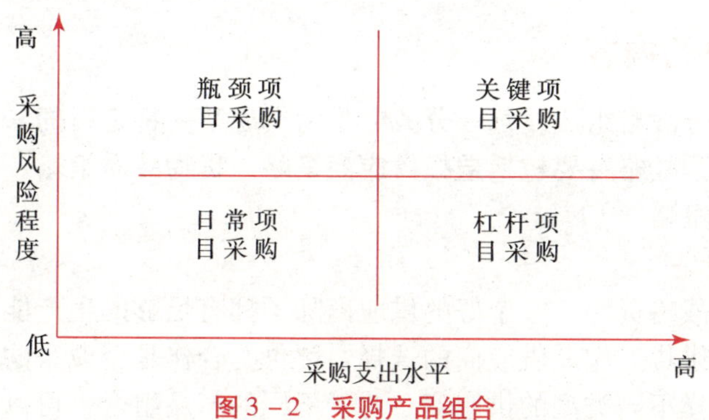

图3－2　采购产品组合

采购组织内部分析包括以下四个方面：

(1) 日常项目采购。如果采购的货物采购支出水平低，标准化程度高，采购风险低，具有多个供应商且服务较容易获得，这种物品的采购就是日常项目的采购。例如，办公用品、标准化轴承等物品的采购。日常项目采购的管理重点是减少管理精力并降低成本。

（2）瓶颈项目采购。如果采购的货物采购支出水平低，企业采购成本少，但是该货物只有少数供应商能够提供，而且是非标准化产品，这种物品的采购是瓶颈项目的采购。例如，机械产品中价值低但是技术含量很高的非标准化螺栓、垫片，或者是具有专利保护的某些物品的采购。瓶颈项目采购的管理重点是降低风险。

（3）杠杆项目采购。如果采购的货物采购支出水平高，采购成本大，但是该货物有较多的供应商能够提供，是标准化产品，这种物品的采购是杠杆项目的采购。例如，企业建筑厂房的项目采购；购买汽车等设备的采购。杠杆项目采购的管理重点是降低成本。

（4）关键项目采购。如果采购的货物采购支出水平高，采购成本大，并且能够提供该货物供应商数量很少，是非标准化产品，这种物品的采购是关键项目的采购。例如，电脑中CPU的采购，构成企业产品核心零部件的采购。关键项目采购的管理重点是在降低风险的同时，降低成本。

3. 所采购产品或服务的性质

所购产品或服务的性质对采购战略的制定产生了重要的影响。例如，产品或服务的技术性、复杂性、稀缺性会影响组织是否采购以及是否自己采购的决定；产品（服务）价格的波动性会影响采购时间及采购数量；采购物品的自然属性，如可储存性也会影响采购时间和数量；此外，有些特殊的产品或服务还需要通过特殊的方式进行采购，如大型基础设施、公用事业等关系社会公共利益、公众安全的项目，全部或部分使用国有资金投资或者国家融资的项目，使用国际组织或国外政府贷款、援助资金的项目必须通过招标方式采购。

4. 胜任采购工作所应具备的条件

这些条件包括采购所需的资格、设备、技术等。当采购组织不具备这些条件时，往往不能有效采购甚至不能采购。例如，建设单位不具备自行招标采购的资格时，须委托只有相应资质的招标代理机构办理招标事宜。随着采购的国际化和网上采购的普及，对采购组织的硬件和软件设施都提出了更高的要求。例如，在一个完整的网上采购系统中应包括采购资料库、采购管理系统、采购作业系统、决策支持系统等。

三、采购战略的内容

综合采购战略由分战略组成，每一分战略是为实现某一特定目的，利用所有可得到的信息而制定的。综合采购战略主要包括选择供应商策略、货物品质策略、采购价格策略、采购时间策略、采购数量策略。

1. 选择供应商策略

供应商是企业的战略资源。一个好的供应商除了拥有足够的生产能力外，还必须对采购企业做好全面优质的供货工作。供应商的选择、评价、合作是企业采购战略的重要内容。不同类别的产品，应选择不同类型的供应商。对于不同的产品组合，可以根据供应商与企业采购业务关系的重要程度对供应商进行如下分类，如图3－3所示供应商类型。

（1）商业型供应商。对于价值低、标准化程度高的常规项目采购，企业可以很方便地选择和更换供应商，这些供应商被称为“商业型供应商”。

（2）合作伙伴型供应商。对于价值低、非标准化的、只有少数供应商能够提供的瓶颈项目采购，成本不是企业首要考虑的因素。为了降低风险，企业要考虑与供应商建立长期稳

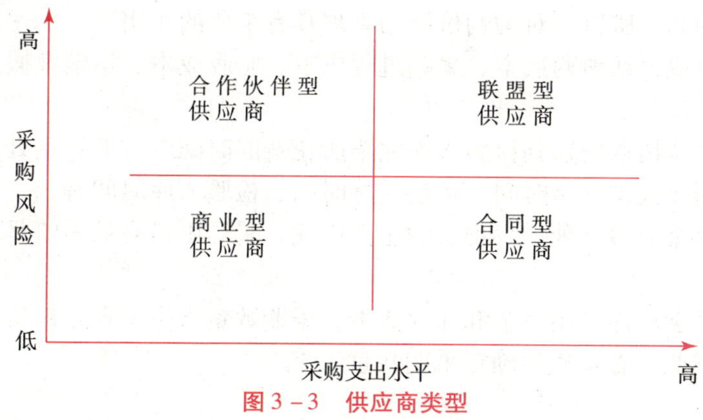

图 3-3 供应商类型

定的合作伙伴关系，在长期合作中实现双赢。这些供应商被称为“合作伙伴型供应商”。

(3) 合同型供应商。对于价值高、标准化程度高的杠杆项目采购，企业虽然可以很方便地选择和更换供应商，但是为了降低采购成本，企业一般与供应商签订较长期限的合同，双方关注在一定合同期限内的较长期的合作，这些供应商被称为“合同型供应商”。

(4) 联盟型供应商。对于价值高又非标准化的关键项目采购，企业既要关注降低采购风险，又要降低采购成本，企业一般与供应商构成战略联盟，实现强强联合的战略，这些供应商被称为“联盟型供应商”。

2. 货物品质策略

所谓货物品质，是指在一定生产标准范围内，满足买方使用需求目的的属性。采购企业在决定采购某种货物时，必须对该种货物的品质有全面的了解，才能获得满意的货物。货物品质的构成要素一般包括：

(1) 材料。材料是货物品质优劣的最直接因素，采购商在生产之前就应该根据产品要求选用相应材料，避免因材料差异造成品质高低，导致不必要的需求与采购的矛盾。

(2) 功能。功能是货物的最基本要素。一般情况下，采购企业在采购前，必须认真描述货物功能的表现形式，然后选择其相应供应商。

(3) 寿命。货物品质的高低与其寿命有一定的联系。一般而言，寿命长短与货物使用频率呈反比。寿命周期的确定应考虑技术创新、品质材料、生产水平、市场消费需求等因素。

(4) 稳定性。货物品质的稳定性包括内在稳定性和外观稳定性。内在稳定性包括货物所有功能表现情况，外观稳定性包括货物的形状结构、颜色搭配等。采购方往往根据各自需要向供应商提出具体要求。

(5) 安全性。安全性表现在消费者最终使用产品时安全可靠，同时不对环境造成污染。

(6) 流行性。货物的流行是消费者需求的直接体现。由于市场快速发展变化，以及科学技术的不断创新，采购企业往往选择新材料、新工艺、新款式作为采购对象，以满足市场流行性的需求。

3. 采购价格策略

采购价格通常是指货物的成本和采购过程中所耗用的各种费用总和。采购价格直接影响采购企业的经营利润。所以，对采购价格的管理具有重要的作用。

采购价格的组成包括请购成本、采购过程成本、验收成本、运输及搬运成本等。

4. 采购时间策略

采购时间是指从请购货物到检验入库完毕所花费的时间。一般包括处理订购单时间、供应商制造货物时间或提供货物时间、运输交货时间、检验入库时间等。

为了适应现代企业多品种、少批量的生产模式，采购中最有效策略是JIT准时采购。

5. 采购数量策略

采购数量过多会增加占用资金和库存成本，采购数量太少又存在缺货风险，降低企业的客户服务水平。因此，必须科学确定采购数量。

本章小结

采购管理的目标：确保供应物资的质量、确保供应物资的供货时间、确保供应物资的数量和实现合理的采购价格。

企业采购的分类如下：

按采购的主体不同划分：企业采购、政府采购、事业单位采购、军队采购和其他社会团体采购。

按采购的科学化程度划分：传统采购方式和科学采购，前者包括询价采购、比价采购和议价采购；后者包括订货点采购、JIT采购、MRP采购、供应链采购、招标采购和电子商务采购。

按采购的范围划分：国内采购和国外采购。

按采购的权限划分：集中采购和分散采购。

按采购的时限划分：分为长期合同采购和短期合同采购。

采购战略制定的依据是：在制定采购战略之前，必须先进行采购市场研究和采购组织内部分析。

综合采购战略主要包括选择供应商策略、货物品质策略、采购价格策略、采购时间策略和采购数量策略。

关键名词

采购　采购管理　采购分类　战略制定

即测即评

选择题

判断题

思考题

一、简答题

1. 采购管理的目标是什么?
2. 企业采购是如何分类的?
3. 采购战略制定的依据是什么?
4. 通常有哪几种采购战略策略?
5. 采购战略的内容是什么?

二、论述题

试述企业如何选择各种类型的供应商。

案例分析

戴尔公司的采购

1. 企业背景

总部设在得克萨斯州奥斯汀（Austin）的戴尔公司是全球领先的 IT 产品及服务提供商，其业务包括帮助客户建立自己的信息技术及互联网基础架构。戴尔公司成为市场领导者的根本原因是：通过直接向客户提供符合行业标准技术的产品和服务，不断致力于提供最佳的客户体验。戴尔公司目前在全球共有 57600 名雇员，在过去的四个财季中，戴尔公司的总营业额达到 511 亿美元。

戴尔公司于 1984 年由迈克尔·戴尔创立，他是目前计算机行业内任期最长的首席执行官。他的理念非常简单：按照客户要求制造计算机，并向客户直接发货，使戴尔公司能够最有效和明确地了解客户需求，继而迅速作出回应。这个商业模式直接消除了中间商，这样就减少了不必要的成本和时间，让戴尔公司更好地理解客户的需求。这种直接模式允许戴尔公司能以富有竞争性的价位，为每一位消费者定制并提供具有丰富配置的强大系统。通过平均四天一次的库存更新，戴尔公司能够把最新相关技术带给消费者，而且远远快于那些运转缓慢、采取分销模式的公司。

戴尔公司应用互联网进一步推广其在线订购模式，不断增强和扩大其竞争优势。戴尔公司在 1994 年推出了 www. dell. com 网站，并在 1996 年加入了电子商务功能，推动商业向互联网方向发展。接下来的一年，戴尔公司成为第一个在线销售额达到 100 万美元的公司。今天，基于微软视窗操作系统，戴尔公司经营着全球规模最大的互联网商务网站。戴尔 PowerEdge 服务器运作的 www. dell. com 网址覆盖 84 个国家的站点，提供 28 种语言或方言、26 种不同的货币报价，目前每季度有超过 20 亿人次浏览。

戴尔公司日益认识到互联网的重要作用贯穿于整个业务之中，包括获取信息、客户支持和客户关系的管理。在 www. dell. com 网站上，用户可以对戴尔公司的全系列产品进行评比、配置，并获知相应的报价。用户也可以在线订购，并且随时监测产品制造及送货过程。在 valuechain. dell. com 网站上，戴尔公司和供应商共享包括产品质量和库存清单在内的一整套信息。戴尔公司利用互联网将其业内领先的服务带给广大客户。例如，全球数十万个商业和机构客户通过戴尔公司先进的网站 www. dell. com 与戴尔公司进行商务往来。

2. 案例内容

（1）低库存需要好的供应商。戴尔采购工作最主要的任务是寻找合适的供应商，并保证产品的产量、品质及价格方面在满足订单时，有利于戴尔公司。采购经理的位置很重要。戴尔的采购部门有很多职位设计是做采购计划、预测采购需求，联络潜在的符合戴尔需要的供应商，因此，采购部门安排了较多的人。采购计划职位的作用是什么呢？就是尽量把问题在前端就解决掉。戴尔采购部门的主要工作是管理和整合零配件供应商，而不是把自己变成零配件的专家。戴尔有一些采购人员在作预测，确保需求与供应的平衡，在所有的问题从前端完成之后，戴尔在工厂这一阶段很少有供应问题，只是按照订单计划生产高质量的产品就可以了。所以，戴尔通过完整的结构设置来实现高效率的采购，完成用低库存来满足供应的连续性。戴尔认为，低库存并不等于供应会有问题，但它确实意味着运作的效率必须提高。

精确预测是保持较低库存水平的关键，既要保证充分的供应，又不能使库存太多，这在戴尔内部被称之为没有剩余的货底。在 IT 行业，技术日新月异，产品更新换代非常快，厂商最基本的要求是要保证精确的产品过渡，不能有剩余的货底留下来。戴尔要求采购部门做好精确预测，并把采购预测上升为购买层次进行考核，这是比较困难的事情，但必须精细化，必须落实。

“戴尔公司可以给你提供精确的订货信息、正确的订货信息及稳定的订单”，一位戴尔客户经理说，“条件是你必须改变观念，要按戴尔的需求送货；要按订货量决定你的库存量；要用批量小，但频率高的方式送货；要能够做到随要随送，这样你和戴尔才有合作的基础。”事实上，在部件供应方面，戴尔利用自己的强势地位，通过互联网与全球各地优秀供应商保持着紧密的联系。这种“虚拟整合”的关系使供应商们可以从网上获取戴尔对零部件的需求信息，戴尔也能实时了解合作伙伴的供货和报价信息，并对生产进行调整。从而最大限度地实现供需平衡。

(2) 供应商考核。给戴尔做配套，或者作为戴尔零部件的供应商，都要接受戴尔的严格考核。

戴尔的考核要点如下：

第一，供应商计分卡。在卡片明确订出标准，如瑕疵率、市场表现、生产线表现、运送表现以及做生意的容易度，戴尔要的是结果和表现，据此进行打分。

第二，综合评估。戴尔经常会评估供应商的成本、运输、科技含量、库存周转速度、对戴尔的全球支持度以及网络的利用状况等。

第三，适应性指标。戴尔要求供应商应支持自己所有的重要目标，主要是策略和战略方面的。戴尔通过确定量化指标，让供应商了解自己的期望；戴尔给供应商提供定期的进度报告，让供应商了解自己的表现。

第四，品质管理指标。戴尔对供应商有品质方面的综合考核，要求供应商应“屡创品质、效率、物流、优质的新高”。

第五，每三天出一个计划。戴尔的库存之所以比较少，主要在于其执行了强有力的规划措施，每三天出一个计划，这就保证了戴尔对市场反应的速度和准确度。供应链管理第一个动作就是做计划。预测是龙头，企业的销售计划决定利润计划和库存计划，俗话说，龙头变龙尾跟着变。这也就是所谓的“长鞭效应”。

迈克尔说过，供应商迟一点，就意味着太迟了。这说明了戴尔对供应商供货准确、准时的考核非常严格。为了达到戴尔的送货标准，大多数供应商每天要向戴尔工厂送几次货。漏送一次就会让这个工厂停工。因此，如果供应商感到疲倦和迷茫，半途而废，其后果是戴尔无法承受的，任何供应商打个嗝就可能使戴尔的供应链体系遭受重创。然而，戴尔的强势订单凝聚能力又使任何与之合作的供应商尽一切可能规定的要求来送货，按需求变化的策略来调整自己的生产。

(3) 低库存。在物料库存方面，戴尔比较理想的情况是维持 4 天的库存水平，这是业界最低的库存记录。戴尔是如何实现库存管理运作效率的呢？

第一，拥有直接模式的信用优势，合作的供应商相信戴尔的实力。

第二，具有强大的订单凝聚能力，大订单可以驱使供应商按照戴尔的要求去主动保障供应。

第三，供应商在戴尔工厂附近租赁或者自建仓库，能够确保及时送货。戴尔可以形成少于对手九个星期的库存领先优势，并使之转化为成本领先优势。在 IT 行业，技术日新月异，原材料的成本和价值每个星期都有所下降。根据过去 5 年的历史平均值计算，每个星期原材料成本下降的幅度在 0.3% ~0.9% 之间。如果取得一个中间值的 0.6%，然后乘上九个星期的库存优势，戴尔就可以得到一个特殊的结构，可以得到 5.5% 的优势，这就是戴尔运作效率的来源。

(4) 供应商关系。戴尔很重视与供应商建立密切的关系。“必须与供应商无私地分享公司的策略和目标”迈克尔说，通过结盟打造与供应商的合作关系，也是戴尔公司非常重视的基本方面。在每个季度，戴尔总要对供应商进行一次标准的评估。事实上，戴尔让供应商降低库存，他们彼此之间的忠诚度很高。从 2001 年到 2004 年，戴尔遍及全球的 400 多家供应商名单里，最大的供应商只变动了两三家。

戴尔也存在供应商管理问题，但它练就出一套良好的供应链管理沟通技巧，在有问题出现时，可以迅速地化解。当客户需求增长时，戴尔会向长期合作的供应商确认对方是否可能增加下一次发货数量。如果问题涉及硬盘之类的通用部件，而签约供应商难以解决，就转而与后备供应商商量。所有的一切，都会在几个小时之内完成。一旦穷尽了所有供应渠道也依然无法解决问题，那么就要与销售和营销人员进行磋商，立即回复客户，这样的需求无法满足。

“我们不愿意用其他人的方式来作业，因为他们的方法在我们的公司行不通”迈克尔说。戴尔通过自行创造需求的方法，并取得供应商的认同，已经取得了很好的成绩。戴尔要求供应商不光要提供配件，还要负责后面的及时配送。对一般的供应商来看，这个要求是“太高了”，或者是“太过分了”。但是，戴尔一年200亿美元的采购订单，足以使所有的供应商心动。一些供应商尽管起初不是很愿意，但最后还是满足了戴尔的及时配送要求。戴尔的业务做得越大，对供应商的影响就越大，供应商在与戴尔合作中能够提出的要求会更少。戴尔公司需要的大量硬件、软件与周边设备，都是采取随时需要，随时由供应商提供送货服务。

供应商要按戴尔的订单要求，把自己的原材料转移到第三方物流仓库，在这个原材料的物权还属于供应商。戴尔根据自己的订单确定生产计划，并将数据传递给本地供应商，让其根据戴尔的生产要求把零配件提出来放在戴尔工厂附近的仓库，做好送货的前期准备。戴尔根据具体的订单需要，通知第三方物流仓库，通知本地的供应商，让他把原材料送到戴尔的工厂，戴尔工厂在八小时之内把产品生产出来，然后送到客户手中。整个物料流动的速度是非常快的。

案例分析题：

1. 戴尔公司如何实现低库存？
2. 戴尔公司如何考核供应商？
3. 戴尔公司如何处理与供应商的关系？

第四章 生产与运作战略

Chapter 4

教学目标

（1）掌握生产运作战略的内容。

（2）能够划分生产类型。

（3）明确生产过程组织的基本内容。

（4）学会生产系统的设计。

（5）了解几种先进的生产制造技术。

开篇案例

生产与运作管理——海尔集团竞争与运作策略

（一）海尔简介

海尔集团是世界第四大白色家电制造商，也是中国最具价值品牌。海尔在全球建立了29个制造基地，8个综合研发中心，19个海外贸易公司，全球员工总数超过5万人，已发展成为大规模的跨国企业集团，在首席执行官张瑞敏确立的名牌战略指导下，先后实施名牌战略、多元化战略和国际化战略，经过24年的努力拼搏，海尔品牌旗下的冰箱、空调、洗衣机、电视机、热水器、电脑、手机、家居集成等19个产品被评为中国名牌，其中海尔冰箱、洗衣机还被国家质检总局评为首批中国世界名牌，海尔品牌价值连续七年蝉联中国最有价值品牌榜之首，海尔品牌在世界范围的美誉度大幅提升。

海尔不仅在白色家电市场上遥遥领先，在智能家居集成、网络家电、数字化、大规模集成电路、新材料等技术领域也处于世界领先水平。“创新驱动”型的海尔集团致力于向全球消费者提供满足需求的解决方案，实现企业与用户之间的双赢。截至到2008年，海尔累计申请专利8795项，在自主知识产权的基础上，海尔已参与15项国际标准的制定，其中有3项国际标准即将发布实施，这表明海尔自主创新技术在国际标准领域得到了认可；海尔主持或参与了192项国家标准的编制、修订，其中8项获得了国家标准创新贡献奖，制定行业及其他标准439项。海尔是参与国际标准、国家标准、行业标准最多的家电企业。在创新实践中，海尔探索实施的“OEC”管理模式、“市场链”管理及“人单合一”发展模式引起了国际管理界高度关注。目前，已有美国哈佛大学、南加州大学、瑞士IMD国际管理学院、法国的欧洲管理学院、日本神户大学等商学院专门对此进行案例研究，海尔“市场链”管理还被纳入欧盟案例库。

2009年是海尔实施全球化品牌战略的第四年。海尔将继续发扬“创造资源、美誉全球”的企业精神和“人单合一、速决速胜”的工作作风，深入推进信息化流程再造，建立以用户为中心的信息化流程，搭建全球化运营的物流、资金流、信息流网络，创造出中华民族自己的世界名牌！

（二）海尔发展战略创新的四个阶段

1. 名牌战略阶段（1984～1991年）

特征：只生产冰箱一种产品，探索并积累了企业管理的经验，为今后的发展奠定了坚实的基础，总结出一套可移植的管理模式。

2. 多元化战略阶段（1992～1998年）

特征：从一种产品向多种产品发展，从白色家电进入黑色家电领域，以“吃休克鱼”的方式进行资本运营，以无形资产盘活有形资产，在最短的时间内以最低的成本把规模做大，把企业做强。

3. 国际化战略阶段（1998～2005年）

特征：产品批量销往全球主要经济区域市场，有自己的海外经销商网络与售后服务网络，此时的海尔品牌已经有了一定知名度、信誉度与美誉度。

4. 全球化品牌战略阶段（2006年至今）

特征：全球化品牌战略阶段。国际化战略和全球化品牌战略的区别是：国际化战略阶段是以中国为基地，向全世界辐射；全球化品牌战略则是在每一个国家的市场创造本土化的海尔品牌。海尔实施全球化品牌战略要解决的问题是：提升产品的竞争力和企业运营的竞争力。与分供方、客户、用户实现利润双赢。从单一文化转变为多元文化，实现持续发展。

（三）海尔的管理经验

（1）海尔的管理创新——以市场链为基础的业务流程再造。

（2）以流程再造为中心。

（3）以订单为驱动力。

（4）以追求顾客满意度最大化为目标。

（6）价值分配市场化。

（7）负债经营及三化原则：商流、物流、资金流、信息流的整合。创新为准6S现场管理办法。实施6σ计划，追求完美。

（四）海尔的人力资源管理

企业的第一资源是人力资源，人力资源的开发和利用越进步、越充分，其他一切资源的开发和利用也就越进步、越充分。海尔的用人理念是：“人人是人才，赛马不相马”、“以人为本，实现全员自我管理”，采用《三工并存动态转换管理办法》的竞争机制，与员工绩效相挂钩的多种形式并存的工资制度，全方位的人才培训，完善的培训软环境，做德才兼备的海尔人。

（五）海尔的营销策略

细分市场，差异化营销，品牌营销，质量服务意识，消费者主权意识，只有淡季的思想，没有淡季的市场，海尔人独特的营销思想，令“海尔”成为行业的排头兵。

（六）战略管理

名牌战略、多元化战略和国际化战略是海尔的三大战略思想，造就国际化的海尔，三个1/3战略，直面WTO的挑战。

（七）资本运营

股权融资，上市改制促发展；海尔兼并神话，激活“休克鱼”，大鱼吃小鱼，快鱼吃慢鱼，兼并重组，文化先行，转变观念，转换机制，实现精神变物质，以企业文化盘活有形资产，揭示海尔低成本扩张的秘密。

（八）物流管理

“海尔一流三网同步模式”，中国物流管理觉醒第一人，海尔物流与海尔供应链，海尔物流与海尔立体库，海尔物流与海尔ERP系统，海尔物流与标准化，海尔物流与3PL，海尔物流与JIT，海尔物流与电子商务；整合资源，高效率带来高效益。

本章知识结构图

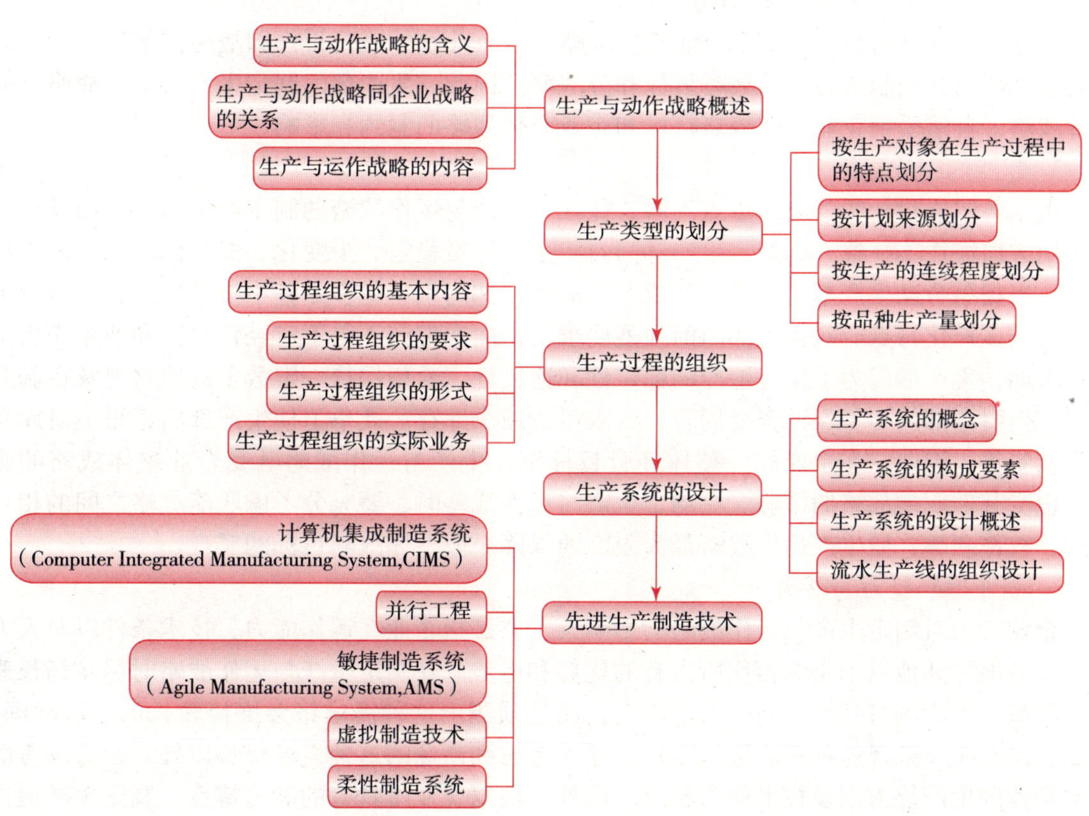

第一节　生产与运作战略概述

一、生产与运作战略的含义

生产与运作战略，是指在企业总体战略的框架下，根据对企业各种资源要素和内外部环境的分析，对和生产与运作管理以及生产与运作系统有关的基本问题进行分析与判断，确定总的指导思想以及一系列决策原则。

生产与运作活动是企业最基本的活动之一。为了实现企业经营目的，生产与运作活动必须将其所拥有的资源要素合理地组织起来，通过高效的运作系统进行一系列的转换，在投入一定的条件下，达到产值最大化。生产与运作战略的主体包括制造业和服务业，本文主要讨论生产制造业的战略问题。

二、生产与运作战略同企业战略的关系

制定生产与运作战略，要考虑多种因素的影响。这些因素可分为两大类：企业外部因素和企业内部因素。制定生产与运作战略所要考虑的外部因素与制定企业整体战略所要考虑的外部因素是一样的，第一章已有阐述，此处不再重复。其所涉及的内部因素主要有以下几点。

1. 企业整体目标和战略的制约

企业的整体经营目标决定了企业整体战略。在企业整体经营目标和战略框架下，企业的不同职能部门分别制定各自的战略目标和分战略。因此，生产部门制定生产与运作战略目标和分战略，自然受到企业整体战略目标和企业总体战略的制约和影响。

2. 职能部门战略的影响

由于各职能目标所强调的重点不同，往往对生产与运作战略的制定产生影响，而且影响的作用方向往往不一致。例如，生产部门希望生产尽量稳定、少变化，提高标准化、通用化水平，以提高劳动生产率，降低生产成本。但营销部门则希望多品种小批量生产，以适应市场需求的多样化特点。在营销部门的强烈要求下，生产部门不得不对经营目标和战略作出调整。又如，生产部门为了保持生产的稳定性和连续性，希望保持一定数量的原材料及在制品库存。但财务部门为了保证资金周转，要求尽量减少库存。此举迫使生产部门不得不对库存作出调整等。因此，在企业同一整体经营目标下，生产与运作战略既受企业整体战略的影响，也受其他职能战略的影响。在制定生产与运作战略时，要充分考虑职能战略之间的相互作用，权衡利弊，使生产运作战略最大限度地保障企业整体战略目标的实现。

3. 企业生产能力的影响

企业能力对制定生产与运作战略的影响，主要是指企业在运作能力、技术条件以及人力资源等方面与其他竞争企业相比所占有的优势和劣势。在制定生产与运作战略时尽量扬长避短。例如，当市场对某种产品的需求增大，而且预测出这种需求将会维持较长的一段时间。那么，是否应该选择这种产品进行生产，除了考虑到市场的这种需求优势以外，还必须考虑到本企业的生产能力以及技术能力状况。此外，根据企业所具有的能力特点，制定生产运作

战略时，可将重点放在不同之处。例如，企业的技术力量强大、设备精度高、人员素质好，进行产品选择时应该以高、精、尖产品的生产为上策；如果企业的生产应变能力很强，那么集中力量开发和生产与本企业生产工艺相近、产品结构类似、制造原理也大致相同的产品，在市场竞争中以快制胜。

还有一些其他影响因素。例如，过剩生产能力的利用、环境保护等。总而言之，生产与运作战略在企业的分战略中处于核心位置。它虽然不能等同于企业的整体战略，但也要考虑到整个社会环境、市场环境、技术进步等诸多因素的作用，同时还要考虑到企业内部条件的约束以及不同部门之间的相互作用、相互平衡等，制定切实可行的战略决策。否则，企业将会遭遇经营风险，从而影响到整个企业的生存和发展。

三、生产与运作战略的内容

生产与运作战略主要包括三方面内容：产品或服务的生产方式及特点，产品或服务的选择，生产与运作系统的设计。

（一）产品或服务的生产方式及特点

1. 自制或购买

这是首先要决定的问题。如果决定制造某种产品或由本企业提供某种服务，则需要建造相应的设施，采购所需要的设备，配备相应的工人、技术人员和管理人员。如果产品全部外购，则需要设立一个经销公司；如果只在产品装配阶段自制，则只需要建造一个总装配厂，然后寻找零部件供应厂家。由于社会分工细化，大大提高了生产效率，一般在作自制或购买决策时，不可能所有产品和零部件都是自制的。

2. 低成本和大批量

早期福特汽车公司就是采用这种策略。在零售业，沃尔玛公司也采取这种策略。采用这种策略需要选择标准化的产品或服务，而不是顾客化的产品或服务。这种策略往往需要投入较多的资金来购买专用高效设备，如同福特汽车公司当年建造 T 型生产线一样。需要注意的是，这种策略应该用于需求量很大的产品或服务。只要市场需求量大，采用低成本和高产量的策略，就可以战胜竞争对手并取得成功，尤其在居民消费水平还不高的国家或地区。

3. 多品种和小批量

对于顾客化的产品，只能采取多品种、小批量的生产策略。当今世界消费多样化、个性化，企业只有采用这种策略才能立于不败之地。但是，多品种小批量生产的效率难以提高，对大众化的产品不该采取这种策略。否则，面对低成本、大批量生产的企业，就会败下阵来。

4. 高质量

质量问题日益重要，无论是采取低成本、大批量的生产策略，还是采取多品种小批量的生产策略，都必须保证质量。在当今世界，价廉质劣的产品是没有销路的。

5. 混合策略

将上述几种策略综合运用，实现多品种、低成本、高质量，可以取得竞争优势。现在人们提出的“顾客化大量生产”，或称“大量定制生产”、“大规模定制生产”，既可以满足用户多种多样的需求，又具有大量生产的高效率，是一种新的生产方式。

（二）产品选择的重要性

企业进行生产运作，首先要确定向市场提供何种产品或服务。产品或服务确定之后，就要对产品或服务进行设计，确定其功能、型号、规格和结构。接着要对制造产品或提供服务的工艺进行选择，对工艺过程进行设计。

1. 产品或服务本质上是一种需求满足物

产品是通过它的功能来满足用户某种需求的，而一定的功能是通过一定的产品结构来实现的。满足用户需求，可能有不同的功能组合，不同的功能组合由不同的产品来实现。因此，可能有多种产品满足用户大体相同的需求，这就提出了产品选择问题。例如，同是为了进行信息处理，是生产普通台式电脑还是生产笔记本电脑？同是为了货物运输，是生产轻型车还是生产重型车？必须作出选择。

2. 产品或服务决定企业命运

产品或服务，最初来自各种设想。在对各种设想进行论证的基础上，确定本企业要提供的产品或服务，这是一个十分重要而又困难的抉择。产品或服务的选择可以决定一个企业的兴衰。适销对路的产品或服务可以使一个小企业发展成一个国际著名的大公司，相反，一种不合市场需要的产品或服务也可以使一个大企业亏损甚至倒闭，这已为无数事实所证明。产品决策通常在工厂建成之前完成，在企业投产之后，也要根据市场需求的变化，确定开发什么样的新产品。

（三）产品或服务选择的依据

1. 市场需求的不确定性

人的基本需求无非是衣、食、住、行、保健、学习和娱乐等，但满足需求的程度上的差别却是巨大的。例如，简陋的茅屋可以居住，配有现代化设备的高级住宅也是供人居住的。显然，这两者对居住需求的满足程度的差别是很大的。人们对需求满足程度的追求又是无止境的，因而对产品功能的追求无止境。随着科学技术进步速度的加快，人们“喜新厌旧”的程度也日益增强，从而导致市场需求不确定性增加。由于产品更新换代的加速，一夜之间某企业推出全新的产品，就使得原来畅销的产品销量一落千丈。现实情况是：很多企业不走创新之路，当电风扇销路好时，大家都生产电风扇；洗衣机走俏时，大家都生产洗衣机；农用车好赚钱时，又纷纷生产农用车等，不考虑后续产品的推出。结果，或者由于产品功能不佳，或者由于市场容量有限，或者由于产品质量低劣，造成产品大量积压，企业出现亏损。因此，企业选择产品时要考虑市场需求的不确定性，要顾及今后几年内产品是否有销路。

2. 外部需求与内部能力之间的关系

首先要看外部需求。对于市场不需要的产品，企业有再强的技术能力和生产能力，也不应该生产。同时，对于市场需求量大的产品，若与企业的生产能力很不相称，也不应强行生产。一般来讲，在有足够需求的前提下，确定生产一个新产品取决于两个因素：一是牢记企业的主打产品，与企业主打产品差别大的产品不应生产。如汽车制造厂的主要任务是生产汽车，决不能因为彩色电视机走俏就去生产彩色电视机，因为汽车制造厂的人员、设备、技术都是为生产汽车配备的，要生产彩色电视机，等于放弃现有的资源不用，能力上完全没有优势可言，是无法与专门生产电视的厂家竞争的。如果未来石油资源枯竭，现在生产的汽车都将被淘汰，汽车制造厂可能就要生产电动汽车或者太阳能汽车。二是企业的优势与特长，与同类企业比较，本企业的特长决定了生产什么样的产品，如果选择没有优势的产品是不明智的，一旦参与竞争，无疑会败下阵来。

3. 原材料、外购件的供应

一个企业选择了某种产品，必然涉及原材料和外购件的供应。若没有合适的供应商，或供应商的生产能力或技术能力不足，这种产品也不能选择。美国洛克希德飞机用的发动机是英国罗尔斯-罗伊斯公司供应的，后来罗尔斯-罗依斯公司破产，使得洛克希德公司也濒临破产，最后不得不由美国政府“救驾”，才免于倒闭。

4. 企业内部各部门工作目标上的差别

通常，企业内部划分为多个职能部门，各个职能部门由于工作目标不同，在产品选择上会发生分歧。如果不能解决这些分歧，产品决策也难以进行。生产部门追求高效率、低成本、高质量和生产的均衡性，希望品种数少一些，产品的相似程度高些，即使有变化，也要改动起来不费事。销售部门追求市场占有率，对市场需求的响应速度和按用户要求提供产品，希望扩大产品系列，不断改进老产品和开发新产品。财务部门要求加快资金流动，减少不能直接产生利润的费用，减少企业的风险，希望生产利润大、只要销售出去就能立即实现资金回笼的产品。因此，产品的选择必须顾及与产品生产有关的各部门之间的配合性问题。

5. 生产与运作系统的保证

企业要生产某种产品必须有必要的生产与运作系统作保证。生产与运作系统的设计和建立，对产品的生产有先天性的影响。生产与运作系统的设计和建立的物资保证，包括合适的建厂地理位置、必要的设备和必要的技术支持，这些条件具备与否，也将影响产品品种的选择。

第二节 生产类型的划分

生产类型是生产结构类型的简称，是产品的品种、产量和生产的专业化程度在企业生产系统、技术、组织、经济效果等方面的综合表现。不同的生产类型所对应的生产系统结构及其运行机制是不同的，相应的生产系统运行管理方法也不相同。具体可按以下四种类型进行划分。

一、按生产对象在生产过程中的特点划分

根据生产对象在生产过程中的工业特点，可以把工业生产分为连续型生产和离散型生产。

1. 连续型生产

在连续型生产过程中，物料均匀、连续地按一定工业加工顺序流动，如化学工业的塑料、药品、肥皂、肥料、炼油、冶金等的生产，都是连续型生产的典型。

2. 离散型生产

另一类产品，如汽车、柴油机、电视机、洗衣机等产品，是由离散型的零部件装配成的。零部件以各自的工艺流程通过各个生产环节，物料运动呈离散状态，因此称作离散型生产。因为这类制成品都是先加工出零件，再将零件装配成产品，所以又被其称为加工装配式

生产。

二、按计划来源划分

按计划来源划分，可以把工业生产分为订单生产方式和存货生产方式。

1. 订单生产方式

订单生产方式是根据用户提出的具体订货要求组织生产。经过设计、供应、制造、出厂等步骤生产出产成品。生产出来的成品在品种、规格、数量、质量和交货期等方面是各不相同的，并按合同规定按时向用户交货，成品库存甚少。因此，生产管理的重点是抓“交货期”，按“期”组织生产过程各环节的衔接平衡，保证如期交货。

2. 存货生产方式

存货生产方式是在对市场需要量进行预测的基础上，有计划地进行生产，产品有一定的库存。为防止库存积压和脱销，生产管理的重点是抓供、产、销之间的衔接，按“量”组织生产过程各环节之间的平衡，保证全面完成计划任务。

三、按生产的连续程度划分

按生产的连续程度划分，可以把工业生产分为连续生产和间段生产。

1. 连续生产

连续生产是长时间连续不断地生产一种或几种产品。生产的产品、工艺流程和使用的生产设备都是固定的、标准化的，工序之间没有在制品储存，如油田的采油作业等。

2. 间断生产

输入生产过程的各种要素是间断性地投入。生产设备和运输装置必须适合各种产品加工的需要，工序之间要求有一定的在制品库存，如机床制造厂、机车制造厂、轻工机械厂等。

四、按品种生产量划分

按品种生产量划分，通常分为大批大量生产、单件小批生产和成批生产。

1. 大批大量生产

大批大量生产是指批次多、每批次量都很大的生产。该生产方式具有生产稳定、效率高、成本低、管理工作简单等特点。但也存在着投资大、适应性差和灵活性差等缺点。这种生产方式在产品更新换代时，会给企业带来巨大损失。

2. 单件小批生产

单件小批生产是指批量小、品种变换频繁的生产。由于作业现场不断变换品种，作业准备改变频繁，造成生产能力利用率低、生产稳定性差、效率低、成本高、管理工作复杂等。因此，必须尽力做好作业准备、作业分配、作业进度计划和进度调整等工作。

3. 成批生产

成批生产特点介于上述二者之间。

第三节　生产过程的组织

生产过程的组织是指为提高生产效率、缩短生产周期，对生产过程的各个组成部分，从时间和空间上进行合理安排，使它们构成相互衔接、密切配合的工作系统。

一、生产过程组织的基本内容

生产过程组织包括空间组织和时间组织两项基本内容。

（一）生产过程的空间组织

生产过程的空间组织是指在一定的空间内，合理地设置企业内部各基本生产单位，如车间、工段、班组等，使生产活动能够高效、顺利地进行。生产过程的空间组织有两种典型的形式。

1. 工艺专业化形式

工艺专业化又称工艺原则，即按照生产过程中各个工艺阶段的工艺特点来设置生产单位。在这种生产单位内，集中了同种类型的生产设备和同工种的工人，可完成各种产品的同一工艺阶段的生产，即加工对象是多样的，但工艺方法是同类的，每一生产单位只完成产品生产过程中的部分工艺阶段和部分工序的加工任务。如机械制造业中的铸造车间，机加工车间，热处理车间及车间中的车工段、铣工段等，都是工艺专业化生产单位。

2. 对象专业化形式

对象专业化又称对象原则，就是按照产品或零件、部件的不同来设置生产单位。在对象专业化生产单位里，集中了不同类型的机器设备和不同工种的工人，对同类产品进行不同的工艺加工，能独立完成一种或几种产品零件、部件的全部或部分的工艺过程，而不用跨越其他的生产单位，如汽车制造厂中的发动机车间、底盘车间、机床厂中的齿轮车间等。

（二）生产过程的时间组织

生产过程的时间组织是研究产品生产过程各环节在时间上的衔接和结合的方式。生产过程各环节之间时间的衔接越紧密，就越能缩短生产周期，从而提高生产效率，降低生产成本。

产品生产过程各环节在时间上的衔接程度，主要表现在劳动对象在生产过程中的移动方式。劳动对象的移动方式，与一次投入生产的劳动数量有关。单个工件投入生产时，工件只能顺序地经过各道工序，不可能同时在不同的工序上进行加工。如果当一次投产的工件有两个或两个以上时，工序间就有不同的移动方式。一批工件在工序间存在着三种移动方式，分别是顺序移动、平行移动和平行顺序移动。

1. 顺序移动方式

顺序移动方式是指一批零件在前一道工序全部加工完毕后，整批转移到下一道工序进行加工的移动方式。其特点是一道工序在工作，其他工序都在等待。

2. 平行移动方式

平行移动方式是指一批零件中的每个零件在每道工序完毕以后，立即转移到后道工序加工的移动方式。其特点是一批零件同时在不同工序上平行加工，缩短了生产周期。

3. 平行顺序移动方式

平行顺序移动吸收了上述两种移动方式的优点，避开了其短处，但组织和计划工作比较复杂。平行顺序移动的特点是当一批制件在前道工序上尚未全部加工完毕，就将已加工的部分制件转到下道工序进行加工，并使下道工序能够连续、全部地加工完该批制件。为了达到这一要求，要按下面规则运送零件：当前一道工序时间少于后道工序的时间时，前一道工序完成后的零件立即转送下道工序；当前道工序时间多于后道工序时间时，则要等待前一道工序完成的零件数足以保证后道工序连续加工时，才将完工的零件转送后道工序。这样就可将人力及设备的零散时间集中使用。

二、生产过程组织的要求

生产过程组织的目标是使产品内在生产过程中的行程最短、时间最省、占用和耗费最少、效率最高、能取得最大的生产成果和经济效益，具体要求如下：

（1）生产过程的连续性，是指产品在生产过程各个阶段、各工序之间的流转状况，它同工厂布置、生产技术水平和管理工作的水平有关。连续性强的优点是：

① 可以缩短产品的生产周期，减少在制品的数量，加速流动资金周转。

② 可以更好地利用物资、设备和生产面积，减少产品由于停放、等待所造成的损失。

③ 有利于改善产品质量。

（2）生产过程的平行性，是指生产过程的各项活动、各工序在时间上实现平行作业，这是生产过程连续性的必然要求。

（3）生产过程的单向性，是指生产过程中要转移、要向一个方向流动。

（4）生产过程的比例性，是指生产过程各阶段、各工序之间，生产能力要保持一定的比例。

（5）生产过程的适应性，是指生产过程具有灵活应变的能力，以适应市场需求的变化。

三、生产过程组织的形式

企业中任何生产过程的组织形式都是生产过程的空间组织与时间组织的结合。企业必须根据其生产目的和条件，将生产过程空间组织与时间组织有机地结合，采用适合自己生产特点的生产组织形式。下面介绍几种效率较高的生产组织形式。

1. 流水线和自动化流水线

流水线又称流水作业，是指劳动对象按照一定的工艺过程，顺序地、一件接一件地通过各个工作地，并按照统一的生产速度和路线，完成工序作业的生产过程组织形式。它将对象专业化的空间组织方式和平行移动的时间组织方式有机地结合，是一种先进的生产组织形式。流水线具有如下特点：

（1）专业性。流水线上各个工作地的专业化程度很高，即流水线上固定地生产一种或几种制品，固定地完成一道或几道工序。

（2）连续性。流水线上的制品在各工序之间须用平行或平行顺序移动方式，最大限度地减少制品的延误时间。

（3）节奏性。流水线生产都必须按统一节拍或节奏进行。所谓节拍，是指流水线上连续出产两件制品的时间间隔。

（4）封闭性。生产工艺过程是封闭的，各工作地按照制品的加工顺序排列，制品在流水线上作单向顺序移动，完成工艺过程的全部或大部分加工。

（5）比例性。流水线上各工序之间的生产能力相对平衡，尽量保证生产过程的比例性和平行性。

自动化流水线是流水线的高级形式，它依靠自动化机械体系实现产品的加工过程，是一种高度连续的、完全自动化的生产组织。同一般流水线相比，自动流水线减少了工人需要量，消除了繁重的体力劳动，生产效率更高，产品质量更容易保证。但投资较大，对维修和管理的要求较高。

2. 成组技术与成组加工单元

成组技术的基本思想是：用大批量的生产技术和专业化方法组织多品种生产，提高多品种下批量的生产效率。成组技术以零部件材质结构、工艺等方面相似性、分布稳定性、规律性为基础，对其进行分类、归并成组并组织生产。在成组技术应用中，出现了一具多用的成组夹具，一组成组夹具一般可用于几种甚至几十种零件的加工。成组技术根本改变了传统的生产组织方法，它不以单一产品为生产对象，而是以“零件组”为对象编制成组工艺过程和成组作业计划。

成组加工单元，是指使用成组技术，以“组”为对象，按照对象专业化布局方式，在一个生产单元内配备不同类型的加工设备，完成一组或几组零件的全部工艺的组织。采用成组加工单元，加工顺序可在组内灵活安排，多品种小批量生产可获得接近于大量流水生产的效率和效益。目前，成组技术主要应用于机械制造、电子、军工等领域，它还可应用于具有相似性的众多其他领域，如产品设计和制造、生产管理等。

3. 柔性制造单元

柔性制造单元，即以数控机床或数控加工中心为主体，依靠有效的成组作业计划，利用机器人和自动运输车实现工件和刀具的传递、装卸及加工过程的全部自动化和一体化的生产组织。它是成组加工系统实现加工合理化的高级形式，具有机床利用率高、加工制造与研制周期缩短、在制品及零件库存量低的优点。柔性制造单元与自动化立体仓库、自动装卸站、自动牵引车等结合，由中央计算机控制进行自动加工，就形成了柔性制造系统。柔性制造单元与计算机辅助设计等功能的结合，则成为计算机一体化制造系统。

四、生产过程组织的实际业务

生产过程组织的实际业务，就是确定工艺方案、运输与平面布置以及基本标准日程等。

1. 工艺方案

在工艺方案中，需要确定加工方法，选定设备，准备夹具和模具以及制定标准时间，即建立所谓最佳流程的基本条件。不过，在批量生产中，要以如何选择适合流水节拍的加工法为重点，而在单件生产中，则以如何采用类似的加工工艺为重点。

2. 运输与平面布置

在工艺设计上，已经选定了生产设备，就要充分发挥设备的潜力。为了避免在工序之间迂回运输，作无用功和造成生产步调紊乱，就必须合理地进行平面布置。

3. 基本标准日程的确定

在工序、设备与平面布置确定以后，接下来就是以何种速度来供应材料。材料准备要考虑哪项工序需要哪种材料，或者为了防止材料混乱，以及防止超出控制范围，就应确定标准储备量，确定从投料到产出产品的时间间隔，即生产周期。

第四节　生产系统的设计

一、生产系统的概念

1. 生产的概念

从一般意义上讲，生产是指组织将其投入转换为产出的过程，即投入一定的资源，经过一系列或多种形式的转换，由此增加附加价值并产生效用，最后以某种形式的产出提供给社会的过程。

生产既包括有形产品的形成过程，也包括提供服务的过程。

2. 生产系统的概念

生产系统是企业大系统中的一个子系统。其运动规律就是输入资源，经过生产过程输出产品或服务，并且在生产过程中不断进行信息反馈，如图4－1所示。

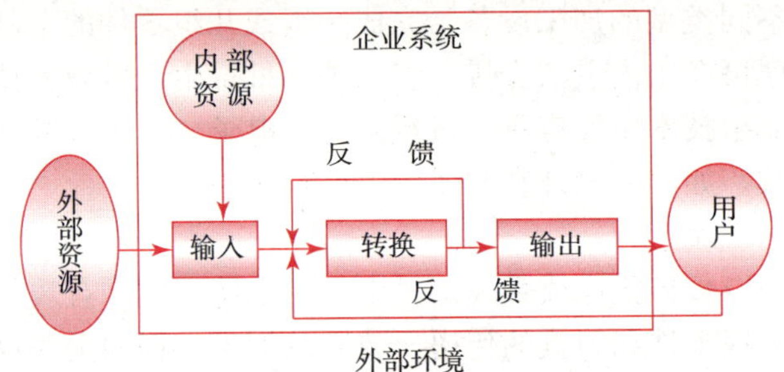

图4－1　生产系统运作过程

不同的企业根据不同的生产目的应输入不同的资源，具体有劳动力、资金、土地、建筑物、机器设备、工艺装备、原材料、燃料和信息等。

生产系统输出的是产品或服务，它们必须具有使用价值，必须符合社会和市场的需要，这样产品才有销路，这是实现企业盈利目标的前提。

生产系统是一个输入、输出的转换系统，转换过程就是生产过程。企业一定要通过自身的努力，使输出大于输入，才能真正实现企业的盈利目标。为此，企业应尽可能采用最经济的生产方式，以消耗最少的人力、物力、财力和时间，降低成本，缩短交货期。

在生产系统中还要不断加强内部协调性工作。为此，应重视系统内部各环节的信息反馈。信息反馈可以指挥、控制、调整企业生产过程中的偏差，从而使生产顺畅地进行，生产出符合要求的产品或提供劳务。

生产系统与外部环境的联系息息相关，所以必须强调生产系统对外部环境的适应性，提升应变能力，尤其是外部市场瞬息万变，生产系统自身要及时地应变。

二、生产系统的构成要素

生产系统的构成要素按其性质和作用来划分，可分为结构化要素和非结构化要素。

结构化要素是指构成生产系统主体框架的要素，包括厂房、生产设施、生产设备能力、生产技术等。

非结构化要素是指支持和控制系统运行的软件要素包括人员组织、生产计划、生产库存、质量管理、设备维护等。

由于生产类型特点的不同，反映出来的经济效益也不相同。在大量生产条件下，工作地专业化程度高，可采用高效率的专用设备和工艺装备，便于组织流水线和自动线，工人操作简单，技术熟练，计划管理工作简单，具有较高的劳动生产率和较低的产品成本，经济效益最好；单件生产条件下，工作地专业化程度低，一般采用通用设备和工艺装备，设备利用率和劳动生产率低，对工人技术水平要求高，计划管理工作复杂，产品成本高，经济效益最差。成批生产的经济效益介于大量生产和单件生产之间。

三、生产系统的设计概述

生产系统的设计是指利用科学的方法和手段对组成企业的各个部分、各种物质要素（设施、设备等等）进行合理的配置和空间及平面布置，使之形成有机的系统，以最经济的方式和较高的效率为企业的生产经营服务。

生产系统设计的主要内容包括：产品或服务的设计，厂址选择，生产方式的选择，生产设备与技术的选择，厂区与设备的平面布置，生产过程组织、编制定员，制定年度与进度计划等。

（一）生产系统的空间组织设计

1. 空间组织设计的概念

空间组织设计就是将企业内的各种生产设施进行最合理的安排，使它们组合成一定的空间形式，有效地为企业的生产经营服务，以获得最大的经济效益。具体地说，就是根据已选定的厂址地貌，对组成企业的各个部分，如基本生产车间、辅助生产车间、仓库、公用设施、办公部门等进行合理布置，确定其平面或立面的位置，并相应地确定物料流程、运输方式和运输路线。

2. 空间组织设计的要求

空间组织设计必须从系统的观点出发，统筹兼顾、全面规划、合理部署，讲求整体的最优效果。应遵循下列原则：

（1）使厂房、设施和其他建筑物的配置满足企业生产过程的要求。

（2）尽可能使厂区内的物料运输距离最短。这就要求尽可能避免交叉运输和重复往返运输，尽可能减少物料流量。因此，应尽可能使厂房、设备按生产流程的顺序布置。

（3）尽可能使厂区平面布置紧凑。一般来说，工厂占地面积小，厂区布置紧凑，则建厂时的土方工程量就小，运输路线、工程管道和道路的里程也短，因而基建费用就低。为了节约用地，不仅要提高企业的建筑系数（厂房、建筑物占地面积在全厂总面积中所占的比重），还要提高单位建筑面积的产量和利用多层建筑物的优点。

（4）要合理划分厂区。尽可能按功能或其他条件把厂区划分为不同的功能区域，把具有相同或相近功能且条件要求相近的生产单位布置在同一个区域内。例如，机械制造厂可分为加工区、动力区、办公区和生活区等，这样便于管理，有利于厂区安全和环保。

（5）有利于整体协调。厂区平面布置应有整体观念，在可能的条件下使厂区布置各要素之间相互协调。例如，任何一个单位的进出口处布置对应的另一个发放或接收的单位应是最方便的。

（6）厂区布置要有利于安全和职工的健康。安全要求是多方面的，如防火、防爆、防毒、防盗等，在厂区布置时均应予以妥善考虑。另外，厂区布置应充分考虑保证在内工作的职工的身心健康，注意厂区的绿化和美化，并设置适当的休息区域。

（7）充分利用外部环境提供的便利条件。在进行厂区平面布置时应充分考虑环境给予的各种便利条件并尽可能予以利用，特别是厂外运输条件。生产过程的流向和运输系统的配置应满足货运路线的要求，方便物料输入和产品输出。

（8）厂区布置要与环境相协调。企业应牢固树立自己是社会成员的思想，应使厂区的环境、建筑的式样与周围的社区环境相协调，尤其是在历史名城或风景区附近的企业。

（9）厂区的布置要充分考虑远景发展需要，在可能的情况下为企业未来的发展预留地面空间。

3. 空间组织设计的原则

（1）工艺专业化原则。

工艺专业化原则的概念：按照生产过程各个工艺阶段的工艺特点建立车间。在工艺专业化的生产单位里，集中了同类的工艺设备，对企业生产的各种产品（零件）进行相同的工艺加工，如铸造厂、锻造厂、热处理厂、铸造车间、锻造车间、机械加工车间、热处理车间、车工工段、铣刨工段等生产单位。

工艺专业化原则的优点：

① 对产品品种变化的适应力强。

② 设备利用率高。

③ 便于专业化管理和工人技术水平的提高。

工艺专业化原则的缺点：

① 因为这种形式不是独立完成产品的全部加工工序，一件产品要经过许多生产单位后才能完成，所以产品在生产过程中的运输路线长，运送材料、半成品的劳动消耗多，这就增加了运输费用。

② 产品在生产过程中存放、等待时间增多，延长了生产周期，使在制品的数量增多，增加了流动资金的占用。

③ 由于各单位之间联系协作往来频繁，使生产计划管理、在制品管理、质量管理等项工作复杂化。

工艺专业化原则适用于单件小批生产。

（2）对象专业化原则。

对象专业化原则概念：按不同加工对象布置车间，每个车间完成其所加工对象的全部工艺过程。

对象专业化原则的优点：

① 缩短运输路线，减少运输费。

② 提高连续性，缩短周期，减少在制品占用。

③ 便于生产管理。

对象专业化原则的缺点：

① 对产品品种变化的适应性差。

② 不便于生产面积和设备能力的充分利用，工艺设备管理复杂。

对象专业化原则适用于大量大批生产。

（3）混合原则（综合形式）。

混合专业化形式就是将工艺专业化形式和对象专业化形式结合起来的一种形式，在我国企业中应用比较普遍。它包括在工艺专业化形式的基础上，采用对象专业化的原则建立生产单位，或在对象专业化的基础上，采用工艺专业化的原则来建立生产单位。这种布置形式机动灵活，如应用得当，可取得较好的经济效益。

（二）生产系统的时间组织

时间组织的概念：要求劳动对象在车间之间、工作地之间移动，在时间上紧密衔接，以实现有节奏、连续的生产。简单地说，就是确定劳动对象在各个车间、各个工序之间的移动方式。

时间组织的重点研究内容：劳动对象的移动方式以及加工周期的计算。

1. 单一零件的移动方式

零件沿着工艺路线依次移动，即按顺序地从前工序移动到后工序。加工周期为零件在各道工序上加工时间之和。

2. 整批零件的移动方式

（1）顺序移动方式。

顺序移动方式的含义：每批零件在前一道工序全部加工完毕，才整批运送到下一道工序加工，零件在各工序之间是整批移动的。

顺序移动方式的优点：生产组织比较简单，减少了设备的调整时间和运输次数。

顺序移动方式的缺点：零件加工等待时间长，在制品多，生产周期长。

这种移动方式适用于批量不大和工序时间较短的零件加工。

（2）平行移动。

平行移动的含义：整批零件中每个零件在前道工序加工完之后，立即转到下一道工序进行加工，这样就形成了整批零件同时在不同工序平行进行加工。

平行移动的优点：加工周期最短。

平行移动的缺点：运输次数多、当前后工序时间不相等时，会出现设备等待或零件等待的情况。

这种移动方式主要适用于大量大批生产。

（3）平行顺序移动。

平行顺序移动的含义：顺序移动与平行移动两者结合，扬长避短。

平行顺序移动的优点：加工周期较短；可以将分散的等待时间集中起来加以利用，保证了工人、设备的充分负荷；减少了运输量。

平行顺序移动的缺点：生产组织复杂。

（4）三种移动方式的优缺点比较。

三种移动方式的优缺点比较如表 4－1 所示。

表 4-1　三种移动方式的优缺点比较

移动方式	顺序移动	平行移动	平行顺序移动
加工周期	长	短	中
运输次数	少	多	中
设备利用	好	差	好
组织管理	简单	中	复杂

（5）选择策略。

需要考虑的因素有：①生产类型；②生产系统的空间组织形式；③零件重量及工序劳动量；④调整设备所需劳动量；⑤生产任务的轻重缓急。

四、流水生产线的组织设计

（一）流水生产线组织设计的概念

流水生产线的组织设计，是指劳动对象按一定的工艺过程，按顺序地通过各个工作地，并按统一节拍完成工序加工的一种生产组织形式。

（二）流水生产线组织设计的特征

（1）工作地专业化程度高。流水生产线上每个工作地完成一道或几道工序都是固定的。

（2）具有封闭性和顺序性。工作地和设备按产品加工顺序排列。

（3）具有节奏性。按规定的节拍或时间间隔产出产品。

（4）各道工序的工作地（设备）数量与各道工序的生产时间比较一致。

（5）具有高度的连续性。

（三）流水生产线的组织条件

（1）产品结构和制造工艺相对稳定。

（2）产量要足够大，以保证流水线上各工作地充分负荷。

（3）时间组织条件——制造的工艺过程能划分成简单的工序，又能根据工序同期化的要求，把某些工序适当地合并和分解，使各工序的作业时间基本相等或成整数倍。

（4）空间组织条件——必要的厂房条件。

（四）流水生产线的分类

（1）按生产对象移动方式划分，分为固定流水线与移动流水线。

（2）按加工对象数目划分，分为单一对象流水线与多对象流水线。

（3）按生产过程连续性程度划分，分为连续流水线与间断流水线。

（4）按生产节奏划分，分为强制节拍流水线、自由节拍流水线与粗略节拍流水线。

（5）按机械化程度划分，分为手工流水线、机械化流水线与自动生产线。

第五节 先进生产制造技术

一、计算机集成制造系统（Computer Integrated Manufacturing System ，CIMS）

1. 计算机集成制造系统的含义

计算机集成制造系统（Computer Integrated Manufacturing System ，CIMS）是随着计算机辅助设计与制造的发展而产生的。它是在信息技术、自动化技术与制造技术的基础上，通过计算机技术，把分散在产品设计制造过程中各种孤立的自动化子系统有机地集成起来，形成适用于多品种、小批量生产，实现整体效益的集成化和智能化制造系统。

当前，我国的 CIMS 已经改变为现代集成制造（Contemporary Integrated Manufacturing）与现代集成制造系统（Contemporary Integrated Manufacturing System）。其中，“现代”的含义是计算机化、信息化、智能化。“集成”有更广泛的内容，它包括信息集成、过程集成及企业间集成等三个阶段的集成优化，有关技术的集成优化及各类人员的集成优化等。CIMS 不仅仅把技术系统和经营生产系统集成在一起，而且把人的思想、理念及智能也集成在一起，使整个企业的工作流程、物流和信息流都保持通畅和相互有机联系，所以 CIMS 是人、经营和技术三者集成的产物。

2. 计算机集成制造系统的体系结构

CIMS 体系结构是用来描述研究对象整个系统的各个部分和各个方面的相互关系和层次结构，从大系统理论角度研究，将整个研究对象分为几个子系统，各个子系统相对独立自治、分布存在、并行运行和驱动等。我们可以从功能结构和逻辑结构来认识 CIMS 体系结构。从功能层方面分析，CIMS 大致可以分为六层：生产/制造系统、硬事务处理系统、技术设计系统、软事务处理系统、信息服务系统和决策管理系统。

3. 计算机集成制造系统的分类

从应用的生产工艺方面分，CIMS 可大致分为离散型制造业、连续性制造业和混合型制造业三种。

从 CIMS 系统的分系统的关联程度分，CIMS 也可以分为集中型、分散型和混合型三种。

4. 计算机集成制造系统的效益

CIMS 是企业管理运作的一种手段和工具，是战略思想指导下的实践活动，其初期投资大、涉及面广、资金回笼周期长、短期内很难见到效益，因此在对 CIMS 作效益评价时不能单凭货币标准来衡量，要多方面综合考虑其效益指标。所谓综合效益，是指 CIMS 系统对企业和社会所能带来的各种效益。对此，我们可以从下面几个方面来理解：

（1）应用 CIMS 提高了劳动生产率，为企业带来了利润，为增加国民收入作出了贡献。

（2）应用 CIMS 提高了企业对市场的应变能力和抗风险能力，对企业实现经营战略作出了贡献。

（3）应用 CIMS 为提高整个企业员工素质和技术水平作出了贡献。

（4）应用 CIMS 为节约天然资源作出了贡献。

（5）通过应用和推广 CIMS 技术，为国家优化产业结构、发展新产业、提高国际市场上的竞争力作出了贡献。

二、并行工程

1. 并行工程的定义

1988 年美国国家防御分析研究所（Institute of Defense Analyze，IDA）完整地提出了并行工程（Concurrent Engineering，CE）的概念，即并行工程是集成地、并行地设计产品及其相关过程，包括制造过程和支持过程的系统方法。这种方法要求产品开发人员在一开始就考虑产品整个生命周期中从概念形成到产品报废的所有因素，包括质量、成本、进度计划和用户要求。并行工程的目标为提高质量、降低成本、缩短产品开发周期和产品上市时间。并行工程的具体做法是：在产品开发初期，组织多种职能协同工作的项目组，使有关人员从一开始就获得对新产品需求的要求和信息，积极研究涉及本部门的工作业务，并将所需要求提供给设计人员，使许多问题在开发早期就得到解决，从而保证了设计的质量，避免了大量的返工浪费。并行工程的运作要求如下：

（1）在产品的设计开发期间，将概念设计、结构设计、工艺设计、最终需求等结合起来，保证以最快的速度按要求的质量完成。

（2）各项工作由与此相关的项目小组完成。进程中小组成员各自安排自身的工作，但可以定期或随时反馈信息，并对出现的问题进行协调解决。

（3）依据适当的信息系统工具，反馈与协调整个项目的进行。利用现代计算机集成制造技术，在产品的研制与开发期间，辅助项目进程的并行化。

2. 并行工程的特征

并行工程的特征如图 4－2 所示。

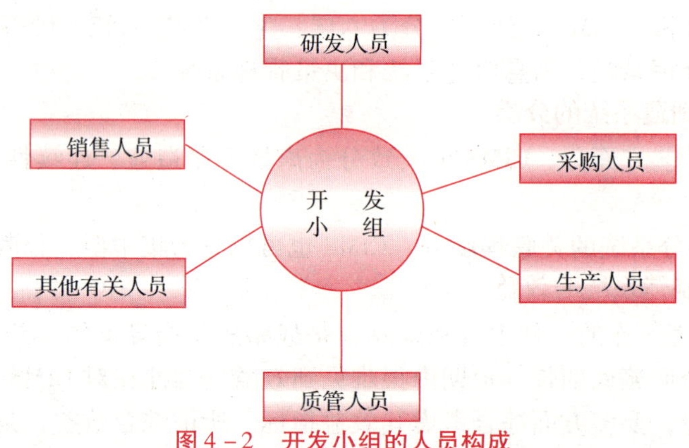

图 4－2　开发小组的人员构成

（1）并行交叉。它强调产品设计与工艺过程设计、生产技术准备、采购、生产等种种活动并行交叉进行。并行交叉有两种形式：一是按部件并行交叉，即将一个产品分成若干个部件，使各部件能并行交叉进行设计开发；二是对单个部件，可以使其设计、工艺过程设计、生产技术准备、采购、生产等各种活动尽最大可能并行交叉进行。需要注意的是，并行工程强调各种活动并行交叉，并不是也不可能违反产品开发过程必要的逻辑顺序和规律，不能取消或越过任何一个必经的阶段，而是在充分细分各种活动的基础上，找出各子活动之间的逻辑关系，将可以并行交叉的尽量并行交叉进行。

（2）尽早开始工作。正因为强调各活动之间的并行交叉，以及并行工程为了争取时间，所以它强调人们要学会在信息不完备的情况下就开始工作。因为根据传统观点，人们认为，只有等到所有产品设计图纸全部完成以后才能进行工艺设计工作，只有所有工艺设计图完成后才能进行生产技术准备和采购，只有生产技术准备和采购完成后才能进行生产。正因为并行工程强调将各有关活动细化后进行并行交叉，因此很多工作要在我们传统上认为信息不完备的情况下进行。

（3）面向过程和面向对象。并行工程强调面向过程和面向对象。一个新产品从概念构思到生产出来是一个完整的过程。传统的串行工程方法是基于二百多年前英国政治经济学家亚当·斯密的劳动分工理论。该理论认为，分工越细，工作效率越高。因此串行方法是把整个产品开发全过程细分为很多步骤，每个部门和个人都只做其中的一部分工作，而且是相对独立进行的，工作做完以后把结果交给下一部门。西方把这种方式称为“抛过墙法”，他们的工作是以职能和分工任务为中心的，不一定存在完整的、统一的产品概念。而并行工程则强调设计要面向整个过程或产品对象，因此它特别强调设计人员在设计时不仅要考虑设计，还要考虑这种设计的工艺性、可制造性、可生产性、可维修性等，工艺部门的人也要同样考虑其他过程，设计某个部件时要考虑与其他部件之间的配合。所以整个开发工作都是要着眼于整个过程和产品目标。从串行到并行，是观念上的大转变。

（4）系统集成与整体优化。在传统串行工程中，对各部门工作的评价往往是看交给它的那一份工作任务完成得是否出色。就设计而言，主要是看设计工作是否新颖，是否有创造性，产品是否有优良的性能。对其他部门而言，也是看他的那一份工作完成得是否出色。而并行工程则强调系统集成与整体优化，它并不完全追求单个部门、局部过程和单个部件的最优，而是追求全局优化，追求产品整体的竞争能力。对产品而言，这种竞争能力就是由产品的 TQCS 综合指标——交货期（Time）、质量（Quality）、价格（Cost）和服务（Service）。在不同情况下，侧重点不同。在现阶段，交货期可能是关键因素，有时是质量，有时是价格，有时是它们中的几个综合指标。对每一个产品而言，企业都对它有一个竞争目标的合理定位，因此并行工程应围绕这个目标来进行整个产品的开发活动。只要达到整体优化和全局目标，而不追求每个部门的工作最优。因此，对整个工作的评价是根据整体优化结果来评价的。

3. 建立并行工程的开发环境

并行工程环境使参与产品开发的每个人都能瞬时地相互交换信息，以克服由于地域、组织不同，产品的复杂化，缺乏互换性的工具等因素造成的各种问题。在开发过程中应以具有柔性和弹性的方法，针对不同的产品开发对象，采用不同的并行工程手法，逐步调整开发环境。并行工程的开发环境主要包括以下几个方面：

（1）统一的产品模型，保证产品信息的唯一性，并必须有统一的企业知识库，使小组人员能以同一种“语言”进行协同工作。

（2）一套高性能的计算机网络，小组人员能在各自的工作站或微机上进行仿真，或利用各自的系统。

（3）一个交互式、良好用户界面的系统集成，有统一的数据库和知识库，使小组人员能同时从不同的角度参与或解决各自的设计问题。

（4）成立并行工程的开发组织机构。开发组织由三个层次构成，最高层由各功能部门负责人和项目经理组成，管理开发经费、进程和计划；第二层是由主要功能部门经理、功能小组代表构成，定期举行例会；第三层是作业层，由各功能小组构成。

4. 选择开发工具及信息交流方法

选择一套合适的产品数据管理（PDM）系统，PDM 是集数据管理能力、网络的通信能力与过程控制能力于一体的过程数据管理技术的集成，能够跟踪保存和管理产品设计过程。PDM 系统是实现并行工程的基础平台，它将所有与产品有关的信息和过程集成在一体，将有效地从概念设计、计算分析、详细设计、工艺流程设计、制造、销售、维修直至产品报废的整个生命周期相关的数据，予以定义、组织和管理，使产品数据在整个产品生命周期内保持最新、一致、共享及安全。PDM 系统应该具有电子仓库、过程和过程控制、配置管理、查看和圈阅、扫描和成像、设计检索和零件库、项目管理、电子协作、工具和集成件等。产品数据管理系统对产品开发过程的全面管理，能够保证参与并行工程协同开发小组人员间的协调活动能正常进行。

5. 确立并行工程的开发实施方案

首先把产品设计工作过程细分为不同的阶段；其次当出现多个阶段的工作所需要的资源不可共享时，可以采用并行工程方法；最后，后续阶段的工作必须依赖于前阶段的工作结果作为输入条件时，可以先对前阶段工作作出假设，二者才可并行。其间必须插入中间协调，并用中间的结果作验证，其验证的结果与假定的背离，要在后续工作阶段工作中对原计划进行必要调整。

三、敏捷制造系统（Agile Manufacturing System，AMS）

敏捷性反映的是企业驾驭变化的能力，企业要实现的任何战略转移都可以从它具有的善于转变的能力中获益。敏捷制造强调通过联合来赢得竞争，通过产品制造、信息处理和现代通信技术的集成来实现人、知识、资金和设备（包括企业内部的和分布在全球各地合作企业的）的集中管理和优化利用。制造系统是一个复合系统，敏捷性概念的提出为制造系统赋予了新的概念和特征。

1. 敏捷制造系统 AMS 的定义

从系统工程的角度，可以把敏捷制造系统定义为：敏捷制造过程及其所涉及的硬件包括人员、生产设备、材料、能源和各种辅助装置，以及有关软件包括敏捷制造理论、敏捷制造技术和信息技术等组成的可以有效实现制造业敏捷性的一个有机整体。

2. 敏捷制造系统 AMS 的特征

（1）速度是 AMS 的基本特征。统计表明如果产品的开发周期太长，导致产品上市时间推迟 6 个月，则利润要损失 30%，这充分说明了“速度”的重要性。AMS 中的速度包括市场反应速度、新产品开发速度、生产速度、信息传播速度、组织结构调整速度等。

（2）全生命周期顾客满意度是 AMS 的直接目标。通过并行设计、质量功能配置、价值分析、仿真等手段在产品整个生命周期内的各个环节使顾客满意。

（3）灵活的动态组织机构是 AMS 的组织形式。企业内部将多级管理模式转变为扁平结构的管理方式；企业外部将企业之间的竞争变为协作。

（4）开放的基础结构和先进制造技术是实现 AMS 的重要保证。敏捷制造要把全世界范围内的优势力量集成在一起，因此敏捷制造系统必须采取开放结构。

3. 敏捷制造系统 AMS 的结构描述

（1）AMS 的社会环境。提高系统的敏捷性，除了要在内部加强改革，还必须要有一个良好的社会环境，包括政府的政策法律、市场环境和社会基础设施等几方面。政策法律的制定要有助于提高企业的积极性，有助于企业直接、平等地参与国际竞争。企业外部市场环境要保证系统的物流、能量流、信息流和人才流等畅通无阻。通信、交通、环保等社会基础设施对企业敏捷化的发展提供支持。

（2）AMS 的技术基础。成功地实施敏捷化，技术基础是关键，也是有力的保障。AMS 的关键技术可以归纳为信息服务技术、敏捷管理技术、敏捷设计技术、敏捷制造技术四类。信息服务技术主要包括信息技术、计算机网络与通信技术、数据库技术等。敏捷管理技术主要包括集成的产品与过程管理、决策支持系统、经营业务过程重组等。敏捷设计技术主要是指集成化产品设计与过程开发技术，它是一系列技术的综合。敏捷制造技术是指可重组和可重用的制造技术，主要包括拟实制造技术、快速原型技术、数控技术与柔性制造技术等。

（3）AMS 功能设计。AMS 功能设计旨在设计和开发敏捷制造系统的各部分功能，推行敏捷管理思想、敏捷设计方法和敏捷制造技术。①敏捷管理思想。制定符合全球竞争机制的企业经营战略，组建敏捷捕捉市场机遇的快速响应体系，构建企业间优势互补的动态联盟体系，建立敏捷供应链等。②敏捷化设计。使用集成化产品设计与过程开发方法开发产品，采用动态仿真技术实现产品性能仿真分析，引入智能知识推理机制提高设计过程的敏捷性等。③敏捷制造技术。按车间作业分布自治要求进行企业资源重组，按可选工艺方案的协同决策要求进行工艺过程重组，采用相似工程原理和即插即用总线接口技术实现现场的成组插件互连等。

（4）AMS 组织管理。敏捷制造系统以动态联盟作为主要组织形式，采用以团队为核心的扁平化网络结构作为管理方式。

（5）AMS 信息系统。敏捷制造信息系统是面向敏捷制造模式、由分布于若干个成员结点且具有独立自治和相互协同能力的信息子系统优化组合而成的信息系统。它应具备四方面的能力：快速构建能力、快速运作能力、快速重组能力和快速适应能力。

（6）AMS 资源配置。在敏捷制造环境下，制造资源不再是由单一企业的资源组成，而是由不同地域、不同企业的资源组成，针对敏捷制造系统资源所呈现的分布、异构、不确定等特征，进行资源的配置，将制造系统中的资源重新组织。

（7）AMS 实施。敏捷制造是一个系统工程，在找到了它所存在的环境和所需的基础技术，并构造好了实施 AMS 的各部分框架后，就可以采用一定的步骤、运用系统化的方法逐步进行。

步骤 1：AMS 总体规划。AMS 目标选择、制定 AMS 战略计划、选择 AMS 实施方案。

步骤 2：AMS 系统构建。针对具体目标，准备敏捷化所需的相关技术，转变企业经营策略，利用构建好的 AMS 功能设计系统、AMS 信息系统和 AMS 资源配置系统等构建 AMS。

步骤 3：AMS 系统运行与管理。在系统内部建立面向任务的多功能团队，在企业之间进行跨企业的动态联盟，从而实现组织协调、过程协调、资源协调和能力协调。

四、虚拟制造技术

1. 虚拟制造技术（Virtual Manufacturing Technology，VMT）的定义

虚拟制造技术是以虚拟现实和仿真技术为基础，对产品的设计、生产过程统一建模，在计算机上实现产品从设计、加工和装配、检验、使用整个生命周期的模拟和仿真。

2. 虚拟制造技术的功能

虚拟技术可以在产品的设计阶段就模拟出产品及其性能和制造过程，以此来优化产品的设计质量和制造过程，优化生产管理和资源规划，以达到产品开发周期和成本的最小化，产品设计质量的最优化和生产效率最高化，从而形成企业的市场竞争优势。例如，波音 777，其整机设计、部件测试、整机装配以及各种环境下的试飞均是在计算机上完成的，其开发周期从过去的 8 年缩短到 5 年。Chrycler 公司与 IBM 合作开发在虚拟制造环境用于其新型车的研制，在样车生产之前，即发现其定位系统及其他许多设计有缺陷，从而缩短了研制周期。尽管虚拟制造技术的出现只有短短的几年时间，但可以预言虚拟制造的应用将会对未来制造业的发展产生深远的影响。

3. 采用虚拟技术的效益

（1）提供关键的设计和管理决策对生产成本、周期和能力的影响信息，以便正确处理产品性能与制造成本、生产进度及风险之间的平衡，作出正确的决策。

（2）提高生产过程的效率，可以按照产品的特点优化生产系统的设计。

（3）通过生产计划的仿真，优化资源的利用，缩短生产周期，实现柔性制造和敏捷制造。

（4）可以根据用户的要求修改产品设计，及时作出报价和保证交货期。

五、柔性制造系统

1. 柔性制造系统的定义

柔性制造系统（Flexible Manufacturing System，FMS）是由统一的信息控制系统、物料储运系统和一组数字控制加工设备组成，能适应加工对象变换的自动化机械制造系统。FMS 兼有加工制造和部分生产管理两种功能，因此能综合地提高生产效益。

2. 柔性制造系统的发展历程

1967 年，英国莫林斯公司首次根据威廉森提出的 FMS 基本概念，研制了“系统 24”。其主要设备是六台模块化结构的多工序数控机床，目标是在无人看管条件下，实现昼夜 24 小时连续加工，但最终由于经济和技术上的困难而未全部建成。

同时间的 1967 年，美国的怀特 · 森斯特兰公司建成 Omniline I 系统，它由八台加工车床和两台多轴钻床组成，工件被装在托盘上的夹具中，按固定顺序以一定节拍在各机床间传送和进行加工。这种柔性自动化设备适于少品种、大批量生产中使用，在形式上与传统的自动生产线相似，所以也叫柔性自动线。此后，日本、苏联、德国等也都先后开展了 FMS 的研制工作。

1976 年，日本发那科公司展出了由加工中心和工业机器人组成的柔性制造单元（简称 FMC），为发展 FMS 提供了重要的设备形式。柔性制造单元（FMC）一般由 12 台数控机床

与物料传送装置组成，有独立的工件储存站和单元控制系统，能在机床上自动装卸工件，甚至自动检测工件，可实现有限工序的连续生产，适于多品种、小批量生产应用。

随着时间的推移，FMS 在技术上和数量上都有较大发展。实用阶段，以由 3 ~5 台设备组成的 FMS 为最多，但也有规模更庞大的系统投入使用。

1982 年，日本发那科公司建成自动化电机加工车间，由 60 个柔性制造单元，包括 50 个工业机器人和一个立体仓库组成，另有两台自动引导台车传送毛坯和工件，此外还有一个无人化电机装配车间，它们都能连续 24 小时运转。

这种自动化和无人化车间，是向实现计算机集成的自动化工厂迈出的重要一步。与此同时，还出现了若干仅具有 FMS 基本特征，但自动化程度不很完善的经济型 FMS，使 FMS 的设计思想和技术成就得到普及应用

3. 工艺基础

FMS 的工艺基础是成组技术，它按照成组的加工对象确定工艺过程，选择相适应的数控加工设备和工件、工具等物料的储运系统，并由计算机进行控制，故能自动调整并实现一定范围内多种工件的成批高效生产，即具有“柔性”，并能及时地改变产品以满足市场需求。

FMS 兼有加工制造和部分生产管理两种功能，因此能综合地提高生产效益。FMS 的工艺范围正在不断扩大，可以包括毛坯制造、机械加工、装配和质量检验等。投入使用的 FMS，大都用于切削加工，也有用于冲压和焊接的。

4. 加工设备

加工设备主要采用加工中心和数控车床，前者用于加工箱体类和板类零件，后者则用于加工轴类和盘类零件。中、大批量、少品种生产中所用的 FMS，常采用可更换主轴箱的加工中心，以获得更高的生产效率。

5. 储存和搬运

储存和搬运系统搬运的物料有毛坯、工件、刀具、夹具、检具和切屑等；储存物料的方法有平面布置的托盘库，也有储存量较大的桁道式立体仓库。

毛坯一般先由工人装入托盘上的夹具中，并储存在自动仓库中的特定区域内，然后由自动搬运系统根据物料管理计算机的指令送到指定的工位。固定轨道式台车和传送滚道适用于按工艺顺序排列设备的 FMS，自动引导台车搬送物料的顺序则与设备排列位置无关，具有较大灵活性。

工业机器人可在有限的范围内为 1 ~4 台机床输送和装卸工件，对于较大的工件常利用托盘自动交换装置，简称 APC 来传送，也可采用在轨道上行走的机器人，同时完成工件的传送和装卸。

磨损了的刀具可以逐个从刀库中取出更换，也可由备用的子刀库取代装满待换刀具的刀库。车床卡盘的卡爪、特种夹具和专用加工中心的主轴箱也可以自动更换。切屑运送和处理系统是保证 FMS 连续正常工作的必要条件，一般根据切屑的形状、排除量和处理要求来选择经济的结构方案。

6. 信息控制

FMS 信息控制系统的结构组成形式有很多，但一般多采用群控方式的递阶系统。第一

级为各个工艺设备的计算机数控装置，实现各自的加工过程的控制；第二级为群控计算机，负责把来自第三级计算机的生产计划和数控指令等信息，分配给第一级中有关设备的数控装置，同时把它们的运转状况信息上报给上级计算机；第三级是FMS的主计算机即控制计算机，其功能是制订生产作业计划，实施FMS运行状态的管理及各种数据的管理；第四级是全厂的管理计算机。

性能完善的软件是实现FMS功能的基础，除支持计算机工作的系统软件外，数量更多的是根据使用要求和用户经验所发展的专门应用软件。这些软件中的控制软件用于控制机床、物料储运系统、检验装置和监视系统；计划管理软件用于调度管理、质量管理、库存管理、工装管理；数据管理软件用于仿真、检索和各种数据库等。

本章小结

产品或服务的生产方式及特点：自制或购买、低成本和大批量、多品种和小批量、高质量和混合策略。

产品选择的重要性：产品或服务本质上是一种需求满足物，产品或服务决定企业命运。

产品或服务选择的依据：市场需求的不确定性、外部需求与内部能力之间的关系，原材料、外购件的供应，企业内部各部门工作目标上的差别和生产与运作系统的保证。

生产类型的划分。

按生产对象在生产过程中的特点划分：连续型生产和离散型生产。

按计划来源划分：订单生产方式和存货生产方式。

按生产的连续程度划分：连续生产和间断生产。

按品种生产量划分：大批大量生产、单件或小批生产和中批生产。

生产过程的空间组织：工艺专业化形式和对象专业化形式。

生产过程的时间组织：顺序移动方式、平行移动方式和平行顺序移动方式。

先进生产制造技术：计算机集成制造系统、并行工程、敏捷制造系统、虚拟制造技术和柔性制造系统。

关键名词

生产与运作　类型　过程　生产系统　制造技术

即测即评

选择题

判断题

思考题

一、简答题

1. 生产与运作战略的内容是什么？
2. 通常可以从哪几个角度划分生产类型？
3. 生产过程的组织有哪几种形式？
4. 生产过程组织的实际业务包括哪些内容？
5. 生产系统有哪几种构成要素？
6. 生产系统的设计有哪几种可供选择的原则？

二、论述题

常用的先进生产制造技术有哪几种？请简述。

案例分析

海尔的现代生产运作管理方式

海尔借助全面的信息化管理手段，整合全球供应链资源，快速响应市场，创造了中国制造企业的一个奇迹，其经验如下：

（1）ERP（企业资源计划）系统＋CRM（客户关系管理）系统。海尔集团调整了组织结构和业务流程，形成了“前台一张网，后台一条链”（前台的一张网是海尔客户关系管理网站，后台的一条链是海尔的市场链）的闭环系统，构筑了企业内部供应链系统、ERP系统、物流配送系统、资金流管理结算系统和遍布全国的分销管理系统及客户服务响应系统，并形成了以订单信息流为核心的，各子系统之间无缝连接的系统集成。海尔ERP系统和

CRM 系统的目的是一致的，都是为了快速响应市场和客户的需求。前台的 CRM 网站作为与客户快速沟通的桥梁，将客户的需求快速收集、反馈，实现与客户的零距离；后台的 ERP 系统可以将客户需求快速触发到供应链系统、物流配送系统、财务结算系统、客户服务系统等流程系统，实现对客户需求的协同服务，大大缩短了对客户需求的响应时间。

（2）CIMS（计算机集成制造系统）+JIT（准时制）：海尔 e 制造。海尔的 e 制造是根据订单进行的大批量定制。海尔 ERP 系统每天准确自动地生成向生产线配送物料的 BOM，通过无线扫描、红外传输等现代物流技术的支持，准时配送。海尔独创的过站式物流，实现了从大批量生产到大批量定制的转化。

（3）实现 e 制造还需要柔性制造系统。在满足用户个性化需求的过程中，海尔采用计算机辅助设计与制造（CAD/CAM），建立计算机集成制造系统（CIMS）。在开发决策支持系统（DSS）的基础上，通过人机对话实施计划与控制。从物料资源规划（MRP）发展到制造资源规划（MRP－Ⅱ）和企业资源规划（ERP）。还有集开发、生产和实物分销于一体的准时生产（JIT），供应链管理中的快速响应和柔性制造（Agile Manufacturing），以及通过网络协调设计与生产的并行工程（Concurrent Engineering）等。这些新的生产方式把信息技术革命和管理进步融为一体。

（4）现在，海尔在全集团范围内，已经实施 CIMS（计算机集成制造系统），生产线可以实现不同型号产品的混流生产。为了使生产线的生产模式更加灵活，海尔有针对性地开发了 EOS（电子订货）商务系统、ERP 系统、JIT 三定配送系统等六大辅助系统。正是因为采用了这种 FIMS（柔性制造系统），海尔不但能够实现单台电脑客户定制，还能同时生产千余种配置的电脑，还可以实现 36 小时快速交货。

（5）零库存，实现零运营成本。海尔认为，企业之间的竞争已经从过去的产品种类、特性、价格的直接市场竞争转向客户的竞争。谁有了客户，谁就有了市场。传统管理下的企业根据生产计划进行采购，由于不知道市场在哪里，所以是为库存采购。企业有许许多多“水库”，酿成库存成本居高不下。海尔在实施信息化管理后，实现了三个 JIT（准时制采购、准时制生产、准时制配送）。JIT 采购就是按照市场需求产生的计算机系统呈现的采购计划，需要什么就采购多少，准时送达立体仓库；JIT 生产，就是按客户需求的数量和时间，准时组织生产，其所需的原材料，由先期存放在立体库各种零部件由计算机快速配套，直接送到生产线，实现准时制生产；准时制配送，不仅指将零部件和原材料准时送达原材料立体库和生产现场，还指将产成品及时送达客户。海尔在全国建有物流中心系统，无论在全国什么地方，海尔都可以快速送货，实现 JIT 配送。海尔用三个 JIT，不仅满足了用户的要求，赢得了客户的拥戴，而且最终将“消灭”库存，向零运营成本目标迈进。

案例分析题：

1. 海尔在生产与运作管理中，使用了哪些现代制造技术和管理技术？
2. “JIT”的三个准时的基本含义是什么？
3. 为什么客户关系管理在现代的市场竞争中具有重要意义？

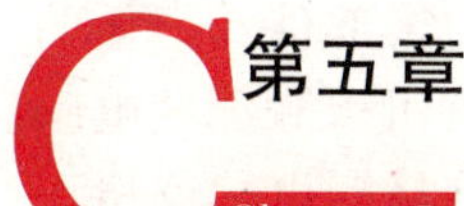

第五章 Chapter 5 市场营销战略

教学目标

（1）明确市场营销战略的含义和特征。

（2）了解制定市场营销战略的基本要求及影响因素。

（3）掌握企业形象策划的内容。

（4）学会进行产品营销策略策划。

开篇案例

戴尔的市场直销

计算机销售最常见的方式就是由庞大的分销商进行转销。这种方式似乎坚不可摧，也令许多计算机制造厂商的直销屡屡受挫，因为广大的消费者似乎已经认同了这种销售形式。而戴尔却抗拒这种潮流，决定通过网络直销 PC 机，并接受直接订货，精彩地演绎了业界的经典故事。

（一）戴尔公司的核心概念

在戴尔刚刚接触电脑的时候，他用自己卖报纸存的钱买了一个硬盘驱动器，用它来架了一个 BBS，与其他对电脑感兴趣的人交换讯息。在和别人比较关于个人电脑的资料时，他突然发现电脑的售价和利润空间没什么规律。当时一部 IBM 的个人电脑，在店里的售价一般是三千美元，但它的零部件很可能六七百美元就能买到，而且还不是 IBM 的技术。他觉得这种现象不太合理。另外，经营电脑商店的人竟然对电脑没什么概念，这也说不过去。大部分店主以前卖过音响或车子，觉得卖电脑是一个“可以大捞一把”的时尚，所以也跑来卖电脑。光是在休斯敦地区就忽然冒出上百家电脑店，这些经销商以两千美元的成本买进一部

IBM 个人电脑，然后用三千美元卖出，赚取一千美元的利润。同时，他们只提供给顾客极少的支持性服务，有些甚至没有售后服务。但是因为大家真的都想买电脑，所以这些店家还是大赚了一笔。

意识到这一点后，戴尔开始买进一些和 IBM 机器里的零件一模一样的零部件，把他的电脑升级之后再卖给认识的人。他说："我知道如果我的销量再多一些，就可以和那些电脑店竞争，而且不只是在价格上的竞争，更是品质上的竞争。"同时他意识到经营电脑商机无限。于是，他开始投身于电脑事业，在离开家进入大学那天，他开着用卖报纸赚来的钱买的汽车去学校，后座载着三台电脑。

在学校期间，他的宿舍经常会有一些律师和医生等专业人士进出，把他们的电脑零部件拿来请戴尔组装，或是把升级过的电脑带回家去。他还经常用比别人低得多的价格来销售功能更强的电脑，并多次赢得了得克萨斯州政府的竞标。他说："很多事情我都不知道，但有一件我很清楚，那就是我真的很想做出比 IBM 更好的电脑，并且凭借直接销售为顾客提供更好的价值及服务，成为这一行的佼佼者。"

他从一个简单的问题来开展他的事业，那就是：如何改进购买电脑的过程？答案是：把电脑直接销售到使用者手上，去掉零售商的利润剥削，把这些省下来的钱回馈给消费者。这种"消除中间人，以更有效率的方式来提供电脑"的原则，就是戴尔电脑公司诞生的核心概念。

（二）直接模式的开始

1988 年，戴尔公司股票公开上市发行，"直接模式"正式开始。

从一开始，他们的设计、制造和销售的整个过程，就以聆听顾客意见、反映顾客问题、满足顾客所需为宗旨。他们所建立的直接关系，从电话拜访开始，接着是面对面的互动，现在则借助于网络沟通，这些做法让他们可以得到顾客的回应，及时获知人们对产品、服务和市场上其他产品的建议，并知道他们希望公司开发什么样的产品。

直销模式使戴尔公司能够提供最有价值的技术解决方案：系统配置强大而丰富，无与伦比的性能价格比。这也使戴尔公司能以富有竞争力的价格推出最新的相关技术产品。戴尔在他的回忆录中这样描述直销模式的好处，他说："其他公司在接到订单之前已经完成产品的制造，所以他们必须猜测顾客想要什么样的产品。但在他们埋头苦猜的同时，我们早有了答案，因为我们的顾客在我们组装产品之前，就表达了他们的需求。"其他公司必须预估何种配置最受欢迎，但我们的顾客直接告诉我们，他们要的是一个软盘驱动器还是两个，或是一个软驱加一个硬驱，我们完全为他们定做。

与传统的间接模式相比，直接模式真正发挥了生产力的优势。因为间接模式必须有两个销售过程：一是从制造商向经销商，二是从经销商向顾客。而在直接模式中，只有一级销售人员，并得以把重心完全放在顾客身上。在这点上，戴尔公司并没有以同一种方式面对所有顾客，他们把顾客群进行细分，一部分人专门针对大企业进行销售，而其他人则分别负责联邦政府、州政府、教育机构、小公司和一般消费者。这样的架构对于销售大有好处，因为销售人员因此成为专才。他们不必一一搞懂多家不同制造商所生产的不同产品的全部细节，也不必记住每一种形态的顾客在产品上的所有偏好，而在处理自己客户的问题时则成了行家里手，这使得戴尔公司与客户之间合作的整体经验更为完善。

同时，按单订制的直销模式使戴尔公司真正实现了零库存、高周转。正如戴尔所说：“人们只把目光停留在戴尔公司的直销模式上，并把这看作是戴尔公司与众不同的地方。但是直销只不过是销售的一种手段。我们真正努力的方向是追求零库存运行模式。”由于戴尔公司按单定制，它的库存一年可周转15次。相比之下，其他依靠分销商和转销商进行销售的竞争对手，其周转次数还不到戴尔公司的一半。对此，波士顿著名产业分析家J·威廉·格利说：“对于零部件成本每年下降15%以上的产业，这种快速的周转意味着总利润可以多出1.8%~3.3%”。

戴尔经典成功市场营销案例点评：

在过去十年里，许多计算机制造厂商都想绕过零售商而进行直接销售，但大多都以失利告终，而戴尔的直销却获得了成功，因此我们来分析一下他的营销模式的特点：

（1）直接同顾客联系。整个设计、制造和销售过程都是以聆听顾客意见、反映顾客需求为出发点。

（2）利用最流行的网络进行直销，使顾客的购买更加方便、快捷，因而销售的效率也大大提高。

（3）价格优势也是直销最具竞争力的因素之一。相对于增值转销而言，由于绕过了零售商，价格较为低廉，因而真正发挥了生产力的优势。

本章知识结构图

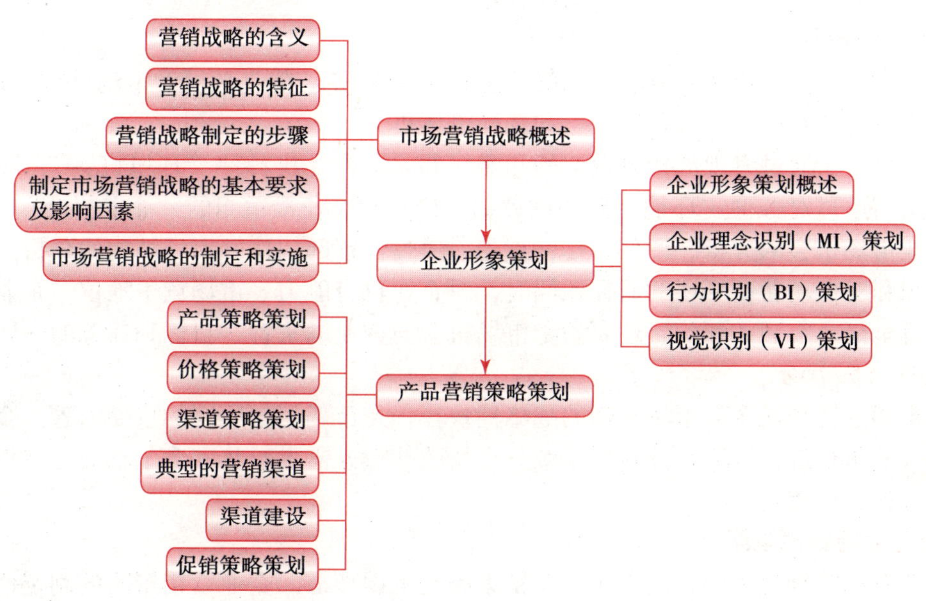

第一节　市场营销战略概述

一、营销战略的含义

市场营销战略是企业市场营销部门根据企业战略规划，在综合考虑外部市场机会及内部资源状况等因素的基础上，确定目标市场，选择相应的市场营销策略组合，并予以有效实施和控制的过程 。

市场营销总战略包括产品策略、价格策略、渠道策略、促销策略等。

二、营销战略的特征

（1）市场营销的第一目的是创造顾客，获取和维持顾客。

（2）要从长远的观点来考虑如何有效地战胜竞争对手，使自己立于不败之地。

（3）注重市场调研，收集并分析大量的信息，只有这样才能在环境和市场的变化有很大不确定性的情况下作出正确的决策。

（4）积极推行战略创新，其效果与创新程度成正比。

（5）在变化中进行决策，要求决策者要有很强的洞察力、识别力和决断力。

三、营销战略制定的步骤

企业市场营销管理过程包含了下列四个相互紧密联系的步骤：分析市场机会、选择目标市场、确定市场营销策略、市场营销活动管理。

1. 分析市场机会

在竞争激烈的买方市场，有利可图的营销机会并不多，企业必须对市场结构、消费者、竞争者行为进行调查研究，识别、评价和选择市场机会。

企业应该善于通过发现消费者现实的和潜在的需求，寻找各种“环境机会”，即市场机会。而且应当通过对各种“环境机会”的评估，确定本企业最适当的“企业机会”。

对企业市场机会的分析、评估工作：首先，通过营销部门作好市场结构的分析、消费者行为的认识和对市场营销环境的研究。同时，对企业自身能力、市场竞争地位、企业优势与劣势等进行全面、客观的评价，还要衡量市场机会与企业的宗旨、目标和任务的一致性。

2. 选择目标市场

目标市场的选择是企业市场营销的战略性抉择，是市场营销研究的重要内容。企业首先应该对进入的市场进行细分，分析每个细分市场的特点、需求趋势和竞争状况，并根据本公司优势，选择目标市场。

3. 确定市场营销策略

在企业营销管理过程中，制定企业营销策略是关键环节。企业营销策略的制定体现在市场营销组合的设计上。为了满足目标市场的需要，企业对自身可以控制的各种营销要素，如产品质量、包装、价格、广告、销售渠道等进行优化组合。重点应该考虑产品策略、价格策略、渠道策略和促销策略，即“4PS”营销组合。

4. 市场营销活动管理

企业营销管理的最后环节是对市场营销活动的管理。营销管理要做好以下工作：

（1）市场营销计划的制定。既要制定较长期战略规划，确定企业的发展方向和规划，又要有近期市场营销计划，具体的达成目标。

（2）市场营销组织的建设。营销计划需要有一个强有力的营销团队组织实施。为此，要根据计划目标，组建一个高效的营销组织机构，对组织的构成人员进行严格筛选、做好岗前培训、落实激励措施，充分调动每个人的积极性主动性和创造性。

（3）市场营销控制。在营销计划实施过程中，控制系统要促成市场营销目标的实现。营销控制的主要内容有成本控制、盈利控制、营销策略控制等。

四、制定市场营销战略的基本要求及影响因素

（一）制定市场营销战略的基本要求

首先企业整体战略是企业制定市场营销战略，必须遵循的前提条件，作为职能战略的市场营销战略必须服从和服务于企业整体战略，如进入何种产业和行业，营销地域的选择等。其次，市场营销目标的基本要求是明确市场营销的具体目标，包括量的目标，如销售额、利润额、市场占有率等；质的目标，如提高企业形象、知名度、争取更多的顾客等；其他目标，如市场的开拓、新产品的开发、提升现有产品的促销水平等。

（二）制定市场营销战略的影响因素

1. 宏观环境

所谓的宏观环境，包括政治、法律、社会、文化、经济、技术等。了解分析这些环境对制定市场营销战略至关重要。其理由有二个：一是市场营销的成果很大程度上要受到环境的制约。这些因素是不可控的，不以企业的主观意志为转移，企业必须有组织地进行调研、收集信息，进行科学分析，掌握其规律，制定相适应的策略，才能收到预期效果；二是这些环境处在不断地变化之中，唯有通过市场调查，对未来环境的发展作出准确预测，才能制定出科学的远景规划。

2. 市场因素

从市场特性和市场状况两个方面来对其进行分析。

（1）市场特性。它包括以下几个方面：

① 互选性，即企业可选择进入的市场，市场（顾客）也可选择企业（产品）。

② 流动性变化，即市场会随经济、社会、文化等的发展而发生变化，包括量和质的变化。

③ 竞争性，即市场是企业竞争的场所，众多的企业在市场上展开了激烈的竞争。

④ 导向性，即市场是企业营销活动的出发点，也是落脚点，担负着起点和终点的双重作用。

⑤ 非固定性，即市场可通过企业的作用来扩大、改变甚至创造。

（2）市场状况必须考虑的几个问题。

① 市场状况由人口、市场规模、购买欲望三大要素构成，其中最重要的是人口要素。

② 市场是同质还是异质。现在人们的需求呈现出两种倾向：一是丰富化和多样化；二

是两极分化越来越明显和突出。

③ 绝大部分产品供大于求，形成买方市场。

3. 行业动向和竞争

了解和把握企业所在行业的现状及发展动向是制定正确营销战略的前提。

① 要明确投放产品市场的性质，属于完全竞争市场、完全垄断市场、垄断竞争、寡头垄断市场的哪一种。

② 明确参与竞争的对象有哪些。是同行业者还是相关行业者，是原有的竞争者还是新参与的竞争者，是批发商还是零售商，是供应商还是采购商或是普通的顾客。

4. 本企业状况

利用过去实绩等资料来了解公司状况，找出本身的优势和劣势。企业在制定营销战略时必须充分发挥本公司的优势，避开劣势。

五、市场营销战略的制定和实施

市场营销战略的制定和实施程序：市场细分→选定目标市场→市场营销组合→实施计划→组织实施→检测评估。

1. 市场细分

市场不是单一、拥有同质需求的顾客，而是多样、异质的团体，所以市场细分能发现新的市场机会，也能更好地满足市场需求；既能更充分地发挥企业优势，又能为企业选定目标市场提供条件，奠定基础。

市场细分要按照一定的标准（人口、地理、心理、购买行为等因素）进行，细分后的市场还要按一定的原则（如可测定性、可接近性、可营利性等）来检测是否有效。市场细分的准确与否将决定市场营销战略的命运。

2. 选定目标市场

目标市场的选定和市场营销的组合是市场营销战略的两个相互联系的核心部分。

选定目标市场就是在上述细分的市场中，决定企业要进入的市场，回答顾客是谁，产品向谁诉求的问题。即使是一个规模巨大的企业也难以满足所有的市场，但不少企业恨不得一口吞下所有的宣传称市场，结果适得其反。特别是保健品，有的宣传称功效多达十几种，几乎能包治百病，适合任何人群。另外，有的企业不知道自己的产品是什么，向消费者诉求什么，如新上市的一种酱油。据该公司介绍，它既是酱油，又可替代味精，还是一种保健品，具有保健功能。这究竟是什么，也许消费者会感到疑惑不解。总之，企业必须有明确的目标市场；对于一种产品必须有明确的诉求，有明确的消费群体；要抓住主要矛盾，突出重点，即不要向谁都诉求，也不要什么都诉求。

3. 市场营销组合

目标市场一旦明确，就要考虑如何进入该市场，并满足市场需求。为此，要有机地组合产品、价格、渠道、促销等诸因素，但进行营销组合时必须考虑以下几点：

（1）通过调查国内优秀企业，了解它们通常进行的营销组合方式。

（2）突出本企业与竞争企业不同的独特之处，充分发挥本企业的优势。

（3）营销组合是企业可以控制的，企业可以通过控制各分组合来控制整个营销组合。

（4）营销组合因素必须相互协调，根据不同的产品，制定不同的价格，选择不同的渠道，采取不同的促销手段。

（5）营销组合不是静态，而是动态的。产品生命周期分为四个阶段，当产品生命周期所处阶段发生变化时，其组合因素也应随之变化。以广告为例，导入期为通告广告，成长期为劝说广告，成熟期为提示广告。

在上述四种主要的组合因素中到底哪种最重要，这会因行业、业态不同而异，但一般来说，其中受到高度重视的是产品。企业提供的产品是否是市场所需产品，是否能满足消费者的利益诉求，只有消费者的利益诉求得以满足，才会认可和接受产品。

4. 实施计划

实施计划是为实施市场营销战略而制定的计划，战略制定好后要有组织、有计划、有步骤地实施。

5. 组织实施

第一，建立科学合理的营销组织框架。科学合理的组织框架能使企业所有部门和员工紧密协作，有效地进行市场拓展、开发和管理，共同实现理想的经营业绩效。

第二，树立服务导向的价值观 。服务是服务业所有活动存在的理由，企业需要把它上升到战略高度来认识，以形成顾客为导向的服务理念。

第三 ，落实合理的薪酬政策充分发挥业务人员的促销作用。推销人员除了做好商品销售工作外，还应当了解和熟悉顾客的需求动向，及时向顾客提供企业的产品介绍以及顾客所需的各类服务。

6. 检测评估

企业营销战略计划的制定，组织实施的结果如何，需要进行阶段性检测评估。评估的具体标准和内容有定量和定性两个指标系统，定量指标包括企业全年销售总额、销售人员人均销售额、总的销售费用、销售人员人均销售成本等。非定量指标包括社会对企业的赞誉度是否有提升以及对商品和服务的评价等。

第二节　企业形象策划

一、企业形象策划概述

1. CI 的含义

CI 是英文 Corporate Identity 的缩写，直译为企业形象识别系统，意义为企业形象策划，包括企业理念识别（Mind Idenditity，MI）、行为识别（Behavior Idenditity，BI）、视觉识别（Visual Identity，VI）三个部分。

CI 的定义是：将企业的经营理念、行为观念、管理特色、产品包装风格与策略等通过整体传达系统（特别是视觉传达系统）传达给内部职工和社会大众，使其对企业产生一致的认同感或价值观，从而形成良好的企业形象，促进企业产品销售的设计系统。

2. CI 的作用

（1）消费观念的变化令企业更加重视形象。随着社会物质的极大丰富和人们消费能力的逐步提高，人们的价值观和消费观都产生了极大的变化，人们在购买商品时，不再只注重商品质量，还开始选择品牌、挑剔形象，不但要品质好，还要形象好。

（2）形象是经营者与公众间信息传播与沟通的最直接途径。在市场经济的竞争中，选择权掌握在需求者手中。一个企业既要为需求者提供优质产品和服务，还要力求被认知和识别。因此，企业需要通过其外在形象，为公众提供足够的视觉信息，以唤起人们的审美情趣和精神共鸣，并因此产生对企业的好感与期待，从而达成认知和识别。

（3）形象是企业的无形资产。由于科技的不断创新，商品的物料品质、生产技术、销售价格表现趋同化。同质化使得企业间的市场竞争由价格竞争、服务竞争转向形象的竞争，迫使企业注重知名度和影响力的培育以及良好企业形象的塑造，以此强调产品概念的差异。这种差异往往能满足人们对个性、品味和独特审美观的追求，为选择适合自己特色的商品提供了条件。所以说形象力已成为企业人力、物力、财力之外的第四项经营资源，是企业的无形资产和宝贵财富。

（4）导入企业形象系统是市场经济对企业提出的新要求。随着市场经济体制的完善和现代企业制度的建立，已完全进入市场角色的企业既要不断增强活力和迅速反应能力，以适应市场环境变化，同时又要领先非技术、非价格因素造就企业鲜明特色。这就迫使企业在经营管理中必须突出“人”的因素，此外还必须突出企业文化内涵，营造浓郁的文化气息，使消费者在获得物质享受的同时也获得精神享受。

（5）导入企业形象系统是经济全球化对企业提出的新要求。21 世纪经济全球化趋势进一步增强，发达国家对发展中国家渗透力越来越强，外国企业集团化经营、连锁化经营如火如荼，在企业形象的塑造上不遗余力。为了与国外企业和国内的外资企业抗衡，我国企业必须树立强烈的竞争意识，更新观念，打造优于外资企业的独特形象。

二、企业理念识别（MI）策划

1. 理念识别策划的内容

（1）企业使命。企业使命是指企业依据什么使命开展各种经营活动。企业使命有两层含义：第一是功利的、物质的要求，也就是说企业为了自身的生存和发展，必然要以实现一定的经济效益为目的。第二是企业对社会的责任。因为企业作为社会的一个构成元素、一个细胞、一个组成部分，必须负担社会赋予的使命。如果企业只知道追求经济利益，而置社会利益于不顾，必会被社会所抛弃。

（2）经营理念。经营理念是企业对外界的宣言，表明企业如何去做，让外界真正了解企业的价值观。其内容包括：

① 企业一定要根据自身的经营条件和能力选定目标市场，根据目标市场的需求变动趋势，生产经营适销对路的产品。

② 企业的经营思想，即企业的经营战略，这是企业经营理念最核心的部分。如前所述，经营战略就是企业根据自身的内部条件和外部环境，来确定企业的经营宗旨、方针、近远期目标的规划，以及实现经营目标的途径。

③ 企业经营战略的原则有竞争原则、盈利原则、质量原则、创新原则和服务原则等。

（3）行为规范。行为规范不仅指企业的行为规范，也包括企业每一个员工的行为准则。

2. 企业理念识别的策划

（1）企业理念定位。

① 目标导向型。采用这种定位模式企业，将其理念规定或描述为企业在经营过程中所要达到的目标和精神境界，可分为具体目标和抽象目标。

② 团结凝聚型。采用这种定位模式，企业将团结奋斗作为企业理念的内涵，以特定的语言表达团结。

③ 开拓创新型。采用此种模式定位，企业以拼搏、开拓创新的团队精神和群体意识来规定和描述企业理念。

④ 产品质量型。采用此类定位模式，企业一般用质量第一、注重质量、注重创名牌等含义规定或描述企业理念。

⑤ 技术开发型。这种定位与前面开拓创新型的企业理念较相似，不同之处在于前者立足于一种整体创新精神。这种整体创新精神渗透于企业技术、管理、生产、销售的方方面面，而技术开发型立足于产品的技术开发，内涵要相对窄得多。

⑥ 市场营销型。这种类型的企业强调所服务的对象的需求，以顾客需求的满足作为自己的经营理念。

⑦ 优质服务型。这类企业突出为顾客、社会提供优质服务的意识，以顾客至上，作为其经营理念的基本含义。这种理念在服务行业，如零售业、餐饮业、娱乐业极为普遍。

（2）企业理念的实施。

① 企业理念的传递与接受。理念的传递是理念实施的第一步，要使理念内化为员工的信念和自觉行为，首先要让职工知晓企业的理念是什么。

② 企业理念的解释与理解。在现实中解释和理解可以采取多种方法进行，其中以培训法为最佳。

③ 理念的教化与接受。理念的教化将理念的传播作为一种制度固定下来，以实现理念的渗透、接受、共有和分享。

④ 企业理念的应用。理念的应用是员工在彻底领会和接受企业理念的基础上，将其贯彻于日常工作之中，指导其行为。

三、行为识别（BI）策划

1. 行为识别的基本内容

它以经营理念为基本出发点，对内建立完善的组织制度、管理规范、职业教育规划、行为规则和和福利制度等；对外则透过社会公益文化活动、公共关系、营销活动等方式来传达企业理念，宣传上述的制度、规范、计划、规则、制度等，以获得社会公众对企业理念和企业行为的认同。

企业行为包括的范围很广，它们是企业理念得到贯彻执行的重要体现，涉及企业内部行为和市场行为两个方面。内部行为有员工选聘行为、员工考评行为、员工培训行为、员工激励行为、员工岗位行为、领导行为、决策行为、沟通行为等；企业市场行为包括企业创新行为、交易行为、谈判行为、履约行为、竞争行为、服务行为、广告行为、公关行为等。上述各种行为只有在企业理念的统一指导下做到规范、统一、有特色，才能被企业员工和社会识别、认可和接受。

2. 行为识别的策划

（1）行为识别的策划，首先要制定和完善具有可操作性的制度和规范。制度和规范使管理者和一般员工的行为有章可循、规范化一，具有导向性。对管理者而言，可按规则实施指挥和管理，不但更具权威性，而且避免了随意性，增强了管理的科学性。对一般员工而言，制度和规范是一种约束，也是顺利完成工作的保证。

（2）行为识别系统的建成不仅仅是书面的，更是现实的。如果公司的理念及其具体行为表述要求，仅仅以条文的形式出现，束之高阁，不为员工所了解和认可，这样的行为识别策划是失败的。正确的做法是：必须开展多种形式的培训教育，让全体员工知道本企业导入CI 的背景、目的和意义，了解甚至参与企业识别系统的设计，熟悉并认同企业理念，清楚认识到企业内每一位员工都是企业形象的塑造者。通过教育培训，使员工从知识的接受到情感的内化，最终贯彻落实到行动上。

（3）企业建立行为识别系统，不能只靠填鸭式的宣传教育，还要建立一套科学的评价监督机制。这种评价监督机制，有助于行为识别系统有关规章制度的落实，消除或减少违规现象的发生。

四、视觉识别（VI）策划

1. 视觉识别的基本内容

视觉识别是以企业标志、标准字体、标准色彩为核心展开的完整的视觉识别体系，是将企业的理念、文化特质、服务内容、企业规范等抽象语言转换为具体的符号概念，塑造出独特的企业形象。视觉识别系统分为基本要素系统和应用要素系统两个方面。基本要素系统主要包括企业名称、企业标志、标准字、标准色、象征图案、宣传口语、市场行销报告书等；应用系统主要包括办公事务用品、生产设备、建筑环境、产品包装、广告媒体、交通工具、衣着服饰、旗帜、招牌、橱窗、陈列展示等。视觉识别（VI）在 CI 中具有传播力和感染力，最容易被社会大众所感知。

2. 视觉识别的基本要素系统设计

（1）企业名称。企业名称的确定必须反映企业的经营思想，体现经营理念，发音响亮并易识易读。能表现或暗示企业形象及商品。企业名称应与商标，尤其是代表的品牌一致。同时，企业名称的确定不仅要考虑传统性，还要具备时代特色。

（2）企业标志。企业标志是特定企业的象征与识别符号，是 CI 系统可视形象的核心。企业标志是通过简练的造型、生动的形象，传达出企业的理念、经营内容、产品特性等信息。标志的设计不仅要具有强烈的视觉冲击力，而且要表达出独特的个性和时代感。

（3）标准字体。企业的标准字体包括中文、英文或其他文字字体，具体字体是根据企业名称、企业标志和企业地址等选择的。

（4）标准色彩。企业的标准色彩是用来象征企业，并应用在视觉识别设计中所有媒体上的指定色彩。透过色彩具有的知觉刺激与心理反应，可表现出企业的经营理念或产品内容的特质，体现出企业的属性和情感。标准色的选用，是以国际标准色为标准的。实际应用中，企业的标准色使用不宜过多，通常不超过三种颜色。

（5）象征图案。企业形象图案是为了配合基本要素在各种媒体上广泛应用而设计的造型图案符号。象征图案的设计要体现企业精神，起到衬托和强化企业形象的作用。通过象征图案的丰富造型，补充标志符号建立的企业形象，使其意义更完整、更易识别、更具有表现的幅度和深度。

（6）组合应用。组合应用是对企业标志、标准字体、标准色彩等基本要素组合起来进行应用。为使企业建立统一的视觉识别体系，并适应于各种不同媒体上的应用，应设计出一套规范化、系统化并综合各种基本要素的富有延展性的组合模式。为方便制作和使用，确保企业视觉识别的统一性和系统化，要绘制出组合的结构图。如图 5－1 为中国农业银行的标牌。

图 5－1　“中国农业银行”标牌

- 企业的名称：“中国农业银行”。
- 企业的标志：图案呈圆形表示经营的是货币。
- 标准字体：中文和英文，英文表示不仅经营人民币，还经营外币。
- 标准色彩：图案绿色象征支持农业发展兼有提倡环保的寓意；名称“中国农业银行”六字为黑体，显得凝重；外文字用绿色与绿色图案对称，且不易被黑体字吞噬。
- 象征图案：麦穗表示以农业服务为主。

第三节　产品营销策略策划

产品营销策略策划包括产品策略策划、价格策略策划、渠道策略策划、促销策略策划等。

一、产品策略策划

1. 产品的概念

产品是指能够提供给市场，被人们使用和消费，并能满足人们某种需求的任何东西，包括有形的物品、无形的服务、组织、观念或它们的组合。

产品一般可以分为三个层次，即核心产品、形式产品、延伸产品。核心产品是指整体产品提供给购买者的直接利益和效用；形式产品是指产品在市场上出现的物质实体外形，包括产品的品质、特征、造型、商标和包装等；延伸产品是指整体产品提供给顾客的一系列附加利益，包括运送、安装、维修、保证等在消费领域给予消费者的好处。

2. 产品生命周期

产品生命周期是指产品研制成功投入市场，到退出市场所经历的全部时间，包括以下几个时期：

① 导入期：在该阶段，顾客往往表现出拒绝性，经营者承担着很大的风险。重点宣传产品的性能、用途，寻找扩大销售机会，还要注意控制产量。

② 成长期：畅销阶段。该阶段应开展竞争造势、宣传厂牌商标、扩大市场占有率、创名牌。

③ 成熟期：稳销阶段。该阶段产品得到消费者的普遍认可，销售业绩良好，是回收资金、企业盈利的黄金期，应尽量延长此阶段。

④ 衰退期：淘汰阶段。优于该类的质优价廉的新产品上市，导致原有产品的销量急剧萎缩，此时应停止生产，处理库存，直至产品退出市场。

3. 产品生命周期不同阶段的营销策略策划

（1）导入期的营销策略策划，包括以下几方面内容：

① 快速掠取策略（高价销售策略）。快速掠取策略也称双高策略，是指企业以高价格和高促销费用推出新产品。实行高价格，以树立高品位的产品形象，同时能以高价格获取高利润，及早收回投资；高促销费用是为了引起目标市场的注意，加快市场渗透使消费者认识和了解该产品，迅速占领市场。这种策略是用于市场具有较大的需求潜力；消费者具有求新心理，愿意付出高价；企业面临竞争者的威胁，需要尽快培养品牌偏好，树立品牌形象。

② 缓慢掠取策略（高价低促销策略）。缓慢掠取策略也称高价低促销策略，是指企业以高的价格和低的促销费用推出某种新产品。这种策略可以使企业获得更高的利润。这种策略适用的条件是产品的市场规模有限，消费者相对稳定，不会因高价而流失；产品的知名度高，竞争威胁性小的产品。

③ 快速渗透策略（低价高促销策略）。快速渗透策略又称低高策略，是指用较低的价格和较高的促销费用推出新产品，目的是以较快的速度打入市场，争取尽可能大的市场占有率。这种策略适用于产品市场规模大、消费者对产品不了解，对产品的价格十分敏感、潜在竞争威胁大的产品。

④ 缓慢渗透策略（低价低促销策略）。缓慢渗透策略又称双低策略，是指企业用低价格和低的促销费用推出某种新产品。低价容易使消费者接受，增加销售额；低促销费用，可以降低产品成本，增加企业利润。这种策略适用于市场容量大、顾客对产品价格敏感、产品知名度高、竞争威胁大的产品。四种策略如图 5－2 所示，导入期可选择的市场策略。

（2）成长期的营销策略策划，包括以下几个方面：

① 产品策略。根据消费者的需求和其他信息，一方面要提高产品质量，完善产品性能，提高产品本身的竞争实力；另一方面要改进产品式样和包装，增强产品的竞争力和适应性。

② 价格策略。企业应根据生产成本和市场价格的变动趋势，分析竞争者的价格策略，保持原价或适当调整价格，以保持产品的声誉和吸引更多的购买者。

③ 渠道策略。企业应巩固原有的渠道，积极开辟新的渠道，加强与销售网点的联系，开拓新的市场领域，促进市场份额的提高。

④ 促销策略。在继续做好促销宣传工作的基础上，工作的重心应从建立产品知名度转

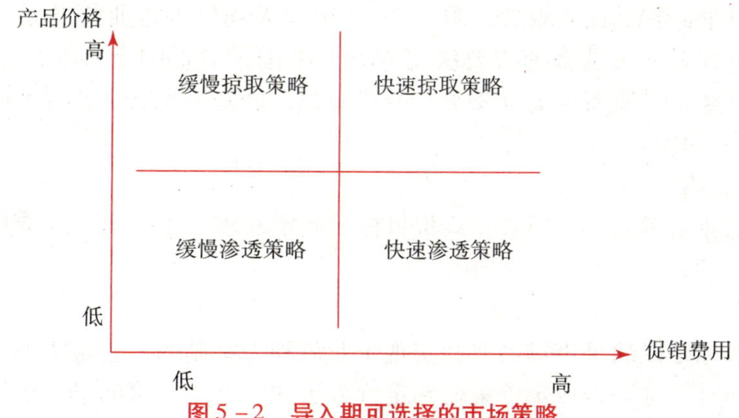

图 5－2　导入期可选择的市场策略

到树立产品形象上。主要目标是建立顾客的品牌偏好，争取新的顾客。

（3）成熟期的营销策略策划，包括以下几个方面：

① 调整市场策略。调整市场策略包括通过市场细分的方式，开辟新的市场；通过加大宣传力度提升现有市场的购买量；产品重新定位，积极寻找新的消费者；采取差异性策略，从广度和深度上开拓新市场。

② 改进产品策略。提高产品质量，改变产品的外形和式样，改进产品性能，挖掘产品的新用途，从而达到确保市场占有率并延长成熟期的目的。

③ 调整营销组合策略。通过改变定价、销售渠道及促销方式来延长产品的成熟期。例如，通过降价、改变广告宣传形式、扩展销售渠道、改进服务方式、改变包装、采用多种促销手段等多项组合策略刺激消费者的需求，延长产品的成熟期。

（4）衰退期的营销策略策划，包括以下几个方面：

① 维持策略。由于竞争者纷纷退出市场，经营者减少，处于有利地位的企业可以暂不退出市场，通过提高服务质量，发扬自己的经营特色，保持原有的细分市场和营销组合策略，持续销售。

② 集中策略。把资源集中在最有利的细分市场、最有效的销售渠道和最易销售的品种上，缩短战线，在最有利的市场赢得尽可能多的利润。

③ 收缩策略。精减人员，大力降低销售费用，这样做可能导致销售量迅速下降，但是可以增加眼前利益

④ 重振策略。积极主动改变产品的功能和特性，创造新的用途，开拓新的市场，使产品进入新的循环。

⑤ 放弃策略。当企业某种产品已无改进和再生希望时，应当果断地停止该产品的生产和经营，将其放弃，转向新产品的研究与开发，进入新市场。

二、价格策略策划

（一）价格策略的含义

价格策略是指企业通过对顾客需求的估量和成本分析，选择一种能吸引顾客、实现市场销售目标的策略。

价格策略是一个比较近代的观念，源于19世纪末大规模零售业的发展。在历史上，多数情况下，价格是买者作出选择的主要决定因素。不过在最近的十年里，在买者选择行为中，非价格因素已经相对地变得更重要了。尽管如此，价格仍是决定公司市场份额和盈利率的最重要因素之一。

（二）制定价格

制定价格时企业要考虑以下因素：定价目标、确定需求、估计成本、选择定价方法、选定最终价格。

1. 定价目标

企业的定价目标是以满足市场需要和实现企业盈利为基础的，它是实现企业经营总目标的保证和手段，同时，又是企业定价策略和定价方法的依据。定价的目标包括：

（1）扩展企业规模的目标，维持企业的生存。

（2）实现利润目标，最大利润或满意利润，或者最低利润。

（3）实现市场销售额，扩大或维持市场占有率。

（4）竞争目标，稳定价格，应付竞争。

（5）社会目标，为社会公共事业提供服务。

2. 确定需求

价格会影响市场需求。在正常情况下，市场需求会按照与价格相反的方向变动。价格上升，需求减少；价格降低，需求增加，所以需求曲线是向下倾斜的。就威望高的商品来说，需求曲线有时呈正斜率。例如，香水提价后，其销售量却有可能增加。当然，如果提的太高，需求将会减少。企业定价时必须依据需求的价格弹性，即了解市场需求对价格变动的反应。需求量变化的幅度小于价格变化的幅度，这种情况称为需求缺乏弹性；需求量变化的幅度大于价格变化的幅度，则叫作需求富有弹性。在以下条件下，需求可能缺乏弹性。

（1）代用品很少或没有竞争者。

（2）买者对价格不敏感。

（3）买者改变购买习惯较慢和寻找较低价格时表现迟缓。

（4）买者认为产品质量有所提高，或认为存在通货膨胀等，价格较高是应该的。

如果某产品不具备上述条件，那么产品的需求有弹性，在这种情况下，企业应采取适当降价，以刺激需求、促进销售、增加销售收入。

3. 估计成本

需求在很大程度上为企业确定了一个最高价格限度，而成本则决定了价格的底数。价格应包括所有生产、分销和推销该产品的成本，还包括对公司的努力和承担风险的一个公允的报酬。

（1）固定成本。固定成本是指在短期内不随企业产量和销售收入的变化而变化的生产费用，如厂房设备的折旧费、租金、利息、行政人员薪金等，与企业的生产水平无关。

（2）可变成本。可变成本是指随生产水平的变化而直接变化的成本，如原材料费、工资等，企业不开工生产，可变成本等于零。

4. 选择定价方法

定价方法是企业在特定的定价目标指导下，依据对成本、需求及竞争等状况的研究，运用价格决策理论，对产品价格进行计算的具体方法。定价方法主要包括成本导向、竞争导向和顾客导向等三种类型。

（1）成本导向定价法。以产品单位成本为基本依据，再加上预期利润来确定价格的成本导向定价法，是中外企业最常用、最基本的定价方法。由成本导向定价法又衍生出了总成本加成定价法、目标收益定价法、边际成本定价法、盈亏平衡定价法等几种具体的定价方法。

① 总成本加成定价法。在这种定价方法下，把所有为生产某种产品而发生的耗费均计入成本的范围，计算单位产品的变动成本，合理分摊相应的固定成本，再按一定的目标利润率来决定价格。

② 目标收益定价法。目标收益定价法又称投资收益率定价法，是根据企业的投资总额、预期销量和投资回收期等因素来确定价格。

③ 边际成本定价法。边际成本是指每增加或减少单位产品所引起的总成本变化量。由于边际成本与变动成本比较接近，而变动成本的计算更容易一些，所以在定价实务中多用变动成本替代边际成本，而将边际成本定价法称为变动成本定价法。

④ 盈亏平衡定价法。在销量既定的条件下，企业产品的价格必须达到一定的水平才能做到盈亏平衡、收支相抵。既定的销量称为盈亏平衡点，这种制定价格的方法称为盈亏平衡定价法。科学地预测销量和已知固定成本、变动成本是盈亏平衡定价的前提。

（2）竞争导向定价法。在竞争十分激烈的市场上，企业通过研究竞争对手的生产条件、服务状况、价格水平等因素，依据自身的竞争实力，参考成本和供求状况来确定商品价格。这种定价方法就是通常所说的竞争导向定价法。竞争导向定价主要包括以下几点：

① 随行就市定价法。在垄断竞争和完全竞争的市场结构条件下，任何一家企业都无法凭借自己的实力而在市场上取得绝对的优势，为了避免竞争特别是价格竞争带来的损失，大多数企业都采用随行就市定价法，即将本企业某产品价格保持在市场平均价格水平上，利用这样的价格来获得平均报酬。此外，采用随行就市定价法，企业就不必去全面了解消费者对不同价差的反应，也不会引起价格波动。

② 产品差别定价法。产品差别定价法是指企业不断地通过营销努力，使同种同质的产品在消费者心目中树立起不同的产品形象，进而根据自身特点，选取低于或高于竞争者的价格作为本企业产品价格。因此，产品差别定价法是一种进攻性的定价方法。

③ 密封投标定价法。在国内外，许多大宗商品、原材料、成套设备和建筑工程项目的买卖和承包以及出售小型企业等，往往采用发包人招标、承包人投标的方式来选择承包者，确定最终承包价格。一般来说，招标方只有一个，处于相对垄断地位，而投标方有多个，处于相互竞争地位。标的物的价格由参与投标的各个企业在相互独立的条件下来确定。在卖方招标的所有投标者中，报价最低的投标者通常中标，它的报价就是承包价格。这样一种竞争性的定价方法就称密封投标定价法。

（3）顾客导向定价法。现代市场营销观念要求企业的一切生产经营必须以消费者需求为中心，并在产品、价格、分销和促销等方面予以充分体现。根据市场需求状况和消费者对产品的感觉差异来确定价格的方法叫作顾客导向定价法，又称“市场导向定价法”、“需求导向定价法”。需求导向定价法主要包括理解价值定价法、需求差异定价法和逆向定价法。

① 理解价值定价法。所谓理解价值，是指消费者对某种商品价值的主观评判。理解价值定价法是指企业以消费者对商品价值的理解度为定价依据，运用各种营销策略和手段，影响消费者对商品价值的认知，形成对企业有利的价值观念，再根据商品在消费者心目中的价值来制定价格。

② 需求差异定价法。所谓需求差异定价法，是指产品价格的确定以需求为依据，首先强调适应消费者需求的不同特性，而将成本补偿放在次要的地位。这种定价方法，对同一商品在同一市场上制订两个或两个以上的价格，或使不同商品价格之间的差额大于其成本之间的差额。其好处是可以使企业定价最大限度地符合市场需求，促进商品销售，有利于企业获取最佳的经济效益。

③ 逆向定价法。这种定价方法主要不是考虑产品成本，而重点考虑需求状况。依据消费者能够接受的最终销售价格，逆向推算出中间商的批发价和生产企业的出厂价格。逆向定价法的特点是：价格能反映市场需求情况，有利于加强与中间商的良好关系，保证中间商的正常利润，使产品迅速向市场渗透，并可根据市场供求情况及时调整，定价比较灵活。

（4）各种定价方法的运用

企业定价方法有很多，企业应根据不同经营战略和价格策略、不同市场环境和经济发展状况等，选择不同的定价方法。

① 从本质上说，成本导向定价法是一种卖方定价导向。它忽视了市场需求、竞争和价格水平的变化，有时候与定价目标相脱节。此外，运用这一方法制定的价格均是建立在对销量主观预测的基础上，从而降低了价格制定的科学性。因此，在采用成本导向定价法时，还需要充分考虑需求和竞争状况，来确定最终的市场价格水平。

② 竞争导向定价法，是以竞争者的价格为导向的。它的特点是：价格与商品成本和需求不发生直接关系。商品成本或市场需求变化了，但竞争者的价格未变，就应维持原价；反之，虽然成本或需求都没有变动，但竞争者的价格变动了，则相应地调整其商品价格。当然，为实现企业的定价目标和总体经营战略目标，谋求企业的生存或发展，企业可以在其他营销手段的配合下，将价格定得高于或低于竞争者的价格，并不一定要求和竞争对手的产品价格完全保持一致。

③ 顾客导向定价法，是以市场需求为导向的定价方法，价格随市场需求的变化而变化，不与成本因素发生直接关系，符合现代市场营销观念要求，企业的一切生产经营以消费者需求为中心。

5. 选定最终价格

企业最后拟定的价格必须考虑以下因素：

① 最后价格必须同企业定价政策相符合。企业的定价政策是指明确企业需要的定价形象、对价格折扣的态度以及对竞争者的价格的指导思想。

② 最后价格必须考虑是否符合政府有关部门的政策和法令的规定。

③ 最后价格还要考虑消费者的心理。利用消费者心理，采取声望定价，把实际上价值不大的商品的价格定得很高，如把实际上值 10 元的香水定为 100 元；或者采用奇数定价，如把一台电视机的价格定为 1299 元，以促进销售。

④ 选定最后价格时，还须考虑企业内部有关人员（如推销人员、广告人员等）对定价

的意见，考虑经销商、供应商等对所定价格的意见，考虑竞争对手对所定价格的反应。

⑤ 修改基本价格。价格是企业竞争的主要手段之一，企业除了根据不同的定价目标，选择不同的定价方法，还要根据复杂的市场情况，采用灵活多变的方式确定产品的价格。

（三）新产品定价

1. 有专利保护的新产品的定价可采用撇脂定价法和渗透定价法

（1）撇脂定价法。新产品上市之初，将价格定得较高，在短期内获取厚利，尽快收回投资。就像从牛奶中撇取所含的奶油一样，取其精华，称之为“撇脂定价法”。这种方法适合需求弹性较小的细分市场，其优点如下：

① 新产品上市，顾客对其无理性认识，利用较高价格可以提高身价，适应顾客求新心理，有助于开拓市场。

② 主动性大，产品进入成熟期后，价格可分阶段逐步下降，有利于吸引新的购买者。

③ 价格高，限制需求量过于迅速增加，使其与生产能力相适应。缺点是虽获利大，但不利于扩大市场，并很快招来竞争者，迫使价格下降，好景不长。

（2）渗透定价法。在新产品投放市场时，价格定的尽可能低一些，其目的是获得最高销售量和最大市场占有率。当新产品没有显著特色、竞争激烈、需求弹性较大时，宜采用渗透定价法，其优点如下：

① 产品能迅速为市场所接受，打开销路，增加产量，使成本随生产发展而下降。

② 低价薄利，使竞争者望而却步，减缓竞争，获得一定市场优势。

对于企业来说，采取撇脂定价还是渗透定价，需要综合考虑市场需求、竞争、供给、市场潜力、价格弹性、产品特性、企业发展战略等因素。

2. 仿制品的定价

仿制品是企业模仿国内外市场上的畅销货而生产出的新产品。仿制品面临着产品定位问题，就新产品质量和价格而言，有九种可供选择的战略：优质优价、优质中价、优质低价、中质高价、中质中价、中质低价、低质高价、低质中价、低质低价。

（四）心理定价

心理定价是根据消费者的消费心理定价，有以下几种。

1. 尾数定价或整数定价

许多商品的价格，宁可定为0.98元或0.99元，而不定为1元，是适应消费者购买心理的一种取舍，尾数定价使消费者产生一种“价廉”的错觉，比定为1元反应积极，促进销售。相反，有的商品不定为9.8元，而定为10元，同样使消费者产生一种错觉，迎合消费者“便宜无好货，好货不便宜”的心理。

2. 声望性定价

此种定价法有两个目的：一是提高产品的形象，以价格说明其名贵质优；二是满足购买者的地位欲望，适应购买者的消费心理。

3. 习惯性定价

某种商品，由于同类产品多，在市场上形成了一种习惯价格，个别生产者难于改变。降价易引起消费者对品质的怀疑，涨价则可能受到消费者的抵制。

(五) 折扣定价

大多数企业通常都酌情调整其基本价格，以鼓励顾客及早付清货款、大量购买或增加淡季购买。这种价格调整叫作价格折扣和折让。

1. 现金折扣

现金折扣是对及时付清账款的购买者的一种价格折扣。例如，“2/10 净 30”，表示付款期是 30 天，如果在成交后 10 天内付款，给予 2% 的现金折扣。许多行业习惯采用此法以加速资金周转，减少收账费用和坏账。

2. 数量折扣。

数量折扣是企业给那些大量购买某种产品的顾客的一种折扣，以鼓励顾客购买更多的货物。大量购买能使企业降低生产、销售等环节的成本费用。例如，顾客购买某种商品 100 单位以下，每单位 10 元；购买 100 单位以上，每单位 9 元。

3. 职能折扣

职能折扣也叫贸易折扣，是制造商给予中间商的一种额外折扣，使中间商获得的价格低于目录价格。

4. 季节折扣

季节折扣是企业鼓励顾客淡季购买的一种减让，使企业的生产和销售一年四季能保持相对稳定。

5. 推广津贴

推广津贴为扩大产品销路，生产企业向中间商提供促销津贴。如零售商为企业产品刊登广告或设立橱窗，生产企业除负担部分广告费外，还在产品价格上给予一定优惠。

(六) 歧视定价

歧视定价又称差别定价，是企业往往根据不同顾客、不同时间和不同场所来调整产品价格，实行差别定价，即对同一产品或劳务定出两种或多种价格，但这种差别不反映成本的变化。主要有以下几种形式：

(1) 对不同顾客群定不同的价格。

(2) 不同的花色品种、式样定不同的价格。

(3) 不同的地域定不同的价格。

(4) 不同时间定不同的价格。

(七) 主动调整价格

企业在产品价格确定后，由于客观环境和市场情况的变化，往往会对价格进行修改和调整。

1. 降价

企业在以下情况须考虑降价：

(1) 企业生产能力过剩，产量过多，库存积压严重，市场供过于求，企业以降价来刺激市场需求。

(2) 面对竞争者的“削价战”，企业不降价将会失去顾客或减少市场份额。

(3) 生产成本下降，科技进步，劳动生产率不断提高，生产成本逐步下降，其市场价格也应下降。

2. 提价

提价一般会遭到消费者和经销商反对，但在许多情况下有些商品不得不提高价格，企业在以下情况须考虑提价：

（1）通货膨胀。物价普遍上涨，企业生产成本必然增加，为保证利润不得不提价。

（2）产品供不应求。一方面买方之间展开激烈竞争，争夺货源，为企业创造了有利条件；另一方面也可以抑制需求过快增长，保持供求平衡。

三、渠道策略策划

营销渠道是整个营销系统的重要组成部分，它对降低企业成本和提高企业竞争力具有重要意义，是规划中的重中之重，也是企业是否能够成功开拓市场、实现销售及经营目标的重要手段。

企业营销渠道的选择将直接影响到其他的营销决策，如产品的定价。它同产品策略、价格策略、促销策略一样，也是企业是否能够成功开拓市场、实现销售及经营目标的重要手段。

1. 策略选择

（1）直接渠道或间接渠道的营销策略。

（2）长渠道或短渠道的营销策略。

（3）宽渠道或窄渠道的营销策略。

（4）单一营销渠道或多营销渠道策略。

（5）传统营销渠道或垂直营销渠道策略。

2. 网络营销渠道

与传统营销渠道一样，以互联网作为支撑的网络营销渠道也应具备传统营销渠道的功能。营销渠道是指与提供产品或服务以供使用或消费这一过程有关的一整套相互依存的机构，它涉及信息沟通、资金转移和实物转移等。一个完善的网上销售渠道应有三大功能，即订货功能、结算功能和配送功能。

（1）订货系统。它为消费者提供产品信息，同时方便厂家获取消费者的需求信息，以求达到供求平衡。一个完善的订货系统，可以最大限度地降低库存，减少销售费用。

（2）结算系统。消费者在购买产品后，可以有多种方式方便地进行付款，因此厂家（商家）应有多种结算方式。当前流行的结算方式有信用卡支付、电子货币、网上划款、邮局汇款、货到付款等。

（3）配送系统。一般来说，产品分为有形产品和无形产品，对于无形产品如服务、软件、音乐等产品，可以直接通过网上进行配送，对于有形产品的配送，要涉及运输和仓储问题。国内外已经形成了专业的配送公司，如著名的美国联邦快递公司，它的业务覆盖全球，实现了全球快速的专递服务，以致于从事网上直销的 Dell 公司将美国货物的配送业务都交给它完成。因此，专业配送公司的存在是网上商店发展较为迅速的一个原因所在，现在良好的专业配送服务体系已成为网络营销的支撑。

四、典型的营销渠道

（一）形成前提

1. 市场结构的变化，经销商阶层的形成

以电器市场为例，早期的经销商以国营的五交化公司为主，以后就有了遍布城乡的个体经销商，近几年的大趋势是大卖场的出现。

2. 制造业企业规模扩大，市场竞争加剧

以汽车行业为例，“十二五”期间我国将以汽车业为首，钢铁等八大行业为重点，推动优势企业强强联合、跨地区兼并重组、境外并购和投资合作，调整结构、提高产业集中度。早在2009年，我国出台的《汽车产业调整和振兴规划》就提到汽车业的兼并重组。《规划》的思路被业界称为汽车业兼并重组的“四大四小”模式，即提出鼓励上汽、一汽、东风和长安四大汽车集团进行全国性的兼并重组，鼓励北汽、广汽、奇瑞和中国重汽进行区域性的兼并重组，兼并重组导致汽车企业之间竞争加剧。其他制造行业也无不如此。

3. 基础设施的改善

在市场营销渠道的选择上，对销售网点的布局，尤其是对销售网点的基础设施建设有着较高的要求。在市场经济发展过程中，国家十分重视城乡市场网点建设，无论是经济发达的东部地区，还是经济欠发达的中西部地区；无论是生产资料市场，还是消费品市场；无论是大型市场，还是中小型市场，在基础设施建设方面都有明显改善。仓储的规模，装卸设备的现代化，信息化工具的配置，卖场的商品陈列台柜，水、电、气的供应均达到前所未有的新水平，为市场营销渠道的选择提供了物资保证。

4. 运输体系的变革

运输体系是营销渠道的重要支撑。运输渠道包括陆路运输、水路运输和航空运输。陆路运输包括铁路运输和公路运输。铁路运输的发展是基于机车牵引动力的变革和速度的提升。且不说蒸汽机车早已被内燃机车取代，就连内燃机车也正被电力机车取而代之。电子机车不但环保，而且运行速度比以前成倍提升。公路运输车辆，不但能完成各种不同固体、液体运输，而且载重量大，自动化装卸水平高。水路运输的各种类别各种型号的船舶配备齐全，沿海港口适合世界大型和特大型船舶停靠。港口有集装箱装卸桥、座吊、龙门吊等大型船用装卸设备，工作效率高，安全性好。航空运输再也不是极少数商品的专用运输方式，在激烈的市场竞争中，大量商品通过空运，实现地域转移，特别是体积小，价值高的商品，如计算机等高档商品。运输体系的变革，不仅体现在运输工具的变革上，而且体现在线路上，如今的海、陆、空运输线已构成一个密集的全球性网络，世界上任何国家，任何企业生产的任何一种产品都可以被送到世界的任何市场参与竞争。今日的市场营销决策者必须认识到，他所面对的不仅是国内的统一大市场，而且是全球化的大市场.

5. 银行体系的改善

改革开放之前，我国金融业的管理、监管和经营机构没有划分，显然这种结构与市场经济体制很不适应。三十年来，通过提质重建阶段、扩大发展阶段、深化改革阶段和改革攻坚阶段的运作，我国的金融业已构筑了科学合理、分工明确、责任清晰的框架体系。现阶段的框架体系由中央银行，监管机构，自律组织和银行业金融机构组成。中国人民银行是中央银

行，在国务院的领导下，负责制定和执行货币政策，防范和化解金融风险，维护金融稳定。中国银行业监督管理委员会，简称银监会，负责对全国银行业金融机构及其业务活动实施监管。中国银行业协会是在民政部登记注册的全国性非营利社会团体，是中国银行业的自律组织。中国的银行业金融机构包括政策性银行（国家开发银行，中国进出口银行，中国农业发展银行），大型商业银行（中国工商 银行，中国银行，中国农业银行，中国建设银行，交通银行），中小商业银行，农村金融机构，以及中国邮政储蓄银行和外资银行。企业的生产经营活动在银行业金融机构的支持配合下进行，企业要依据银行业金融机构支持力度和配合水平及内外条件制定自己的市场营销策略。

6. 有线电视网的形成

从文化生活的角度看，有线电视收视节目多，图像质量好。在有线电视系统中可以收视当地电视台发送的电视节目，很好地满足广大用户选择好电视节目的要求。从市场营销的角度看，可以通过电视广告提升企业形象，宣传企业产品的优秀特质，留住已有客户，发展新客户，扩大市场的占有率。有线电视网还可以对营销过程的进销存现场实施有效监控，确保运作的规范性。在供应链管理和大企业的内部管理上，即可以实现面对面及时指导交流的目的，又可以降低运作成本。

7. 智能手机的普及

智能手机的普及可以说是开辟了一个全新的市场营销模式。销售商可以利用已掌握的信息，直接向用户推荐他们喜欢的商品，而用户也可以快速上网收寻他们所信任的销售商提供的商品，并迅速完成付款，等待快递公司送货上门，圆满完成家庭购物。这种营销方式，对年轻白领极具吸引力。由于年轻一代是消费的主力军，所以这种新的市场营销方式对传统的购物方式造成很大冲击。

（二）渠道结构

（1）全国渠道结构。在我国这样的国家，全国性公司的完整营销网络应包括以下几个环节：①总部即总经销商。②省级经销商，通称一级经销商。③地级或省内几个区域经销商，通称二级经销商。④县级经销商，通称三级经销商。

（2）典型总代理制，如典型的省级总代理或大区域总代理制。

（3）制造企业代销机构。

优势：①可以利用经销商的网络迅速推广产品。②短期内直接交易费用低。

劣势：①企业销售过于依赖总代理。②总代理通常更重视短期收益。③总代理忠诚度对销售影响很大。

五、渠道建设

企业通过网络推广最终希望实现的成效是企业品牌价值转化为持久的顾客关系。顾客关系包括消费者对企业产品的青睐，同时也包括企业跟客户之间的合作关系。这些都是企业想利用网络营销最终想要的成效，这也是营销团队奋斗的目标。随着网略技术的不断发展，网络应用平台也在不断革新，各种不同的网络应用都有各自不同的运作模式和传播特点。因此，在进行网络营销策划时，应对不同平台的营销策略有所区别。主要的运作模式有以下几种。

（一）网络论坛

网络论坛也称 BBS，是出现较早的一种网络平台，主要是通过帖子、评论等发布信息、表达观点。企业利用论坛进行各种营销活动已有一定的历史，即在论坛上，尤其是具有较高知名度的论坛上，以文字、图片、视频等方式发布企业和产品信息、达到宣传产品、提升企业知名度的目的。

（二）搜索引擎

搜索引擎是将网络信息进行一定处理之后，为用户提供检索服务，其主要的信息手段是通过关键词搜索向用户提供带有一定指向性的信息。企业可以通过适当设置产品信息的关键词，搜索引擎服务商购买靠前的搜索排名等方式，提高企业或产品网页的点击率，增强客户对企业信息的接触机会。

（三）电商网站

电商网站常见的电子商务模式有 B2B、B2C、C2C 等几种。以电商网站为平台进行网络营销，可以将产品推广与销售紧密结合起来，借助电商平台的信息和交易功能，实施产品宣传、活动策划等多种促销手段，同时进行产品在线销售。

（四）博客

博客营销就是利用博客这种网络形式，通过在博客上发布广告、专业文章、监测用户关注度和意见、与用户互动等方式，达到营销的目的。

（五）QQ

QQ 是目前国内最为普及的即时网络通信工具，也是网络营销的重要平台之一。企业可以通过即时聊天与客户进行双向交流互动，通过 QQ 空间发布企业和产品信息，或者通过 QQ 群发布公告、群组聊天、举办活动等方式，达到发布产品信息、与客户有效互动的目的。

（六）微博

以微博作为平台进行营销，每一个听众（粉丝）都是潜在的营销对象，企业可以利用更新微博，传播企业和产品信息，树立良好形象，同时与顾客密切交流互动，以达到营销的目的。

（七）微信

微信营销是网络经济时代企业营销模式的一种创新，微信不存在距离的限制，用户注册后可与周围同样注册的朋友形成一种联系，用户订阅自己所需信息，商家通过提供用户所需信息，推广自己的产品，从而实现点对点的营销。

（八）SNS（Social Networking Services）

SNS 即社会性网络服务。随着营销模式的创新和进步，SNS 营销被越来越多的企业所采用。通过 SNS 进行口碑建立、产品推广、热点事件策划、客户资源管理等营销活动已十分普遍。

六、促销策略策划

（一）促销策略的定义

促销策略是指企业通过人员推销、广告、公共关系和营销推广等各种促销手段，向消费者传递产品信息，引起他们的注意和兴趣，激发他们的购买欲望和购买行为，以达到扩大销售的目的。

企业将合适的产品在适当地点以适当的价格出售的信息传递到目标市场，一般是通过两种方式：一是人员推销，即推销员和顾客面对面地进行推销；另一种是非人员推销，即通过大众传播媒介在同一时间向大量消费者传递信息，主要包括广告、公共关系和营销推广等多种方式。这两种推销方式各有利弊，起着相互补充的作用。此外，目录、通告、赠品、店标、陈列、示范、展销等也都属于促销策略范围。一个好的促销策略，往往能起到多方面作用，如提供信息情况，及时引导采购；激发购买欲望，扩大产品需求；突出产品特点，建立产品形象；维持市场份额，巩固市场地位等。

（二）促销方式的分类

根据促销手段的出发点与作用的不同，可分为两种促销方式。

1. 推式促销

推式促销即以直接方式，运用人员推销手段，把产品推向销售渠道，其作用过程为：企业的推销员把产品或劳务推荐给批发商，再由批发商推荐给零售商，最后由零售商推荐给最终消费者。该策略适用于以下几种情况：

（1）企业经营规模小，或无足够资金用以执行完善的广告计划。

（2）市场较集中，分销渠道短，销售队伍大。

（3）产品具有很高的单位价值，如特殊品、选购品等。

（4）产品的使用、维修、保养方法需要进行示范。

2. 拉式促销

采取间接方式，通过广告和公共宣传等促销措施吸引最终消费者，使消费者对企业的产品或劳务产生兴趣，从而引起需求，主动去购买商品。其作用路线为：企业将消费者引向零售商，将零售商引向批发商，将批发商引向生产企业。这种策略适用于以下几种情况：

（1）市场广大，产品多属便利品。

（2）商品信息必须以最快速度告知广大消费者。

（3）对产品的初始需求已呈现出有利的趋势，市场需求日渐上升。

（4）产品具有独特性能，与其他产品的区别显而易见。

（5）能引起消费者某种特殊情感的产品。

（6）有充分资金用于广告。

（三）促销措施

1. 人员促销

人员促销是指企业派出推销人员直接与顾客接触、洽谈、宣传商品，以达到促进销售目的活动过程。它既是一种渠道方式，也是一种促销方式。人员促销的特点有以下几个方面：

（1）人员促销具有很大的灵活性。在推销过程中，买卖双方当面洽谈，易于形成一种直接而友好的相互关系。通过交谈和观察，推销员可以掌握顾客的购买动机，有针对性地从某个侧面介绍商品特点和功能，抓住有利时机促成交易；可以根据顾客的态度和特点，有针对性地采取必要的协调行动，满足顾客需要；还可以及时发现问题、进行解释，解除顾客疑虑，使之产生信任感。

（2）人员促销具有选择性和针对性。在每次推销之前，可以选好具有较大购买可能的顾客进行推销，并有针对性地对未来顾客作一番研究，拟定具体的推销方案、策略、技巧等，以提高推销成功率，这是广告所不及的。广告促销往往包括许多非可能顾客在内。

（3）人员促销具有完整性。推销人员的工作从寻找顾客开始，到接触、洽谈，最后达成交易。除此以外，推销员还可以担负其他营销任务，如安装、维修、了解顾客使用后的反应等，而广告则不具有这种完整性。

（4）人员促销具有公共关系的作用。一个有经验的推销员为了达到促进销售的目的，可以使买卖双方从单纯的买卖关系发展到建立深厚的友谊，彼此信任、彼此谅解，这种感情增进有助于推销工作的开展，实际上起到了公共关系的作用。

2. 网络促销

网络促销是通过网络传递商品和服务的存在、性能、功效及特征等信息的，其具有以下特点：

（1）“软”营销。

（2）互动性。

（3）针对性。

（4）无限的空间。

（5）网络促销是在虚拟市场进行的。

（6）互联网虚拟市场的出现，把所有的企业，不论是大企业还是中小企业，都推向了一个统一的世界市场。

（四）促销策略

1. 借势打力策略

通过一定的策略把对方的优势转变成自己的优势。例如，利脑是一个不知名的地方性品牌。高考期临近，脑白金、脑轻松等知名补脑品牌纷纷展开效果促销，并请一些人现身说法。利脑作为实力弱小的品牌，在广告投入上无法跟大品牌抗衡，在促销方面也无法进行更大的投入。因此，只有在跟进促销中进行借力打力——在各地开展“服用一个月，成绩不提升，可退款”的活动。此举，因为跟大品牌在一起，并采取了特殊策略，于是有效地解决了消费者的信任问题，也提升了知名度。

2. 击其软肋策略

在与竞争对手开战前，一定要做到“知己知彼”，这样才能决胜千里。实际上，竞争对手无论怎么投入资源，在整个渠道链条上总会有薄弱部分。比如，在渠道上投入过大，这样终端的投入就往往不够，如果在终端投入多了，在渠道中部和前端往往就会投入少了。再如，当外企面临中国区域市场的时候，可能会在某些地区不具有优势，这些都是很好的攻击机会。比如，在摩托罗拉为自己的新品大打广告的时候，某些国产品牌手机则迅速组织终端拦截。在拦截中，也大打新品的招牌，并且低价进入，以此将竞争对手的潜在顾客吸引一部分到自己的柜台、专区。

3. 寻找差异策略

有时候，硬打是不行的，要学会进行差异化进攻。比如，竞争对手采取价格战，就进行赠品战；竞争对手进行抽奖战，就进行买赠战。当年可口可乐公司的“酷儿”产品在北京上市时，由于产品定位是带有神秘配方的5～12岁小孩喝的果汁，价格定位虽然比果汁饮料市场领导品牌高20%，市场竞争仍然十分激烈，很多饮料生产企业都大打降价牌。为应对降价挑战，可口可乐公司坚持促销创新的差异战略，不和竞争对手打价格战。可口可乐公司的策略是：既然“酷儿”上市走的是“角色行销”的方式，那就来一个“角色促销”，“酷儿”玩偶进课堂就派送“酷儿”饮料和文具盒；买“酷儿”饮料就赠送“酷儿”玩偶，并与麦当劳联合，在麦当劳吃儿童乐园套餐，就送“酷儿”饮料和礼品，这一策略保住了“酷儿”在当时市场上的霸主地位。

4. 提早出击策略

有时候，对手比自己强大许多，他们的促销强度自然也比自己强大。此时，最好的应对方法是提前做促销，令消费者的需求提前得到满足，当对手的促销开展之时，消费者已经毫无兴趣。例如，A公司准备上一个新的洗衣粉产品，并针对B品牌策划了一系列的产品上市促销攻势。B公司虽然不知道A公司到底会采用什么样的方法，但知道自己实力无法与之抗衡。于是，在A产品上市前一个月，B公司开始了疯狂的促销——推出了大包装，并且买二送一、买三送二，从而以低价格的优势俘虏了绝大多数家庭主妇。当A品牌产品正式上市后，由于主妇们已经储备了大量的B品牌产品，所以A产品放在货架上无人问津。

5. 针锋相对策略

简单地说，针锋相对策就是针对竞争对手的策略发起进攻。比如，在1999年至2001年期间，某著名花生油品牌大量印发宣传品，声称其主要竞争对手的色拉油产品没营养、没风味，好看不好吃。2004年，该品牌又改变宣传主题，说竞争对手的色拉油原料是转基因大豆，食用后会对后代造成损害，以此达到击败竞争对手、提升自己销量的目的。

6. 搭乘顺车策略

很多时候，当人们明知对手运用某种借势的促销手段时，由于各种条件限制，无法对其打压，也无法复制，但预期此种借势促销手段有效，如果不跟进便会失去机会。此时，最好的办法就是搭乘顺风车。比如，过去不久的德国世界杯，阿迪达斯对其进行了全方位赞助，耐克则另辟蹊径，针对网络用户中占很大部分的青少年是耐克自己的潜在客户，则果断选择与Google合作，创建了世界首个足球迷的社群网站，让足球发烧友在这个网络平台上一起交流他们喜欢的球员和球队，观看并下载比赛录像短片、信息、耐克明星运动员的广告等。此举果然有效，短时间就有数百万人登记成为注册会员，德国世界杯成为独属于耐克品牌的、名副其实的“网络世界杯”。

7. 高唱反调策略

消费者心智是很易转变的。因此，当对手促销做得非常有效，而本企业又无法跟进时，那么最好的办法就是高唱反调，将消费者的心智扭转回来，至少也要扰乱他们，从而达到削弱对手的促销效果。例如，2001年，格兰仕启动了一项旨在“清理门户”的降价策略，将一款畅销微波炉的零售价格大幅降至299元，矛头直指美的。六个月之后，格兰仕又将国内高档主流畅销微波炉机型“黑金刚系列”全线降价。针对格兰仕的促销举措，美的则开展了火药味十足的干扰活动，它向各大报社传真了一份“关于某厂家推出300元以下的微波炉的“回应”材料，宣称格兰仕“以虚假言论误导消费者”，美的要“严斥恶意炒作行为”；2001年年底，美的还重磅推出了“破格格兰仕行动”抹黑格兰仕，导致格兰仕的降价促销效果大打折扣。

8. 百上加斤策略

所谓百上加斤，即在对手的促销幅度上加大一点，提升本企业的促销效果，如对手降低3折，你就降低5折：对手逢100送10，你就逢80送10。很多时候，消费者可能就会因稍许优惠，而改变购买意愿。

9. 创新促销策略

有时候，针对竞争对手的促销，完全可以避其锋芒，根据情景、目标顾客等的不同，再行促销策划，系统思考，躲其锋芒，采取独具特点的促销策略。比如，古井贡开展针对升学的“金榜题名时，美酒敬父母，美酒敬恩师”，针对老干部的“美酒一杯敬功臣”，日本丰田汽车公司针对结婚的“婚庆优惠售丰田”等一系列促销活动，都是避开了对手的常用促销手段，取得了较好的效果。

10. 整合应对策略

整合应对策略就是与互补品合作或联合促销，以此超越竞争对手，达到销售最大化的效果。比如，“看房即送福利彩票，小心中取百万大奖”活动，方正电脑同伊利牛奶和可口可乐的联合促销，海尔冰吧与新天地葡萄酒联合进社区等举措，都是很好的例证。在促销过程中更要善于“借道”，借助专业性的大卖场和知名连锁企业，先抢占终端，进而逐步形成对终端的控制力。

11. 连环促销策略

保证促销环节的联动性，不但保证了促销的效果，同时也容易把竞争对手打压下去。实际上，促销活动一般有三方参加，即顾客、经销商和业务员。如果将业务员的引力、经销商的推力、活动现场对顾客的拉力三种力量连动起来，就能实现购买吸引力，最大限度地提升销量。比如，某公司活动的主题是“减肥有礼！三重大奖等您拿”，奖品从数码相机到保健凉席，设一、二、三等奖和顾客参与奖。凡是购买减肥产品达一个疗程的均可获赠刮刮卡奖票一张，没刮中大奖的顾客如果在刮刮卡附联填写好顾客姓名、电话、年龄、体重、用药基本情况等个人资料寄到公司或者留在药店收银台，在一个月活动结束后还可参加二次抽奖。奖品设34英寸彩电到随身听等一、二、三等奖。如果顾客是年龄在18~28岁的年轻女性，本人艺术照片连同购药发票一同寄到公司促销活动组，可参加公司与晚报联合举办的佳丽评选后续活动。这样的活动，顾客参与度高，活动周期长，一下子把竞争对手单一的买一送一活动打压下去。

12. 善用波谷策略

某纯果汁A品牌针对竞争对手的活动进行反击，推出了一个大型的消费积分累计赠物促销，按不同消费金额给予不同赠品奖励。活动后没几天就受到竞争对手B品牌更大力度的同类型促销反击。A的促销活动原定是4周，见到竞品有如此强大的反击，便立即停止了促销活动。一周之后，A的促销活动又重新开始了，但形式却变成了“捆绑买赠”。结果，虽然竞争对手花了巨大的代价来阻击A产品的促销，但A产品在接下来的一个月里依然取得了不俗的销售业绩。

营销战略制定的步骤：分析市场机会、选择目标市场、确定市场营销策略和市场营销活动管理。

企业形象策划包括：企业理念识别（MI）策划、行为识别（BI）策划和视觉识别（VI）策划。

产品营销策划：产品策划、价格策划、渠道策划、促销策划等。

产品生命周期：产品研制成功投入市场到退出市所经历的全部时间，分为导入期、成长期、成熟期和衰退期。

渠道建设：网络论坛、搜索引擎、电商网站、博客、QQ、微博、微信和 SNS 社会性网络服务。

促销策略：借势打力策略、击其软肋策略、寻找差异策略、提早出击策略、搭乘顺车策略、高唱反调策略、创新促销策略、连环促销策略和善用波谷策略。

营销战略　形象策划　营销策略　促销策略

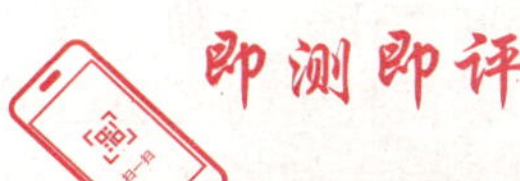

选择题

判断题

一、简答题

1. CI 的含义是什么？

2. 试述理念识别策划、行为识别策划、视觉识别策划的基本内容。
3. 简述市场营销战略制定的步骤。
4. 市场营销战略规划的实施应注意哪些问题？
5. 说明产品营销的产品策略。
6. 解释产品营销的价格策略。
7. 产品营销策略的渠道策略包括哪些内容？

二、论述题

试述促销策略的具体实施办法。

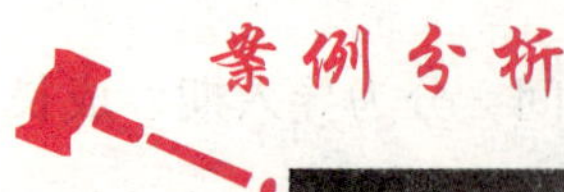

盘点十大借势奥运经典营销案例

自 1896 年第一届奥运会在希腊雅典举行后，历经百年发展历程，奥运会如今已成为世界体育顶级赛事，不仅吸引了大批世界一流选手参赛，更成为品牌争相营销的对象。毕竟奥运是如此的受人关注，令人为之狂热，奥运给了我们太多的精神和物质资产，又给我们太多亲近消费者的机会。现在我们就来盘点一下国内外十大借势奥运经典营销案例。

（一）杜蕾斯：反其道而行之

虽说杜蕾斯不是伦敦奥运会的赞助商，不敢吹嘘自己和奥运会有什么关系，但是单为伦敦奥运会奥运村免费提供 15 万只避孕套就很劲爆了。不过更劲爆的事还在后面，伦敦奥运会不过才进行到了第 5 个比赛日的时候，奥运村内免费发放的那 15 万只避孕套就已经基本用光，供货告急，为此杜蕾斯公司不得不紧急追加供应。杜蕾斯奥运期间制作的一则广告也得到了很多人的认可，我们都知道奥运精神是追求更快，更高，更强的，而杜蕾斯的奥运逆向广告，则用五种颜色的杜蕾斯组成的奥运五环，下面一行字：不是每个男人都希望自己是世界上“最快的那个人”。

（二）安踏：押宝体育明星

1999 年，安踏签约孔令辉作为形象代言人，随后孔令辉夺得了悉尼奥运会乒乓球男子单打金牌，而安踏也在这场豪赌中摘得了胜利的果实，孔令辉那句“我选择，我喜欢”，让全国人民记住了安踏。“这对安踏来说，是一个巨大推进。”安踏总裁郑捷曾坦言，孔令辉的成功，让安踏获益不少，这也成为安踏在借势奥运营销上作出的第一次巨大成功案例。

（三）骏丰频谱：产品进驻国家体育总局训练局

健康对于每个人来说都非常重要，但是对于运动员来说，其意义更是非同寻常。骏丰频谱敏锐地找到了这个点，结合自身产品的特色，在运动员紧张备战奥运之际，于 2015 年正式与国家体育总局训练局达成合作，其生产的“内喝外照”系列频谱产品为训练局内的运动员缓解肌肉紧张、消除疲劳，有效治疗运动训练中的损伤，为运动员的训练康复提供帮助。除此以外，骏丰还曾签约奥运冠军杨威一家三口为品牌代言人。吴敏霞、王励勤、彭勃、何可欣、滕海滨、秦凯、何冲等奥运冠军也先后出现在骏丰频谱的营销活动上，在中国征战里约奥运代表团成立当天，骏丰频谱还举办了一场别开生面的千人奥运助威活动，奥运攻势犹如滔滔江水连绵不绝，市场反响也非常热烈，可谓借势奥运营销的经典之作。

（四）东风日产启辰：金牌秒杀

伦敦奥运会虽然只有宝马是正牌汽车赞助商，“不过没关系，反正离得远，我们尽可以打奥运的擦边球”。所谓各有各的算盘，奥迪车型是中国射击队的指定用车，Jeep 品牌赞助的则是美国男篮和女篮。相比跨国巨头，自主品牌也没有错过，而且把声势弄得更大。东风日产启辰可对本次奥运营销下足了功夫，启动“启辰金牌秒杀”活动。即只要中国代表队获一枚金牌，东风日产就拿出一辆启辰 D50 进行秒杀，秒杀价格仅为一元。粗略估算一下，按照中国可以得到 50 枚金牌的夺金实力来算，东风日产启辰此次将给出 50 辆启辰 D50，价值近 340 万元，再加上整个奥运营销活动的运作费用不下千万。虽然对于刚刚起步的启辰品牌来说不是个小数目，但是相对于品牌提升带来的丰厚回报还是很划算的。

（五）雪花啤酒：差异化的制胜之道

赞助体育赛事是各大啤酒企业普遍采用的营销手段，尤其是奥运会，更是被啤酒巨头们奉为最佳商机，当燕京啤酒、百威啤酒都决定走常规的奥运营销路线时，雪花啤酒没有亦步亦趋，而是另辟蹊径，采取非常规奥运营销策略。然而雪花的非奥运营销，实质并非不奥运。之所以称之为非奥运营销，是因为雪花没有像其他品牌那样以传统习惯上的奥运赞助商身份出现，而是目标直指奥运会不可分割的主体——观众。它将奥运会“重在参与”的精神，通过“啤酒爱好者合作伙伴”的方式予以体现，以此明显区别于竞争品牌“直接赞助奥运会”的营销手法，实现了差异化的制胜之道，给消费者留下了深刻的印象。

（六）阿迪达斯：让奥运成为品牌的 DNA

在所有的奥运赞助商里，阿迪达斯至少创造了两个之最：分别是赞助了最多的运动员和最多的运动队。对于这家老牌体育用品公司来说，奥运就像 DNA 一样融入到品牌里面。北京奥运会，阿迪达斯组织了有史以来最大的一次营销活动，目标是借此在中国超越老对手耐克，最终它如愿以偿。除了空前的财力、物力投入，阿迪达斯这次奥运营销活动时间长达四年之久，从雅典奥运会闭幕到北京奥运会闭幕一直都没有中断过。其中尤其让人称道的是，它把 10 万奥运志愿者都变成了自己的品牌代言人。阿迪达斯不仅为奥运志愿者提供服装，还跟他们一起开展活动，帮助他们更好地体验奥运会，最终通过这些“奥运会最前面的笑脸”，把阿迪达斯的品牌形象很好地传达给了每一名奥运参与者。

（七）三星：踩着摩托罗拉扶摇直上

汉城奥运会时，三星只是一个本土赞助商，直到近十年后，它才正式加入“TOP 俱乐部”，而且是钻了老对手摩托罗拉的空子。1997 年，因为在赞助费用上存在分歧，无线通信设备领域原合作伙伴摩托罗拉与国际奥委会的谈判不欢而散。于是，三星抓住这一良机迅速上位，通过连续三天 24 小时的谈判，与国际奥委会达成了 TOP 赞助协议。三星作出这一决定时，企业乃至整个国家正面临金融危机，但为了改变自己“三流品牌”的形象，并迅速走向国际市场，三星义无反顾地选择了增加营销预算为 TOP 计划买单。自此之后，三星进入全球最有价值品牌榜排名前 20 位，真正成为全球顶尖品牌。

（八）可口可乐：“三点一线”成就标杆

可口可乐的奥运营销原则是将“奥运精神、品牌内涵、消费者联系”三点连成一线。其全球奥运项目总监认为：“如何将营销活动、品牌和消费者达成契合，这是企业赞助奥运会成败的关键。”可口可乐这些理念，在 1996 年的亚特兰大奥运会上得到近乎完美的体现。可口可乐一改过去以体育明星为代言人的表现方式，推出了“For the Fans（为了粉丝们）”的营销主题，一心与消费者打成一片。通过全球范围各式各样的奥运抽奖、赠品活动、圣火传递、入场券促销、发行奥运纪念章和纪念瓶等举措，人们亲切、真实地体验到了可口可乐与奥运的魅力。而亚特兰大整个城市，更是成了一片红色的海洋。亚特兰大奥运会后，可口可乐的盈利猛增了 21%，达到了 9.67 亿美元，这届奥运会也被人们笑称为“可口可乐奥运会”。

（九）Speedo：神奇的“鲨鱼皮”

Speedo是一家规模并不大但以生产游泳衣见长的公司，不断创新的技术和新颖的款式，成为它在泳坛立足的两大根本。Speedo以游泳比赛作为主要的营销渠道，公关方向一直面对专业选手。签约顶级运动员是Speedo的一贯策略，它的代言人名单中包括菲尔普斯、哈克特和索普等泳坛巨星，可以称得上是全球最豪华的泳将阵容。Speedo第一次让人刮目相看始于悉尼奥运会，当时Speedo发布了名为“快速皮肤”的第一代“鲨鱼皮”。这届奥运会上，有83%的选手身穿“鲨鱼皮”，其形象代言人索普夺得3金2银，可谓风光无限。2008年北京奥运会，至少有50个国家队是身穿Speedo lzrracer（鲨鱼皮）参加奥运比赛，而且94%的冠军得主穿的都是lzrracer。在没有任何广告、促销的推动下，借助菲尔普斯首夺8金和世界纪录频频被破的轰动效应，Speedo lzrracer迅速成为媒体和大众关注的焦点，同时也让更多的专业级选手为之心动。

（十）Google：别出心裁的奥运logo秀

每逢重要的日子，Google都会推出应景的纪念Logo（徽章），这样的传统俨然已成为其文化的一部分。每届奥运会时，Google也会随奥运日程的推进在logo上添加相应的元素。2000年悉尼奥运会期间，Google开始崭露头角，主页的企业logo上多了一只举着火炬的袋鼠。袋鼠是澳大利亚的象征，整个logo形象非常契合悉尼奥运会的主题。四年后的奥运会在希腊雅典举行，Google在logo创意中巧妙地融入了这个地中海文明古国的传统元素。第一天开幕式，希腊神话人物宙斯、雅典娜、波塞冬同时登场，背景则是雅典的代表建筑巴农神庙。第三天游泳项目中，各国泳坛高手连连失误，东道主轻松拾得金牌，google便推出了一个老汉叉着金牌闭着眼睛睡觉的形象，颇为幽默风趣。Google采用这种四两拨千斤的手法，大大拉近了自己与网友间的距离。

案例分析题：

1. 上述十家企业采取的促销策略各具何种特色？
2. 你最赞赏的是哪几种？为什么？

第六章 财务战略

Chapter 6

教学目标

（1）掌握财务战略的内容和实施方案。

（2）明确营运贷款的分类及其优缺点。

（3）掌握筹资决策的一般方法。

（4）学会企业如何进行成本决策。

开篇案例

哈佛分析框架：财务战略分析新思维
——通过对亚泰集团的分析，揭示其财务及经营状况并预测其发展前景

财务分析一直以来在评价企业业绩过程中起到重要且不可替代的作用，它通过对报表数据的各种变换计算，运用模型建立起一系列评价体系，从各个方面、各个角度分析企业经营成果并预测未来。利益相关者主要通过企业发布的财务报表来评价企业，因此，财务报表成为传统财务分析的根本。然而作为经济实体的主体——企业，并不是孤立存在的，它不仅受自身的经营及财务政策的影响，还受其所处的相关行业及宏观经济环境的影响。

有效地财务评价体系不仅应注重对企业财务数据的分析，而且应重视非财务信息。应将财务分析对象由财务报表扩展到与财务报表及企业经营相关的行业环境、政策环境、宏观经济环境等，站在战略的高度对企业进行评价。哈佛分析框架在一定程度上克服了传统财务分析的缺陷。有鉴于此，本文利用哈佛分析框架，对亚泰集团的行业状况和发展战略、会计质量、财务报表及发展前景进行了定性和定量的综合分析，这种分析方法有效地克服了传统财务报表分析的局限性，能够从整体上把握企业集团的整体经营状况，从而预测企业未来发展前景。

哈佛分析框架由哈佛大学佩普（K. G. Palepu）、希利（P. M. Healy）和伯纳德（V. L. Bernard）三位学者提出，他们认为财务分析不应只分析报表数据，应该站在战略的高度，结合企业内外部环境并在科学预测的基础上，为企业未来发展指明方向。哈佛分析框架主要包括企业战略分析、会计分析、财务分析及前景分析。

1. 战略分析

企业战略从整体上决定企业未来发展方向，并为实现企业目标服务，所以战略分析成为企业财务分析的出发点。战略分析作为非财务信息是对传统财务分析的补充，也是哈佛分析框架的独特之处。通过对企业战略的分析，可以为外部利益相关者提供关于企业目标、发展趋势、市场格局等相关信息。战略分析在一定程度上反映了企业管理现状，可以作为评价企业管理水平的依据，进而为财务分析奠定基础。

2. 会计分析

财务报表分析结果的可靠性在很大程度上取决于公司披露的会计信息的真实性及可靠性，所以会计分析将成为企业财务分析不可忽视的重要组成部分。会计分析应将重心放在分析企业运用会计及财务管理原则的恰当性和企业对会计处理的灵活程度。企业财务报表附注可以提供关于会计政策与会计估计运用恰当性的有效证据。另外，也可以通过对行业、竞争对手、外部宏观经济环境的剖析，判定企业财务数据的真实性。根据分析结果重新调整财务报表中的相关数据以消除异常数据。

3. 财务分析

在对企业会计恰当性分析，并得出调整后的会计数据之后，就可以对针对会计报表进行财务分析。哈佛分析框架下的财务分析并不是单纯地分析企业财务数据，而是结合企业所处的行业环境及企业发展战略解释财务数据异常的原因。在进行财务分析时，应重点关注财务指标或财务数据在某一时点的异常变化，分析产生变化的原因。分析财务数据异常变化时可以在会计分析的基础上进行，会计分析所提供的关于会计数据真实性的有效证据可以作为财务异常分析的基础。

4. 前景分析

前景分析不同于传统财务报表分析中的企业发展能力分析，企业未来的发展前景是企业战略定位、产业环境及企业财务能力综合的结果，而不仅仅用财务指标增长率来评价。分析企业发展前景时应注重企业能否发挥自身技术优势以及企业与竞争对手的竞争能力，具备较强竞争能力的企业即使短期业绩达不到预期，从长期来看依然具有较好的投资前景。

哈佛分析框架下的企业财务分析全面考虑了关乎企业发展的各个方面。从时间角度来说包括企业的过去、现在和将来；从分析的广度来说包括对企业战略、会计、财务、前景的分析；从分析的深度来说，它不仅仅是对报表数字的分析，而是结合战略、环境，深入分析财务数据的合理性。

哈佛分析框架下的亚泰集团财务分析：

（一）战略分析

亚泰集团始创于1986年，正式组建于1993年，1995年在上海证券交易所挂牌上市。

是以地产、水泥、证券为主业，医药、商贸为辅业。公司历经20多年的持续发展，现已成为东北地区同行业领先地位，资产、收入双双过百亿。

1. 建材产业

（1）市场格局。2012年公司收购了省内三家水泥相关企业，水泥产业布局进一步完善；2013年公司进一步夯实了公司水泥品牌，并加大了对建材产品的市场开发。同时，随着公司在建材产业不断丰富上下游产品，以市场需求为导向和客户需要为目标，企业内部不断加大研发投入和资源整合。集团高效地发挥产业链各个组成部分的相互促进和相互支持的耦合优势，进而增强各类建材产品的获利水平和竞争能力。

（2）发展战略。公司建材产业将实施一体化及多元化发展战略，逐步完善以水泥为主，以混凝土、预制构件、骨料等水泥上、下游产品为辅的全产业链产品布局，及时掌握国家关于建材行业的政策变化，通过合理分析政策影响，采取积极主动的应对措施，不断提高公司建材产品在各区域的市场地位，促进建材产业逐步稳定发展。

2. 地产产业

（1）市场格局。亚泰集团地产产业，以持续性、稳定性为发展主线，公司的房地产开发将集中在东北地区、环渤海地区、长三角及海南岛区域。公司业务重心，依托于开发普通居民住宅。公司房地产业务定位明确，使其能区别于竞争对手，从而获得良好的市场地位，并保持现有市场中的良好声誉。

（2）发展战略。公司地产产业采取差异化战略，始终以“建老百姓买得起的房子”为己任；以“中高端品质、多功能空间”为产品开发方向；以将自身开发的房地产产品，区别于竞争对手，并不断强化房地产开发过程中的成本控制。

3. 医药产业

（1）市场格局。集团先后成立了吉林亚泰集团医药投资有限公司、吉林亚泰生物药业股份有限公司、吉林亚泰制药股份有限公司等，并积极研发生物制品、抗癌药物、中药饮片等。公司涉足参茸种植及零售连锁等项目，不断丰富医药产品结构，增强企业抵御风险的能力。

（2）发展战略。贯彻“增强研发实力，优化经营业绩，转变发展思路”的产业发展理念，不断开发高需求、高附加值的产品。通过开拓销售渠道、优化资产组合，加快医药开发以满足医药购买者需求，实现公司医药业务的快速发展，并将医药产业培育为公司的支柱产业。

（二）会计与财务分析

为了全面分析亚泰集团财务状况，本文收集了2009年至2013年亚泰集团的相关财务数据，并计算出关键财务指标。

1. 资产质量分析

从近五年的财务数据来看，尽管资产规模逐年上升，但资产增长速度明显放缓，短期偿债能力较弱，流动比率、速动比率近五年几乎都在1以下。数据显示公司近五年长期偿债能力也逐渐减弱，资产负债率逐年增高，经营现金流量净额不能满足长期负债。公司2014年不断融资，也从侧面显示出公司财务紧。2014年4月5日公司申请注册发行不超过10亿非公开定向债务融资工具，2014年4月29日发行20亿短期融资券，2014年5月21日亚泰集团提出 2014 年度非公开发行 A 股股票预案。

应收账款在企业营运资金中起着非常重要的作用，应收账款能否及时收回直接影响企业的资金利用效率。亚泰集团应收账款周转率逐年下降，可能与水泥行业近几年产能过剩有直接关系，因此企业应该制定有效的信用政策和收账政策，加快应收账款的回收速度，提高应收账款的周转效率。

同时，存货周转率也在逐年下降。该状况说明水泥产品的供应大于市场整体需求。2013 年 1～12 月，全国累计水泥产量 24.1 亿吨，人均水泥产能近 1.72 吨，超过了国际人均 1 吨的水平。而“十二五”规划中估计的各领域对水泥需求量大约是 22 亿吨，以致水泥产品销售量下降，价格不断下滑、存货积存，从而导致水泥产品周转率下降。

2. 盈利质量分析

盈利是企业经营活动的最终目标之一。企业利益相关者都关心企业的获利能力，它关系到投资者取得的报酬，关系到企业债权人的债权的保证程度，也关系到国家宏观经济的增长。通过对亚泰集团近五年盈利能力分析发现：剔除 2011 年盈利指标后，公司盈利能力呈现逐年下降的趋势。2011 年业绩增长原因在于水泥价格由低走高，水泥价格 2011 年处在高位运行，促成公司净利率同比增加。公司 2011 年营业收入 117 亿，同比增长 44.3%；净利润 7.51 亿，同比增长 52.3%。每股收益 0.37 元。

从公司近五年的收入及利润数据来看，其中三年公司业绩出现大幅下滑，公司的盈利能力波动性较大，显示出公司经营风险较大。原因在于公司近五年逐步实施多元化发展战略，公司业务不断伸展到地产、金融、医药产业。多元化战略使企业无法集中精力发展优势业务。多元化战略需要企业将有限的资源分配到各个产业当中，这样就会使每一产业都不能获得发展所需要的足够资源，使企业无法维持规模经济。考虑到这些因素的存在，企业实施多元化战略不一定能够降低经营风险，在某些情况下反而会增加企业风险，企业进入不熟悉的产业需要较高的转换成本，且丧失现有业务的规模经济效应，消耗企业已有的利润。

（三）发展前景分析

截至 2013 年年底，集团拥有建材、地产、金融三大支柱产业，并在医药、煤炭、商业贸易等领域取得一定成果。在“中国 500 强企业”中位列 267 位。虽然从近几年的财务数据来看，公司的发展状况并不理想，但公司作为水泥行业为数不多的几家上市公司，并在东北地区具有明显的区位优势，未来必将成长壮大。此外，公司涉足的医药产业具有较强的发展实力，且金融产业也在迅速增长与完善，不久的将来将成为公司的优势业务。

水泥作为各类工程建筑的必须原材料之一，且没有替代品竞争，所以对于水泥产品的需求将会随着宏观经济的增长而稳步增长，特别是近年来公众对于环保的呼声越来越高，将会淘汰一些落后的、达不到环保要求的小型企业，这对于大型水泥企业来说将是利好。“十二五”规划也针对水泥行业出台了一系列政策，限制水泥产业盲目扩张，提高环保要求，淘汰落后产能，鼓励有能力的大型企业实施重组兼并以提高效率，这都为水泥行业未来发展带来新的曙光。

此外，医药产业将逐步成为公司高科技支柱性产业，亚泰集团医药产业利润率高、发展前景广阔。公司已具备先进的药物开发与研究中心、公司控股医药加工子公司，并具有药品连锁零售经营权，经过多年的发展已形成了集研发、生产、销售于一体的、完整的医药供应链。

截至2013年年底，亚泰集团已经完成建材产业的产业布局，未来不再进行大规模资本支出。公司在今后较长时期内将优先支持发展医药产业，力图将医药产业培育成公司新的支柱产业。

虽然从财务报表数据来看，亚泰集团近年来经营业绩不佳，但是综合考虑集团经营战略、发展规划、水泥行业未来发展趋势、医药产业广阔的发展前景及金融产业的不断发展，从中长期来看亚泰集团具备良好的发展前景，具有较高的投资价值。

（四）结论

财务分析不应只重视对企业财务数据的分析，应结合企业行业环境、发展趋势及战略，全面评价企业现状。通过对企业会计政策、会计处理方法的分析，及时发现企业财务管理中存在的问题，并及时作出调整，为财务分析奠定可靠的基础。财务分析除采用传统的分析方法外，应重视对资产质量、盈利质量、盈余质量的分析。在分析完企业的行业现状和财务状况后，需要全面评价企业风险并预测未来发展趋势。需要注意的是，当企业外部环境变化较快时，需要重点分析企业是否已经建立了适当的内部控制制度，内部控制能否及时地发现企业已经面临及可能面临的风险，所采取的控制措施是否有效。只有全面分析企业的财务风险和经营风险，才能准确地预测企业未来的发展前景。

本章知识结构图

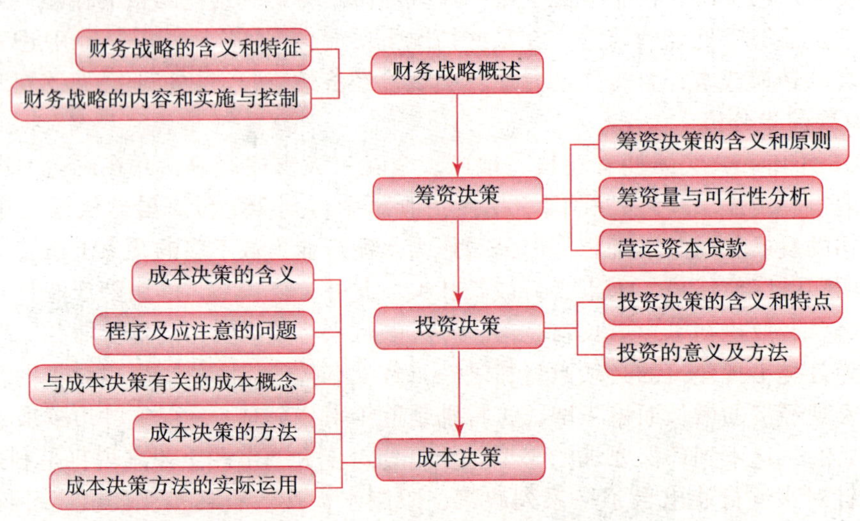

第一节　财务战略概述

进入21世纪，由于企业面临巨大生存压力，实行有效的战略管理已成为现代企业生存发展的首要问题。战略管理思想作为重要的管理平台，已经逐步渗透到营销、生产和人力资源管理等各个职能领域。然而，由于目前的财务管理理论并没有把财务管理视为企业战略管理的重要组成部分，结果导致目前的财务管理理论和方法不能完全适应战略管理时代的要求。因此，有必要在企业战略管理的背景下重新认识现行的财务管理理论，提出财务战略管理这一新观点。

一、财务战略的含义和特征

（一）财务战略的含义

企业财务战略是指为谋求企业资金均衡有效的流动，为增强企业财务竞争优势，在分析企业内外环境因素对资金流动影响的基础上，对企业资金流动进行全局性、长期性与创造性的谋划，并确保这一谋划的执行。

（二）总体战略与财务战略的区别

总体战略是指企业在基于财务管理的基础上，服从和服务于企业战略的前提下，对企业资源筹集和配置活动进行的全局性和长远性的谋划，它是战略理论在财务管理领域的应用与延伸，是企业战略管理的一个不可或缺的组成部分。

单纯从关系上来讲，财务战略服从于总体战略，是总体战略实现的必要手段与资金支持；从各自功能方面来讲，总体战略是企业全盘定位，是企业将来要达到的目的，而财务战略则主要侧重于资金持续保障，为企业目标的实现奠定财务基础，提供资金保障。财务战略是企业在实现总体战略的过程中必不可少的要件之一，且处于企业战略的核心。

（三）财务战略的特征

1. 从属性

财务战略要体现企业整体战略的要求，为其筹集到适度的资金并有效合理投放，只有这样企业整体战略方可实现。若不接受企业战略的指导或简单的迎合战略要求，都将导致战略失败，最终使企业受损。

2. 系统性

运用系统的观点进行企业管理，需要考虑企业作为一个系统必然与外界进行长期的、广泛的资源及信息等的交换，从而使系统与外界保持一致。财务战略作为企业战略的一个子系统，与企业其他子战略之间存在长期的、全面的资源与信息交换。为此，要始终保持财务战略与企业其他战略之间的动态联系，并对其他子战略提供资金支持。

3. 指导性

财务战略是对企业资金运筹的总体谋划，它规定了资金运筹的总方向、总方针、总目标等重大财务问题。正因为如此，财务战略一经制定便具有相对稳定性，成为财务活动的行动指南。

4. 复杂性

财务战略的制订与实施较企业整体战略下的其他子战略而言更加复杂。最主要的原因在于资金固定化特性，即资金一经投入使用后，其使用方向与规模在较短时期内很难予以调整。因此，财务战略对资金配置稍有不慎，将直接导致企业资金周转不灵或陷入财务危机，甚至导致企业破产。此外，企业筹资与投资都直接借助于金融市场，而金融市场复杂至极、变幻无常，这也增加了财务战略制订与实施的复杂性。

（四）财务战略的意义

财务战略作为企业整体战略的一个特殊子系统，具有以下重要意义：

（1）通过对企业内外环境分析，并结合企业整体战略的要求，提高企业财务能力，即提高企业财务系统对环境的适应性。

（2）财务战略注重系统性分析，可提高企业整体协调性，从而提高企业的协同效应。

（3）财务战略着眼于长远利益与整体绩效，有助于维持和创造企业的财务优势，进而保持和创造企业的竞争优势。

二、财务战略的内容和实施与控制

（一）财务战略的内容

现代企业财务管理的核心内容主要包括筹资、投资及收益分配。因此，企业财务战略研究的重点应是筹资战略、投资战略及收益分配战略。

1. 筹资战略

筹资战略就是根据企业的内外环境的现状与发展趋势，适应企业整体战略与投资战略的要求，对企业的筹资目标、原则、结构、渠道与方式等重大问题进行长期的、系统的谋划。

（1）筹资目标。筹资目标是企业在一定的战略期间内所要完成的筹资总任务，是筹资工作的行动指南，它既涵盖了筹资数量的要求，更关注筹资质量；既要筹集企业维持正常生产经营活动及发展所需资金，又要保证稳定的资金来源，增强筹资灵活性，努力降低资金成本与筹资风险，不断增强筹资竞争力。

（2）筹资原则。筹资原则是企业筹资应遵循的基本要求，包括低成本原则、稳定性原则、可得性原则、提高竞争力原则等。

（3）筹资渠道。此外，企业还应根据战略需求不断拓宽融资渠道，对筹资进行合理搭配，采用不同的筹资方式进行最佳组合，以构筑既体现战略要求又适应外部环境变化的筹资战略。

2. 投资战略

投资战略主要解决战略期间内投资的目标、原则、规模、方式等重大问题。它把资金投放与企业整体战略紧密结合，并要求企业的资金投放要很好地理解和执行企业战略。其中投资目标和原则如下：

（1）投资目标。

① 收益性目标，这是企业生存的根本保证。

② 发展性目标，实现可持续发展是企业投资战略的直接目标。

③ 公益性目标，这一目标是多数企业所不愿达成的，但投资成功亦利于企业长远发展。

（2）投资原则。

① 集中性原则，即把有限资金集中投放，这是资金投放的首要原则。

② 准确性原则，即投资要适时适量。

③ 权变性原则，即投资要灵活，要随着环境的变化对投资战略作出相应的调整，做到主动适应变化，而不可刻板投资。

④ 协同性原则，即按合理的比例将资金配置于不同的生产要素上，以获得整体上的收

益，在投资战略中还要对投资规模和投资方式作出恰当的安排。

3. 收益分配战略

本来企业的收益应在其利益相关者之间进行分配，包括债权人、企业员工、国家与股东。然而前三者对收益的分配大都比较固定，只有股东对收益的分配富有弹性，所以股利战略也就成为收益分配战略的重点。股利战略要解决的主要问题是确定股利战略目标、是否发放股利、发放多少股利以及何时发放股利等重大问题。从战略角度考虑，股利战略目标为：①促进公司长远发展；②保障股东权益；③稳定股价，保证公司股价在较长时期内基本稳定。

公司应根据股利战略目标的要求，通过制定恰当的股利政策来确定其是否发放股利、发放多少股利以及何时发放股利等重大方针政策问题。

（二）财务战略的实施与控制

财务战略的实施与控制就是遵照前面所述的各战略原则，以此为指导思想，评价各分期目标实现情况，进行有效地控制。制订与实施前，除了考虑财务战略要求，还得关注组织情况，即建立健全、有效的战略实施的组织体系，动员全体职工参加，这是确保战略目标得以实现的组织保证，同时明确不同战略阶段的控制标准，将一些战略原则予以具体化。例如，定量控制标准辅以定性控制标准，长期控制标准辅以短期控制标准，专业性控制标准与群众控制标准相结合等。

在进行具体的战略控制时，要遵循以下原则：

（1）优先原则。对财务战略中的重大问题优先安排、重点解决。

（2）自控原则。战略实施的控制要以责任单位与人员自我控制为主，这有利于发挥其主动性与创造性。

（3）灵活性原则。尽量采用经济有效的方法迅速解决实施中出现的问题。

（4）适时适度原则。要善于分析问题，及时反馈信息，及时发现并解决问题。

实施过程中努力确保各项工作同步进行，进度差别不大，从而利于内部协调。此外，财务战略实施完毕后，应对其实施进行评价，这是回头分析企业的预测、决策能力的很好途径，同时也为以后发展积累管理经验并吸取教训，为下一步财务战略管理奠定基础。

第二节 筹资决策

一、筹资决策的含义和原则

（一）筹资决策的含义

筹资决策是指根据企业的发展规划进行的资金安排或筹划。筹资是指企业通过发行股票、发行债券、取得借款、赊购、租赁等方式筹集资金的行为。筹资战略决策要解决的问题是如何取得企业经营发展过程中所需要的资金，包括向谁、在何时、筹集多少资金。筹资与投资、股利分配密切相关，所需资金的数量多少取决于投资的需要，同时要兼顾利润分配时保留盈余的多少。

（二）筹资决策的原则

在进行筹资准备时，必须考虑金融工具的选择。金融工具有短期金融工具和长期金融工具之分，不同时期的筹资战略与金融工具是否合理搭配组合，对企业经营的持续发展将会产生积极或消极的影响。例如，若一个企业用短期贷款实施其长期筹资战略，进行长期资产投资，则会加大筹资的风险。其后果可能是：不能按期偿还债务；重新筹资时面临利率上涨，导致支付更多利息的风险等。因此，对于不同期限的筹资战略，应恰当地选择相应期限的金融工具，以规避企业筹集风险。在筹资战略组合中，应对各种金融工具进行详细的利弊分析。通过利弊分析选择合适的交易品种，以便提高筹资的安全性和稳定性。在筹资工具选择中应贯彻的基本原则是：

第一，充分估计金融工具的系列风险。这里所指的风险包括价格风险、信用风险、流动风险、现金流量风险等。只有充分估计风险，才能有效地规避融资风险，并保证筹资战略的贯彻实施。

第二，运用成本效益原则进行交易品种的选择。不同的金融工具以及衍生金融工具，其交易成本和承担的金融风险程度不同，只有遵循成本效益原则进行合理选择，才能确定最佳融资组合，实现企业的筹资战略目标。

第三，利用公允价值计量属性，正确反映金融工具的相关性、可比性和一致性对会计信息系统的影响。

二、筹资量与可行性分析

（一）确定筹资总量

企业的资金需求主要靠自身的发展进行筹措，形成自我发展、自我积累、自我消化的多渠道筹集资金的经营模式。筹资分为短期筹资和长期筹资，短期筹资主要是指流动资金方面的筹集；长期筹资主要是指一年以上的固定资产项目筹资。资金需求量的确定，主要是考虑够用为度，多或少都会加重企业的负担。

1. 根据企业的发展战略，全盘考虑，全面预算

企业的发展战略是在经营的基础上，根据企业的发展方向与潜力，制定出短、中、长期的资金需求总量，做到分类汇总、分阶段实施，并确定出各类筹资来源的结构比例。

2. 确定筹资立项

（1）短期筹资。短期筹资亦指流动资金的筹措。企业在充分考虑采购环境、生产环境、销售环境与生产周期等因素后，可按产值资金率的方法测算，其数学模型为：预测期流动资金需要量 = 预测期计划完成总产值 ×（基期流动资金平均合理占用额 ÷ 基期完成工业总产值）×100% ×（1 − 预测期流动资金周转加速率），在考虑历史年度流动资金周转速度趋势快与慢因素的基础上，流动资金需要量可在正负1%的范围内校正增减幅度，核定出年流动资金需求总量。

（2）长期筹资。长期筹资亦指固定项目的筹资。企业根据扩大再生产及发展规划的需要，核定出项目需求的设备数量并确定投资额度，其数学模型为：某项设备需要量 =（单位产品定额台时 × 定额改进系数 × 计划年度产量）÷ 单台设备计划有效工作台时数，某项设备需要量的投资额度 = 需求设备数量 × 设备单价。

（二）筹资的可行性分析

经过上述方法测定出资金需求总量后，对筹资的投资项目进行量本利分析，进一步对投资项目进行效益分析，以确保资金回收的安全性。无论哪种筹资都是要付出代价的，如果无计划的盲目筹资，致使投资不能按期收回，本息得不到偿还，将把企业带向破产倒闭的边缘，所以筹资必须经过可行性分析、测算，才能决策筹与否。

第一，确定项目的投资回收期，核定每年应摊销的固定成本（包括筹资成本）。

第二，确定项目产品的销售价格和销售量，假定销售量等于生产量。

第三，确定项目产品的变动成本。

第四，确定保本销售额，测算的数学模型为：销售额 $S_0 = A \div [1 - I - (B \div P)]$，其中：A 为固定成本，I 为税率，B 为变动成本，P 为销售价格。保本销售额只是一种简单的再生产，是利润等于零的销售额，故还要测算安全边际。

第五，确定安全边际。安全边际是指实际或预算销售额超过保本销售额的差异数，反映实际或预计销售额的安全程度，也就是通常所说的能否赚到钱或只有销售额超过保本点才能有利润可得。企业生产的主要目的之一就是最大限度地赚取利润，其数学模型为：$S_1 = (k_1 - k) \div k_1$，其中：k_1 为实际销售额，k 为保本销售额，S_1 为安全边际率。

经过上述的量本利分析后，基本上可以明确筹资方案并进行决策。在充分利用闲置资金的基础上，确定外部筹资的额度。

根据上述的测算过程，在企业的经营过程中，需考虑以下因素：

（1）自有资金能够提供的额度。

（2）赊购商品能够提供的额度，即与供货商协商的基础上可使用的资金。

（3）银行承兑汇票能够提供的资金。

（4）外部筹资，主要指向金融机构的贷款。

在充分考虑以上四项因素后，首先应确定短期筹资额度，其次再确定长期筹资额度。

（三）筹资战略的实施

根据资金需求额度，制定出筹资计划与方案，综合考虑，分步实施。按照短期筹资与长期筹资的特点，可选择发行股票、企业债券、银行贷款、融资租赁、共同开发、共同投资等形式，按照规定程序报批后，按计划分步骤组织实施，确保资金按计划及时到位。具体实施中要按照筹资效益与效率最大化的原则，最多可选择一两种筹资办法，对所需求的资金总额组织实施，自筹与外筹的比例应分别达30%和70%为度。

（四）筹资的运用与管理

筹措的资金必须坚持“专款专用，专户存储，单独列账核算”的原则，确保筹措到的资金按计划、用途、进度投放，以发挥资金的最大经济效益。杜绝违规、违法等挪用资金的现象发生。

（五）偿还筹资本息

诚实守信，遵守诺言，树立良好的信用形象和企业形象。在利用会计科目“长期借款”、“短期借款”对筹集到的资金进行核算、反映、监督的基础上，还应分别建立筹资款还本付息台账，明晰反映企业的债务情况，使企业的管理层、决策层对所担负的责任常思不懈，审慎对待。

三、营运资本贷款

营运资本贷款是为使企业生产连续进行，而提供给企业用以解决其一般流动资金需要量的贷款。这种贷款一投入企业就成为企业正常生产获利的一部分资本，通常不能自动清偿。因此贷款期限长，风险较大。

营运资本贷款是基于企业产品生产周期长、原材料储备多、资金回流慢等特点，以产品销售进度确定贷款期限和额度的贷款形式。

（一）营运资本的分类

1. 抵押营运资本贷款

抵押营运资本贷款是指以资产或个人担保作抵押的贷款。所需的资产可以是房屋、工厂或存货。金融机构要求多少抵押品，取决于对公司还贷能力的评估。银行可能要求业主或公司董事作个人担保。他们必须准备将私人资产，如住房、股份或股票作为抵押品。

2. 非抵押营运资本贷款

贷款人只会对他认为低风险或零风险的借款人提供非抵押贷款。起步公司一般被视作高风险活动，因此取得非抵押贷款的机会很小。

3. 银行透支/信用贷款

银行透支允许个人提取超过银行账户限额的资金，可透支的最高限额为信用贷款额，条件和金额取决于与银行的关系及在银行的信用价值。

银行透支灵活而简单易用，只需为透支的金额支付利息，不过，利率通常高于银行基本利率的1%～2%。这种贷款方式适用于所有业务及起步公司。

4. 短期贷款

不同于银行透支，短期贷款有固定偿还限期，通常为12个月，而且有固定利率。它可能需要以资产作为贷款抵押。如果记录良好并与银行关系密切，银行甚至可能不要求抵押品便发出贷款。这种贷款方式适用于所有业务及起步公司。

5. 已确认销售订单贷款或应收款项贷款

（1）如果需要完成大宗订单，但缺乏足够资金，可以利用合约或订单，申请营运资本贷款。

（2）如果需要资金把握商业机会，可以利用应收款项的价值来申请营运资本贷款。应收款项是已经向顾客发出账单但还未收到的账款。

6. 买卖货品贷款

特别为商品买卖业务，如进口商、制造商、出口商等，所设的特别贷款服务，常用的有信用证、存货贷款及信托收据。

（二）营运贷款的优缺点

营运贷款的优点：

（1）营运资本贷款是取得现金最快的方法。

（2）可协助企业度过周期性的低潮。

（3）可在公司面对短期危机时提供现金周转，如主要客户宣告破产时。

营运贷款的缺点：

（1）对于企业只能用来解决短期现金需要，并不足以应付需要大额资金的长期计划和项目。

（2）贷款方需要密切留意跟踪贷出资金情况，确保准时偿还。

第三节 投资决策

一、投资决策的含义和特点

（一）投资决策的含义

投资决策是指投资者为了实现其预期的投资目标，运用一定的科学理论、方法和手段，通过一定的程序对投资的必要性、投资目标、投资规模、投资方向、投资结构、投资成本与收益等经济活动中重大问题所进行的分析、判断和方案选择。投资决策是生产环节的重要过程，是企业所有决策中最为关键、最为重要的决策，因此我们常说：投资决策失误是企业最大的失误，一个重要的投资决策失误往往会使一个企业陷入困境，甚至破产。因此，财务管理的一项极为重要的职能就是为企业当好参谋，把好投资决策关。

简单来说，投资决策就是企业对某一项目，包括有形资产、无形资产、技术、经营权等，投资前进行的分析、研究和方案选择。投资决策分为宏观投资决策、中观投资决策和微观投资决策三部分。

（二）投资决策的特点

（1）投资决策具有针对性。投资决策要有明确的目标，如果没有明确的投资目标就无所谓投资决策，而达不到投资目标的决策就是失策。

（2）投资决策具有现实性。投资决策是投资行动的基础，投资决策是现代化投资经营管理的核心。投资经营管理过程是“决策→执行→再决策→再执行”反复循环的过程。因此可以说企业的投资经营活动是在投资决策的基础上进行的，没有正确的投资决策，也就没有合理的投资行动。

（3）投资决策具有择优性。投资决策与优选概念是并存的，投资决策中必须提供实现投资目标的几个可行方案，因为投资决策过程就是对诸投资方案进行评判选择的过程。合理的选择就是优选，优选方案不一定是最优方案，但它应是诸多可行投资方案中最满意的投资方案。

（4）投资决策具有风险性。风险就是未来可能发生的危险，投资决策应顾及实践中可能出现的各种可预测或不可预测的变化。因为投资环境是瞬息万变的，风险的发生具有偶然性，很难避免，但人们可依据以往的历史资料，通过概率统计的方法，设法认识风险的规律性，对风险作出估计，控制或降低风险发生的可能性。

二、投资的意义及方法

（一）投资的意义

企业的各级决策者经常要面临与资本投资相关的重大决策，投资决策的意义如下：

（1）资本投资一般要占用企业大量资金。

（2）资本投资通常将对企业未来的现金流量产生重大影响，尤其是那些要在企业承受好几年现金流出之后才可能产生现金流入的投资。

（3）很多投资的回收在投资发生时是不能确定的，因此，投资决策存在着风险和不确定性。

（4）一旦作出某个投资决策，一般不可能收回该决策，因为会付出很大的代价。

（5）投资决策对企业实现自身目标的能力产生直接影响。

综上所述，投资决策决定了企业的未来，正确的投资决策能够使企业降低风险、取得收益，糟糕的投资决策能置企业于死地，所以，我们应该深思熟虑地作出正确的投资决策。

（二）投资决策的方法

评价投资方案时，使用的指标分为贴现指标和非贴现指标。贴现指标是指考虑了时间价值因素的指标，主要包括净现值、现值指数、内含报酬率等；非贴现指标是指没有考虑时间价值因素的指标，主要包括回收期、会计收益期等。相应地将投资决策方法分为贴现的方法和非贴现的方法。

第四节　成 本 决 策

一、成本决策的含义

成本决策是指依据掌握的各种决策成本的相关数据，对各种备选方案进行分析比较，从中选出最佳方案的过程。成本决策与成本预测紧密相连，它以成本预测为基础，是成本管理不可缺少的一项重要职能，它对于正确地制定成本计划、促使企业降低成本、提高经济效益都具有十分重要的意义。

成本决策涉及的内容较多，包括可行性研究中的成本决策和日常经营中的成本决策。由于前者以投入大量的资金为前提来研究项目的成本，因此这类成本决策与财务管理的关系更加紧密；后者以现有资源的充分利用为前提，以合理且最低的成本支出为标准，属于日常经营管理中的决策范畴，包括零部件自制或外购的决策、产品最优组合的决策、生产批量的决策等。

二、程序及应注意的问题

（一）成本决策一般可按以下基本程序进行

（1）提出问题。

（2）确定决策目标。

（3）拟定方案。

（4）分析评价。

（5）优化选择。

（6）纳入计划。

（二）成本决策应注意的问题

从成本决策的程序可看出，成本决策不是瞬间的决定，它有一个过程，成本决策是一个提出问题、分析问题和解决问题的系统分析过程，决策中应注意以下几个问题：

(1) 成本决策不能主观臆断。

(2) 成本决策必须目的明确。

(3) 成本决策必须是集体智慧的结晶。

三、与成本决策有关的成本概念

单纯地从成本核算的角度来看，产品成本是非常重要的概念，它属于历史成本，必须在账簿中予以反映，而成本管理更侧重于成本的预测和决策，关注未来成本可能达到的水平。成本决策中常常考虑与决策有关的成本概念，这些成本概念统称为相关成本。相关成本与成本核算中的产品成本概念不同。首先，相关成本所属概念多样化，是与决策有关的一系列成本概念的总称，如机会成本、差量成本、专属成本、重置成本等；其次这些与决策有关的成本概念，一般无须在凭证和账簿中反映，但在决策中必须考虑。

(一) 差量成本

差量成本又称差别成本，它有广义和狭义之分。

广义的差量成本是指两个不同备选方案预计未来成本的差额，如零部件自制较外购所增加的成本，这类成本是决策的重要依据之一。

狭义的差量成本有人将其称为增量成本，是指由于方案本身生产产量的增减变动，利用程度不同而表现在成本方面的差额。在相关范围内，由于固定成本保持不变，狭义差量成本等于相关变动成本，即单位变动成本与相关产量的乘积。如果突破相关范围，则狭义差量成本不仅包括变动成本差额，而且包括固定成本差额。

(二) 机会成本

机会成本又称择一成本，是指在经济决策过程中，因选取某一方案而放弃另一方案所付出的代价或丧失的潜在利益。企业中的某种资源常常有多种用途，即有多种使用的机会，但用在某一方面，就不能同时用在另一方面，因此在决策分析中，必须把已放弃方案可能获得的潜在收益，作为被选取方案的机会成本，这样才能对中选方案的经济效益作出正确的评价。

例如，某公司准备将其所属的商店改为餐厅，预计餐厅未来一年中可获收入 10 万元，成本支出为 4 万元，利润为 6 万元。如果仅分析至此并不全面，实际中还应考虑原商店的预计收益，并以此作为餐厅的机会成本，如果改为餐厅后，预计的利润值高于原商店的预计收益，则应开设餐厅，否则保留原商店。由此可见，机会成本决策中不容忽视，优选方案的预计收益必须大于机会成本，否则所选中的方案就不是最优方案。

实际中如果某项资源只有一种用途，则其机会成本为零。例如，自来水公司或煤气公司的地下管道只有一种用途，故其机会成本为零。

(三) 专属成本

专属成本又称特定成本，是指那些能够明确归属于特定备选方案的固定成本，如零部件自制时所追加的专用工具支出等。这类成本与特定的方案相联系，决策中必须考虑。

(四) 重置成本

重置成本又称现行成本，是指目前从市场上购买同一项原有资产所需支付的成本。这一概念常常用于产品定价决策以及设备以旧换新的决策。例如，某公司某一库存商品的单位成本为25元，重置成本为27元，共1000件，现在有一客商准备以单价26元购买全部该种库存商品，如果只按库存成本考虑，每件可获利1元，共计1000元；但如果该公司销售的目的是重新购进，则在此应该考虑的是重置成本而不是库存成本，按重置成本计算，该公司将亏损1000元。由此可见，企业在进行价格决策时应考虑重置成本而不是历史成本。

（五）无关成本

无关成本是相关成本的对立概念，是指与决策无关的成本。为保证决策的正确性，决策中必须区分相关成本和无关成本，凡无关成本决策中不予考虑可以剔除，包括沉没成本、共同成本等。

1. 沉没成本

沉没成本又称沉入成本或旁置成本，是指那些由于过去的决策所引起、已经发生并支付过款项的成本。这类成本由于已经发生并记入账簿，与现在的决策无关，因此是典型的无关成本，决策中不予考虑。一般大多数固定成本属于沉没成本，但新增的固定成本为相关成本，另外某些变动成本也属于沉没成本。例如，半成品无论是自制还是外购，所涉及的半成品成本（包括固定成本和变动成本）已经发生，因此为沉没成本，决策中不考虑。

2. 共同成本

共同成本是指那些由多个方案共同负担的固定成本。由于这类成本注定要发生，与特定方案的选择无关，因此在决策中不予考虑，如企业计提折旧费及发生的管理人员工资等。

四、成本决策的方法

成本决策的方法有很多，因成本决策的内容及目的不同而采用的方法也不同，主要有总额分析法、差量损益分析法、相关成本分析法、成本无差别点法、线性规划法、边际分析法等。

（一）总额分析法

总额分析法以利润作为最终的评价指标，按照销售收入-变动成本-固定成本的模式计算利润，由此决定方案取舍的一种决策方法。之所以称为总额分析法，是因为决策中涉及的收入和成本是指各方案的总收入和总成本，这里的总成本通常不考虑它们与决策的关系，不需要区分相关成本与无关成本。这种方法一般通过编制总额分析表进行决策。

此法便于理解，但由于将一些与决策无关的成本也加以考虑，计算中容易出错，从而会导致决策的失误，因此决策中不常使用。

（二）差量损益分析法

所谓差量，是指两个不同方案的差异额。差量损益分析法是以差量损益作为最终的评价指标，由差量损益决定方案取舍的一种决策方法。计算的差量损益如果大于零，说明前一方案优于后一方案，接受前一方案；如果差量损益小于零，说明后一方案为优，舍弃前一方案。

差量损益这一概念常常与差量收入、差量成本两个概念密切相关。所谓差量收入，是指两个不同备选方案预期相关收入的差异额；差量成本是指两个不同备选方案的预期相关成本之差；差量损益是指两个不同备选方案的预期相关损益之差。某方案的相关损益等于该方案的相关收入减去该方案的相关成本。

差量成本以及差量损益必须坚持相关性原则，凡与决策无关的收入、成本、损益均应予以剔除。

差量损益的计算有两个途径：一是依据定义计算，二是用差量收入减去差量成本计算，决策中多采用后一方式计算求得。差量损益分析法适用于同时涉及成本和收入两个不同方案的决策分析，常常通过编制差量损益分析表进行分析评价。

决策中需注意的问题是，如果决策中的相关成本只有变动成本，在这种情况下，可以直接比较两个不同方案的贡献边际，贡献边际最大者为最优方案。

（三）相关成本分析法

相关成本分析法是以相关成本作为最终的评价指标，由相关成本决定方案取舍的一种决策方法。相关成本越小，说明企业所费成本越低，因此决策时应选择相关成本最低的方案为优选方案。

相关成本分析法适用于只涉及成本的方案决策，如果不同方案的收入相等，也可以视为此类问题的决策。这种方法可以通过编制相关成本分析表进行分析评价

（四）成本无差别点法

成本无差别点法是以成本无差别点业务量作为最终的评价指标，根据成本无差别点所确定的业务量范围来决定方案取舍的一种决策方法。这种方法适用于只涉及成本且业务量未知的方案决策。

应用此法值得注意的是，如果备选方案超过两个以上方案进行决策时，应首先两两方案确定成本无差别点业务量，然后通过比较进行评价，比较时最好根据已知资料先做图，这样可以直观地进行判断，不容易失误，因为图中至少有一个成本无差别点业务量没有意义，通过作图可以剔除不需要的点，在此基础上再进行综合判断分析。

（五）线性规划法

线性规划法是数学中的线性规划原理在成本决策中的应用，此法是依据所建立的约束条件及目标函数进行分析评价的一种决策方法。其目的在于利用有限的资源，解决具有线性关系的组合规划问题。其基本程序如下：

（1）确定约束条件。即确定反映各项资源限制情况的系列不等式。

（2）确定目标函数。它是反映目标极大或极小的方程。

（3）确定可能极值点。为满足约束条件的两方程的交点，常常通过图示进行。

（4）进行决策。将可能极值点分别代入目标函数，使目标函数最优的极值点为最优方案。

（六）边际分析法

边际分析法是微分极值原理在成本决策中的应用，此法是依据微分求导结果进行分析评价的一种决策方法。主要用于成本最小化或利润最大化等问题的决策。其基本程序如下：

（1）建立数学模型。

（2）对上述函数求导。

（3）计算上述函数的二阶导数。

五、成本决策方法的实际运用

（一）新产品开发的决策分析

新产品开发的决策主要是利用企业现有剩余生产能力或老产品腾出来的生产能力开发新产品，对不同新产品开发方案进行的决策。这时，应采用差量损益分析法。

（二）亏损产品是否停产决策分析

某种产品发生亏损是企业经常遇到的问题。亏损产品按其亏损情况分为两类：一是实亏损产品，即销售收入低于变动成本，这种产品生产越多，亏损越多，必须停止生产，但如果是国计民生急需的产品，应从宏观角度出发，即使亏损仍应继续生产；另一类是虚亏损产品，即销售收入高于变动成本，这种产品对企业还是有贡献的，应分别按照不同情况进行决策。这时，应采用差量损益分析法。

（三）半成品是否进一步加工决策分析

半成品是企业连续生产的中间产品，有的既可以直接出售，也可以对其进一步加工后再出售，如纺织业的棉纱等。当然，完工产品的售价要比半成品售价高些，但继续加工要追加变动成本，有时还需要追加固定成本。对于这类问题的决策，需分析进一步加工后增加的收入是否超过进一步加工过程中追加的成本，如果前者大于后者，则继续加工方案较优；反之，如果前者小于后者，则应选择直接出售半成品的方案。需要注意的是，决策中必须考虑半成品与产成品数量上的投入产出关系，以及企业现有的进一步加工能力。这时，应采用差量损益分析法。

（四）联产品是否进一步加工决策分析

联产品是指利用同一材料，经过同一加工过程生产出来的若干种经济价值较大的多种产品的总称。通常联产品产出结构比较稳定，在分离后，有的联产品可以直接出售，有的可以继续加工再出售。联产品分离前的成本称为联合成本，分离后的继续加工的成本称为可分成本。进行此类问题的决策与半成品是否继续加工的决策类似，联产品分离前的联合成本属于沉没成本，决策中不予考虑，只有继续加工发生的可分成本才是决策相关的成本。这时，应采用差量损益分析法。

（五）合理组织生产的决策分析

企业在生产经营中经常会受到设备能力、原材料来源、动力、能源及市场销售等方面的限制，如何充分利用有限的生产资源，并在各种产品之间进行分配，以获取尽可能多的经济效益，这类问题就是合理组织生产的决策分析问题，可以用线性规划法对此进行分析评价。

（六）零部件自制或外购的决策分析

企业零部件的取得有两个途径：一是自制，另一个是外购。在既可自制又可外购的情况下，从节约成本的角度讲，就存在是自制合算还是外购合算的问题，这类问题的决策不需考虑原有的固定成本，它属于沉默成本，与决策无关，只要比较两个不同方案的相关成本即可。这时，应采用相关成本法。

（七）采用几种工艺的决策分析

企业生产的产品或零件可能采用几种不同的方案进行生产或加工。在选择比较先进的生产方案时，一般设备比较先进，其单位变动成本可能较低，但固定成本会很高；而选择比较落后的生产工艺方案时，虽然固定成本较低，但单位变动成本却较高。不同工艺方案的选择与一定的产销量范围相联系。对于这类问题的决策可采用成本无差别点法进行分析比较。

（八）最佳订货批量的决策分析

实际经营中，企业为了不使生产中断，必须保持一定的存货，这样某种存货就存在全年采购几次、每次采购多少的问题，即订货批量的决策问题。与订货批量相关的成本是订货成本和储存成本。

订货成本是指为取得购货订单而支付的成本，如支付的办公费、差旅费、电报电话费和邮费等。如果每次订货的成本为已知，全年该项存货的年需要量为确定值，则订货成本与订货批量的关系公式如下：

年订货成本 = 某存货全年需要量 ÷ 订货批量 × 每次订货成本

储存成本是指为保持存货而发生的成本，如存货占用资金应计的利息、仓储人员的工资、保险费及存货破损和变质的损失等。如果某种存货的单位年储存成本为已知，则储存成本与订货批量的关系公式如下：

年储存成本 = 平均储存量 × 单位年储存成本 = 订货批量 ÷ 2 × 单位年储存成本

订货成本与订货次数直接相连，而储存成本却与订货批量直接相连，由此决定订货成本与储存成本随订货批量的增减变化而呈相反方向变动，当每次订货的数量逐渐增加，全年的订货次数将减少，这样订货成本也随之减少，而储存成本却随着订货数量的增加而增加；反之，当每次订货的数量逐渐减少时，全年的订货次数将增加，由此导致订货成本随之增加，但储存成本却随着订货数量的减少而减少。由于订货成本与储存成本的变动性质相反，因此就存在全年订货几次、每次订货多少最为合理的最佳订货批量的决策问题。所谓最佳订货批量，是指使存货相关总成本最低时的订货批量。对于此类问题的决策可以采用边际分析法进行决策。

假设企业所购存货足以满足生产之需要，即不存在缺货现象；另外还假设存货能够集中到货，而不是陆续到货。在这种情况下，与订货批量有关的成本可以用公式表示。

（九）最佳生产批量的决策分析

成批生产企业通常存在应分几批组织生产、每批应生产多少件产品最为经济合理的决策问题。这类问题的决策类似于最佳订货批量的决策，可以利用边际分析法进行决策。

最佳生产批量决策时考虑的相关成本有两个，分别是调整准备成本和储存成本，至于生产过程中发生的直接材料、直接人工等成本，与此决策无关，不必考虑。调整准备成本是指每批产品投产前为做好准备工作而发生的成本。如产品生产前发生的调整机器、准备工具模具、清理现场、布置生产线等的成本支出。这类成本每次的发生额基本相等，它与生产数量没有直接联系，而与批次成正比，批次越多，调整准备成本就越高；反之，则越低。储存成本是指产品或零部件在储存过程中所发生的成本，如仓库及其设备的维修费、折旧费、保险费、保管人员工资、利息支出等。这类成本与批次的多少无直接联系，而与生产批量成正比变化，批量越大，储存成本就越高；反之，则越低。显然调整准备成本及储存成本随生产批量的变化而呈相反方向变动，生产批量越大，储存成本越高，但调整准备成本则越低。如果产品或零部件的全年生产量、每次调整准备成本、单位产品或者部件的年储存成本为已知，全年发生的调整准备成本和储存成本与每批生产批量的关系可用公式表示。

由于调整准备成本与储存成本是性质相反的两类成本，因此存在最佳生产批量的决策问题。最佳生产批量是指与生产批量有关的全年调整准备成本和全年储存成本之和最低时的生产批量。

如果企业用同一生产设备轮换分批生产几种产品或零部件，在这种情况下，不能简单地套用上述公式来计算每种产品或零部件的生产批量，因为它们每批的最佳生产批量不尽相同，而批次却应保持一致。可以依据年调整准备成本和年储存成本之和最低原理来确定其共同的最佳生产批次，利用微分极值原理进行推导。

（十）最佳质量成本的决策分析

产品质量是产品的生命，产品质量好，则产品畅销；否则，质量差，则产品滞销。但过高且过剩的质量会使产品成本上升，从而导致企业的利润下降，因此存在产品最佳质量成本的决策问题。

质量成本包括预防成本、检验成本、内部质量损失成本和外部质量损失成本四项内容。所谓预防成本，是指为保证产品质量达到一定水平而发生的各种费用，如新产品评审费、质量审核费、质量情报费和质量奖励费；所谓检验成本，是指为评估和检查产品质量而发生的费用，如进货检验费、产品试验费、产品检查费等；所谓内部质量损失成本，是指生产过程中因质量问题而发生的损失成本，如报废损失、返修损失、事故分析处理费等；所谓外部质量损失成本，是指产品销售后，因产品质量不过关而发生的费用支出，如赔偿费用、退货损失、保修费用和折价损失等。

预防和检验成本随着产品质量的提高会上升，而内部和外部质量损失成本则随着产品质量的提高却明显下降，由于这两类成本性质相反，因此就存在最佳质量成本的决策。所谓最佳质量成本，是指使质量成本四项内容之和最低时的质量成本水平。

本章小结

财务战略的特征：从属性、系统性、指导性和复杂性。

财务战略的内容：筹资战略、投资战略和收益分配战略。

财务战略的实施与控制，要遵循以下原则：优先原则、自控原则、灵活性原则和适时适度原则。

筹资的原则：充分估计金融工具的系列风险，运用成本效益原则进行交易品种的选择，利用公允价值计量属性，正确反映金融工具的相关性、可比性和一致性对会计信息系统的影响。

营运资本贷款分类：抵押营运资本贷款、非抵押营运资本贷款、银行透支/信用贷款、短期贷款、已确认销售订单贷款或应收款项贷款和买卖货品贷款。

投资决策的特点：针对性、现实性、择优性和风险性。

成本决策应注意的问题：不能主观臆断、必须目的明确和必须是集体智慧的结晶。

与成本决策有关的成本概念：差量成本、机会成本、专属成本、重置成本和无关成本。

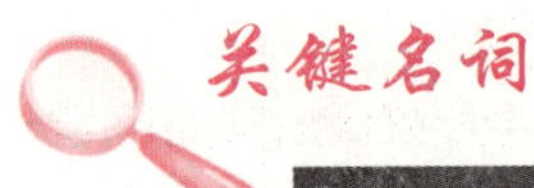

关键名词

财务战略　筹资决策　投资决策　成本决策

即测即评

选择题

判断题

思考题

一、简答题

1. 财务战略的特征是什么？
2. 财务战略的内容包括哪些方面？
3. 财务决策的原则是什么？
4. 如何进行筹资量的可行性分析？
5. 简述筹资决策的一般方法。
6. 企业如何进行成本决策？

二、论述题

试述如何进行项目资金流入流出预测？

案例分析

企业财务战略分析

一、核心能力与财务战略目标的确立

财务战略制定过程中存在的一个主要问题是：财务战略的制定没有根据企业的整体战略或者企业整体战略不是建立在企业真正的竞争优势的基础上，这就导致财务战略目标不合理，不具有稳定性。

由于核心能力是企业长期盈利能力的源泉，是持续竞争优势的根本动因，因此企业的财务战略目标应当建立在核心能力的基础上。潘汉尔德（Prahalad）与哈默（Hamel）首先提出企业核心能力的概念，他们将企业组织描述为“核心竞争力、核心产品和业务单元的组合”，三者的关系如同“一棵树”，核心竞争力处于根部，企业若要使处于树冠的业务单元维持长期盈利能力，就必须要有雄厚的核心能力作为根基。

要识别企业的核心能力，首要的是对企业进行 SWOT 分析，清楚地认识到企业所面临的优势（S）、劣质（W）、机会（O）、威胁（T），然后依据以下三条标准来确定企业的核心能力：

（1）核心能力必须具有延展性，即能够不断创造新产品，可以使企业进入一个潜在的、广阔的新市场。

（2）必须具有独特性，即难于被竞争对手所模仿。

（3）能为顾客实现其价值作出关键性的贡献。

由于核心能力是企业持续竞争优势的根本动因，并且长期保持不变，因此依据它建立的企业和财务战略目标比较合理，并且相对稳定。

二、协调长期财务战略与短期财务计划的关系

财务战略管理中存在两个难问题，即如何协调长期财务战略与短期财务计划（如预算）的关系。一方面财务战略不能过于详细和程序化，与短期财务计划的连接不能过于紧密，以避免财务战略管理成为日常控制的系统，违背了财务战略管理的目的；另一方面，财务战略不能过于空洞，与企业短期财务计划的连接过于模糊，导致财务战略不具有可执行性。笔者认为要解决上述难题，可以考虑从以下两方面着手：

（1）将企业财务战略分为以发展为中心的财务战略和以利润为中心的财务战略。安德列·A·德瓦尔认为企业战略应当分为战略发展计划和战略运营计划。其中，前者是以企业发展为中心，关注的是企业未来发展的机会，其主要的行动包括新市场的开拓、新产品的研制和开发以及新分销渠道的建立，它将对企业未来盈利能力产生长远和深刻的影响；后者是以企业当前利润为中心，关注的是企业现在经营的改善，其主要行动是在现有产品和分销渠道的基础上减少成本、增加销售，它将有助于企业当前业绩的提高。

为了配合企业战略的实施，财务战略的重点亦应一分为二，一个是以发展为中心，主要协助战略发展计划的实现；另一个是以利润为中心，主要协助战略运营计划的实现。依据与日常经营关系的清晰度的不同，制定相应的财务战略，有助于其与短期财务计划的协调。

（2）将企业财务战略规划系统分解为长期财务战略、中期财务规划和短期财务计划三个部分。为避免企业财务战略过于空洞导致的战略不可执行性和过于详细导致的短视行为，可以在长期财务战略和短期财务计划之间设置一个联系两者的桥梁，即中期财务规划。其中，长期财务战略是整个战略规划系统中最为重要的部分，对中期和短期计划具有战略指导作用。它应当是在对企业未来环境和核心能力进行全局性和长期性思考的基础上，对企业未来提出原则性和方向性的目标；中期行动计划则是依据长期财务战略，在对近期环境分析的基础上，提出企业在最近几年中的具体财务规划，它是长期战略在近期的具体实施方案；短期财务计划（如年度预算）是对中期规划的分解，提出企业在短期（例如一年）的具体计划，其目标一般用具体的财务指标描述。从本质上而言，短期行动计划是一种控制和运行系统，与前两者所具有的战略规划性质不同。

三、协调财务战略和其他职能战略关系

由于资金运动贯穿于各个职能部门之中，要达到资金长期、均衡、有效地流转和配置的目标，财务战略就必然需要其他职能部门的战略配合，但传统的以职能划分部门的方式导致

了职能部门各自为政。现实中主要采用以下三种方法来解决这一问题：

（1）设立战略协调委员会，为各种职能战略的开发提供指导。该委员会的成员应是来自被协调的各职能部门的代表，这有助于各职能部门之间的充分沟通，调动各职能部门的积极性和创造性，从而促进战略的有效实施。

（2）由总经理或由他任命的高级管理人员来负责各职能战略之间的相互协调。这一方法由高层管理人员进行协调，其权威性很强，有助于战略的有效执行，但各职能部门的管理人员没有参与战略的协调，有可能严重挫伤其积极性和创造性，并导致战略管理的官僚化和程序化。

（3）为了有效地协调各职能战略，企业应当遵守以下原则：①职能战略只能由该职能部门的管理人员制定，而不能完全由企业单一的战略规划部门统一制定，这既可以保证各职能部门参与战略规划的积极性，又有助于减少各部门的冲突。②由于各职能战略之间的关联度不同，所以只应整合那些必须协调的职能战略。试图将所有的职能战略完全协调到一份整合的计划之中是有局限性的。③除经理人制定企业整体战略外，某一职能部门的计划不应包括其他职能部门的活动，这有助于把职能部门的责任划分清楚，从而保证战略的有效执行。④各种职能战略应当只包括最重要的问题，不应包含过多的细节，这既可以减少各职能战略的冲突，又使得战略协调人员只关注真正重要的问题。

四、战略评价中协调财务与非财务指标的关系

平衡计分卡是把非财务的、先导性的指标和财务的滞后的指标合并在一起，得出公司平衡的绩效，从而检查公司战略执行情况是否误入歧途。平衡计分卡的中心工作是开发一套财务和非财务关键成功因素（CSF）和关键绩效指标（KPI）。一个关键成功因素（CSF）是对公司擅长的、对成功起决定作用的某个战略要素的定性描述；关键绩效指标（KPI）是对关键成功因素的定量分析。平衡计分卡将财务指标和非财务指标结合在一起，从而具有以下优点：

（1）相对于财务指标所提供的历史的滞后的财务信息，非财务指标能够提供未来的先导性的信息，这有利于企业预先采取措施以适应未来环境的变化，从而获得有利的战略地位。

（2）由于非财务指标是财务指标的根源，它不但能提供定量的信息，而且还能提供定性的信息，因而可以使管理人员看到问题的本质。

（3）非财务信息不但包括企业内部信息，而且包括外部信息，因而管理人员可以将内部业绩和外部趋势进行比较分析。

五、结论

财务战略管理的前提是企业高层管理人员应充分认识到财务战略管理的重要性，以核心能力为基础，有助于保证财务战略目标的合理性和稳定性；将企业财务战略重点分为战略发展计划和战略运营计划，以及将财务战略系统分解为长期财务战略、中期财务规划、短期财务计划，有助于解决长期战略和日常经营的矛盾；财务战略与其他职能战略之间的协调应当遵守一些指导性的原则；最后分析了平衡计分卡，将财务指标和非财务指标结合在一起进行综合评价的优点。

案例分析题：

1. 怎样协调长期财务战略与短期财务战略的关系？
2. 如何处理财务战略与其他职能战略的关系？

第七章 Chapter 7 产品质量战略

教学目标

(1) 了解产品的质量标准可以分为哪几个层次。
(2) 明确质量战略定位分为哪几种类型。
(3) 学会如何实施质量战略管理。
(4) 知晓质量管理存在的问题。
(5) 掌握全面质量管理的基本内容。

开篇案例

北京福田汽车发展模式思考
——质量是企业高速发展的保证

北京福田汽车公司的荣誉:

- 全国质量管理先进企业
- 获北京市质量奖
- 八年产销百万辆汽车创中国汽车工业发展史新纪录
- 八年铸就国内商用车最大制造商、跻身中国汽车制造业主力军行列
- 六个汽车事业部均通过国家认可委组织的第一批强制性产品认证（3C 认证）

北京福田汽车自 1996 年成立以来，坚持以市场为导向，以顾客满意为目标，经过八年的不懈努力，使公司发展成为总资产达 53 亿元、净资产达 22 亿元、生产汽车百万辆、员工超过 2 万人的大型现代汽车制造企业。有数据显示，福田汽车产销量一直呈持续性长，2003 年销售汽车达 26 万辆，2004 年超过 34 万辆，在全国汽车行业中销售量排名第五并将进一步提高，以中国汽车制造史高速发展的优良业绩跻身于中国汽车制造商的主力军行列。福田

汽车能在短短八年内取得如此骄人的业绩，在中国汽车制造业史上不得不说是一个奇迹。它的发展轨迹以及迅速占领高端市场的成功所在自然博得了很多同行及同行以外众多企业及媒体的高度关注。那么，福田汽车的发展模式是什么？它在给社会创造财富的同时，又给社会带来了哪些思考呢？在深入调查的基础上，我们将视线逐渐集中到一个主题上，那就是福田汽车看似“个案”的发展速度，却突显出所有优质企业的一个共性。它在短期内脱颖而出，来自于一贯高端的质量战略、一贯严格的质量控制和一贯先进的质量管理。

（一）质量战略——快速发展的核心

熟悉福田汽车的业内人士都知道，八年前以高瞻远瞩的战略目光及令同行望尘莫及的超前运作，使福田汽车迅速成为北京纳税大户时，其高管层非同一般的创业思路和掌控能力已经显露出来。而在连番鱼跃的发展中，福田汽车能否在中国现代汽车制造业打造出自己的品牌一直是众多投资者观望的一个焦点。当然，事实给了投资者一份满意的答卷。在企业发展过程中福田汽车坚持改革创新，积极探索市场经济条件下的现代企业制度建设，在完善法人治理结构中，有效推进企业体制及机制改革，短短八年不仅实现了企业的规模化集约经营，而且使企业走上了高速、稳定、持续、健康发展的成功之路。八年来，福田汽车遍布全国城乡，市场保有量多达百万之众，为加速小康社会建设提供了物流工具，为国民经济的发展作出了突出贡献。

伴随着公司的发展，福田品牌作为企业的无形资产也得到了有效积累和迅速提升，到去年为止福田汽车的品牌价值已达到 81 亿元，在社会各界赢得了较高的知名度和美誉度。近日又荣登北京国有“十大”名企榜。有人说，福田汽车的成功在中国汽车工业史上创造了一个神话。如果把它的发展模式加以剖析就不难看到，这一神话的精髓深藏于企业全方位的质量战略之中，而这一战略的突出体现则是建立质量管理体系。从 1998 年开始，福田汽车严格按照 ISO9001 的标准要求建立质量管理体系，并在发展中不断地对其进行修正和完善。在日复一日的质量体系管理中，ISO/TS16949、QS9000、德国 VDA6 质量管理体系的系列标准，以及日本丰田 TPS 等世界先进的质量管理思想和方法已经逐渐融入福田汽车的质量管理体系中。毫无疑问，这一相当复杂的体系建立过程使福田汽车以最短的时间和最有效的捷径步入了现代企业高速发展的快车道。

据一线技术人员介绍，福田汽车不但分级开展质量管理体系审核，而且还有效开展过程审核及产品审核，使质量管理体系和实物质量控制有效结合。其具体做法是：将公司质量指标分解到各事业部，各事业部再分解到各车间、科室，最后由车间、科室分解到班组或个人。为了更好地量化指标完成情况，在质量指标体系中还建立了考核指标和评价指标。其中十四个内循环指标全部为考核指标，五个外循环指标包括两个考核指标和三个评价指标，在执行过程中对各指标均建立了一套完整的统计和计算方法，有效地保证了产品质量的稳定和提高。

高端的质量战略使福田汽车的每一步都走得极为扎实。目前，福田汽车的六个汽车事业部均通过了国家认可委组织的第一批强制性产品认证（3C 认证）；欧曼、奥铃两个品牌获得了国家发改委、公安部等六部委组织的汽车产品免检审核，欧曼、奥铃、风景和时代四大品牌均获得了北京市名牌产品。在短短八年的发展中，福田汽车把“业务管理学通用、品质管理学丰田”作为管理方针，以“热情、创新、永不止步”作为核心价值观，以“高质量、低成本、全球化”作为工作主题，并融入公司每个工作流程，形成质量战略在公司各

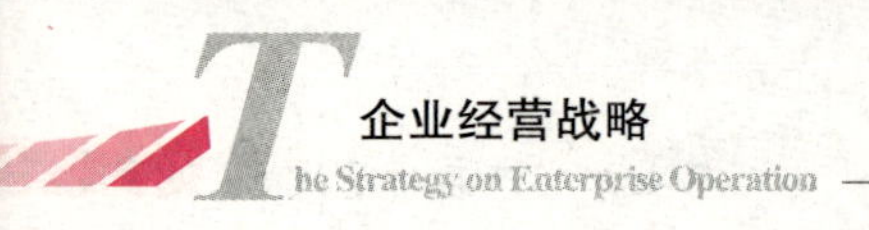

个层面、各个环节的高度统一认识。

（二）质量控制——提升效率的关键

一个企业对质量的重视程度，在很大程度上取决于领导对质量的重视。领导在质量管理中起着决定性的作用，这是福田汽车在实践中得出的一个结论。正因为如此，福田汽车明确规定“一把手”必须对质量负责，福田汽车公司由总经理王金玉对质量负责，各事业部由一把手负责主抓质量工作，这就从组织和资源上保证了质量控制工作的有效落实。

一个企业的产品质量取决于每个过程的质量，每个过程的质量又取决于每个人的工作质量；每个人的工作质量不仅取决于综合素质、能力水平，更取决于每个人的质量意识。这是福田汽车得出的第二个结论。因此，福田汽车高管层把质量意识的教育和培养放在了质量工作的第一位，经常利用内部刊物、板报、宣传栏、张贴标语、举办不合格品图片展等多种形式进行质量意识教育。每年举办质量征文、质量演讲比赛、优秀 QC 小组评比和质量先进个人评选等活动，对优秀的质量文章、QC 小组和先进个人给予积极奖励。通过开展这些活动不仅调动了全员参与质量控制的积极性，更为重要的是使质量意识在全公司上下深入人心。现在，我们把视角集中到以下几个层面，它真实地体现了福田汽车在质量控制上的精细与到位。

1. 控制开发质量

福田汽车的产品开发在程序上有一个前端，这个前端就是市场调研。从前端到开发，再到生产，然后再回到市场形成一个闭合环路。正如开发人员介绍的那样，福田汽车产品开发的立项依据和决策依据均来自于用户和市场，因此公司活跃着一支知识水平和文化素养都具备一定高度的专业市场调研队伍，这支由 50 多人组成的队伍常年在最前沿进行市场调查和消费者调查，准确地把握市场脉搏，这使福田汽车的产品开发得以有的放矢，每开发一个新品都能迅速占领市场，并很快博得用户的青睐。

经了解，福田汽车在设置这一闭合环路时引入了福特公司的新品开发流程。即开发前根据用户需求准确地进行产品质量策划；开发过程中设置设计签发、工程签发和投产签发三大控制节点及概念、任务书、方案、图纸、样车等八个评审节点，并在人员参与上作出明确的硬性规定，如概念评审必须总经理参加；方案评审除技术副总参加外，营销副总必须参加等。这一开发流程有效地控制了新品开发质量，并大大缩短了新品开发周期。

2. 控制采购质量

福田汽车 90% 以上的零部件均属采购件，这是由行业特点决定的。因此，采购质量在很大程度上制约着福田汽车的产品质量。为了从源头上控制好采购产品的质量，福田汽车对国内外著名汽车企业的采购管理进行了深入调研，制定出严密的采购控制程序，通过对供应商的选点、质量保证能力评审、产品验证、试装、PPAP 批准资格审批、有关协议及合同的签订，最终由采购管理部将供应商及其产品纳入合格供方名单。经过严格的层层把关，保证有实力的供应商进入福田汽车的配套体系。

有关人员进一步解释说，对进入体系的供应商，以市场 PPM 值、生产过程的返工、返修及退库情况，对供应商采取限供、停供、取消资格以及质量索赔等措施。福田汽车的采购政策规定，不允许独家供货，每月根据各厂家的 PPM 值和综合评定结果，调整各厂家的供货系数，并对质量稳定的供应商实施免检，直供装配线，同时在价格及供货数量上给予优惠。这些政策和手段极大地调动了供应商的供货积极性和对质量的重视程度。

3. 控制生产过程

有了准确的市场开发和严格的零件采购，福田汽车的生产过程已经占到了高位水准上。为了严把第三道控制程序，福田汽车为各事业部配备了较为齐全的零部件检测设备，对主要零部件的性能、外观及尺寸进行严格检测。在生产过程中，操作工根据作业指导书进行100%自检，检验员按照检验指导书，对各总成及零部件进行首件检验和过程巡检。每个事业部还配置了1至2条整车检测线，对整车性能进行100%检测，在确保所有项目合格后交货入库。

在此基础上，各事业部依据技术文件、企业及国家标准制定了零部件及整车的检验规程，除按照检验规程进行检验外，事业部常年坚持每天抽一台整车，组织有关人员每周抽一台车进行Adito评审，每季度抽一台车进行性能试验。对于生产过程中出现的不合格品，按照程序规定实施标识、记录、隔离、评审。按评审结论进行不合格品的处置，保证不合格品不转序、不入库，各车间每月对出现的不合格品进行汇总、分析。对一些突出的质量问题采取纠正措施，以防止不合格品的再度发生。

（三）质量管理——创造奇迹的法宝

在现代企业发展中，质量管理可以说是创造一个奇迹的法宝。为了更好地实现质量战略、更有效地进行质量控制，质量管理无疑是最细节、最具体的执行环节。近年来，福田汽车与中国汽车技术研究中心标准化研究所合作，开发了标准数据库。这套系统结构在技术标准体系上与福田汽车绝对保持一致，内容包括福田汽车现有产业所涉及的国家、地方、行业及本企业的技术标准，国家相关法律、法规、政策文件以及国外相关标准、法规等。同时，该系统还为福田汽车今后可能涉及的产业预留了技术接口。

为快速、准确地根据市场信息进行各种分析统计，福田汽车专门建立了质量信息网络管理系统。这套系统在功能上可分为数据导入与信息查询两个主要部分，可以便捷地查询质量指标、评价质量水平、分析质量趋势、检测质量考核等。福田汽车的有关负责人感慨地说，质量信息网络化的建立，不仅极大地提高了信息传递的准确性和及时性，还能实现质量信息资源的共享，为最大限度地利用质量信息和实施质量改进提供了准确的依据。为了体现质量管理带来的丰硕成果，我们不妨浏览一下福田汽车在提高现场质量管理方面的几个做法。

1. 推进与贯彻TPS思想

为了夯实质量基础管理，从2001年10月起福田汽车就聘请了日本丰田公司的河手逸郎等4位生产管理和质量管理专家，在公司内部及战略供应商中指导和推行TPS（丰田生产方式）、JIT（准时生产）、TQM（全面质量管理）等成功的汽车生产管理和质量管理经验。通过直接引入并贯彻推进这些先进的管理方式，为福田汽车从基础建设上建立质量管理体系提供了科学平台。2003年福田汽车荣获由北京市政府颁发的“北京市质量管理奖”，2004年再次荣获“国家质量管理先进企业”称号。

TPS的引进和应用起初并不是一帆风顺的。三年时间TPS的推进，福田汽车员工经历了一个从被动接受到虚心学习，再到主动积极，最终全员参与的过程。这一过程的完成使福田汽车在生产理念上迈出了重要的一步。通过TPS的贯彻与推行，不仅理顺了厂内物流，降低了配套件库存，营造了全员参与质量管理的氛围，更重要的是达到了一流的管理水准，使标准作业指导书、QC工序表等较高难度的管理工具在一线得到充分应用，生产现场达到了

"5S"标准的先进要求。

2. 培训与强化员工技能

福田汽车的一线员工都经过理论培训和技能培训，因而具备熟练的操作技能。福田汽车对员工的要求是：一般工序操作工，经过岗位培训达到应知应会和上岗要求；关键工序操作工经专门的技术培训，具备必要的操作知识和技能，经考核取得资格后方可上岗；特殊工序按国家有关规定进行培训，取得相应执业证书后持证上岗。

针对新产品、新工艺和新设备，福田汽车对相关人员随时进行技术、工艺和操作方法的培训，以不断提高操作人员的综合素质。同时，对全体员工进行严格的内部管理和岗位考核。如将每月质量追溯记录和交接班工序评价作为考核每个员工的重要依据，将上年度质量指标作为下年度培训、上岗、调整的主要依据。这些措施在提高员工各种技能和自身素质的同时，还有效地调动了员工积极性，提高了员工的质量意识。

3. 控制与改进工序质量

按照先进管理程序，福田汽车对产品性能、安全、排放等有重大影响的工序，设置了关键工序或质量控制点，并按照相关规定对这些工序从工艺、设备、人员等方面实施严格管理，以确保产品质量和特性不走样。对于一般工序则严格按照作业指导书规定的要求进行操作，并坚持实施车间每天、事业部每周组织进行工艺程序检查。

为保证工序质量时时受控，福田汽车坚持对审核员进行以"质量特性控制"为主线的过程质量审核培训，并以"质量特性控制"为主线进行过程质量审核，这些审核过程无疑起到了有效的监督作用，使全员达成共识。只有各个工序质量得到控制和保证，最终的产品才能得到品质上的可靠保证。坚持实施"质量特性控制"，还使过程流程图、控制计划、FMEA 等控制工具得到了更广泛的应用，使控制过程质量的理念和思路在福田汽车得到了更充分的理解和体现。

本章知识结构图

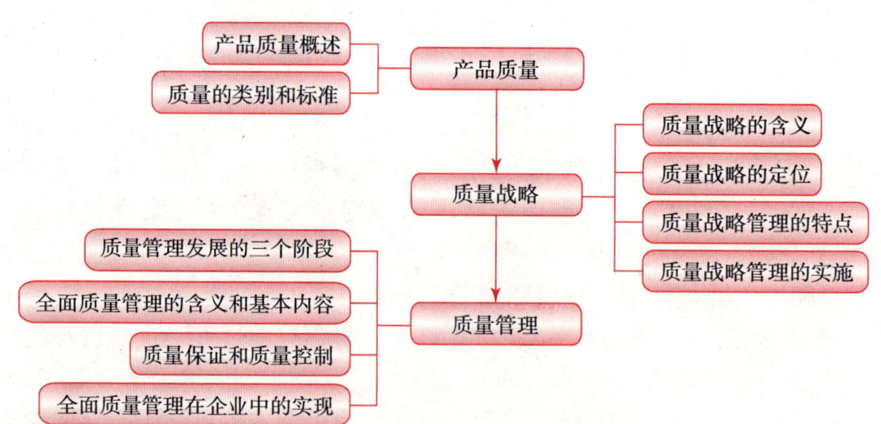

第一节 产品质量

一、产品质量概述

（一）质量的概念

首先定义产品，众所周知，产品是“过程的结果”。产品分四种通用类别：服务、软件、硬件、流程性材料。

再谈产品质量，产品质量的概念可以分为以下三种：

（1）符合性质量概念：以“符合”现行标准的程度作为衡量依据。

（2）适用性的质量概念：以适合顾客需要的程度作为衡量依据。

（3）广义和狭义的质量概念。广义的质量概念：质量是一组固有特性满足要求的程度。广义的产品质量概念指的是硬件、服务（如银行、旅游活动等）、软件（如电子游戏、音像制品等）、流程性材料（如食用油、煤炭等）的质量。狭义的产品质量概念指有形制成品（如家电、手机等）的质量。

（二）质量特性

质量管理的发展与工业生产技术和管理科学的发展密切相关。现代关于质量的概念包括对社会性、经济性和系统性三方面的认识。

1. 质量的社会性

质量的好坏不是从直接的用户来评价，而是从整个社会的角度来评价，尤其关系到生产安全、环境污染、生态平衡等问题时更是如此。

2. 质量的经济性

质量不仅从某些技术指标来考虑，还从制造成本、价格、使用价值和消耗等几方面来综合评价。在确定质量水平或目标时，不能脱离社会的条件和需要，不能单纯地追求技术上的先进性，还应考虑使用上的经济合理性，使质量与价格达到合理平衡。

3. 质量的系统性

质量是一个受到设计、制造、使用等因素影响的复杂系统。例如，汽车是一个复杂的机械系统，同时又是涉及道路、司机、乘客、货物、交通制度等特点的使用系统。产品的质量应该达到多维评价的目标。费根堡姆认为，质量系统是指具有确定质量标准的产品和为交付使用所必需的管理上和技术上的步骤的网络。

质量管理发展到全面质量管理，是质量管理工作的又一个进步。统计质量管理着重于应用统计方法控制生产过程质量，发挥预防性管理作用，从而保证产品质量。然而，产品质量的形成过程不仅与生产过程有关，还与其他许多过程、许多环节和因素相关联，这不是单纯地依靠统计质量管理所能解决的。全面质量管理相对更加适应现代化大生产对质量管理整体性、综合性的客观要求，从过去限于局部性的管理，进一步走向全面性、系统性的管理。

二、质量的类别和标准

（一）质量的类别

产品质量是指产品适应社会生产和生活消费需要而具备的特性，它是产品使用价值的具体体现。它包括产品内在质量和外观质量两个方面。

1. 产品内在质量

产品的内在质量是指产品的内在属性，包括性能、寿命、可靠性、安全性、经济性五个方面。

（1）产品性能是指产品具有适合用户要求的物理、化学或技术性能，如强度、化学成分、纯度、功率、转速等。

（2）产品寿命是指产品在正常情况下的使用期限，如房屋的使用年限，电灯、电视机显像管的使用时数，闪光灯的闪光次数等。

（3）产品可靠性是指产品在规定的时间内和规定的条件下使用，不发生故障的特性，如电视机使用无故障、钟表的走时精确等。

（4）产品安全性是指产品在使用过程中对人身及环境的安全保障程度，如热水器的安全性、啤酒瓶的防爆性、电器产品的导电安全性等。

（5）产品经济性是指产品经济寿命周期内的总费用的多少，如空调器、冰箱等家电产品的耗电量，汽车的每百公里的耗油量等。

2. 产品外观质量

产品的外观质量指产品的外部属性，包括产品的光洁度、造型、色泽、包装等，如自行车的造型、色彩、光洁度等。

产品的内在质量与外观质量特性比较，内在质量是主要的、基本的，只有在保证内在特性的前提下，外观质量才有意义。

（二）质量的标准

产品的质量表现为不同的特性，对这些特性的评价会因为人们掌握的尺度不同而有所差异。为了避免主观因素影响，在生产、检验以及评价产品质量时，需要有一个基本的依据、统一的尺度，这就是产品的质量标准。我国采用的产品质量标准有以下几个方面。

1. 国际标准

国际标准是指某些国际组织，如国际标准化组织（ISO）、国际电工委员会（IEC）等规定的质量标准，也可以是某些有较大影响的公司规定的并被国际组织所承认的质量标准。积极采用国际标准或国外先进标准是我国当前的一项重要技术经济政策，但不能错误地把某些产品进口检验时取得的技术参数作为国际标准或国外先进标准，这些参数只是分析产品质量的参考资料。

2. 国家标准

国家标准是在全国范围内统一使用的产品质量标准，主要针对某些重要产品而制定的。

3. 部颁标准

部颁标准（行业标准），是指在全国的某一行业内统一使用的产品质量标准。

4. 企业标准

企业标准是企业自主制定，并经上级主管部门或标准局审批发布后使用的标准。

一切正式批量生产的产品，凡是没有国家标准、部颁标准的都必须制定企业标准。企业可以制定高于国家标准、部颁标准的产品质量标准，也可以直接采用国际标准、国外先进标准，但企业标准不得与国家标准、部颁标准相抵触。

把产品实际达到的质量水平与规定的质量标准进行比较，凡是符合或超过标准的产品称为合格品，不符合质量标准的称为不合格品。合格品中按其符合质量标准的程度不同，又分为一等品、二等品等。不合格品包括次品和废品。

（三）质量职能与质量职责

1. 质量职能

质量职能是指产品质量产生、形成和实现过程中全部活动的总和。质量职能所包括的各项活动，既有在企业内各部门所进行的，也有在企业外部的供应商、顾客中所进行的。所有这些活动，都对产品质量有贡献或影响作用。

根据质量职能概念，在产品质量产生、形成和实现过程中的各个环节，均分布在企业的各个主要职能部门，质量管理所要解决的基本问题，就是要对分散在企业各部门的质量职能活动进行有效的计划、组织、协调、检查和监督，从而保证和提高产品质量。质量职能几个重要环节是：市场调查研究质量职能，主要是进行市场调查，掌握用户需要；分析市场动态，掌握竞争形势；研究市场环境，进行市场预测。产品设计质量职能就是把顾客的需要转化为材料、产品和过程的技术规范。采购质量职能就是为产品质量提供一种“早期报警”的保证。生产制造质量职能就是通过对生产过程中的操作者、机器设备、材料、方法、测量手段和环境等过程变量的控制，稳定而经济地生产出符合设计规定质量标准的产品。检验的质量职能是对产品质量的保证、报告、监督和预防。使用过程（包括包装、运输、库存、销售、安装、使用以及售后服务等一系列活动）的质量职能主要是积极开展售前和售后服务，收集使用现场的质量信息等。

2. 质量职责

一般说来，质量职能和质量职责既有区别又有联系，质量职能是针对过程控制需要而提出来的质量活动属性与功能，是质量形成客观规律的反应，具有科学性和相对稳定性；而质量职责则是为了实现质量职能对部门、岗位与个人提出的具体质量工作分工，其任务通过责、权、利予以落实，因而具有人为的规定性。可以认为，质量职能是制定质量职责的依据，质量职责是落实质量职能的方式或手段。

（四）质量控制的意义

1. 社会意义

质量控制的社会意义在于，强调质量对社会的深远影响。人们的日常生活、工作日程及一切活动安排，是否顺利和成功完全取决于产品的性能或服务运转是否令人满意。这大大提高了顾客对产品或服务在可靠性、持久性方面的要求。

一方面，强调质量的社会意义在于，质量和安全性的费用额占国民生产总值的比重愈来愈高。这笔费用以质量成本的形式增加了制造商的负担，大约占其总销售额的 10%，质量问题对于购买者和商人也有强烈的影响，购买者维护和使用产品的费用可能等于或大于利润率。另一方面，质量同整个国家生产率水平关联，产品或服务质量不仅是当代决定企业素质、企业发展、企业经济实力和企业竞争优势的主要因素，也是决定一国竞争能力和经济实力的主要因素。

2. 经济意义

朱兰博士提出了“质量和综合生产率”的概念来说明质量的经济意义。他认为：现代工厂企业和办公室中新的工作形式，以及现代市场对质量的要求，日益扩大了生产率概念的范围。传统的生产率概念主要是以工厂为主，着重于用单位资源的投入得到更多产品或服务产品。现代的生产率概念则是以市场为主，着重于用单位资源的投入得到更多、更适销、更好的产品或服务的产出。这二者在经营管理目标、衡量经营管理绩效的单位以及生产率规划的重点等方面都有根本的差别。

3. 提高竞争优势的意义

提高质量的市场意义是指这一事实：决定企业竞争优势最重要的因素是质量。质量是争夺市场战略中最关键的项目。谁能够用灵活快捷的方式提供用户（区域性和全球范围内）满意的产品或服务，谁就能赢得市场的竞争优势。

研究发现，市场占有率是利润的主要来源。但是，持续的市场占有率主要来自“顾客感觉到的产品或服务的相对质量”的领先地位。“相对”的意思是指和竞争者比较，“可感觉”的意思是站在用户立场上而不是站在生产厂商的立场上看问题。相对的质量是影响一个经营单位长期成就的最重要因素，并且当研究采取何种方法来维持价值的领先地位时会发现，对市场占有率来说，相对质量的变化比价格的变化具有大得多的影响。

质量的市场意义最突出的表现是：市场竞争已经决定性地从“价格竞争”转向“质量竞争”。影响用户购买的三个因素是：价格、质量、交货方式（交货期和地点），其排列次序已经变为质量、交货方式、价格。质量已成为决定用户购买的首要因素，“质量竞争”在某种程度上正在取代“价格竞争”。

第二节 质量战略

一、质量战略的含义

质量战略是部门或企业对产品或服务质量所作的具有全局性、长期性、根本性的谋划。它是以质量的战略目标为核心，在对部门或企业自身质量竞争条件，如所处的世界市场竞争环境及今后发展趋势的正确预测的基础上制定的。进入20世纪80年代以后，社会购买力大幅提升，人们对产品和服务的质量较之产品价格的关注度大幅提升，促使企业开始对质量给予特别的重视。面对新形势，世界范围内的所有大中型企业都开始了全面质量管理、全面质量监督、全面质量完善、全面质量改进等提高产品质量的活动。这些都说明了企业对待质量管理的新态度，认为完善质量不仅仅是提高生产工序的质量，而是要提高每个生产要素的质量。在所有经营过程中，在营销、市场调研、财务和专利业务、销售与服务、试验研究、行政管理中均要进行质量管理，质量管理对企业的生存和发展具有战略重要性。

二、质量战略的定位

质量战略定位是质量战略管理的核心。选择什么样的战略，达到什么战略目标，关系着质量战略的成败。质量战略定位的区分，大致划分为以下几种类型。

1. 进攻型战略

根据主要竞争对手的产品质量状况，找出本企业同类产品的质量差距，制定相应的战略措施，迎头赶上并力争超过，以期提高市场份额和竞争优势，如耐克（NIKE）运动鞋战胜阿迪达斯（ADIDAS）运动鞋，我国的长虹彩电、格兰仕微波炉战胜外国品牌。

2. 防御型战略

防御型战略是在企业大体保持原有产品质量水平和风格的前提下，为防止竞争者超越的战略。例如，某些生产名酒的厂家，为防止假冒，改进产品包装，加上“防伪盖”，就是一种防御策略。

3. 领先型战略

一些企业技术力量雄厚，开发研究能力强，生产的产品质量上乘。为保持其领先地位，不断地在产品功能、使用寿命、外观等方面进行改进。例如，美国的苹果、韩国的三星电器产品以及我国的海尔、TCL 产品等。

此外，还有追随型、模仿型战略等。无论选择哪种战略（或选择综合性战略），企业都要根据市场引力、竞争实力及竞争者的具体情况和变化趋势审慎决策。

三、质量战略管理的特点

质量战略管理体现了战略管理的全局观、过程观和长期观的新思维，把质量管理深入到战略管理的每一个层次和环节，通过动态的全面质量管理，使传统质量管理提高到一个新的水平。其与传统质量管理的主要区别表现为以下几点：

（1）外向性、长期性和全局性。战略质量管理重视企业外部环境的影响，注重行业的价值链和竞争对手的价值链分析，把质量置于整个外部市场环境中予以全面考察，具有明显的外向型特点。企业的总体战略具有长期性的特点，质量战略作为企业战略的分战略，在总战略实施的长期间内提供支持，具有长期性的特点。在质量管理方面，战略质量管理不是把眼光仅仅放在生产制造阶段的质量控制，而是把质量置于研发设计、采购、生产制造、销售、服务的整个价值链之中，通过系统综合的质量管理，增强企业价值，提高企业盈利，具有全局性的特点。

（2）以“质量战略定位”分析为核心，把质量管理放在战略管理的高度，依据企业总体战略实施质量管理，改变了传统质量管理以“产品”为对象的管理方式，根据企业总体战略定位不同，采取不同的质量管理策略。如果企业奉行的是低成本战略，那么就要制定相应的低成本质量策略；如果企业目标是想凭借优质产品树立企业形象，那么就需要对产品质量进行规划，把生产和销售优质产品作为工作中的重中之重。

（3）以“质量动因”分析为导向，引导企业从质量发生的根源上寻求减少或消除不增值的质量作业，控制企业资源耗费，使企业质量管理更加有效，充分发挥质量战略管理的功效。

（4）以价值链分析为手段，通过价值链分析、价值链整合，力求各个质量作业中心和环节实现“零缺陷”，最大限度地消除不增值的作业。进行作业质量管理及质量成本控制，实现“零缺陷”的质量管理，促使以价值链分析为重点的战略质量管理模式有效运行，提高质量战略管理水平。

四、质量战略管理的实施

1. 企业的自我评估

评估企业过去质量成本管理的策略，分析竞争对手质量，企业有无质量优势，内部管理效率如何，确定企业质量管理优劣的具体内容。

2. 战略质量成本定位分析

战略质量定位分析是指企业在赖以生存的市场上如何选择竞争武器，以抗衡竞争对手的分析方法。著名企业战略学家迈克尔·波特提供了三种基本竞争战略：成本领先战略、差别化战略和目标集中战略。企业可以根据自己生产经营情况加以采用。

在质量管理中，推行质量成本领先战略，是指企业通过加强内部质量成本控制，在产品研发设计、生产制造、销售、服务等环节，把质量成本降到最低限度，在业界质量成本水平处于领先地位。在质量管理中，推行差别化战略，主要是提供与众不同的产品质量和服务，满足顾客特殊要求，形成差异化竞争优势战略。例如，在设计和品牌形象、技术特点、售后服务质量等方面独树一帜，具有质量特色。推行目标集中战略，是指企业把质量管理的重点放在一个特定的目标市场上，为特定地区或特定购买群体提供特定质量的特殊产品和服务。一般采用这种战略质量管理的企业，基本上是特殊的差别化企业或特殊的成本领先企业。

3. 价值链分析

战略质量管理价值链分析主要包括以下内容：

（1）行业价值链分析。行业价值链分析就是从战略上明确企业在行业价值链中的位置，分析企业自身与上游（供应商）、下游（分销商）和顾客价值链的关系，充分利用上游与下游价值链活动，保证质量提高、成本降低，调整企业在行业价值链中的位置与范围，把握质量优势。例如，日本丰田汽车公司积极参与它的零部件供应商制定实施提高零部件加工质量计划，无偿地为供应商培训员工，协助供应商建立质量保证体系，对供应商产品质量的提高给予奖励，帮助供应商寻求其他出口机会，从而使丰田汽车公司降低了零部件存货成本，提高了产品质量，为丰田公司在世界范围内形成成本领先战略提供了强大的保证，使两者（企业与供应商）价值链紧密相连。

（2）企业内部价值链分析。企业内部价值链分析的目的就是要找出产品质量最基本的价值链，揭示出哪些作业质量是增值作业，哪些是非增值作业，探索提高质量和增值作业的途径，达到降低质量不经济性、提高质量水平和效益的目的。

（3）竞争对手的价值链分析。分析竞争对手价值链的目的就是通过对竞争对手情况的深入调查、分析研究、模拟测算，摸清竞争对手的质量水平及发展方向，以便确定自己的质量目标与发展战略，与竞争对手的价值链相适应。

4. 质量动因分析

质量动因是指引其产品成本发生变动的原因。战略质量动因分析旨在探索减少产生质量问题的动因并加以消除。

5. 制定质量政策

质量政策可以使员工对质量战略的意图、含义有更具体的理解，并渗透到企业各部门的日常工作中去。质量政策是在企业质量方针和措施指导下具体制定的，如有的企业制定生产高档产品政策，有的企业则制定生产中低档产品的政策，并规定了实施细则。又如我国家电业的海尔制定实施的是中高档产品的质量政策，PC 业的华硕走的是中、高档产品质量路线，CL 则走的是中低端产品质量路线，神舟走的则是低端产品路线。在汽车制造业中，产品的质量细分定位则更为明显。这些主要是按照不同的质量战略定位，针对不同的客户群制定相应的质量政策。

6. 调整组织机构

质量战略和质量政策的执行，必须通过各级组织来实施。因此，企业必须根据质量战略和质量政策的要求及时调整组织机构，以与质量战略定位与质量政策相适应，进而从组织上保证战略政策的有效贯彻执行和战略质量目标的实现。

7. 战略的实施

质量战略的实施是质量战略管理的关键，再好的战略，如不能实施也要落空。战略实施，除必须要企业有关领导的正确组织、指挥外，还必须发动群众、带领群众，并采取适当的激励措施。

8. 战略质量管理绩效评价

战略质量管理的绩效评价指标不仅应与企业的质量竞争战略相结合，而且将绩效评价指标由财务指标系统扩展到非财务指标系统，如采取产品差异战略，则既要注重新产品收入占全部收入的比率等财务指标，又要注重新产品上市的时间、产品市场的占有份额、产品创新率、技术进步率等非财务指标。例如，意大利的贝瑞特公司是一家军火制造商，20 世纪 80 年代采用了全面质量管理，但是收效不大，当企业的整体绩效评价转向评价顾客对质量的看法时，发现顾客重视的只是猎枪的防锈能力和随身武器百分之百的可靠性。这些直接的战略评价最终使企业提高了利润率，并取得了向美国军方出售手枪的订单的机会。可见，战略质量的绩效评价关键在于它能够发现企业质量中的问题，针对问题加以改进，从而优化质量水平，提高质量效益。

第三节　质 量 管 理

一、质量管理发展的三个阶段

（一）事后检验质量控制阶段

20 世纪前，产品质量主要依靠操作者本人的技艺水平和经验来保证，属于“操作者的质量管理”。20 世纪初，以 F. W. 泰勒为代表的科学管理理论的产生，促使产品的质量检验从加工制造中分离出来，质量管理的职能由操作者转移给工长，是工长的质量管理。随着企业生产规模的扩大和产品复杂程度的提高，产品有了技术标准，公差制度也日趋完善，各种检验工具和检验技术也随之发展，大多数企业开始设置检验部门，有的直属于厂长领导，这时是检验员的质量管理。上述几种做法都属于事后检验的质量管理方式。

（二）统计质量控制阶段

1924 年，美国数理统计学家 W. A. 休哈特提出控制和预防缺陷的概念。他运用数理统计的原理提出在生产过程中控制产品质量的“6σ”法，绘制出第一张控制图并建立了一套统计卡片。与此同时，美国贝尔研究所提出关于抽样检验的概念及其实施方案，成为运用数理统计理论解决质量问题的先驱，但当时并未被普遍接受。以数理统计理论为基础的统计质量控制的推广应用始自第二次世界大战。由于事后检验无法控制武器弹药的质量，美国国防部决定把数理统计法用于质量管理，并由标准协会制定有关数理统计方法应用于质量管理方面的规划，成立了专门委员会，并于 1941 年至 1942 年先后公布了一批美国战时的质量管理标准。

（三）全面质量管理阶段

20 世纪 50 年代以来，随着生产力的迅速发展和科学技术的日新月异，人们对产品的质量从注重产品的发展转为注重产品的耐用性、可靠性、安全性、维修性和经济性等。在生产技术和企业管理中要求运用系统的观点来研究质量问题。在管理理论上也有新的发展，突出重视人的因素，强调依靠企业全体人员的努力来保证质量。此外，还有保护消费者利益运动的兴起，企业之间市场竞争越来越激烈。在这种情况下 ，美国 A. V. 费根鲍姆于 20 世纪 60 年代初提出全面质量管理的概念。他提出，全面质量管理是为了能够在最经济的水平上并考虑到充分满足顾客要求的条件下进行生产和提供服务，把企业各部门在研制质量、维持质量和提高质量方面的活动构成一体的一种有效体系。中国自 1978 年开始推行全面质量管理，并取得了一定的成效。

二、全面质量管理的含义和基本内容

（一）全面质量管理的含义

全面质量管理是指在社会的推动下，企业中所有部门、所有组织、所有人员都以产品质量控制为核心，把专业技术、管理技术、数理统计技术集合在一起，建立起一套科学、严密、高效的质量保证体系，控制生产过程中影响质量的因素，以优质的工作、最经济的方法提供满足用户需要的产品的全部活动。

（二）全面质量管理的基本内容

1. 坚持按标准组织生产

标准化工作是质量管理的重要前提，是实现管理规范化的需要，“不讲规矩不成方圆”。企业的标准分为技术标准和管理标准。工作标准实际上是从管理标准中分离出来的，是管理标准的一部分。技术标准主要分为原材料辅助材料标准、工艺工装标准、半成品标准、产成品标准、包装标准、检验标准等。它是沿着产品形成这根线环环控制投入各工序物料的质量，层层把关设卡，使生产过程处于受控状态。在技术标准体系中，各个标准都是以产品标准为核心而展开的，都是为达到产成品标准服务的。

管理标准是规范人的行为、规范人与人的关系、规范人与物的关系，是为提高工作质量、保证产品质量服务的，它包括产品工艺规程、操作规程和经济责任制等。企业标准化的程度，反映了企业管理水平的高低。企业要保证产品质量，首先要建立健全各种技术标准和管理标准，力求配套；其次要严格执行标准，把生产过程中物料的质量、人的工作质量给予规范，严格考核，奖罚兑现；最后要不断修订改善标准，贯彻实现新标准，保证标准的先进性。

2. 强化质量检验机制

质量检验在生产过程中发挥以下职能：一是保证的职能，也就是把关的职能。通过对原材料、半成品的检验，鉴别、分选、剔除不合格品，并决定该产品或该批产品是否接收。保证不合格的原材料不投产、不合格的半成品不转入下道工序、不合格的产品不出厂；二是预防的职能。通过质量检验获得的信息和数据，为控制提供依据，发现质量问题，找出原因及时排除，预防或减少不合格产品的产生；三是报告的职能。质量检验部门将质量信息、质量问题及时向厂长或上级有关部门报告，为提高质量、加强管理提供必要的质量信息。

要提高质量检验工作，一是需要建立健全质量检验机构，配备能满足生产需要的质量检验人员和设备、设施。二是要建立健全质量检验制度，从原材料进厂到产成品出厂都要实行层层把关，做原始记录，生产工人和检验人员责任分明，实行质量追踪。同时要把生产工人和检验人员职能紧密结合起来，检验人员不但要负责质检，还有指导生产工人的职能；生产工人不能只管生产，自己生产出来的产品自己要先进行检验，要实行自检、互检、专检三者相结合。三是要树立质量检验机构的权威。质量检验机构必须在厂长的直接领导下，任何部门和人员都不能干预，经过质量检验部门确认的不合格的原材料不准进厂，不合格的半成品不能流到下一道工序，不合格的产品不许出厂。

3. 实行质量否决权

产品质量靠工作质量来保证，工作质量的好坏主要是人的问题。因此，如何挖掘人的积极因素，健全质量管理机制和约束机制，是质量工作中的一个重要环节。

质量责任制或以质量为核心的经济责任制是提高人的工作质量的重要手段。质量管理在企业各项管理中占有重要地位，这是因为企业的重要任务就是生产产品，为社会提供使用价值，同时自己获得经济效益。质量责任制的核心就是企业管理人员、技术人员、生产人员在质量问题上实行责、权、利相结合。作为生产过程质量管理，首先要具有对各个岗位及人员进行质量分析的职能，即明确在质量问题上各自负什么责任，工作的标准是什么。其次，要把岗位人员的产品质量与经济利益紧密挂钩，兑现奖罚，对玩忽职守造成质量损失的除不计工资外，还处以赔偿或其他处分。

此外，为突出质量管理工作的重要性，还要实行质量否决。就是把质量指标作为考核干部职工的一项硬指标，不管其他工作做得如何好，只要在质量上出了问题，在评选先进、晋升、晋级等荣誉项目时实行一票否决。

4. 抓住影响产品质量的关键因素，设置质量管理点或质量控制点

质量管理点又称控制点，其含义是生产制造现场在一定时期、一定的条件下对需要重点控制的质量特性、关键部位、薄弱环节以及主要因素等采取的特殊管理措施和办法，实行强化管理，使工厂处于很好的控制状态，保证规定的质量要求。加强这方面的管理，需要专业管理人员对企业整体作出系统分析，找出重点部位和薄弱环节并加以控制。

质量管理发展到全面质量管理，是质量管理工作的又一个进步，统计质量管理着重于应用统计方法控制生产过程质量，发挥预防性管理作用，从而保证产品质量。然而，产品质量

的形成过程不仅与生产过程有关，还与其他许多过程、许多环节和因素相关联，这不是单纯依靠统计质量管理所能解决的。全面质量管理相对更加适应现代化大生产对质量管理整体性、综合性的客观要求，从过去仅限于局部性的管理进一步走向全面性、系统性的管理。

（三）全面质量管理的意义

（1）提高产品质量。

（2）改善产品设计。

（3）促进生产流程再造。

（4）鼓舞员工的士气和增强质量意识。

（5）改进产品售后服务。

（6）提高市场的接受程度。

（7）降低经营质量成本。

（8）减少经营亏损。

（9）降低现场维修成本。

（10）减少责任事故。

（四）全面质量管理的内涵

其内涵是以质量管理为中心，以全员参与为基础，目的在于通过让顾客满意和本组织所有者、员工、供方、合作伙伴或社会等相关方受益，而使组织达到长期成功的一种管理途径。

三、质量保证和质量控制

（一）质量保证和质量控制的内容

1. 质量保证

质量保证活动涉及企业内部各个部门和各个环节。从产品设计开始到销售服务后的质量信息反馈为止，企业内形成了一个以保证产品质量为目标的职责和方法的管理体系，称为质量保证体系，它是现代质量管理的发展。建立这种体系的目的在于确保用户对质量的要求和消费者的利益，保证产品本身性能的可靠性、耐用性、可维修性和外观式样等。质量保证更多的应该模拟最终顾客使用的环境、寿命以及产品的相关标准要求，进行严格的试验来满足顾客。

2. 质量控制

为保证产品的生产过程和出厂质量，达到质量标准而采取的一系列作业技术检查和有关活动，是质量保证的基础。美国 J. M. 朱兰认为，质量控制是将测量的实际质量结果与标准进行对比，并对其差异采取措施的调节管理过程。这个调节管理过程由以下一系列步骤组成：选择控制对象，选择计量单位，确定评定标准，创造一种能用度量单位来测量质量特性的仪器仪表，进行实际的测量，分析并说明实际与标准差异的原因，根据这种差异作出改进的决定并加以落实。质量控制更应该对活动过程加以控制。

（二）质量保证和控制工具

1. 控制图

控制图是用图形显示某项重要产品或过程参数的测量数据。依照统计抽样步骤，在不同时间测量。控制图显示随时间变化测量结果，该图按正态分布，即经典的钟形曲线设计。用控制图很容易看出实际测量值是否落在这种分布的统计界线之内。上限叫“控制上限”，下限叫“控制下限”。如果图上的测量值高于控制上限或低于控制下限，说明过程失控，这样就得仔细调查研究，以查明问题所在，找出并非随机方式变动的因素。

2. 帕累托图

帕累托图又叫排列图，是一种简单的图表工具，用于统计和显示一定时间内各种类型缺陷或问题的数目。其结果在图上用不同长度的条形表示。所根据的原理是 19 世纪意大利经济学家维尔弗雷德·帕雷托（Vilfred Pareto）的研究，即各种可能原因中的 20% 造成 80% 左右的问题，其余 80% 的原因只造成 20% 的问题和缺陷。为了使改进措施最有效，必须首先抓住造成大部分质量问题的少数关键原因，帕雷托图有助于确定造成大多数问题的小数关键原因，该图也可以用于查明生产过程中最可能产生某些缺陷的部位。

3. 鱼骨图

鱼骨图也称因果分析图或石川图。它看上去有些像鱼骨，问题或缺陷即后果标在“鱼头”外。在鱼骨上长出鱼刺，上面按出现机会多寡列出产生生产问题的可能原因。鱼骨图有助于说明各个原因之间如何相互影响，它也能表现出各个可能的原因是如何随时间而依次出现的，这有助于着手解决问题。

4. 走向图

走向图也叫趋势图。它用来显示一定时间间隔，如一天、一周或一个月内所得到的测量结果。以测得的数量为纵轴，以时间为横轴绘成图形。走向图就像不断改变的记分牌。它的主要用处是确定各种类型问题是否存在重要的时间模式，这样就可以调查其中的原因。例如，按小时或按天画出次品出现的分布图，就可能发现只要使用某个供货商提供的材料就一定会出问题。这表示该供货商的材料可能是原因所在，或者发现某台机器开动时一定会出现某种问题，这就说明问题可能出在这台机器上。

5. 直方图

直方图也称线条图。在直方图上，第一控制类别（对应于一系列相互独立的测量值中的一个值）中的产品数量用条线长度表示。第一类别均加有标记，条线按水平或垂直依次排列。直方图可以表明哪些类别代表测量中的大多数，同时也表明第一类别的相对大小。直方图给出的是测量结果的实际分布图，图形可以表现分布是否正常，即形状是否近似为钟形。

6. 分布图

分布图提供了表示一个变量与另一个变量如何相互关联的标准方法。例如，要想知道金属线的拉伸强度与线的直径的关系，一般是将线拉伸到断裂，记下使线断裂时所用的力的准确数值。以直径为横轴，以力为纵轴将结果绘成图形，这样就可以看到拉伸强度和线径之间的关系。这类信息对产品设计有用。

7. 流程图

流程图也称作输入/输出图。该图直观地描述了一个工作过程的具体步骤。流程图对准确了解事情是如何进行以及决定应如何改进过程极有帮助。这一方法可以用于整个企业，以便直观地跟踪和图解企业的运作方式。流程图使用一些标准符号代表某些类型的动作，如决策用菱形框表示，具体活动用方框表示。但比这些符号规定更重要的，是必须清楚地描述工作过程的顺序。流程图也可用于设计改进工作过程，具体做法是先画出事情应该怎么做，再将其与实际情况进行比较。

四、全面质量管理在企业中的实现

质量对于现代社会经济发展有着重要作用。当今世界科学技术发展日新月异，市场竞争日益激烈。归根到底，竞争的核心是科学技术和质量。毋庸置疑，科学技术是第一生产力，而质量则是社会物质财富的重要内容，是社会进步和生产力发展的一个标志，所以质量不仅是经济问题、技术问题，同时它还关系到一个国家在国际社会的声誉。目前，我国企业的成本管理、资金管理和质量管理是薄弱环节。企业应如何提高自身素质在市场经济的大潮中生存、发展呢？这离不开有效质量体系的建设。

（一）有效质量体系的建立

1. 质量体系

建立质量体系是全面质量管理的核心任务。企业为实现其所规定的质量目标，就需要分解其产品质量形成过程，设置必要的组织机构，明确责任制度，配备必要的设备和人员，并采取适当的控制办法，使影响产品质量的技术、管理和人员的各项因素都得到控制，以减少、清除特别是预防质量缺陷的产生，所有这些的总和就是质量体系。

2. 质量体系的建设

一个好的质量体系的建设，企业首先必须保证质量体系建立过程的完善，其步骤通常包括：首先，分析质量环、研究具体组织结构、形成文件、全员培训、质量体系审核、质量体系复审等几个步骤；其次，企业要抓住质量体系的特征，保证质量体系设立的合理性，使全面质量管理有效地发挥作用；最后，要保证质量体系在实际生产中得到有效的实施。

（二）全面质量管理的过程

全面质量管理过程的全面性，决定了全面质量管理的内容应当包括设计过程、制造过程、辅助过程、使用过程等四个过程的质量管理。

1. 设计过程质量管理的内容

产品设计过程的质量管理是全面质量管理的首要环节。这里所指的设计过程，包括市场调查、产品设计、工艺准备、试制和鉴定等过程（即产品正式投产前的全部技术准备过程）。主要工作内容包括：通过市场调查研究，根据用户要求、科技情报与企业的经营目标，制定产品质量目标；组织有销售、使用、科研、设计、工艺、制造和质管等多部门参加的审查和验证，确定适合的设计方案；保证技术文件的质量；做好标准化的审查工作；督促遵守设计试制的工作程序等。

2. 制造过程质量管理的内容

制造过程是指对产品直接进行加工的过程。它是产品质量形成的基础，是企业质量管理的基本环节。它的基本任务是保证产品的制造质量，建立一个能够稳定生产合格品和优质品的生产线。主要工作内容包括：组织质量检验工作；组织和促进文明生产；组织质量分析，掌握质量动态；组织工序的质量控制，建立管理点等。

3. 辅助过程质量管理的内容

辅助过程是指为保证制造过程正常进行而提供各种物资技术条件的过程。它包括物资采购供应、动力生产、设备维修、工具制造、仓库保管、运输服务等。其主要内容有：做好物资采购供应（包括外协准备）的质量管理，保证采购质量，严格入库物资的检查验收，按质、按量、按期地提供生产所需要的各种物资（包括原材料、辅助材料、燃料等）；组织好设备维修工作，保持设备良好的技术状态；做好工具制造和供应的质量管理工作等。另一方面，企业物资采购的质量管理也将日益重要。

4. 使用过程质量管理的内容

首先要告知客户如何使用产品，同时，使用过程又是考验产品实际质量的过程，它是企业内部质量管理的继续，也是全面质量管理的出发点和落脚点。

我们坚信，全面质量管理（TQM）必将成为21世纪质量管理创新的焦点。

本章小结

产品质量特性：质量的社会性、质量经济性和质量系统性。

质量的类别：产品内在质量和产品外观质量。

质量标准：国际标准、国家标准、部颁标准和企业标准。

质量控制的意义：社会意义、经济意义和提高竞争优势的意义。

质量战略定位：进攻型战略、防御型战略、领先型战略。此外，还有追随型、模仿型战略等。

质量战略管理的特点：外向性、长期性、全局性；以“质量战略定位”分析为核心，把质量管理放在战略管理的高度；以“质量动因”分析为导向、以价值链分析为手段，通过价值链分析、价值链整合，力求各个质量作业中心和环节实现“零缺陷”。

质量战略管理的实施：企业的自我评估、战略质量成本定位分析、价值链分析。

质量管理发展的三个阶段：事后检验质量控制阶段、统计质量控制阶段和全面质量管理阶段。

全面质量管理的含义和基本内容：坚持按标准组织生产、强化质量检验机制、实行质量否决权、抓住影响产品质量的关键因素、设置质量管理点或质量控制点。

质量保证和控制工具：控制图、帕累托图、鱼骨图、走向图、直方图、分布图和流程图。

关键名词

质量　质量战略　质量管理　全面质量管理

即测即评

选择题

判断题

思考题

一、简答题

1. 什么是产品的内在质量和外观质量？
2. 产品的质量标准可以分为哪几个层次？
3. 质量战略定位分为哪几种类型？
4. 如何实施质量战略管理？
5. 质量管理存在的问题是什么？
6. 全面质量管理的基本内容是什么？
7. 质量保证和质量控制的基本内容是什么？
8. 全面质量管理过程的全面性体现在哪里？

二、论述题

试述全面质量管理的基本内容。

案例分析

上汽通用汽车有限公司的质量管理

2015 年 10 月 23 日，第十五届全国质量奖获奖名单揭晓，上汽通用汽车公司凭借业内领先的卓越绩效管理和企业综合质量与竞争能力，一举荣获第十五届全国质量奖，并在六家获奖企业中，以优异的成绩名列首位。上汽通用的质量优势，首先体现在通用汽车的全球体系中。目前，通用汽车 GM 全球 169 家工厂中有 22 家获得“BIQ Level 4 ”的精益制造最高级别认证，上汽通用的工厂就占据四席，还有两家上汽通用新工厂，已经通过现场评审，正在终评的公示阶段。

本届全国质量奖评委，从卓越绩效模式的各个维度全面考核了上汽通用汽车的质量管理体系，并高度评价了其所具有的六大优势，包括良好的战略管理机制和流程、具有特色的企业文化体系，涵盖优化组织结构和创新人才开发培养机制与技术核心能力储备和提升，以及全公司制造系统的精益生产与出色的信息化建设等。这些优势正是上汽通用汽车卓越经营的集中体现。

上汽通用有限公司是如何进行全面质量管理呢，它在质量管理上又有哪些秘诀？

（一）优秀的企业文化体系

1. 以客户为中心

以市场为导向，产品在使用过程中难免发生故障，产品发生故障后，消费者、产品生产者的利益都会受到损失。降低产品故障率的重要措施之一就是加强售后服务。为消除安全隐患，上汽通用积极召回范围内汽车，主动联系客户，并安排免费检修事宜，公布本次召回详细信息，并且通过质量热线接收反馈意见，这些行为体现了上汽通用完善的售后服务及其优秀的经营战略头脑——既增加了商品信誉、提升了用户信任度，又通过热线反馈，直接了解客户要求，从而设计出更好的产品。它体现了上汽通用高标准要求的售后服务与区域营销，反映出上汽通用“以客户为中心，以市场为导向”的经营理念。

2. 企业质量文化建设

经过多年发展，上汽通用已形成了其独有的、优秀的企业文化，如“三不”原则和“三全”质量文化。

“三不”原则指的是“不接受、不制造、不传递缺陷”的质量价值观，“三全”指的是“全员、全时、全程追求卓越质量”的核心质量文化，再加上“人人都是质量第一责任人”的质量管理理念等思想，构成了上汽通用的优秀企业质量文化。并通过宣讲、培训、建言、激励等方式强化质量理念，让质量文化建设形成了长效机制。

这些企业文化思想加强了员工对质量的认识，激励了员工提升个人素质，对企业产品质量和效益起到了明显的推动作用，为上汽通用竞争力的发展起到重要的支撑作用。

（二）先进的生产设备

上汽通用有四家工厂达到“BIQ Level 4”的精益制造标准，这与其先进的生产设备是分不开的。现代化厂房中先进的工艺装备、高自动化率的柔性生产线都是有效保证高质量制造的重要因素。

以通过 BIQ Level 4 认证的四家工厂之一的上汽通用沈阳北盛工厂为例，其中先进的带有 800 吨压机每分钟可冲压 18 次的全自动开卷落料生产线，以及拥有相当于“营级编制”的 518 台机器人的车身生产线、非接触式 3D 激光头检测，还有生产通用汽车全球新一代 Ecotec 小排量发动机的首个量产车间，都是名副其实的国内最先进、国际一流水平的制造设施和生产工艺。

先进的制造设备及生产工艺在提高生产效率与产品质量的同时，降低了对员工体力的消耗与产品质量成本，是企业进行生产和制造质量管理中的重要部分。

此外，生产设备达到先进、一流水平程度后，也为测量任务提供了便利，更容易达到所要求的测量准确度，以避免测量的异常波动导致质量问题。

（三）全过程控制

产品正式投产后，是否能达到设计质量标准，在很大程度上取决于制造部门的技术能力，以及生产制造过程中的质量管理水平。上汽通用具有良好的战略管理机制和流程，它将质量文化建设向供应链延伸，从源头上加强了质量控制，进一步完善了全业务链质量保障体系，是不断提升产品质量的表现。

对于上汽通用而言，车辆生产制造环节是质量保证的重点。上汽通用以通用汽车全球制造系统（GMS）为基础，采用全球领先的精益生产制造系统。在生产过程中，生产部门通过自检、100%全检、过程抽检等多种手段实施全过程控制。

全过程控制加强了原材料的进厂检验和厂内自制零部件的工序和成品检验，从而在材料上保证了产品的质量。

此外，选择合适的供应商，与供应商建立战略合作伙伴关系，同时做好供应商的质量改进，也是上汽通用减少因材料不合格而导致的产品质量异常问题的战略性管理机制的内容之一。

1. 柔性化生产与柔性化质量管理

上汽通用的信息化建设是上汽通用柔性化生产的一个必须条件，因为在柔性化生产中，需要清晰地定义不同系统间的信息流程，让各系统有效地协同运作，没有出色的信息系统建设，柔性化生产就无法发挥它应有的作用。上汽通用的柔性化生产，是指在同一条生产线上同时共线生产多种不同平台、不同车型的车辆，从而实现快速、灵活地响应客户订单需求及贯彻精益生产。柔性化生产能够增加企业生产效率，具有时间和成本方面的优势。在日益激烈的企业竞争中，能让企业获得更强的竞争力。

与柔性化生产相适应的是柔性化质量管理，柔性化质量管理将管理与技术充分结合，满足了消费者对产品质量的要求，并推动企业持续发展。

2. 制造质量

上汽通用的精益制造是其质量管理体系的一大优势。上汽通用贯彻和实施精益制造的工具和体系是全球制造系统 GMS，而制造质量 BIQ 则是用来衡量 GMS 实施水准和制造质量水平的一种精益制造标准。BIQ 是指在制造工序中求质量，将质量引入工序中的方法，通过这些方法可以检测到缺陷的存在，从而实施对策以防止同样的缺陷再次出现。

制造质量管理的系统化，构成了“制造质量管理系统”，是质量管理中非常关键且实用的一种系统。

（四）本质安全化

生产环境对于产品质量具有一定程度的影响，因为汽车生产工艺较为复杂，对环境有着更为严格的要求，如组装汽车精密仪器时，需要质量高、中等湿度的空气。除了达到温度、湿度等一般汽车生产环境要求以及规范员工行为外，上汽通用还不断改善作业现场环境、完善设备本质安全化，以降低事故发生概率与严重度。本质安全是指操作失误时，设备能自动保证安全；当设备出现故障时，能自动发现并自动消除，能确保人身和设备的安全。本质安全化就是使设备达到本质安全而进行的研究、设计、改造和采取各种措施的一种最佳组合。

本质安全化是对生产环境的一种改进，既保证员工人身安全，也确保了设备的安全和企业产品质量的稳定。

上文分别就现场管理六要素的角度，逐步对上汽通用汽车有限公司中的质量管理改进进行了分析。通过这些分析，我们不难看出，上汽通用实际上是在进行企业的全面质量管理，即一种以质量为中心，以全员参与为基础，目的在于通过顾客满意和本组织所有成员及社会受益而达到长期成功的管理途径。接下来，本文将全面总结上汽通用全面质量管理的主要特点。

（五）上气通用质量管理的特点

1. 全员性

上汽通用营造了一种优秀的企业文化体系，通过其中包含的“三不”原则、“三全”等质量文化教育，提高了全体员工对生产质量的关心程度和职业素养，人人关心质量，人人做好本职工作，这样生产出来的产品才能够让顾客满意、放心。

2. 预防性

产品质量是制造出来的而不是检验出来的，之前分析所提到的上汽通用的全过程控制和制造质量管理，都体现出其“预防为主、不断改进”的思想。

3. 服务性

该公司的服务性表现在它能够迅速识别客户需求，并满足客户的需要。其“以客户为中心”的经营理念与柔性化生产等过程，都很好地表现出它为用户服务、对用户负责的态度。

4. 全面性

从质量职能的角度来看，要保证和提高产品质量，就必须将分散到企业各部门的质量职能充分发挥出来。上汽通用为了制造出高质量、令顾客满意的商品，一直在加强各部门组织的协调，不断地完善自己的质量管理体系，以构成一个有效的整体。

5. 科学性

上汽通用运用出色的信息化建设来进行质量管理。例如，其柔性化质量管理，能充分地满足质量和消费者的要求。只有将先进的科学现代化技术与先进的科学管理方法相结合，才能进行真正高效、科学的管理。优秀的质量文化建设、有效的质量管理体系、专业的员工队伍建设与科学的技术和管理方法，令上汽通用汽车有限公司的质量工作能够高效开展，大大地提高了该公司的质量管理水平，这些关键因素引领着上汽通用走向获得 2015 年全国质量奖的荣耀之路。

案例分析题：

1. 上汽通用是如何进行全面质量管理的？
2. 上汽通用的质量管理特点是什么？

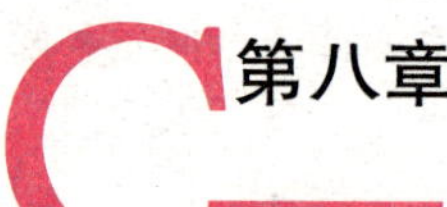

第八章 信息战略

Chapter 8

教学目标

（1）明确信息技术特征和信息系统类型。

（2）了解信息系统和管理信息系统的功能。

（3）掌握管理信息系统划分的几种标准。

（4）了解管理信息系统开发经历的几个阶段。

（5）学会进行信息战略的制定。

开篇案例

中小企业信息化管理

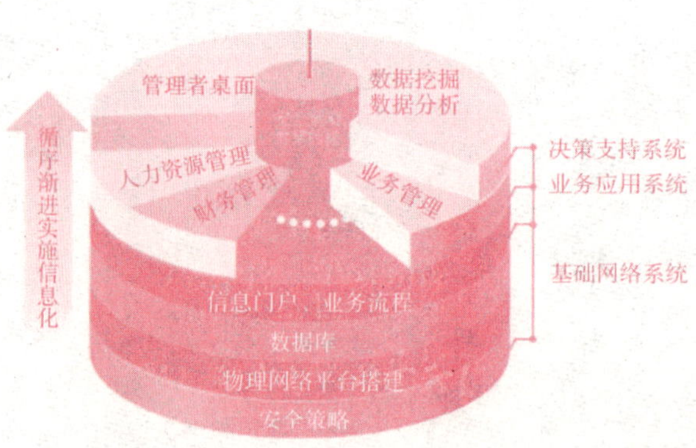

企业信息化管理主要指将企业的生产过程、物料移动、事务处理、现金流动、客户交互等业务过程数字化，通过各种信息系统网络加工生成新的信息资源，提供给各层次的人们洞悉、观察各类动态业务中的一切信息，以便作出有利于生产要素组合优化的决策，使企业资源得到合理配置，使企业能适应瞬息万变的市场经济竞争环境，求得最大的经济效益。信息化管理的主要内容是企业资源计划，其主要作用有两个方面：一是对外有效利用和整合资源；二是对内实行科学管理，提高工作效率。

企业信息化管理（Enterprise Informatization Management，EIM），是指对企业信息实施过程进行的管理。企业信息化管理主要包含信息技术支持下的企业变革过程管理、企业运作管理以及对信息技术、信息资源、信息设备等信息化实施过程的管理。企业信息化管理三方面的实现是不可分割的，它们互相支持、彼此补充，既相互融合又相互制约。企业信息管理属于企业战略管理范畴，其对企业发展具有重要意义。

1. 来源

信息来源不仅仅局限于企业内部，还包括企业外部，即与企业生产、销售、竞争相关的外部信息源。信息源采集范围和质量受多种因素的影响：企业的信息战略指向，企业内部负责生产、决策等的工作者对信息的需求，信息获得的难易程度，信息质量水平等。

2. 范畴

ERP、OA、CRM、BI、PLM、电子商务等都已经成为企业在管理信息化过程中不可或缺的应用系统。其中，ERP 正在向高度整合的全程管理信息化迈进。如何更大程度地参与国际化市场竞争、怎样摆脱繁复的组织架构、打造最优价值网络等，成为困扰国内企业已久的问题。航信软件“懂税的 ERP”产品系列秉承“商务共享，敏捷创新”的应用理念，为企业管理组织和指标体系多变性提供了支持，将独有的管理理念与业务模型进行固化沉淀，通过灵活多变的组织结构技术，为企业构建安全、扩展的一体化信息管理平台。面对复杂得多组织、多法人集团，Aisino ERP 为企业提供了开放的共享机制，整合优化与产业链合作伙伴间的优势资源，形成上下游企业无障碍业务联动，利用互联网和信息安全技术为产业链合作伙伴在面对市场机会和项目合作时，提供全程共享的商务管理，这样有利于实现产业链整体业务的模式创新。系统由几十个子模块高度集成，不仅包含了 ERP 传统应用内容，还涉及企业集团财务、内部资源、供应链、客户资源、知识库、商业智能、物联网与 SAAS 服务应用等，满足在移动商务环境下集团型企业的创新需求及全球化应用需要，紧密连接企业间以及与客户、供应商、合作伙伴的商务协同，实现了集团企业管理价值最大化。

3. 精髓

企业信息化管理的精髓是信息集成，其核心要素是数据平台的建设和数据的深度挖掘，通过信息管理系统把企业的设计、采购、生产、制造、财务、营销、经营、管理等各个环节集成起来，共享信息和资源，同时利用现代化的技术手段来寻找自己的潜在客户，有效地支撑企业的决策系统，以达到降低库存、提高生产效能和质量、快速应变的目的，增强企业的市场竞争力。

4. 决策系统

决策系统包括决策层、战略层和战术层。相应地，企业信息化管理系统包括战略管理、实施管理、运行和维护管理三个层面。战略管理是企业信息化管理的龙头，企业信息化建设必须服从于企业的总体规划和战略。战略管理层面主要包括信息技术如何与企业的中长期规划和发展战略相适应、相融合；信息技术如何有效地保障企业的可持续发展；如何利用信息技术规划企业业务流程和提升企业的竞争力。企业信息化的实施管理层面主要包括商业软件实施、软件开发、硬件部署等方面的内容，通过有效地管理保障软件开发项目、系统集成项目得以顺利实施。运行和维护管理层面的重点是保障已经实施的项目发挥其应有的作用，保障各种系统能够正常、稳定、高效和安全地运行。

5. 发展趋势

信息技术飞速发展改变着我国传统的经济结构和社会秩序，企业所处的不再是以往物质经济环境，而是以网络为媒介、以客户为中心，将企业组织结构、技术研发、生产制造、市场营销、售后服务等紧密相连在一起的信息经济环境。信息带动管理的转变对企业成长有着全方位影响，它将彻底改变企业原有的经营思想、经营方法、经营模式，通过业务模式创新、产品技术创新，或对各种资源加大投入，借助信息化提供强有力的方法和手段进行实现，其成功的关键在于，使企业的不同成长阶段与信息化工具有机结合。传统软件厂商提供的信息化产品，以及附带的相关服务，仅局限在厂商本身产品范围内，从而形成只为销售某种产品交易而交付活动，忽略了客户对这种有机结合衍生的多样需求，以及随着业务的发展而不断出现的新需求，形成了目前国内 ERP 软件行业普遍存在与客户间的阶段合作、产品更新、反复维护和频繁支持等问题的发生。

企业成长轨迹会随着组织规模不断扩大、业务模式不断转变、市场环境不断变化，导致对信息管理的要求从局部向整体、从总部向基层、从简单向复杂进行演变，企业信息化从初始建设到不断优化、升级、扩展和升迁来完成整个信息化的建设工作，体现了企业信息管理由窄到宽、由浅至深、由简变繁的特性需求变化。ERP 软件系统对推动企业管理变革、提高绩效管理、增强企业核心竞争力等方面发挥越来越重要的作用，面对互联网时代信息技术革新和中国企业成长的需要，通过 B/S 模式完成对 C/S 模式的应用扩展，实现了不同人员在不同地点，基于 IE 浏览器不同接入方式进行共同数据的访问与操作，极大地降低了异地用户系统维护与升级的成本，打造“及时便利 + 准确安全 + 低廉成本”的效果，这正是航天信息软件技术有限公司为企业提供信息管理解决方案的重心所在。其优点主要包括以下几个方面：

（1）及时便利。网络信息化把客户经营管理提升到更高层级，无论针对终端客户、分支机构还是异地化协同办公，都可利用互联网的快捷化在航信软件“懂税的 ERP”系统进行直接对话，并及时解决客户经营难题，增加企业自身核心竞争能力，而网上系统会随时随地给予客户支持，从教会 Aisino ERP 用户使用开始的牵手终生式服务，让客户亲身体验服务的便利性，最终增进企业和软件厂商间达成长期合作的共识。

（2）准确安全。网络数据传导需要精细、准确，并涉及企业内部资料隐蔽和安全，软件厂商提供的信息系统安全拥有高级别防护措施，具备高精度身份验证及用户识别功能，不同的客户进入航信软件“懂税的 ERP”系统都可获取不同功能权限；数据权限所对应的职责信息，或者根据使用者身份等级不同，得到人机对话差异性授权。这些都是对互联网应用系统的深层期望，也更受广大客户的青睐。

（3）低廉成本。众多企业的高成本日常应用与本地化服务一直是困扰大家的问题，企业因在 ERP 系统中的各种操作不当，或者对升级换代的 ERP 产品不熟悉，经常需要技术支持人员上门解决，为此每年都要支付一定的服务费用。航信软件“懂税的 ERP”通过网上系统进行远程控制与操作访问成本非常低廉，企业异地人员、软件厂商客服人员都可进行网络实时操作并解决发生的问题，凸显了航信软件网络 ERP 产品的性价比优势。

6. 变革管理

企业信息化实施必涉及企业管理模式、组织架构、业务流程、组织行为的改变等，这是一个复杂的组织与管理变革过程。在信息管理变革中，通过变革目标导向确保变革有一个具有方向性的、可以监测的、有领导的管理环境，为整个变革历程制定计划，形成有实效的项目小组以及有效管理项目进程。采用新的领导方式对信息技术支持下企业变革过程的管理的核心价值进行宣传，提高管理层领导工作的有效性。采用有效措施激励员工，提高业务人员在新工作环境下的工作绩效。通过全员参与，使员工了解和领会变革的意义，鼓励员工提出创新性的想法以推动变革的进程。通过变革导向、领导方式、激励支持、全员参与四方面的变革管理使员工逐步深入参与到信息管理变革中，以尽快实现提高企业员工的工作绩效。

7. 运作管理

企业信息管理的第二个方面是指信息技术支持下的企业运作管理，即用信息技术支持企业实现现代化管理，提高企业运作效率和效益，最终提高市场的竞争力。在采用信息技术支持企业运作时，可采用不同管理视角建立相应的信息系统，并以信息系统为基础支持业务的高效运作，如：①对企业中的人、财、物、技术等基本生产要素采用信息系统进行管理，提高企业生产率、降低生产成本；②对产品的销售、订单获取、计划制定、采购、研发、生产、维护等产品全生命周期所有环节，采用信息系统进行管理以提高产品质量与客户满意度；③采用信息系统对企业战略、决策过程、组织岗位、制度、技能、绩效考核、数据与知识实施管理等企业目标和组织的管理，提高企业管理水平与组织绩效。

实施信息技术支持下的企业运作管理的目的是着力构建企业战略信息系统。企业战略信息系统是指运用信息技术来支持企业竞争战略和企业计划，使企业获得竞争优势。因此，企业的信息系统能否成为战略信息系统主要看它是否能满足以下某一个或者几个方面：①能否在商业环境中用作获取竞争优势的工具；②能否与一个组织整合起来以提高企业的业务业绩；③能否用来发展新的产品或者服务；④能否用来改进业务组织与客户和供应商的关系。典型的企业战略信息系统有企业资源计划系统、供应链管理系统、产品数据管理系统、制造执行系统、电子商务系统、现代集成制造系统等。

现代集成制造系统是先进管理模式与自动化技术、信息技术、先进制造技术在企业的综合集成应用，是企业信息化管理的高级阶段。

8. 实施

成功实施管理信息化项目，是企业博弈未来市场的关键。如何保障实施的成功率已经成为国内各个企业的核心课题。因而，航天信息软件认为，保障企业 ERP 实施成功，应用落地的核心在于，依照企业所处的发展阶段进行相应的管理转型升级。企业成长涉及自身能力、规模、业务范围三个方面，成长逻辑就是价值创新，即多元化的协同性、企业能力、市场结构、行业前景、业务关联性等组合因素决定企业成长路线的选择：“微型—小型—中型—大型”。按照这些维度，航信软件推出了“懂税的 ERP”产品系列，Aisino ERP. A3 是面向小微企业；Aisino ERP. A6 面向中小企业，Aisino ERP. A8 面向大型集团企业。在整合“企业税务会计处理系统”的基础上，为企业提供的全程管理电子商务平台，除了承载传统的企业财务及成本、人事、采购库存、生产计划、销售分销、服务管理以外，涉及整个企业供应链的客户关系、营销管理、跨企业物流网络管理等许多环节也被纳入 ERP 范畴，构建了以客户为中心的完整电子商务供应链管理系统。

9. 相应管理

企业信息化管理第三个方面是指对企业采用的信息技术建立的信息系统、获取到的信息资源，以及对企业信息化实施运作的过程进行计划、组织、控制、协调和指挥，以使企业在信息技术和信息资源上的投资能够收益最大化。信息技术管理包括有信息技术的规划；信息技术的选择；硬件平台、软件平台、网络；应用信息系统设计、开发、测试、实施过程的管理；信息系统的升级、维护、淘汰、运行性能、系统配置、IT 服务管理等。信息资源管理主要包括信息资源规划和信息资源的应用等。信息资源规划主要包括信息基础标准制定、单一信息源定义、信息视图整理、主题数据库设计、数据中心方案设计及信息模型设计等内容。信息资源应用主要包括基于数据中心的信息集中管理、应用软件开发、信息集成以及数据仓库建设、数据挖掘、决策支持和基于信息资源的知识管理、产业化等。企业信息化实施运作过程管理主要包含对信息化过程的计划、组织、控制、协调和指挥。

（1）计划。计划主要指对企业信息化过程的管理，首先要通过对企业信息化规划，制定企业信息化蓝图的基础上找出信息化存在的差距，确定企业信息化过程中所需要解决的问题，进而确定主要实施内容、资金投入计划、实施步骤、阶段目标和考核指标等内容。

（2）组织。组织主要指为企业信息化实施确定组织架构和职能，包括确定首席信息总管的职权，确定信息化组织岗位，建立信息化项目团队，制定信息化管理制度，以及对信息化人员技能与绩效进行考核。

（3）控制。控制主要指对企业信息化的过程进行有效地控制，包括信息系统实施项目的选择、信息化项目实施过程的管理、制定企业信息化评价体系、评价方法，对信息技术的风险进行分析管理等。

（4）协调。协调主要指调节企业信息化过程中产生的各种矛盾，包括首席执行官与首席信息总管之间关系的协调；业务部门与 IT 部门关系的协调，提高业务战略和信息化战略的一致性的协调；在不同 IT 项目之间进行资源分配的协调；对不同信息化岗位职责间矛盾进行的协调等。

（5）指挥。指挥主要指通过下达命令、指示等形式，对组织内部个人施加影响，将信息化规划的目标或者领导者的决策变成全员的统一活动。

本章知识结构图

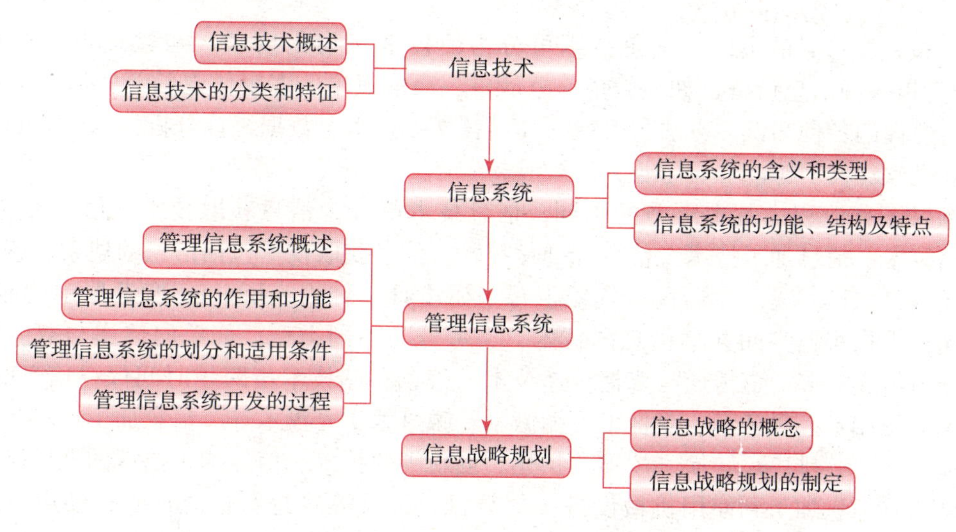

第一节　信息技术

一、信息技术概述

（一）信息技术的含义

信息技术的含义有不同的表述：

（1）信息技术是指在计算机和通信技术支持下用以获取、加工、存储、变换、显示和传输文字、数值、图像以及声音信息，包括提供设备和提供信息服务两大方面的方法与设备的总称。

（2）信息技术是人类在生产斗争和科学实验中认识自然和改造自然过程中所积累的获取信息、传递信息、存储信息、处理信息以及使信息标准化的经验、知识、技能和体现这些经验、知识、技能的劳动资料有目的的结合。

（3）信息技术是管理、开发和利用信息资源的有关方法、手段与操作程序的总称。

（二）信息技术的范围

信息技术的研究包括科学、技术、工程以及管理等学科以及这些学科在信息的管理、传递和处理中的应用，包括相关的软件和设备及其相互作用。

信息技术的应用包括计算机硬件和软件、网络和通信技术、应用软件开发工具等。计算机和互联网普及以来，人们日益普遍的使用计算机生产、处理、交换和传播各种形式的信息，如书籍、商业文件、报刊、唱片、电影、电视节目、语音、图形、图像等。

（三）信息技术的应用

信息技术的应用包括计算机硬件和软件、网络和通信技术、应用软件开发工具等。计算机和互联网普及以来，人们通过计算机来生产、处理、交换和传播各种形式的信息，如书籍、商业文件、报刊、唱片、电影、电视节目、语音、图形、图像等。

二、信息技术的分类和特征

（一）信息技术的分类

（1）按表现形态的不同，信息技术可分为硬技术（物化技术）与软技术（非物化技术）。前者指各种信息设备，如显微镜、电话机、通信卫星、多媒体电脑等；后者指有关信息获取与处理的各种知识、方法与技能，如语言文字技术、数据统计分析技术、规划决策技术、计算机软件技术等。

（2）按工作流程中基本环节的不同，信息技术可分为信息获取技术、信息传递技术、信息存储技术、信息加工技术及信息标准化技术。信息获取技术包括信息的搜索、感知、接收、过滤等，如显微镜、望远镜、气象卫星、温度计、钟表、Internet 搜索器中的技术等。信息传递技术指跨越空间共享信息的技术，又可分为不同类型。如单向传递与双向传递技术，单通道传递、多通道传递与广播传递技术。信息存储技术指跨越时间保存信息的技术，如印刷术、照相术、录音术、录像术、缩微术、磁盘术、光盘术等。信息加工技术是对信息进行描述、分类、排序、转换、浓缩、扩充、创新等的技术。信息加工技术的发展已有两次突破：从人脑信息加工到使用机械设备（如算盘，标尺等）进行信息加工；使用电子计算机与网络进行信息加工。信息标准化技术是指使信息的获取、传递、存储，加工等各环节有机衔接，与提高信息交换共享能力的技术，如信息管理标准、字符编码标准、语言文字的规范化等。

（3）日常用法中，有人按使用的信息设备不同，把信息技术分为电话技术、电报技术、广播技术、电视技术、复印技术、缩微技术、卫星技术、计算机技术、网络技术等。也有人采用信息的传播模式划分，将信息技术分为传者信息处理技术、信息通道技术、受者信息处理技术、信息抗干扰技术等。

（4）按技术的功能层次不同，可将信息技术体系分为基础层次的信息技术（如新材料技术、新能源技术等）、支撑层次的信息技术（如机械技术、电子技术、激光技术、生物技术、空间技术等）、主体层次的信息技术（如感测技术、通信技术、计算机技术、控制技术）、应用层次的信息技术（如文化教育、商业贸易、工农业生产、社会管理中用以提高效率和效益的各种自动化、智能化、信息化应用软件与设备）。

（二）信息技术的主要特征

计算机与网络技术的特征有数字化、网络化、多媒体化、智能化、虚拟化，当作信息技术的特征，应从以下两方面来理解：

（1）信息技术具有的一般特征——技术性。具体表现为：方法的科学性，工具设备的先进性，技能的熟练性，经验的丰富性，作用过程的快捷性，功能的高效性等。

（2）信息技术具有区别于其他技术的特征——信息性。具体表现为：信息技术的服务主体是信息，核心功能是提高信息处理与利用的效率和效益。由信息的秉性决定信息技术还具有普遍性、客观性、相对性、动态性、共享性、可变换性等特性。

（三）信息技术的发展趋势

互联网信息技术推广应用的显著成效，促使世界各国致力于信息化，而信息化的巨大需求又驱使信息技术高速发展。当前信息技术发展的总趋势是以互联网技术的发展和应用为中心，从典型的技术驱动发展模式向技术驱动与应用驱动相结合的模式转变。

（1）微电子技术和软件技术是信息技术的核心。集成电路的集成度和运算能力、性能价格比继续按每18个月翻一番的速度呈几何级数增长，支持信息技术达到前所未有的水平。目前每个芯片上都包含上亿个元件，构成了“单片上的系统”（SOC），模糊了整机与元器件的界限，极大地提高了信息设备的功能，并促使整机向轻、小、薄和低功耗方向发展。软件技术已经从以计算机为中心向以网络为中心转变。软件与集成电路设计的相互渗透使得芯片变成“固化的软件”，进一步巩固了软件的核心地位。软件技术的快速发展使得越来越多的功能通过软件来实现，“硬件软化”成为趋势，出现了“软件无线电”软交换等技术领域。嵌入式软件的发展使软件走出了传统的计算机领域，促使多种工业产品和民用产品的智能化。软件技术已成为推进信息化的核心技术。

（2）三网融合和宽带化是网络技术发展的大方向。电话网、有线电视网和计算机网的三网融合是指它们都在数字化的基础上、在网络技术上走向一致，在业务内容上相互覆盖。电话网和电视网在技术上都要向互联网技术看齐，其基本特征是采用IP协议和分组交换技术；在业务上要从现在的话音为主或单向传输发展成交互式的多媒体数据业务为主。三网融合不能简单地被理解为把三个网合成一个网，但它的确打破了原有的行业界限，将引起产业的重组与政策的调整。随着互联网数据流量的迅猛增加，特别是多媒体信息的增加，人们对网络带宽的要求日益提高。增大带宽是相当长时期内网络技术发展的主题。在广域网和城域网的基础上，以密集波分复用技术（DWDM）为代表的全光网络技术引人注目，带动了光信息技术的发展。宽带接入网技术在多种方案之间展开了激烈的竞争，鹿死谁手尚难见分晓。无线宽带接入技术和建立在第三代移动通信技术之上的移动互联网技术，正向信息个人化的目标前进。

（3）互联网的应用开发也是一个持续的热点。一方面电视机、手机、个人数字助理（PDA）等家用电器和个人信息设备都向网络终端设备的方向发展，形成了网络终端设备的多样性和个性化，打破了计算机上网一统天下的局面；另一方面，电子商务、电子政务、远程教育、电子媒体、网上娱乐技术日趋成熟，不断降低对使用者的专业知识要求和经济投入要求；互联网数据中心（IDC），网门服务等技术的提出和服务体系的形成，构成了对使用互联网日益完善的社会化服务体系，使信息技术日益广泛地进入社会生产、生活各个领域，从而促进了网络经济的形成。

第二节 信息系统

一、信息系统的含义和类型

（一）信息系统的含义

信息系统是由计算机硬件、网络和通信设备、计算机软件、信息资源、信息用户和规章制度组成的，以处理信息流为目的的人机一体化系统。是一个由人、计算机及其他外围设备等组成的能进行信息的收集、传递、存贮、加工、维护和使用的系统。

它是一门新兴的科学，其主要任务是最大限度地利用现代计算机及网络通信技术加强企业的信息管理，通过对企业拥有的人力、物力、财力、设备、技术等资源的调查了解，建立正确的数据，加工处理并编制成各种信息资料及时地提供给管理人员，以便进行正确的决策，不断提高企业的管理水平和经济效益。企业的计算机网络已成为企业进行技术改造及提高企业管理水平的重要手段。

随着我国与世界信息高速公路的接轨，企业通过计算机网络获得信息必将为企业带来巨大的经济效益和社会效益，企业的办公及管理都将朝着高效、快速、无纸化的方向发展。MIS 系统通常用于系统决策。例如，可以利用管理信息系统（MIS）系统找出迫切需要解决的问题并将信息及时反馈给上层管理人员，使他们了解当前工作发展的进展和不足，换句话说，MIS 系统的最终目的是使管理人员能够及时了解公司现状，把握将来的发展路径。

信息系统不仅是一个技术系统，而且是一个社会系统，其原因有如下几个方面：

（1）信息系统的发展是伴随着计算机技术的发展而展开的，计算机技术是 MIS 得以存在的基础，计算机技术的发展直接推动了 MIS 从低级、低效发展到了高级、高效。其次，信息系统作为一个基于计算机的系统，其数据分析，软件开发等都需要技术的支持。同时，由于信息系统的开发和使用都需要专业的人员，因此它也是一个技术系统。

（2）信息系统是社会系统的抽象表达，社会系统的各个实体之间通过信息发生相互作用，而把这些实体抽象成为信息系统里的节点，将不可见的信息具体化，进行分类、检索和储存，通过提高信息的质量，可以提高实体之间交流和相互作用的效率。任何一个实际有效的信息系统都是一个社会系统的影像，信息系统的运作可以提高社会系统的运作效率，实际上，它也是社会系统的一部分，是社会系统高度发达的产物。

（二）信息系统的类型

从信息系统的发展和系统特点来看，可分为数据处理系统（Data Processing System，DPS）、管理信息系统（Management Information System，MIS）、决策支持系统（Decision Sustainment System，DSS）、专家系统（人工智能（AI）的一个子集）和虚拟办公室（Office Automation，OA）五种类型。

二、信息系统的功能、结构及特点

（一）信息系统的功能

信息系统的五个基本功能：输入、存储、处理、输出和控制。

（1）输入功能：信息系统的输入功能决定于系统所要达到的目的及系统的能力和信息环境的许可。

（2）存储功能：存储功能指的是系统存储各种信息资料和数据的能力。

（3）处理功能：基于数据仓库技术的联机分析处理（OLAP）和数据挖掘（DM）技术。

（4）输出功能：信息系统的各种功能都是为了保证最终实现最佳的输出功能。

（5）控制功能：对构成系统的各种信息处理设备进行控制和管理，对整个信息加工、处理、传输、输出等环节通过各种程序进行控制。

（二）信息系统的结构

就用途来说，信息系统其基本结构一般可分为四个层次：

（1）硬件、操作系统和网络层，是研发信息系统的支撑环境。

（2）数据管理层，是信息系统的基础，包括数据的采集、传输、存取和管理，一般以数据库管理系统（DBMS）作为其核心软件。

（3）应用层，是和应用直接有关的一层，它包括各种应用程式，如分析、统计、报表、规划、决策等。

（4）用户接口层，是信息系统提供给用户的界面。信息系统是向单位或部门提供全方位信息服务的人机交互系统。它的用户包括各级人员，其影响也遍及整个单位或部门。由于信息系统的用户多数是非计算机专业人员，因此用户接口的友善性十分重要。

目前，用户接口在信息系统中所占比重越来越高。信息系统的研发和运行，不仅要解决技术问题，还要考虑许多非技术因素，如领导的重视程度、用户的合作和参与度等，这些因素对其成败往往有决定性影响。由于应用环境和需求的变化，对信息系统常常要做适应性维护，所以，在研发和维护过程中，应尽可能多的采用不同的软件研发工具。

（三）信息系统的特点

信息系统是由计算机硬件、网络和通信设备、计算机软件、信息资源、信息用户和规章制度组成的，以处理信息流为目的的人机一体化系统，它是为了支持决策和组织控制而收集或获取、处理、存储、分配信息的一组相互关联的组件。一个信息系统是一个用于解决环境提出的挑战的基于信息技术的组织管理方案。信息系统是以提供信息服务为主要目的的数据密集型、人机交互的计算机应用系统。它有四个特点：

（1）涉及的数据量大。数据一般须存放在辅助存储器中，内存中只暂存当前要处理的一小部分数据。

（2）绝大部分数据是持久的，即不随程式运行的结束而消失，长期保留在计算机系统中。

（3）这些持久数据为多个应用程式所共享，甚至在一个单位或更大范围内共享。

（4）除具有数据采集、传输、存储和管理等基本功能外，还可向用户提供信息检索、统计报表、事务处理、规划、设计、指挥、控制、决策、报警、提示、咨询等信息服务。

信息系统是一种面广、量大的计算机应用系统。管理信息系统、地理信息系统、指挥信息系统、决策支持系统、办公信息系统、科学信息系统、情报检索系统、医学信息系统、银行信息系统、民航订票系统等都属于这个范畴。

第三节　管理信息系统

一、管理信息系统概述

（一）管理信息系统的含义

管理信息系统（Management Information Systems，MIS）是一个不断发展的新兴学科，MIS 的定义随着计算机技术和通信技术的进步也在不断更新，现阶段普遍认为管理信息系统是由人和计算机设备或其他信息处理手段组成，并用于管理信息的系统。管理信息系统进行信息的收集、传输、加工、储存、更新和维护，以企业战略竞优、提高效益和效率为目的，支持企业的高层决策、中层控制、基层运作的集成化的人机系统。管理信息系统由决策支持系统（DSS）、工业控制系统（CCS）、办公自动化系统（OA）以及数据库、模型库、方法库、知识库和与上级机关及外界交换信息的接口组成。

（二）管理信息系统的产生背景

20 世纪，随着全球经济的蓬勃发展，众多经济学家纷纷提出了新的管理理论。20 世纪 50 年代，西蒙提出管理依赖于信息和决策的思想。同时期的维纳发表了控制论，他认为管理是一个过程。1958 年，盖尔写道："管理将以较低的成本得到及时准确的信息，做到较好的控制。"也就是在这个时期，计算机开始用于会计工作，出现"数据处理"一词。

1970 年，Walter T. Kennevan 给出现代管理信息系统一词的定义："以口头或书面的形式，在合适的时间向经理、职员以及外界人员提供过去的、现在的、预测未来的有关企业内部及其环境的信息，以帮助他们进行决策。"这个定义强调了用信息支持决策，但并没有强调应用模型，也没有提到计算机的应用。

1985 年，管理信息系统的创始人，明尼苏达大学的管理学教授 Gordon B. Davis 给管理信息系统赋予了一个较完整的定义，即"管理信息系统是一个利用计算机软硬件资源，手工作业，分析、计划、控制和决策模型以及数据库人—机系统。它能提供信息支持企业或组织的运行管理和决策功能。"这个定义全面地说明了管理信息系统的目标、功能和组成，而且反映了管理信息系统在当时达到的水平。

二、管理信息系统的作用和功能

（一）管理信息系统的作用

1. 管理信息是重要的资源

对企业来说，人、物资、能源、资金、信息是五大重要资源。人、物资、能源、资金这些都是可见的有形资源，而信息是一种无形的资源。以前人们比较看重有形的资源，但是，进入信息社会和知识经济时代以后，信息资源就显得日益重要，因为信息资源决定了如何更有效地利用物资资源。信息资源是人类与自然的斗争中得出的知识结晶，掌握了信息资源，就可以更好地利用有形资源，使有形资源能发挥更好的效益。

2. 管理信息是决策的基础

决策是通过对客观情况，包括对企业外部情况、企业内部情况的了解才能作出正确的判断和决策，所以，决策和信息有着非常密切的联系。过去一些仅凭经验或者拍脑袋的那种决策经常会造成决策的失误，因此，人们越来越把信息看作是决策的基础。

3. 管理信息是实施管理控制的依据

在管理控制中，人们既利用信息来控制整个生产过程、服务过程的运作，也靠信息的反馈来不断地修正原有的计划，依靠信息来实施管理控制。有很多事情不能很好地控制，其根源是没有很好地掌握全面的信息。

4. 管理信息是联系组织内外的纽带

企业跟外界的联系和企业内部各职能部门之间的联系也是通过信息互相沟通的。所以，要沟通各部门的联系，使整个企业能够协调地工作，就要依靠信息。它是组织内外沟通的纽带，没有信息就不可能很好地沟通企业内外的联系，也不可能使企业内部步调一致地协同工作。

（二）管理信息系统的功能

1. 数据处理功能

数据处理功能包括对数据进行收集、存储、传输或变换等过程。例如，在数据变换这一范围内就有一系列操作都属于数据处理，像数据的识别、复制、比较、分类、压缩、变形及计算活动等。

2. 计划功能

根据现存条件和约束条件，提供各职能部门的计划，如生产计划、财务计划、采购计划等，并按照不同的管理层次提供相应的计划报告。

3. 控制功能

根据各职能部门提供的数据，对计划执行情况进行监督、检查、比较执行与计划的差异、分析差异及产生差异的原因，辅助管理人员及时加以控制。

4. 预测功能

运用现代数学方法、统计方法或模拟方法，根据现有数据预测未来。

5. 辅助决策功能

采用相应的数学模型，从大量数据中推导出有关问题的最优解和满意解，辅助管理人员进行决策，合理利用资源，获取较大的经济效益。

三、管理信息系统的划分和适用条件

（一）管理信息系统的划分

1. 基于组织职能进行划分

MIS 按组织职能可以划分为办公系统、决策系统、生产系统和信息系统。

2. 基于信息处理层次进行划分

MIS 基于信息处理层次进行划分为面向数量的执行系统、面向价值的核算系统、报告监控系统，分析信息系统、规划决策系统，自底向上形成信息金字塔。

3. 基于历史发展进行划分

第一代 MIS 是由手工操作，使用工具是文件柜、笔记本等。第二代 MIS 增加了机械辅助办公设备，如打字机、收款机、自动记账机等。第三代 MIS 使用计算机、电传、电话、打印机等电子设备。

4. 基于规模进行划分

随着电信技术和计算机技术的飞速发展，现代 MIS 的划分已逐渐由局域范围走向广域范围。

5. MIS 的综合结构

MIS 可以划分为横向综合结构和纵向综合结构，横向综合结构指同一管理层次各种职能部门的综合，如劳资、人事部门等。纵向综合结构指具有某种职能的各管理层的业务组织在一起，如上下级的对口部门。

（二）管理信息系统的适用条件

大量的研究与实践表明，管理信息系统在我国应用的成败并不单单取决于技术、资金、互联网系统、应用软件、软件实施等硬环境，还取决于企业的管理基础、文化底蕴等软环境，而且这些软环境往往起着更重要的作用。管理信息系统是一个人机管理系统，只有在信息流通顺畅、管理规范的企业中才能更好地发挥作用。

1. 规范化的管理体制

从目前国内一些企事业单位的现状来看，通过组织内部的机制改革，明确组织管理的模式，做到管理工作程序化、管理业务标准化、报表文件统一化和数据资料完整化与代码化是成功应用管理信息系统的关键。企业的管理信息系统必须具有市场信息管理、财务管理、原材料供应与库存管理、成本核算管理、生产计划管理、产品质量管理、人事与劳资管理、生产与管理流程管理等功能，而且所有功能都应该与总体目标相一致，否则很难建立起一套切合企业实际，能够真正促使企业实现现代化管理的高效管理信息系统。

2. 具备实施战略管理的基础或条件

管理信息系统的建立、运行和发展与组织的目标和战略规划是分不开的。组织的目标和战略规划决定了管理信息系统的功能和实现这些功能的途径。管理信息系统的战略规划是关于管理信息系统的长远发展计划，是企业战略规划的一个重要组成部分。这不仅由于管理信息系统的建设是一项耗资巨大、历时较长、技术复杂的工程，更因为信息已成为企业的生命动脉，管理信息系统的建设直接关系着企业能否持久创造价值，能否最终实现企业管理目标。一个有效的战略规划有助于在管理信息系统和用户之间建立起良好接口，合理分配和使用信息资源，从而优化资源配置，提高生产效率。一个好的战略规划有助于制定出有效的激励机制，从而激励员工更加努力地工作，同时还可以促进企业改革的不断深化，激发员工的创新热情。而这些正是建立管理信息系统的必要条件。离开良好的战略管理环境，管理信息系统的实施即使可以取得成功，也不可能长久。

3. 挖掘和培训一批能够熟练应用管理信息系统的人才

一个项目能否成功实施，在很大程度上取决于其人才系统运行的状况和人才存量对项目目标、组织任务的适应状况。要在企业中成功实施信息化管理，就要求企业配备相应的技术与管理人才，可以通过两个途径来解决这个问题：①挖掘其他企业的人才；②培训企业内部现有的人才。

4. 健全绩效评价体系

实施管理信息系统是一场管理革命，必须有与之配套的准则来巩固改革成果。总体来说，健全的评价体系应该做到：①有助于激励员工最大限度地为企业创造价值；②有助于企业将信息化与企业战略有机结合起来；③有助于对企业绩效进行纵、横向比较，从而找出差距，分析原因；④有助于企业合理配置信息化建设资源。当然，这些目标的实现还取决于绩效评价体系中的指标体系、配套的奖惩制度与监督制度等。企业是否具备建立管理信息系统所必需的绩效评价体系，要结合企业现状和同行业的相关数据进行分析，并且在实施过程中不断进行检验。在推行管理信息化过程中一旦发现问题，就应当及时予以改进和完善。

四、管理信息系统开发的过程

（一）规划阶段

系统规划阶段的任务是：在对原系统进行初步调查的基础上提出开发新系统的要求，根据需要和可能给出新系统的总体方案，并对这些方案进行可行性分析，得出系统开发计划和可行性研究报告。

（二）分析阶段

系统分析阶段的任务是根据系统开发计划所确定的范围，对现行系统进行详细调查，描述现行系统的业务流程，指出现行系统的局限性和不足之处，确定新系统的基本目标和逻辑模型，这个阶段又被称为逻辑设计阶段。

系统分析阶段的工作成果体现在“系统分析说明书 ”中，这是系统建设的必备文件。它是提交给用户的文档，也是下一阶段的工作依据，因此，系统分析说明书要通俗易懂，用户通过它可以了解新系统的功能，判断这个系统是否是所需系统。系统分析说明书一旦评审通过，就是系统设计的依据，也是系统最终验收的依据。

（三）设计阶段

系统分析阶段回答了新系统“做什么”的问题，而系统设计阶段的任务就是回答“怎么做”的问题，根据系统分析说明书中规定的功能要求，考虑实际条件，具体设计实现逻辑模型的技术方案，即设计新系统的物理模型。所以这个阶段又称为物理设计阶段。它又分为总体设计和详细设计两个阶段，产生的技术文档是“系统设计说明书”。

（四）实施阶段

系统实施阶段的任务包括计算机等硬件设备的购置、安装和调试，应用程序的编制和调试，人员培训，数据文件转换，系统调试与转换等。系统实施是按实施计划分阶段完成的，每个阶段应写出“实施进度报告”。系统测试之后，写出“系统测试报告”。

（五）维护评价阶段

系统投入运行后，需要经常进行维护，记录系统运行情况并根据一定的程序对系统进行必要的修改，评价系统的工作质量和产生的经济效益。

第四节　信息战略规划

一、信息战略的概念

（一）信息战略的含义

信息战略是指企业或组织为实现其总体战略目标，对其信息系统的建立、运作和发展作出的总体规划。

企业的信息战略，实质上是企业的一种职能战略，如同企业的市场战略、产品战略、技术战略等。

（二）信息战略的分类

1. 信息系统战略

信息系统战略确定了一个企业的长期信息要求。该战略所需的信息系统包括所有涉及信息收集、储存、产生和分配的系统和程序。

该信息系统可分为七类：

（1）事务处理系统。事务处理系统执行和处理常规事务。事务处理报告对控制和审计而言是很重要的，但是只能提供很少量的管理决策信息。

（2）管理信息系统。管理信息系统主要是将来自内部的数据转化成综合性的信息，这些信息使管理层对自己负责领域的计划、指导和控制及时作出有效的决策。

（3）企业资源计划系统。企业资源计划系统有助于整合数据流和访问整个公司活动有关的信息。企业资源计划系统的发展方向：面向供应商，满足供应链的需要；面向客户，具有客户关系管理功能；面向管理层，通过战略性企业管理系统，来满足管理层的信息需求和决策需要。

（4）战略性企业管理系统。战略性企业管理系统是一种为战略管理过程提供所需支持的信息系统。它能使企业各个层次的决策过程变得更快、更完善。

（5）决策支持系统。决策支持系统包含了一些数据分析模式，这些分析模式能使管理层模拟化，并提出“如果发生了某事，应该怎么办?”的问题，从而使管理层在决策过程中能考虑到不同的选项并获得对决策有帮助的信息。

（6）经理信息系统。经理信息系统是提供决策支持的系统，它包含了对摘要数据的访问，使高层能对与企业及其环境有关的信息进行评价。

（7）专家系统。专家系统储存从专家处获得的与专门领域相关的数据，并将其保存在结构化的格式或知识库中。专家系统为那些需要酌情判断的问题提供解决方案。

2. 信息技术战略

信息技术战略定义了满足企业信息所必需的特定系统，包括硬件、软件、操作系统等。每个信息技术系统必须能够获取、处理、概括和报告必要的信息。

3. 信息管理战略

信息管理战略涉及信息的储存及访问方式。信息系统战略重点关注各个信息业务单元，使它们能满足内部或外部的信息用户需求；信息技术战略以供应信息为导向，它重点关注供应信息活动以及支持这些活动所需的技术；信息管理战略在整个企业层次上以管理为导向。

二、信息战略规划的制定

（一）信息战略规划的含义

企业信息战略规划是企业信息规划中最重要的部分。信息战略规划是根据企业的经营战略来规划和组织信息系统建设，做到企业管理的信息化，确保信息系统强力支持企业战略的实现。信息战略规划中要定义出企业信息化建设的远景、使命、目标和战略，规划出企业信息化建设的未来架构，为信息化建设的实施提供一副完整的蓝图，全面、系统地指导企业信息化建设的进程。

企业战略规划的内容主要有：确定企业的任务、目标、战略以及战略部门和战略人员，并在此基础上制定信息战略目标的总体计划、企业信息化的发展方向和发展重点、企业的信息应用架构等，组织信息战略规划所需的资源、技术、人力、实现信息战略的任务和人力资源优化组合等。

（二）信息战略规划的制定方法

信息战略规划可以定位于从企业发展战略到信息战略的转换。信息战略规划常用的方法有 BSP 业务系统规划法、CSF 关键成功因素法、SST 战略集合转化法等。

（1）BSP 方法的基本思路。要求所建立的信息系统支持企业目标；表达所有管理层次的要求；向企业提供一致性信息；对组织机构的变革具有适应性实质。

（2）CSF 方法的基本思路。通过分析找出使企业成功的关键因素，围绕此因素确定系统需求，进行规划。

（3）SST 方法的基本思路。把整个战略目标看成“信息集合”，包括使命、目标、战略、管理复杂性、环境约束等。

信息战略规划的过程就是把组织的战略目标转化为信息系统战略目标的过程。不同的企业由于经营战略、企业规模和管理水平的不同，以及处在信息化建设的不同阶段，制定信息战略的出发点不同，可能会采取不同的方法，也可以综合运用几种方法。但是，不论采用哪种方法，都要从企业经营战略出发，而不是从信息系统的需求出发，避免陷入脱离目标，而进行盲目建设的困境。要着眼于引进现代管理理念、模式和方法，从经营管理的变革出发，而不是从技术的变革出发，要有利于充分利用企业的现有资源，来满足关键需求，避免信息系统无法有效地支持组织的决策。

信息化战略要根据企业发展战略不断的作出调整，以适应企业发展的需要。信息战略的目标、任务、重点可以变，但是企业的基础信息框架不能有大的变动，对信息资源基础管理不能变，这样才能保证信息系统的完整性，不至于因信息战略变化而引起新的信息孤岛。

在现代集团型企业管理中，利用网络技术实现集中管理模式已成为现实。集团型企业的集中管理不仅是数据的集中，更重要的是管理的集中。集团企业需要借助各种网络和信息技术手段，实现信息的集中处理和及时响应；调整集团的管理及运营模式，以适应集中管理模式的需要，充分有效地利用集团企业资源，实现企业价值的最大化。

（三）制定集团企业信息战略规划三大原则

（1）高度集成原则。指集团的信息化规划要符合集中式管理的集成要求。

（2）总体优化原则。指集团的信息化系统要总体规划，统一标准、统一平台，信息充分共享。

（3）柔性原则。集团的信息化系统要考虑企业未来发展的需要和分步实施的要求，具有兼容性。

（四）信息应用系统目标

信息应用系统目标，主要是构造一个支持集团化管理和异地化信息管理系统的的信息化管理平台，并在此平台上建立“四个中心”：数据中心、文件中心、结算中心、财务中心；“三个快速反应体系”：快速营销体系、快速供应体系、快速生产体系；“三个 JIT”：定时、定量、定点采购；定时、定量、定点送料；定时、定量、定点配送。

（五）信息化建设的三个阶段

根据目前集团企业信息化情况，可以将信息化发展分为三个阶段。

第一阶段，应用目标可制定为完善基于 Internet / Intranet 制造系统的总体信息构架平台，建成覆盖各有关子公司通讯的管理信息网络和信息系统，逐步实现以下四个目标：

（1）与各子公司局域网挂接，进行信息集成。

（2）和子公司企业信息系统的进行信息交互。

（3）与驻外分销机构进行信息集成。

（4）和配套企业针对生产计划和库存情况等方面的信息进行交换，在达到最大限度地减少库存的前提下，保证外购配套件的适时、适量、成套供应。

第二阶段，建设内容主要是建立统一的数据中心。

（1）尽可能利用公司计算机系统原有数据，在对原有数据加工整理的基础上，规范公司的数据管理，统一数据标准，解决企业内部信息源头多、信息重复不一致的问题。

（2）建立集团统一标准的数据库平台，开发专用接口包、通用接口工具，实现各子公司原有系统和新建系统的信息集成。

（3）在此基础上，逐步开发出基于数据仓库的联机分析处理（OLAP）系统，支持全面的多维分析。

（4）建立统一的文件中心。建立集团公司和下属公司之间的自动化办公系统。实现自动化管理，控制信息流和行政事务工作流，实现集团和下属公司的行政事务办公的自动化、集团化、无纸化、远程化。

（5）统一结算和财务中心，按照集团化管理的要求，整合和完善现有的财务系统。实现集团资金从各股份公司分散运作，改为由集团公司统一调度、统贷统还，以避免决策的疏漏和使用上的浪费，更主要的是可以利用各控股公司资金使用上的时间差，从而提高资金运作效率，实现分销机构的成品销售与总部门结算财务的在线管理。

第三阶段，按照供应链思想，建立动态快速供应体系。通过电子商务网站的升级与完善和实施电子化供应链系统，实现供应商的优化管理和网上电子采购和定时、定量、定点采购供应。

本章小结

信息技术的特征：数字化、网络化、多媒体化、智能化和虚拟化。

信息系统的类型：数据处理系统（Data Processing System，DPS）、管理信息系统（Management Information System，MIS）、决策支持系统（Decision Sustainment System，DSS）、专家系统（人工智能（AI）的一个子集）和虚拟办公室（Office Automation，OA）五种类型。

信息系统的功能：输入、存储、处理、输出和控制。

信息系统的结构：硬件、数据管理层、应用层和用户接口层。

信息系统的特点：涉及的数据量大、绝大部分数据是持久的、这些持久数据为多个应用程式所共享。

管理信息系统的作用：管理信息是重要的资源、管理信息是决策的基础、管理信息是实施管理控制的依据、管理信息是联系组织内外的纽带。

管理信息系统的功能：数据处理功能、计划功能、控制功能、预测功能和辅助决策功能。

信息战略的分类：信息系统战略、信息技术战略和信息管理战略。

制定集团企业信息战略规划三大原则：高度集成原则、总体优化原则和柔性原则。

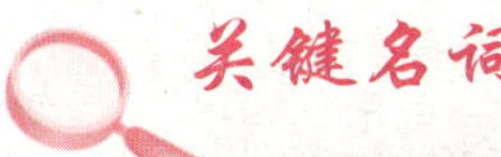

信息技术 信息系统 管理信息系统 战略规划

即测即评

选择题

判断题

思考题

一、简答题

1. 信息技术是如何分类的？
2. 信息技术有何特征？
3. 信息系统大体上可分为哪几种类型？
4. 信息系统的基本功能是什么？
5. 管理信息系统的功能是什么？
6. 管理信息系统的划分依据哪几种标准？
7. 管理信息系统的开发经历哪几个阶段？

二、论述题

试述信息战略的制定。

信息化与工业化的融合

从党的十五大提出“大力推进国民经济和社会信息化”到十六大“以信息化带动工业化，以工业化促进信息化”，再到十七大“大力推进信息化与工业化融合”，反映出我国对信息化与工业化关系的认识进一步深化。抓住了信息化与工业化相互发展、紧密依存的逻辑本质，强调信息化带动传统产业的发展，是从支持生产力到支持生产方式的升级。目前，我国信息化所取得的成绩有目共睹，但信息化的成果还没有发挥到最大，依然有很大的潜力。

"信息化与工业化融合"一针见血地指出了问题的症结，我们要从现代化全局高度看信息化与工业化融合趋势，从人类社会活动特征看融合本质，从工业化发展角度看融合需求。大力推进信息化与工业化融合，是我国加快推进现代化的战略选择。

（一）信息化与工业化融合的方向

促进信息化与工业化融合，要求抓住一些具有带动作用的重点领域和关键环节，找准着力点和支撑点，使信息化渗透到国民经济和社会发展的各个领域。

1. 信息技术与设计、制造技术的融合

以信息技术应用为重点，以智能化、数字化、虚拟化、网络化、敏捷制造为方向，对传统企业设计、生产流程进行再造，实现生产信息化。包括推广应用 CAD、CAM、CAE、CAPP 以及并行工程、虚拟设计制造等先进技术，数控（CNC）、可编程序控制（PLC）、分布式控制（DCS）、现场总线控制（FCS）、先进控制（APC）、柔性制造单元和柔性制造系统（FMC、FMS）等先进加工控制技术，推广精益生产、敏捷制造、虚拟制造、网络化制造，满足生产过程自动化和优质、高产、低耗、高效、多品种、大批量的要求，满足客户日益强烈的个性化、多样化需求。通过提高重大技术装备研制水平和成套设备集成能力，如数控技术和数控机床，机器人技术及机器人，先进发电、输电和大型工程施工成套设备、大型自动化成套设备等，满足工业装备更新换代的需要。

2. 信息技术与传统工业的融合

信息技术已经成为提升工业产业生产效率和附加值不可缺少的手段，包括钢铁、汽车、化工、纺织等，在产品升级、工业生产管理以及市场销售的各个环节，越来越离不开信息技术的应用。如汽车工业，既是传统产业，也是新兴产业。据统计，在汽车的整车成本中平均超过 20% 是信息技术或产品，一般越是高级的汽车或轿车，这个比重越高。国际上有的已经超过 50% 甚至 60%。再如化学工业、生物医药以及大型工程设计，利用已经研发建立的实验模型，把已有的实验数据都建立相应模型并输入进去，可以大大缩短实验时间和研发周期，降低研发成本，适应市场需求变化。

3. 信息技术与服务业的融合

信息技术与服务业融合，能提升传统服务业水平，催生新兴行业：①借助信息技术条件下强大的信息处理能力，促进金融保险业、现代物流业、管理咨询业等现代服务业发展；②依托信息技术，发展涵盖信息通信服务、信息技术服务和信息内容服务的信息服务业；③大力发展电子商务，促进经济发展模式创新，特别是通过进一步发展第三方电子商务平台，不断创新电子商务模式和服务内容，加强电子商务信息、供应链、现代物流、交易、支付等管理平台和信用自律体系建设，为电子商务应用主体提供灵活、便捷、安全、高效的服务；④提升传统服务业，发展面向中小企业的第三方公共服务平台，推广信息化应用服务，引导商贸、旅游、餐饮和社区服务等就业容量大的传统服务业创新发展模式，注入发展动力。

4. 信息化与企业生产、经营、管理的融合

利用信息化手段，可以提高企业生产、经营、管理水平。在生产控制层面，以数控设备为基础，围绕创新研究和开发设计、工艺管理和加工制造、过程协同和质量控制、物料配送和产品管理等生产制造的关键环节推进信息化，以提高生产制造全过程工作效能。在资源配置层面，以成本分析为基础，围绕外部协作、内部计划、及时响应等关键环节推进信息化，

以提高企业市场响应效率。在管理决策层面，以信息管理为基础，围绕产品市场与客户关系、人力资源与资本运作、发展战略与风险管理等关键环节推进信息化，推广应用业务流程重组（BPR）、企业资源管理（ERP）、管理信息系统（MIS）、计算机决策支持（DSS）、数据挖掘（DM）、商业智能（BI）、供应链管理（SCM）、客户关系管理（CRM）、知识管理（KM）等信息技术，实现管理信息化，提高管理、决策的科学化水平。

5. 信息化与资源、能源供给体系的融合

信息技术在工业行业生产中的普及应用，有助于推进工业行业节能减排工作，推动单位GDP能耗水平大幅降低。通过对钢铁、有色金属、建材、煤炭、电力、石油、化工、建筑等重点行业的能源消耗、资源消耗和污染排放联网监测与分析，可提高资源、能源利用效率和环保综合效益，推动行业淘汰落后生产能力。

6. 信息化与人民生活的融合

在传统的工业化阶段，由于技术和资源的限制，绝大多数物质消费品是稀缺的，只能进行一次性的、不可再生的消费。而在信息化进程中，不断创新的信息技术，使得以信息资源为中心的生产活动能够在其被消费过程中再生信息资源，满足人们持续消费的需要，从而使生产与消费得以突破以往的不可持续性限制。伴随信息资源产品与服务成为人们不可或缺的主要消费品，以信息资源为中心的生产与消费，将成为人类社会最主要的生产与消费形式，这大大增强了人类生产与消费方式的可持续性。通过构建无处不在的信息化应用环境，让人们在任何时间、任何地点都能够便捷地通过信息网络获取任何生活服务，全面提高生活品质。现在信息化在解决教育资源配置、推进医疗体制改革、促进就业与再就业等领域，发挥着不可替代的重要作用，极大地提高了人们的生活水平。

7. 信息化与社会主义和谐社会建设的融合

构建和谐社会，重在“和谐”。为人民谋幸福是和谐之本，而幸福是与时俱进的。在人均收入1000美元之下的（农业）社会中，实现温饱就是最大的幸福；在人均收入1000～3000美元的（工业）社会中，拥有巨大财富就是最大的幸福；在人均收入3000美元以上的信息化社会中，身心的自由才是最大幸福。因此，如果把农业社会作为构建社会主义和谐社会的首要条件，那么，解决人民的温饱问题即可；把工业社会作为构建和谐社会的主要条件，解决人民的富裕问题即可。但是，与信息社会的幸福观相比，前者是初级层次的幸福观，后者才是较高层次的、追求自我实现的幸福观，真正的身心自由是高层次幸福。因此，把信息社会建成和谐社会的主要条件，是解决人民的自由，通过学习知识、获得知识、运用知识和智慧创造财富，真正以人为本，才能使人民走向真正的幸福。

创建和谐社会的首要条件是发展。在我国现阶段，实现工业化仍然是我国现代化进程中艰巨的历史任务。在我国这样的半农业国、半工业国、“半信息社会国”的混合型社会中建设和谐社会，除了要继续解决部分农村地区的温饱问题、工业城市的先富带后富、实现共同富裕的问题外，还要积极推进信息化与工业化融合，促进人的发展、提升人的素质、服务人的生活，使经济社会发展建立在充分发挥人的潜力和技术进步的基础上，这是我国打破资源、环境、人口瓶颈，实现经济与社会、人与自然环境的全面协调可持续发展的必然选择。

（二）推进信息化与工业化融合的思路

推进信息化与工业化融合的总体思路，就是要在“十七大”精神和科学发展观指引下，以市场为导向，以企业为主体，着重解决我国工业化中存在的管理粗放、资源浪费严重、产业投资失误、市场信息不畅、产品科技（信息技术）含量低、市场交易成本高等问题，促进工业由大变强，并在经济社会各领域深入推进信息化，建设社会主义和谐社会。

1. 信息化与工业化融合，并不是要取代工业化

发达国家是先工业化后信息化，走的是一条从轻纺、加工制造、重化工业到服务业的传统发展道路。我国的能源、资源、人口、生态环境等条件，不允许我们照搬传统的工业化模式。我们不能像其他产业较为单一的国家或地区那样，完全脱离传统产业来实现信息化，否则就意味着揠苗助长；也不可能完全照搬发达国家先实现工业化，待工业化完成后再过渡到信息化的模式，那样只会使我国与发达国家的发展距离越拉越大。我们只能根据本国国情，推进信息化与工业化融合。通过信息技术改造和提升传统产业，在社会各个领域广泛应用信息技术，以信息化促进经济结构调整，加快工业化进程，走跨越式发展道路。

因此，不能简单地把信息化与工业化对立起来。有了信息化，不等于不要工业化，不要各种物质的生产。我国的全面小康目标是要靠工业、农业、科技等方方面面的整体推进来实现的，如果孤立起来片面强调信息化，信息化不融入其他领域，不对传统产业起催化、带动作用，我们建的网络再好，通信再发达，实现工业化、现代化的目标也是难以实现的。离开了工业化之本，信息化就会成为空中楼阁。目前，我国信息化建设正在如火如荼地进行，电子政务、企业信息化等迅速发展，但要谨防急功近利、一蹴而就的思潮泛滥。需要重视信息化建设，但一定不能脱离信息化与工业化融合的轨道。

2. 信息化与工业化融合要成为高新技术产业发展的重要基础

当代科学技术发展日新月异，蓬勃兴起的新技术革命不断推动世界各国社会和经济的发展。要想在未来长期持续的国际竞争中立于不败之地，我国就必须紧跟世界潮流，大力发展高新技术产业。

就我国当前的发展阶段而言，推进信息化与工业化融合就是促进高新技术产业发展的重要基础。以信息技术、先进制造技术为代表的高新技术在工业制造业中的广泛应用，将有力推动工业制造业的高技术化，为其生存和发展注入新的活力，将极大地带动工业制造业的整体提升，加速实现工业由大变强；同时，工业制造业基础的整体提升，也为高新技术产业的长期可持续发展提供了强大的需求驱动和物质基础。

3. 信息化与工业化融合要有助于构建现代产业体系

随着世界经济结构的加速调整和跨国公司的并购浪潮，以及国内需求结构的重大变化，构建现代产业体系，实现经济结构战略性调整、优化和提高产业国际竞争力，已成为当前和未来一定时期内经济建设与发展的中心任务。信息技术已经成为当代最先进的技术手段，信息技术的渗透与融合，将在提升国民经济各部门的产业技术水平中发挥核心作用。发达国家的经验表明，虽然以信息化推动工业化将增加 30% 的投资，但可以提高产品档次和质量、改善生产环境、降低能源和原材料消耗，从而增加 85% 的经济效益。推进信息化与工业化融合，就是要以信息技术的应用为重点，努力提高能源、交通、原材料、机械等领域一批骨干企业的生产过程自动化、控制智能化和管理信息化水平。积极推进信息技术与制造技术的紧密结合，提高产品质量、水平，降低成本，缩短生产周期，提高劳动效率及产品和企业综合竞争能力，使之获得新的发展动力和市场空间、创造新的竞争优势、进入新的发展阶段，

促使工业由大变强，加速实现经济结构战略性升级。

4. 信息化与工业化融合要保障综合国力持续增强

从经济发展的阶段来看，我国目前正处于工业化发展的中期，重化工业、汽车、机械、装备制造业等工业产业，仍是今后相当长一个时期内工业化建设与发展的重点内容，是促进经济增长的基本力量，是实现现代化的重要基础。要积极推进信息化与工业化融合，大力推进工业制造业的产业优化升级，充分发挥比较优势，积极参与国际产业分工，为提高我国国民经济的运行质量和效益以及实现综合国力持续增强提供保障。

5. 信息化与工业化融合要为应对经济全球化服务

随着对外开放程度的不断提高，经济全球化发展和全球性竞争的日益激化，正在更大程度上影响着我国经济的长期可持续发展。市场准入的扩大、关税的削减和非关税措施的减少，必将使外国产品、服务等更多地进入我国市场，对相应的产业部门发展造成一定的冲击和影响。同时，不断发展壮大的跨国公司对世界经济的支配力和影响力也越来越强。为了应对这些新挑战，必须不断加速促进工业由大变强，振兴装备制造业，淘汰落后生产能力，不断提升我国工业制造业的全球竞争能力。加速推进信息化与工业化的融合，加快采用高新技术和先进适用技术改造提升工业制造业，已经成为我国不断提高在国际分工中的地位、全方位参与国际竞争的迫切要求。

6. 工业化与信息化融合必须以技术创新为动力

当今世界，基础产业和传统产业通过注入新的技术，会形成新的经济增长点，焕发出新的活力。而以信息技术为代表的高新技术产业又是以基础产业和传统产业为支撑发展起来的，能否在现有产业基础上坚持技术创新，在关键领域和若干科技发展前沿掌握核心技术和拥有自主知识产权，决定着企业的生存与发展、产业结构的优化与升级。因此，科学技术作为第一生产力，有力地推动着工业化与信息化的融合。而目前我国信息技术自主创新能力还不强，核心技术和关键装备主要依赖进口，自制装备能力急需增强。推进信息化与工业化融合，需要增强信息技术自主创新能力，以提高支撑水平。

7. 工业化与信息化融合要以公共服务平台为重要途径

“十七大”报告中多次提到“公共服务”，这表明党中央在新世纪、新阶段对公共服务非常重视，希望通过加强社会公共服务体系建设，实现改革开放成果由人民群众共享，促进社会的公平正义，建构以人为本的和谐社会。公共服务平台也是推进工业化与信息化融合的重要途径，通过搭建信息技术推广应用平台和展示平台，将信息技术广泛应用于经济、政治、文化和社会建设的各个方面。

8. 工业化与信息化融合要求政府引导与市场机制有效结合

政府在推进工业化与信息化融合中起着重要的作用，主要包括两个方面：一是搞好电子政务建设，为企业和社会提供更多的服务；二是制定好政策，引导工业化与信息化融合。同时，也要发挥市场机制在工业化与信息化融合中的推进作用，尊重价值规律，促进信息技术发展与应用的有机结合。

案例分析题：

1. 信息化与工业化融合的方向是什么？
2. 如何推进信息化与工业化的融合？

第九章 企业文化战略

Chapter 9

教学目标

（1）明确企业文化有哪些功能。
（2）了解企业文化具有哪些内容。
（3）了解企业文化可分为哪几个层次。
（4）掌握企业文化建设的原则。
（5）学会如何制定实施企业文化战略。

开篇案例

宝洁的企业文化

作为目前全球最大的日用品公司之一——宝洁公司，全球雇员近10万，在全球80多个国家设有工厂及分公司，所经营的300多个品牌的产品畅销160多个国家和地区。那么，相比其他公司，宝洁公司的企业文化有何独到之处？下面我们将用七个方面来分析其组织文化的特点。

1. 关注细节

宝洁公司的招聘有着全面而规范的流程。在面试部分，宝洁一贯以“追根究底”见长，希望得到求职者对每个问题的回答的高度细节，雇员需要对其所要回答的问题精确分析，没有丰富实践经验的应聘者很难很好地回答这些问题。而宝洁在调查市场需求时，并不仅仅采取简单的消费者座谈，而是深入市民生活一线，观察人们的生活细节，以对产品进行针对性的研发。

2. 创新与风险承受力

“对宝洁来说，创新就是生命的血液”。宝洁公司坚持“360 度创新”理念，公司的研发创新流程涉及方方面面，所有让消费者觉得舒服的产品、功能、包装，乃至广告、陈列方式，都源于创新，更不用说那些颠覆性的创新，如纸尿裤、电动牙刷。宝洁斥资 8000 万美元在北京建立了全球最大的创新中心，便于宝洁接近不同层次的中国消费者，也帮助宝洁从中国的大学生中招募到全世界最优秀的科学家、工程师和创新人才，以及接触到优秀的合作伙伴。创新中心的员工表示，大学毕业刚进宝洁时，虽然是基础工作，但职位叫“科学家”，从这点便能看出创新在宝洁公司的地位。同时，宝洁公司也为员工营造了自由探索的氛围，重奖重用作出贡献的开拓创新者和思想活跃者。宝洁公司技术总监许友年说，他常常鼓励员工要勇于承担风险，不要害怕失败，因为失败来得早是件好事，既可以让研发人员重新寻找方向，也可以避免以后不必要的更多投入。每当新产品上市前，北京宝洁都会生产一小部分产品，投放到消费者中作调研，这样不仅可以确保这些产品在功能、质量方面能符合消费者的需求，也降低了推出新产品的风险。

3. 团队导向

宝洁公司的核心价值观和目标使得宝洁公司的员工团结在一起，而公司多元化的文化氛围使得每个人都能以自身的独特性来实现公司的共同价值观和业务目标。

4. 员工导向

宝洁公司是一个以员工为导向的公司，其丰富的公司活动及灵活的工作时间，使员工时时感受到被关心的氛围，这对提高绩效和留住人才一举两得。一百五十多年来，宝洁公司倡导了许多项员工福利计划，包括利润分享计划。宝洁推行的“全员持股计划”使每一位员工都可以购买和拥有公司股票，从而能够有效地激发员工的主人翁意识。

5. 成果导向

宝洁公司有着全面的绩效考核公式和体系。宝洁非常注重人的发展，在关注员工业绩的同时，也十分注重对员工的培训，以使他们更好地完成工作任务。宝洁公司的业绩考核也充分体现了这种理念，而且落到了实处。

6. 稳定性

北京宝洁实行的是内部晋升制，高层管理和技术人员大多都是从内部培养提拔起来的，这给了内部员工更多的机会，保持了团队的稳定性。宝洁在人员配置上保持了一定的稳定性，在文化上传承百年品牌的底蕴，决策上不过于保守，而是充分调动员工的创新精神，这样才使公司发展得更快、更好。

7. 进取性

在宝洁，看不到像中国传统国有企业那样的论资排辈和等级分明的现象。一位新加入的员工，他在宝洁碰到的最初的磨炼，不是端茶扫地的学徒生涯，而是早期责任。宝洁愿意承担这样的风险，赋予这些刚加入不久的新员工以重要工作。宝洁相信，只有给予一份具有极大挑战性的工作，员工才可能迅速成长。如果想要在宝洁获得升迁和职业发展，并不需要在某个岗位上熬到某个年限，只要有能力、肯努力，一切皆有可能。

综合以上七个方面的分析，可以看出宝洁公司最突出的特质是它的创新精神和进取性。在这个公司，每个员工都拥有自由发挥的空间，能够实现自身的价值。

本章知识结构图

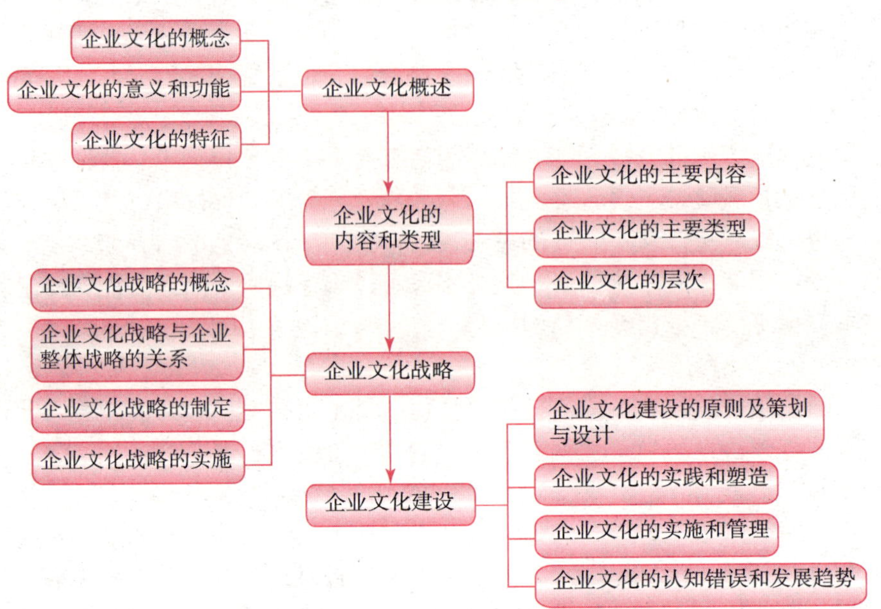

第一节　企业文化概述

一、企业文化的概念

企业文化是企业为解决生存和发展问题而形成的，被组织成员认为有效而共享，并共同遵循的基本信念和认知。企业文化集中体现了一个企业经营管理的核心主张，以及由此产生的组织行为。企业文化或称组织文化，是一个组织由其价值观、信念、仪式、符号、处事方式等组成的其特有的文化形象。

（一）企业文化的含义

对于企业文化的含义和产生目前众说纷纭，大体有以下几种表述：

（1）企业文化是指一个企业中各个部门，至少是企业高层管理者们所共同拥有的那些企业价值观念和经营实践，又指企业中各个职能部门或地处不同地理环境的部门所拥有的某种共同的文化现象。

（2）企业文化有广义和狭义两种理解。从广义上讲，企业文化是社会文化的一个子系统，是一种亚文化。企业文化是指企业在创业和发展过程中形成的共同价值观、企业目标、行为准则、管理制度、外在形式等的总和。从狭义上讲，企业文化体现为人本治理理论的最高层次，特指企业组织在长期的经营活动中形成的并为企业全体成员自觉遵守和奉行的企业经营宗旨、价值观念和道德规范的总和。

（3）企业文化是社会文化体系中一个有机的重要组成部分，它是民族文化和现代意识在企业内部的综合反映和表现，是民族文化和现代意识影响下形成的具有企业特点和群体意识以及这种意识产生的行为规范。

（4）企业文化是在现代化大生产与市场经济发展基础上逐步产生的一种以现代科学管理为基础的新型管理理论和管理思想，也是企业全体员工在创业和发展过程中培育形成并共同遵守的最高目标、价值标准、基本信念和行为规范的总和。

（5）企业文化是在一定的社会历史条件下，在企业生产经营和管理活动中所创造的具有该企业特色的精神财富和物质形态。它包括文化观念、价值观念、企业精神、道德规范、行为准则、历史传统、企业制度、文化环境、企业产品等。其中价值观是企业文化的核心。通常我们采用该种定义。

（二）企业文化的产生

企业领导者把文化的变化、人的功能应用于企业，以解决现代企业管理中的问题，这样，就有了企业文化。企业管理理论和企业文化管理理论都追求效益。但前者为追求效益而把人当作客体，后者为追求效益把文化概念自觉应用于企业，把具有丰富创造性的人作为管理理论的中心。这种指导思想反映到企业管理中，就有了人们称之为企业文化的这种观念。

二、企业文化的意义和功能

（一）企业文化的意义

（1）企业文化能激发员工的使命感。不管是什么企业都有它的责任和使命，企业使命感是全体员工工作的目标和方向，是企业不断发展或前进的动力之源。

（2）企业文化能凝聚员工的归属感。企业文化的作用就是通过企业价值观的提炼和传播，让一群来自不同地方的人共同追求同一个梦想。

（3）企业文化能加强员工的责任感。企业要通过大量的资料和文件，宣传员工责任感的重要性，管理人员要给全体员工灌输责任意识、危机意识和团队意识，要让大家清楚地认识到企业是全体员工共同的企业。

（4）企业文化能赋予员工荣誉感。每个人都要在自己的工作岗位、工作领域，要多作贡献、多出成绩、追求荣誉。

（5）企业文化能实现员工的成就感。一个企业的繁荣昌盛，关系到每一个公司员工的生存，企业繁荣了，员工们就会引以为豪，更积极努力的进取，荣耀越高，成就感就越大，越明显。

（二）企业文化的功能

1. 导向功能

所谓导向功能，就是通过它对企业的领导者和职工起引导作用。企业文化的导向功能主要体现在以下两个方面：

（1）经营哲学和价值观念的指导。经营哲学决定了企业经营的思维方式和处理问题的法则，这些方式和法则指导经营者进行正确的决策，指导员工采用科学的方法，从事生产经营活动。企业共同的价值观念规定了企业的价值取向，使员工对事物的评判形成共识，形成共同的价值目标，企业的领导和员工为他们所认定的价值目标而努力。美国学者托马斯·彼得斯和小罗伯特·沃特曼在《追求卓越》这本书中指出“我们研究的所有优秀的公司都很清楚他们的主张是什么，并认真建立和形成了公司的价值准则。事实上，一个公司缺乏明确的价值准则或价值观念不正确，我们则怀疑它是否有可能获得经营上的成功。”

（2）企业目标的指引。企业目标代表着企业发展的方向，没有正确的目标就等于迷失了方向。完美的企业文化应从实际出发，以科学的态度制立企业的发展目标，这种目标一定是具有可行性和科学性的，企业员工在这一目标的指导下从事生产经营活动。

2. 约束功能

企业文化的约束功能主要是通过完善管理制度和道德规范来实现。

（1）有效规章制度的约束。企业制度是企业文化的内容之一。企业制度是企业内部的法规，企业的领导者和企业职工必须遵守和执行，从而形成约束力。

（2）道德规范的约束。道德规范是从伦理关系的角度来约束企业领导者和职工的行为。如果人们违背了道德规范的要求，就会受到舆论的谴责，心里会感到内疚。同仁堂药店以“济世养生、精益求精、童叟无欺、一视同仁”的道德规范约束着全体员工，必须严格按工艺规程操作，严格质量管理，严格执行纪律。

3. 凝聚功能

企业文化以人为本，尊重人的感情，从而在企业中造成了一种团结友爱、相互信任的和睦气氛，强化了团体意识，使企业职工之间形成强大的凝聚力和向心力。共同的价值观念形成了共同的目标和理想，职工把企业看成是一个命运共同体，把本职工作看成是实现共同目标的重要组成部分，整个企业步调一致，形成统一的整体。这时，“厂兴我荣，厂衰我耻”成为职工发自内心的真挚感情，“爱厂如家”就会变成他们的实际行动。

4. 激励功能

共同的价值观念使每个职工都感到自己存在和行为的价值，自我价值的实现，是人的最高精神需求的一种满足，这种满足，必将形成强大的激励。在以人为本的企业文化氛围中，领导与职工、职工与职工之间互相关心、互相支持。特别是领导对职工的关心，职工会感觉受到尊重，自然会振奋精神，努力工作。另外，企业精神和企业形象对企业职工有着极大的鼓舞作用，特别是企业文化建设取得成功，在社会上产生影响时，企业职工会产生强烈的荣誉感和自豪感，他们会加倍努力，用自己的实际行动去维护企业的荣誉和形象。

5. 调适功能

调适即调整和适应。企业与外部环境、企业各部门之间、职工之间，由于各种原因难免会产生一些矛盾，解决这些矛盾需要各自进行自我调节。企业与环境、顾客、企业、国家、社会之间都会存在不协调、不适应之处，这也需要进行调整和适应。企业哲学和企业道德规范使经营者和普通员工能科学地处理这些矛盾，自觉地约束自己。完美的企业形象就是进行适应和调节的结果。调适功能实际也是企业能动作用的一种表现。

6. 辐射功能

企业文化关系到企业的公众形象、公众态度、公众舆论和品牌美誉度。企业文化不仅在企业内部发挥作用，还对企业员工产生影响，它也能通过传播媒体，公共关系活动等各种渠道对社会产生影响，向社会辐射。企业文化的传播对树立企业在公众中的形象有很大帮助，优秀的企业文化对社会文化的发展有很大的影响。

三、企业文化的特征

1. 独特性

企业文化具有鲜明的个性和特色，具有相对独立性，每个企业都有其独特的文化积淀，这是由企业的生产经营管理特色、企业传统、企业目标、企业员工素质以及内外环境所决定的。

2. 继承性

企业是在一定的时空条件下产生、生存和发展的，企业文化是历史的产物。企业文化的继承性体现在三个方面：一是继承优秀的民族文化精华；二是继承企业的文化传统；三是继承外来的企业文化实践和研究成果。

3. 相融性

企业文化的相融性体现在它与企业环境的协调和适应性方面。企业文化反映了时代精神，它必然要与企业的经济环境、政治环境、文化环境以及社区环境相融合。

4. 人本性

企业文化是一种以人为本的文化，最本质的内容就是强调人的理想、道德、价值观、行为规范在企业管理中的核心作用，强调在企业管理中要理解人、尊重人、关心人。注重人的全面发展，用愿景鼓舞人、用精神凝聚人、用机制激励人、用环境培育人。

5. 整体性

企业文化是一个有机的统一整体，人的发展和企业的发展密不可分，引导企业职工把个人奋斗目标融于企业整体目标之中，是追求企业的整体优势和整体意志的实现。

6. 创新性

创新既是时代的呼唤，又是企业文化自身的内在要求。优秀的企业文化往往在继承中创新，随着企业环境和国内外市场的变化而改革、发展，引导大家追求卓越、追求成效、追求创新。

第二节　企业文化的内容和类型

一、企业文化的主要内容

企业文化的定义内容十分广泛，但其中最主要包括以下几点。

（一）经营哲学

经营哲学也称企业哲学，是一个企业特有的、从事生产经营和管理活动的方法论原则，它是指导企业行为的基础。企业在激烈的市场竞争环境中，面临着各种矛盾和多种选择，这就要求企业有科学的方法论来指导，有一套逻辑思维的程序来决定自己的行为，这就是经营哲学。例如，日本松下公司讲求经济效益，重视生存的意志，事事谋求生存和发展，这就是它的战略决策哲学。北京蓝岛商业大厦创办于 1994 年，它以诚信为本，情义至上的经营哲学为指导，“以情显义，以义取利，义利结合”，在创办三年的时间内营业额就翻了一番，跃居首都商界第 4 位。

（二）价值观念

所谓价值观念，是人们基于某种功利性或道义性的追求而对人们（个人、组织）本身的存在、行为和行为结果进行评价的基本观点。可以说，人生就是为了追求价值，价值观念决定人生的追求行为。价值观不是人们在一时一事上的体现，而是在长期实践活动中形成的关于价值的观念体系。企业的价值观，是指企业职工对企业存在的意义、经营目的、经营宗旨的价值评价和为之追求的整体化、个异化的群体意识，是企业全体职工共同的价值准则。只有在共同的价值准则基础上才能产生企业正确的价值目标。有了正确的价值目标才会有奋力追求价值目标的行为，企业才有希望。因此，企业价值观决定着职工行为的取向，关系到企业的生死存亡。只顾企业自身经济效益的价值观，会偏离社会主义方向，不仅会损害国家和人民的利益，还会影响企业形象；只顾眼前利益的价值观，就会急功近利，如搞短期行为，使企业失去后劲，最终导致灭亡。

（三）企业精神

（1）企业精神是指企业基于自身特定的性质、任务、宗旨、时代要求和发展方向，并经过精心培养而形成的企业成员群体的精神风貌。

（2）企业精神要通过企业全体职工有意识的实践活动体现出来。因此，它又是企业职工观念意识和进取心理的外化。

（3）企业精神是企业文化的核心，在整个企业文化中具有支配的地位。企业精神以价值观为基础，以价值目标为动力，对企业经营哲学、管理制度、道德风尚、团体意识和企业形象起着决定性的作用。可以说，企业精神是企业的灵魂。

（4）企业精神通常用一些既富于哲理，又简洁明快的语言予以表达，便于职工铭记在心，时刻用于激励自己；也便于对外宣传，容易在人们脑海里形成印象，从而在社会上形成个性鲜明的企业形象。例如，王府井百货大楼的“一团火”精神，就是用大楼人的光和热去照亮、温暖每一颗心，其实质就是奉献服务；西单商场的“求实、奋进”精神，体现了以求实为核心的价值观念和真诚守信、开拓奋进的经营作风。

（四）企业道德

（1）企业道德是指调整该企业与其他企业之间、企业与顾客之间、企业内部职工之间关系的行为规范的总和。它是从伦理关系的角度，用善与恶、公与私、荣与辱、诚实与虚伪等道德范畴为标准来评价和规范企业。

（2）企业道德与法律规范和制度规范不同，不具有法律的强制性和约束力，但具有积极的示范作用和强烈的感染力，当被人们认可和接受后具有自我约束的力量。因此，它具有更广泛的适应性，是约束企业和职工行为的重要手段。中国老字号同仁堂药店之所以三百多年长盛不衰，在于它把中华民族优秀的传统美德融于企业的生产经营过程之中，形成了具有行业特色的职业道德，即“济世养身、精益求精、童叟无欺、一视同仁”。

（五）团体意识

团体即组织，团体意识是指组织成员的集体观念。团体意识是企业内部凝聚力形成的重要心理因素。企业团体意识的形成使企业的每个职工把自己的工作和行为都看成是实现企业目标的一个组成部分，使他们对自己作为企业的成员而感到自豪，对企业的成就产生荣誉感，从而把企业看成是自己利益的共同体和归属。因此，员工们就会为实现企业的目标而努力奋斗，自觉地克服同实现企业目标不一致的行为。

（六）企业形象

（1）企业形象是企业通过外部特征和经营实力表现出来的，被消费者和公众所认同的企业总体印象。由外部特征表现出来的企业的形象叫作表层形象，如招牌、门面、徽标、广告、商标、服饰、营业环境等，这些特征都给人以直观的感觉，容易形成印象；通过经营实力表现出来的形象称深层形象，它是企业内部要素的集中体现，如人员素质、生产经营能力、管理水平、资本实力、产品质量等。表层形象是以深层形象为基础，没有深层形象这个基础，表层形象就是虚假的，不能长久地保持。流通企业由于主要是经营商品和提供服务，与顾客接触较多，所以表层形象显得格外重要，但这绝不是说深层形象可以放在次要的位置。北京西单商场以“诚实待人、诚心感人、诚信送人、诚恳让人”来树立全心全意为顾客服务的企业形象，而这种服务是建立在优美的购物环境、可靠的商品质量、实实在在的价格基础上的，即以强大的物质基础和经营实力作为优质服务的保证，达到表层形象和深层形象的结合，赢得了广大顾客的信任。

（2）企业形象还包括企业形象的视觉识别系统，如 VIS 系统，是企业对外宣传的视觉标识，是社会对该企业的视觉认知的导入渠道之一，也标志着该企业是否进入现代化管理的标志内容。

（七）企业制度

企业制度是在生产经营实践活动中所形成的，对人的行为具有强制性，并能保障一定权利的各种规定。从企业文化的层次结构看，企业制度属中间层次，它是精神文化的表现形式，是物质文化实现的保证。企业制度作为职工行为规范的模式，使个人的活动得以合理进行，内外人际关系得以协调，员工的共同利益受到保护，从而使企业有序地组织起来为实现企业目标而努力。

（八）文化结构

企业文化结构是指企业文化系统内各要素之间的时空顺序、主次地位与结合方式。企业文化结构是企业文化的构成、形式、层次、内容、类型等的比例关系和位置关系，它表明各个要素如何链接，形成企业文化的整体模式，即企业物质文化、企业行为文化、企业制度文化、企业精神文化形态。

（九）企业使命

所谓企业使命，是指企业在社会经济发展中所应担当的角色和责任，是指企业的根本性质和存在的理由，说明企业的经营领域、经营思想，为企业目标的确立与战略的制定提供依据。企业使命要阐明企业在全社会经济领域中所经营的活动范围和层次，具体的表述企业在社会经济活动中的身份或角色。企业使命包括的内容为企业的经营哲学、企业的宗旨和企业的形象。

二、企业文化的主要类型

（一）按照企业任务和经营方式划分

（1）硬汉型文化。这种文化鼓励内部竞争和创新，鼓励冒险。这种企业文化特点是：竞争性较强，产品更新快。

(2) 努力工作尽情享受型文化。这种文化把工作与娱乐并重，鼓励职工完成风险较小的工作。这种企业文化特点是：竞争性不强，产品比较稳定。

(3) 赌注型文化。它具有在周密分析基础上孤注一掷的特点，一般投资大、见效慢。

(4) 过程型文化。这种文化着眼于如何做，基本没有工作的反馈，职工难以衡量他们所做的工作。这种企业文化特点是：机关性较强，按部就班就可以完成任务。

(二) 按照企业的状态和作风划分

(1) 活力型。特点是：重组织、追求革新，有明确的目标，面向外部，上下左右沟通良好，责任心强。

(2) 停滞型。特点是：急功近利，无远大目标，带有利己倾向，自我保全、面向内部，行动迟缓，不负责任。

(3) 官僚型。特点是：例行公事，官样文章。

(三) 按照企业的性质和规模划分

(1) 温室型。这是传统国有企业所特有的。对外部环境不感兴趣，缺乏冒险精神，缺乏激励和约束。

(2) 拾穗者型。这是中小型企业所特有的。战略随环境变动而转移，其组织结构缺乏秩序，职能比较分散。价值体系的基础是尊重领导人。

(3) 菜园型。力图维护在传统市场的统治地位，家长式经营，工作人员的激励处于较低水平。

(4) 大型种植物型。这是大企业所特有的，其特点是：不断适应新的环境变化，工作人员的主动性、积极性都受到鼓励。

(四) 按企业对各种因素重视程度划分

(1) 科层型。垄断的市场中从事经营的公司所拥有。非个性化的管理作风，金字塔式的组织结构，注重对标准、规范和刻板程序的遵循，组织内部缺乏竞争，员工暗地勾心斗角。

(2) 职业经理型。工作导向有明确的标准，严格的奖惩制度，组织结构富于灵活性，内部竞争激烈。

(3) 技术型。技术专家掌权，家长式作风，着重依赖技术秘诀，职能制组织结构。

三、企业文化的层次

学习型组织的塑造是企业文化建设的宗旨和追求的目标，是构成企业文化建设的重要内容。企业文化建设的内容主要包括物质层、行为层、制度层和精神层四个层次的文化。

(一) 物质层文化

物质文化是产品和各种物质设施等构成的器物文化，是一种以物质形态加以表现的表层文化。

企业生产的产品和提供的服务是企业生产经营的成果，是物质文化的首要内容。其次企业的生产环境、企业容貌、企业建筑、企业广告、产品包装与设计等也构成企业物质文化的重要内容。

（二）行为层文化

企业行为包括企业与企业之间、企业与顾客之间、企业与政府之间、企业与社会之间的行为。行为层文化是指员工在生产经营及学习娱乐活动中产生的活动文化；指企业经营、教育宣传、人际关系活动、文娱体育活动中产生的文化现象。包括企业行为的规范、企业人际关系规范和服务行为规范。

（1）企业行为的规范是指围绕企业自身目标、企业的社会责任、保护消费者的利益等方面所形成的基本行为规范。企业行为的规范从人员结构上划分为企业家的行为、企业模范人物行为和员工行为等。

（2）企业人际关系分为对内关系与对外关系两部分。对内关系，指企业内各部门之间，各部门内部人与人之间的关系；对外关系主要指企业经营面对不同的社会阶层、市场环境、国家机关、文化传播机构、主管部门、消费者、经销者、股东、金融机构、同行竞争者等方面所形成的关系。

（3）服务行为规范。服务行为规范是指企业在为顾客提供服务过程中形成的行为规范。是企业服务工作质量的重要保证。

（三）制度层文化

制度层文化主要包括企业领导体制、企业组织机构和企业管理制度三个方面。企业制度文化是企业为实现自身目标对员工行为给予一定限制的文化，它具有共性，强有力的对企业每位员工进行行为规范。企业制度文化的内容是企业工艺操作流程、厂纪厂规、经济责任制、考核奖惩等。

（1）企业领导体制是企业领导方式、领导结构、领导制度的总称。

（2）企业组织结构是企业为有效实现企业目标而筹划建立的企业内部各组成部分及其关系。企业组织结构的选择与企业文化的导向相匹配。

（3）管理制度是企业为求得最大利益，在生产管理实践活动中制定的各种带有强制性的义务，并能保障一定权利的各项规定或条例，包括企业的人事制度、生产管理制度、民主管理制度等一切规章制度。企业的制度文化是行为文化得以贯彻的保证。

（四）精神层文化

核心层精神文化是指企业生产经营过程中，受一定的社会文化背景、意识形态影响而长期形成的一种精神成果和文化观念。包括企业精神、企业经营哲学、企业道德、企业价值观念、企业风貌等内容，是企业意识形态的总和。

第三节　企业文化战略

一、企业文化战略的概念

企业文化战略是指在正确理解和把握企业现有文化的基础上，结合企业任务和总体战略，分析现有企业文化的差距，提出并建立企业文化的目标模式、企业文化战略的概念可以从以下三个方面理解。

（一）企业文化战略是一个从属性的战略

企业管理作为一种手段，从管理性能上可以分为“软”、“硬”两个系统；若从管理战略上看，可以划分为“软战略”和“硬战略”两个系统。企业文化战略属于“软战略”的范畴，它的制度与实施从属于企业整体的发展战略。

（二）企业文化战略是一种目标模式

企业文化战略规定了在某一中长期阶段内，企业应该构筑一种什么样的文化形象，这种文化形象对企业的发展起到什么样的作用等。

（三）企业文化战略包含“策略”成分

“策略”即为营造或改变企业文化采取的步骤、手段以及其他配套的系统工作，如评估、评价等。

在企业成长过程中，文化对企业产生的许多影响都被置于企业行为动机的原始部位，它处于行为动机的意识层面之下，以至于文化的作用往往被人们所忽视。但事实上，由于文化本身所具有的无形性、软约束性、相对稳定性和连续性等，使文化始终以一种不可抗逆的方式影响着企业。特别是当企业进行改革时，若这种改革与企业文化不能一致，便会产生阻碍改革的现象。如何使企业的战略与文化协调一致，是企业所要解决的一个重要问题。一般说来，可有以下两种方式进行协调：

（1）企业目前的文化仍能适应企业的经营要求，且企业文化已根深蒂固，在这种情况下，企业战略作相应的调整，以适应现存的文化；

（2）调整企业文化适应战略，调整一个公司的文化去适应一个新战略比改变战略去适应公司现存的文化更为有效。

由于企业文化战略的基本信念、价值观与企业战略目标一致，并体现在企业成员的行为方式中，企业成员以更大的热情去完成企业的战略计划，使企业取得良好的经营绩效。

二、企业文化战略与企业整体战略的关系

20 世纪 80 年代西方企业在研究企业文化过程中把企业文化战略作为企业整体发展战略的重要组成部分来认识和实施，使其企业扭转败局，从而得到快速发展。

（一）企业文化战略是企业经营战略的基础

企业发展战略，是企业发展的整体战略，是以某一阶段的效益为衡量标准的。企业的发展目标一旦确定，就需要去实施，实施过程中遇到的各种困难和问题，如技术问题、管理问题等，要解决这些问题，仅靠物质刺激和惩罚手段是不够的，还需要一种动力、一种精神、一种文化，这就是企业文化战略。优秀的企业文化一旦形成，就会逐渐成为企业的优良传统，成为企业实现长期发展战略的保证。

（二）企业文化战略是建立良好企业文化的前提

一个企业要想建立自己的企业文化，必须要有一个目标，即企业文化战略。这是因为企业文化是随企业的产生而产生的，但这种企业文化仅仅是企业自发产生的一种文化现象，还不是现代管理学意义上的企业文化，它只是管理总过程中的一种副产品，是一种良好的风气。而现代管理学意义上的企业文化是一种管理理论，是在原有企业文化的基础上建立起来的。

三、企业文化战略的制定

企业文化战略的制定是企业文化战略的重要环节和关键步骤，也是战略决策的主要内容，一般而言，企业文化战略的制定包括以下几个相互衔接的环节。

（一）树立正确的企业文化战略思想

由于企业文化体现了企业的共同价值准则和精神观念，对企业职工有着强烈的内聚力、向心力和持久力，具有无形的导向、凝聚和约束功能，因此，正确、健康、向上的企业文化战略思想对于创建优秀的企业文化具有重要的指导作用。尤其是对于当前我国的企业来说，弘扬时代精神，振奋民族意识，体现职工主人翁思想，坚持集体主义价值标准，将是中国企业文化战略思想的主旋律。

（二）确定企业文化战略模式

由于各种企业所面临的环境不同，企业发展的阶段也有所差别，企业职工的文化素质参差不齐，因此企业文化的战略模式也各有千秋。一般而言，企业文化战略模式包括以下几种：

（1）先导型。全力以赴追求企业文化的先进性和领导性，如抢先型、改革型、风险型的战略模式。

（2）探索型。敢于开拓，敢于创新，敢于独树一帜，与众不同。

（3）稳定型。按照自己的运行规律步步为营，稳扎稳打。

（4）追随型。并不抢先实施企业文化战略，而是当出现成功的经验时立即进行模仿或加以改进。

（5）惰性型。奉行稳妥主义，不冒风险，安于现状。

（6）多元型。没有一成不变的战略模式，坚持实用态度，或综合进行，或任其发展，哪种有用就采用哪种模式。

（三）划分企业文化战略阶段

由于不同的企业发展具有不平衡性，企业文化的进程有先有后，就是同一个企业的发展也有不同的发展阶段，企业文化战略的实施进程有快有慢，因此应当实事求是地认真分析自己企业所处的战略阶段，以利于企业文化战略的持续进行。一般而言，企业文化战略阶段包括：初创阶段、上升阶段、成熟阶段、衰退阶段、变革阶段。

（四）制定企业文化战略方案

为了达到企业文化战略的目标，应当依据对企业内部和外部条件的分析与预测，制定出科学、满意的企业文化战略方案。方案的制订可以根据企业不同时期的不同重点，划分为总体战略方案和各部门、各单位、各下属的分体战略方案，或者是全领域战略和局部领域战略方案。制订方案要贯彻可行性原则，既要把握方案实施的时机是否成熟，又要注意该方案在实践中能否行得通，同时还要兼顾必要的应变方案。最后通过一定的评估，选出最佳方案。

（五）明确企业文化战略重点

所谓企业文化战略重点，是指那些对于实现战略目标具有关键作用而又有发展优势或者自身发展薄弱而需要着重加强的方面、环节和部分。对于不同的企业来说，战略重点的侧重点有所不同，有的重点在于培养企业精神、企业意识、企业道德，有的重点在于塑造企业形象、规范企业制度，有的重点在于树立厂风厂貌、端正经营风尚、提高企业素质等。因此，抓准战略重点，不仅有助于企业文化战略的重点突破，而且也会找到企业走上振兴之路的关键。

（六）选择卓有成效的企业文化战略策略

企业文化战略策略是实现战略指导思想和战略目标而采取的重要措施、手段和技巧。企业应当根据战略环境的不同，选择别具一格和新颖独特的战略策略，以达成战略目标以及推行战略行动。一般而言，企业文化战略、企业文化策略所遵循的原则包括：

（1）针对性。必须针对实现战略指导思想和战略目标的需要。

（2）灵活性。要因时、因事、因地随机应变，以适应内外环境变化多端的特征。

（3）适当性。要讲求实效恰到好处，不过分追新、夸张或搞形式。

（4）多元性。各种策略技巧相互配套，有机结合，谋求最佳配合和整体优势。

四、企业文化战略的实施

企业在选择了正确的企业文化战略之后，就应当转入战略实施，并保证战略的成功。一般而言，企业文化战略的实施包括以下几种措施。

（一）建立战略实施的计划体系

通过把战略方案的长期目标分解为各种短期计划、行动方案和操作程序，使各级管理人员和职工明确各自的责任体系和任务网络，以保证各种实施活动与企业文化战略指导思想和战略重点的相互一致。

（二）通过一定的组织机构实施

企业文化战略的实施，要求建立一个高效率的组织机构，通过相互协调、相互信任和合理授权，以保证企业文化战略的顺利实施。

（三）提供必要的物质条件、硬件设施和财务支持

这既是塑造企业形象的内在要求，也是企业文化战略实施的物质基础。

（四）努力创造有利于实施企业文化战略的文化氛围和环境

通过一定的教育和灌输方式，大力宣传企业文化战略的具体内容和要求，使之家喻户晓，使全体职工深刻理解企业文化战略的实质。

第四节　企业文化建设

一、企业文化建设的原则及策划与设计

（一）企业文化建设的原则

（1）文化管理要与企业战略管理相结合。

（2）企业文化要面向未来并体现行业特点和企业个性。

（3）发挥企业领导群体的核心作用。

（4）文化管理与形象管理相互促进。

（5）文化体系的建立要反映全体员工的共同愿望。

（6）共识原则。

（二）企业文化体系的策划与设计

（1）企业理念体系的主要内容。

（2）如何定义企业使命。

（3）如何构建企业的共同愿景。

（4）如何设计企业的核心价值观。

（5）如何设计企业精神。

（6）企业文化策划实例。

二、企业文化的实践和塑造

（一）企业文化的实践

从企业文化建设宏观的角度来分析，大致可以分为以下四个相互影响与提升的螺旋阶段。

第一个阶段，不自觉的或称无意识的文化创造。企业在创立和发展过程中逐渐形成一套行之有效、组织内部广泛认可的一些组织运营的理念、思想。这一阶段的基本特点是：具有鲜活的个性特征，零散的而非系统的，在组织内部可能是未经正式发布的或声明的规则。在这一个过程中，企业关注的是发展进程中那些难忘的、重大的事件或者案例背后所体现出的文化气质或者精神价值。这些事件或者案例的背后往往是组织者在面临着巨大的利益冲突和矛盾的情境下发生的，这种冲突和矛盾下的企业选择正是企业价值观的具体体现。

第二阶段，自觉的文化提炼与总结。企业经过一段时间的发展，在取得一定的市场进步或者成功时候，就需要及时的总结和提炼企业市场成功的核心要素有哪些。这些成功要素是组织者在一定时期内成功的工具和方法，具有可参考或者复制的一般性意义。更重要的是，企业往往在取得市场成功的同时，吸引了更大范围、更多数量的成员加盟。各种管理理念与工作方法交汇冲突，企业如果缺乏共同的价值共识，往往会发生内部离散效应。这一阶段对企业而言最重要的就是自觉地进行文化的梳理与总结，通过集体的系统思考进行价值观的发掘与讨论，并在共同的使命和愿景的引领下确定共同的价值共识。

第三阶段，文化落地执行与冲突管理。日益庞大的组织规模和多元化的员工结构，为文化的传播和价值理念的共享提出了新的挑战，前期总结和提炼的价值理念体系如何得到更大范围内组织成员的认同就成了这一阶段最为重要的事情。文化落地与传播的手段和工具不计其数，从实践来看，企业在文化落地阶段应该遵循“从易到难、由内而外、循序渐进”的原则开展文化落地建设。

（1）文化传播平台和渠道的建设。企业首先要建设一个打通内外、联系上下的传播平台。所谓打通内外，就是要发挥好文化对内凝聚人心、对外传播形象的作用，既要在内部传播，更要重视对外的展示。所谓联系上下，就是要建立一套高层与员工能够平等互动的文化沟通管道。从实践来看这样几个平台是必不可少的：信息交流与沟通平台；文化案例与杰出人物代表；日常活动建设以及专题活动建设等。

（2）价值观的识别与管理。组织者在确立自我的价值体系之后，要能有效地识别和管理组织内部的价值观。最重要就是做好人才输入时的价值观甄选、组织内部日常的价值观检测，以及员工的价值观培养与矫正等三项工作。首先，价值观测评是一个对人才进行有效甄选的工具和方法，保证进入的员工在价值观与理念方面与企业具有较强的一致性或较高的匹配度；其次，岗位素质模型也是落实文化理念与价值规范的良好载体。

第四阶段，文化的再造与重塑。文化建设对企业而言是一个没有终极答案的建设过程。关乎企业生存与发展的核心命题对企业的领导者而言是一个需要不断思考、不断总结、不断否定与肯定的过程，任何一个阶段性的总结和提炼，并不代表着企业的经营者们掌握了全部真相或绝对真理。因此，一个健康的组织一定是有一个“活的”的文化体系与之相伴相生，这个活的文化体系需要有自动进化的能力，需要企业持续不断地进行系统思考，并根据组织内外的环境与组织发展的需要进行文化的更新、进化甚至是再造。

企业文化更新的频率要有规律。企业文化建设进程是企业主动进行的一次从实践到理论，进而再通过理论指导实践的一个过程，文化落地阶段正是理论（总结提炼了的文化思想体系）指导实践的过程。只有牢牢把握价值观管理这个核心，企业文化的建设才不会出现大的偏差或者失误。

（二）企业文化的塑造

企业文化中的理念和习惯可以在各处生根发芽，它可以产生于一个有影响力的个人、工作集体、部门或分支机构；它可以产生于组织等级的低层或高层。很多公司文化的组成因素与一名奠基者或其他早期领导者相联系，他们将这些因素清楚地表达为一种公司哲学或一套组织必须遵守的原理或公司政策形式，有时文化的组成因素发源于公司的远景展望，是其战略目的和战略的核心内容。

随着时间的流逝，这些文化的基础开始生根，再渗入到公司的经营中，被公司的领导和职工分享，然后当新员工被鼓励信奉它们时得到延续。

优秀的企业文化首先应该让全体员工理解何谓企业文化，为什么要进行企业文化建设等。了解企业文化需要注意以下几个方面：

第一，文化总是相对于一定时间段而言。我们所指的企业文化通常是现阶段的文化，而不是指企业过去的历史文化，也不是指将来企业可能形成的新文化。

第二，只有达成共识的要素才能称为文化。企业新提出的东西，如果没有达成共识，就不能称之为文化，只能说是将来有可能成为文化的文化种子。企业文化代表企业共同的价值判断和价值取向，即多数员工的共识。当然，共识通常是相对而言的。在现实生活中，通常很难想象一个企业所有员工都只有一种思想、一种判断。由于人的素质参差不齐，人的追求多元化，人的观念更是复杂多样，因此，企业文化通常只能是相对的共识，即多数人的共识。

第三，文化总是相对于一定范围而言。我们所指的企业文化通常是企业员工所普遍认同的部分。如果只是企业领导层认同，那么它只能称为领导文化；如果只是企业中某个部门中的员工普遍认同，那么它只能称为该部门的文化。依据认同的范围不同，企业中的文化通常可以分为领导文化、中层管理者文化、基层管理者文化，或部门文化、分公司文化、子公司文化、企业文化等。

第四，文化必定具有内在性。企业所倡导的理念和行为方式一旦达成普遍的共识，成为企业的文化，则这些理念和行为方式将会得到全体员工的自觉遵循。

三、企业文化的实施和管理

（一）企业文化的实施

（1）制定企业文化手册。

（2）发挥企业文化习俗与仪式的作用。

（3）精心策划企业文化节日。

（4）领导者要做本单位企业文化的领袖。

（5）积极培育企业楷模。

（6）企业文化进行制度化。

企业文化体系形成后，要进行宣传、教育、灌输，达成共识，并总结提高，定型和完善。

（二）企业文化的管理

（1）企业文化运作的功能，是将企业价值观渗透到企业经营管理的各个方面、各个层次和全过程，用文化的手段、功能、力量，去促进企业整体素质、管理水平和经济效益的提高。企业文化运作包括：①激励机制。企业文化管理的首要任务是调动人的积极性，其激励方式有目标激励、参与激励、强化激励、领导者言行激励；②纪律约束机制。要有明确的规范，落实上不走样，将企业理念贯穿到制度、纪律与行为规范中；③凝聚机制。确立广大职工认同的企业价值观、企业目标、企业人际关系。

（2）在企业文化管理上，一要处理好借鉴与创新的关系，把握企业文化的个性化、特色化；二要处理好用文化手段管理文化，坚持以文化引导人、培育人；三要处理好虚与实、无形与有形的关系，坚持内外双修、软硬管理相结合。

四、企业文化的认知错误和发展趋势

（一）企业文化的认知错误

（1）企业文化是企业的识别系统。

（2）企业文化是包装企业的方法。

（3）企业文化是企业的思维系统。

（4）企业文化是企业的文化活动。

（5）企业文化是企业的形象设计。

（6）企业文化是企业产品的文化品。

（二）企业文化的发展趋势

1. 企业文化愈发重要

随着企业内部人员的不断更替，未来企业的员工配置将是以“90后”为主，员工与前人相比，凸显出极强的自我意识以及不安现状、浮躁虚荣等缺点，同时还缺乏团队协作和实干精神，这种独特的个性将给企业带来巨大的压力。“90后”自身存在很多缺点，但是他们同时拥有追求快乐、思维活跃、敢于创新的优秀品质，因此关键在于如何正确引导。什么能对“90后”进行正确引导，这就是企业文化。首先要让“90后”从内心深处认同和理解所在企业的企业文化。因此，对于中国企业未来的发展而言，企业文化的塑造和执行将成为制约企业成长的核心要素。

2. “领导者”文化还将盛行

企业文化具有鲜明的个性和差异性。不同的企业具有不同的成长经历和企业文化，而这往往是由企业经营者的文化素质、性格特征以及处理事情的能力等所决定的。西方学者罗伯特·布莱克（Robert Blake）与简·穆顿（Jane S. Mouton）在《新管理风格》中就提到："企业领导人的风格对企业的经营风格具有决定作用。"这就是在中国企业中普遍存在的"领道者"文化现象。

在中国，由于其独有的历史原因和文化背景，人们往往将领导者的重要性看得很高，认为领导者指引组织方向，决定组织战略，执行战略决策，主导企业文化，其个人魅力直接决定企业的氛围。总而言之，领导者是企业生存发展的核心。此观点显然偏颇，过分依赖领导者的作用，忽略企业自身发展以及能力的建设，必然会带来不良的后果。但这对于有着以"领导者为大"思想的中国企业来说有其存在的意义。例如，海尔的成功常常被定义为企业文化的成功，而海尔的企业文化就是张瑞敏文化。对于一个民族来说，这种观点的改变并不是一朝一夕的事情，因此中国企业的文化建设还将经历一段领导者文化为先的时期。

本章小结

企业文化的功能：导向功能、约束功能、凝聚功能、激励功能、调适功能和辐射功能。

企业文化的特征：独特性、继承性、相融性、人本性、整体性和创新性。

企业文化的主要内容：经营哲学、价值观念、企业精神、企业道德、团体意识、企业形象、企业制度、文化结构和企业使命。

企业文化主要类型，按照企业任务和经营方式：硬汉型文化、努力工作尽情享受型文化、赌注型文化和过程型文化。

企业的状态和作风：活力型、停滞型和官僚型。

企业的性质和规模：温室型、拾穗者型、菜园型和大型种植物型。

企业对各种因素的重视：科层型、职业经理型和技术型。

企业文化的层次：物质层文化、行为层文化、制度层文化和核心层精神文化。

企业文化战略的概念的理解：企业文化战略是一个从属性的战略、企业文化战略是一种目标模式，企业文化战略包含有"策略"的成分。

划分企业文化战略阶段：初创阶段、上升阶段、成熟阶段、衰退阶段、变革阶段。

企业文化的认知错误：简单理解企业文化是企业的识别系统，片面地认为：企业文化是包装、企业的思维系统、企业的文化活动、企业的形象设计、企业产品的文化品。

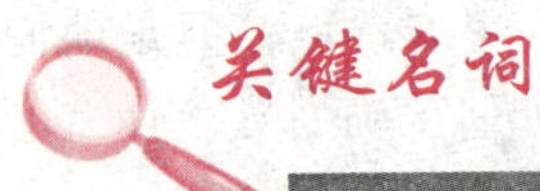

关键名词

企业文化　文化战略　文化建设

即测即评

选择题

判断题

思考题

一、简答题

1. 企业文化的含义是什么？
2. 企业文化有哪些功能？
3. 企业文化具备哪些内容？
4. 企业文化可分为哪几个层次？
5. 企业文化建设的原则是什么？
6. 企业文化战略与企业整体战略的关系如何？
7. 如何制定企业文化战略？
8. 如何实施企业文化战略？

二、论述题

试述如何实施企业文化战略。

案例分析

支撑变革——创建适当的企业文化发展战略

强大的企业文化发展战略是企业的优势所在，可以帮助企业创造并维持一流的业绩。尽管所有企业领导人都对此心知肚明而且反复讨论，也有不少领导人竭尽全力想要创建高绩效的企业文化发展战略，但成功的案例寥寥可数。原因何在？是目标太宏伟以致于难以实现吗？答案并非如此。建立强大的企业文化发展战略的关键在于企业在塑造员工行为的过程中，员工的态度转变与成文的规章制度同样重要。

建立合适的企业文化发展战略对于任何企业而言都意义重大，因此，许多组织都不惜加大投资构建自己的企业文化发展战略，并希望借此激励员工的行为，但是究竟有多少组织能够真正从这一投资中获得最大价值呢？企业在制定并传达企业愿景与价值观时花费的人力物力，是否能真正转变员工的行为呢？或者说，是否有隐藏的原因导致该项投资无效？如果文化建设投资确实带来了某些改变，那么是促进了提高业绩与落实了战略，还是不慎刺激了破坏性的行为？

建设企业文化发展战略，特别是塑造企业竞争优势的企业文化发展战略，需要充分了解企业文化发展战略的形成，包括员工的态度和观点在企业文化发展战略建设过程中所起的重要作用。企业如果花时间去了解企业文化发展战略建设流程并培养高度敬业的员工，企业就能实现大幅的绩效提升。企业如果建设了与其商业战略一致的企业文化发展战略，则能获得更大回报，即全体员工齐心协力，朝着共同的企业战略目标前进！

（一）建设合适的企业文化发展战略的意义

大量的研究和企业案例表明，高度敬业的员工与企业绩效之间存在着必然联系。我们直觉上认为高度敬业的员工有助于改善客户服务，带来更大的创造力，提出更多的组织倡议，提供更优品质，缺勤率更低，而且能为本公司服务更长时间。美国企业领导力协会（corporate Leadership Council）和 Gallup 咨询公司等研究机构都支持这一说法。我们也知道员工的齐心协力可以为企业带来更优的财务绩效。全球专业咨询服务公司韬睿惠悦（Towers Watson—ISR）在其发布的员工敬业度报告（Employee Engagement Report）中称，在所有被调研公司中，凡是员工敬业度高的公司均提升了 19.2% 的经营收入，而敬业度低的公司则在同期 12 个月内的经营收入下滑了 32.7%。实质上，员工敬业度高的公司获得的经营收入高于敬业度低的公司 50%。其他大量研究也得出了类似的结果，而许多组织建设企业文化发展战略的经历，则进一步强调了这一因果关系。例如，由英国政府发布的 MacLeod 研究报告就采用了大量案例，详尽地说明了广泛的员工敬业度为企业带来的收益。

（二）战略与文化协调性：弥合“文化鸿沟”

事实证明，企业仅仅拥有一支高度敬业的员工团队是远远不够的。企业还必须确保企业文化发展战略与战略协调一致。如果一名员工全身心地朝着错误的方向前进——尽管该员工热情洋溢，但却与战略意图背道而驰，那么肯定会对企业整体业绩带来不利影响。只有当员工热情洋溢，且全身心地朝着正确的方向前进才能帮助企业提升业绩，并积极推动组织实现战略目标。确实，企业战略与文化的恰当结合才是企业成功的一剂良方。企业在动态的市场环境下追求创新战略，只有创造一个员工突破枷锁、管理层鼓励新思路和建设性的冒险行为的企业环境才能成功。同样，企业追求高容量低成本流程，只有员工在高效且可重复的生产环境下工作，并怀有持续改善成本的想法，在这种纪律严明的文化氛围中才能取得成功。很多战略与文化的组合具有明显的直觉性。然而当企业文化发展战略无法与战略协调一致时就会出现“文化鸿沟”，结果导致绩效风险的发生。

鉴于市场不断变化，战略需要对此作出相应调整，因此保持企业文化发展战略与战略的一致性是企业面临的一大挑战。企业文化发展战略的变更，尤其是在大型且复杂的组织内部，通常是一个缓慢且循序渐进的过程。

战略意图和战略方向的重大改变通常会不可避免地导致文化不协调。只有那些意识到文化不协调的不良后果，且积极致力于加快文化与战略重新协调的企业，才能在这场博弈中占据有利地位，而且，企业只有深谙文化背后的推动因素，才能加快缩小文化差距。

宝洁公司就是一个很好的例证。2000 年，当雷富礼（A. G. Lafley）被任命为公司 CEO

的时候，他继承了宝洁公司产品种类广泛、消费群体多元的全球业务，但是公司当时推出新品牌和新产品的成功率仅为15%～20%。当时，宝洁公司绝大多数的员工都将自身工作宽泛地界定为开发与实现。12000位研发人员和工程师承担起了品牌和产品创新的重担，且将此视为宝洁公司赢得市场优势的内在核心能力。该年度，公司仅10%的创新想法来源于外部。

雷富礼（A. G. Lafley）充分意识到了变革的需求。他在所有创新决策中优先考虑顾客的看法（即将顾客体验凌驾于技术革新之上），此外他还将创新融入公司战略之中。为了取得成功，宝洁公司需要确保所有创新理念均能深入体现顾客需求及看法，且公司高层领导人需要加快创新步伐。所有这些努力都不能仅局限于企业内部。而且除非整个组织都采取新的工作方式，否则变革无法进行。宝洁公司特此推出了“联系+开发（C+D）”的研发战略，由内部组织和外部合作伙伴共同创新。上述提及的研发战略需要，一个内部组织及外部伙伴之间充分信任且开放沟通的文化环境。这一战略需要员工从根本上作出改变，即增加对终端顾客的关注，提升对新创意的好奇心和开放度，以极大幅度加强内外部协作。因此，先前公司盛行的“非此处发明（Not Invented Here）”的沮丧心态的文化转变成了“发现在别处（Proudly Found Elsewhere）”积极企业文化发展战略。组织结构、体系、沟通、甚至招聘流程，都强制实施了新的文化及理想的行为模式。结果，宝洁公司弥合了旧思维与创新型战略之间的鸿沟，取得了组织文化与战略相互协调的胜利。今天，宝洁公司在“C+D”研发战略的推动下成功地与外部伙伴签订了1000多项协议。在雷富礼任职期间，公司营业额翻一番，利润翻两番，市值增长了1000多亿美元。

保持与员工之间的情感联系，以及改变员工的心态，是弥合“文化鸿沟”的关键所在，进而能够改变员工的承诺和行为。史蒂夫·乔布斯在20世纪90年代末重返苹果公司的时候也是这样做的。当时的苹果公司正在激烈的市场竞争中挣扎，深陷于产品不佳、生产积压、市场份额下跌、营业额缩水以及人才流失的困境。1996年，该公司未能赢利。由于公司管理层的频繁更换，公司缺乏明确的战略。顾客甚至都怀疑苹果公司的品牌意义。同时，公司本身的企业文化发展战略也模糊不清，公司领导层、管理层和全体员工之间完全不统一。很多产品甚至已经失去了对顾客的吸引力。1997年，随着亏损额的不断攀升，人们开始普遍认为苹果公司已经迷失了方向。

当乔布斯重新回到苹果董事会后，他立即着手业务转型。除了精简产品线、加大产品设计投资、取消授权业务以及与微软签订联盟协议以外，他还站在员工的立场上强有力地表达了他们在以上举措实施过程中所承担的义务，及其使命的重要性。乔布斯重新激励公司根深蒂固的创新型文化，鼓励所有员工全心全意地投入并推动与实现新的创新战略。在这些举措中，乔布斯推出了苹果公司十年来首个名为“不同凡响（Think Different）”的广告宣传，这一口号贴切地表达了乔布斯希望客户和公司员工对苹果品牌的态度。1998年，苹果公司重获赢利。

宝洁和苹果公司走过的转型之路并非罕见。随着市场的变化，各企业组织必须重新调整战略，加快或恢复业绩。此外，还必须调整企业文化发展战略，从而帮助新战略的实施。企业只有正确完成以上举措，才能真正改善业绩。

案例分析题：

1. 建设合适的企业文化发展战略有何意义？
2. 宝洁公司是如何实现企业文化战略与企业整体战略的协调性的？

第十章 物流战略

Chapter 10

教学目标

（1）明确企业物流战略如何分类。

（2）掌握物流战略规划的内容。

（3）了解如何实施物流战略。

（4）了解物流合理化的目标。

（5）掌握实现运输、仓储、装卸搬运、配送、包装和流通加工合理化的具体要求。

开篇案例

中远集团物流战略规划

中远集团为了贯彻落实“由拥有船向控制船转变，由全球航运承运人向全球物流经营人转变”的发展战略目标，更好地适应国际物流市场需求，进一步增强市场竞争力，中远集团对公司的物流发展采取了一系列的措施。

1995 年开始对所属陆上货运公司进行了重大改组和调整，这次整合从根本上解决了中远陆上货运资源布局不合理、利用不充分、重复投资、内部竞争、发展缓慢等弊病。1997 年对中远船队按照专业生产要求又进行了经营战略调整。同时，对海外地区的众多业务机构进行了归口管理并成立了香港、新加坡、美国、欧洲、日本、澳洲、非洲、西亚、韩国九大区域公司，通过理顺新体制形成了优势，改变了中远集团在计划经济下多年的企业组织结构，实现了中远集团跨国经营总体构架的全球业务分布新格局。中远集团还以国际化的远洋船队为依托，以科技创新和管理创新为突破口，不断加强服务体系建设，在全国 29 个省、市、自治区建立了包含 300 多个站点的物流服务网络体系，形成了功能齐全的信息系统；拥有运营车辆1222辆，其中集装箱货车850多辆，物流车辆339辆（配备GPS系统的为94辆），大件运输车32辆；仓储和堆场154万平方米；成功开行了6条以“中远号”命名的集装箱“五定班列”，并且培养了一支有多年实际经营和运作物流业务丰富经验的专业人才队伍。

为迎接加入WTO的挑战，中远集团推进了“由全球承运人向全球物流经营转变”的战略目标，2002年1月8日在北京正式组建中国远洋物流有限公司。重组的中远物流公司下设大连、北京、青岛、上海、宁波、厦门、广州、武汉8个区域公司，并确定中远物流的目标是“做中国最好的物流服务商、最好的船务代理人”，为国内外广大船东和货主提供更优质的服务。

尽管中远物流已与40多个国家的货运机构签订相互代理的协议，为拓展物流业务范围，树立中远物流品牌，中远公司增强了物流项目设计和管理、重点拓展汽车、家电、项目和展品物流市场，积极开拓冷藏品、危险品等专项物流领域。目前中远已分别与上海别克、一汽捷达、神龙富康、上海桑塔纳、沈阳金杯等众多汽车厂商及海尔、科龙、小天鹅、海信、奥柯玛以及长虹等家电企业建立了紧密的合作关系。中远与科龙还有小天鹅合资成立安泰达物流有限公司，这是我国首家由生产厂家与物流服务商组建的家电物流企业。在国家重大建设项目方面，中远在两年中先后中标，承担了秦山核电三期工程，江苏田弯核电站和长江三峡工程的物流运输项目，为国家重点工程建设作出了重要贡献。据了解，中远近期还将开辟2条中远铁路专线；依托高速公路网，逐渐建立完整、全方位的国内干线配送和城际快运通道；发展国际航运代理市场，促进以北京、上海、广州为三大集散中心的中远物流空运网络建设。

现代物流是依靠现代技术支撑的行业，没有科技支撑，物流业务将寸步难行。中远物流重点抓住两方面的工作，一方面是在建立完整的网上货运服务的基础上，建立中远物流船队数据中心，强化中远物流的客户服务水平，拓展中远物流的服务范围；另一方面是完善现代物流应用系统，包括两个内容：

（1）完善“5156”公共信息平台，为客户提供全面的物流服务。中远物流公司已经拥有了一套比较成熟的信息技术系统。他们将“网上仓储管理信息系统”、“网上汽运高度信息系统”、“网上结算”等功能模块进行集成，形成了“5156com. cn”物流网站，能够为客户提供便捷的网上物流交易电子商务平台，为物流项目的开发和运作提供了强有力的技术支持。同时，建立以北京物流总部为中心、覆盖8个区域公司的中远物流专网，逐步将“5156”物流平台建设成为中远物流业务操作、项目管理、客户服务及应用服务的公共信息平台。

（2）开发个性化物流信息系统，为重大客户提供物流服务。中远物流已经开始为厦华三宝计算机、百事可乐、本溪钢铁、上海通用汽车提供物流信息服务，并且正在为安泰达（科龙、小天鹅）物流项目实施物流信息系统规划设计。

为了推动中远物流系统的管理创新，激发企业的活力，增强竞争力，公司始终坚持“以人为本”的宗旨，建立完善新的绩效评价体系，加大培养物流骨干人才力度，以期有效促进传统业务的稳定增长和新业务的快速增长。

近年来，中远船队船舶载重吨位由过去的1700万吨增加到2300万吨，平均船龄由15.1年降低到11年，物流服务能力与服务水平实现了质的飞跃。

本章知识结构图

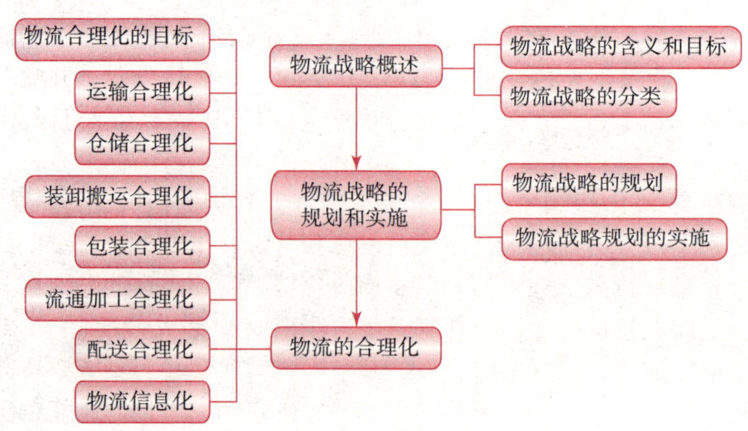

第一节　物流战略概述

一、物流战略的含义和目标

（一）物流和物流战略的含义

物流通常可理解为物在空间的有序移动。物流战略是指为寻求物流的可持续发展，就物流发展目标以及达成目标的途径与手段而制定的长远性、全局性的规划与谋略。

近十几年来，持续的环境变化和新型营销体制的确立，为物流企业在战略上不断求新、求变，带来巨大压力。首先是货主物流需求不断向高度化方向发展，追求在必要的时间配送必要量、必要商品的多频度少量运输的准时制运输。这种高水准的物流服务逐渐普及，并成为物流经营的一种标准。其次，经营环境和新型营销体制对战略的影响除了需求方面的因素外，供给方面也有相当大的作用，这主要表现在从事物流经营的企业之间竞争日益激烈。在这一背景下，企业该如何根据自身的经营特点，制定和实施科学的物流战略，成为企业谋求长远发展的重大课题。

（二）物流战略的目标

从总体上看，企业物流的革新与发展是紧紧围绕供、产、销、物紧密结合而开展的，其表现出来的战略目标主要有以下几个方面。

1. 成本最小

成本最小是指降低可变成本，主要包括运输和仓储成本，如物流网络系统的仓库选址、运输方式的选择等。面对诸多竞争者，公司应达到何种服务水平是早已确定的事情，成本最小就是在保持服务水平不变的前提下选出成本最小的方案。当然，利润最大一般是公司追求的主要目标。

2. 投资最少

投资最少是指对物流系统的直接硬件投资最小化，从而获得最大的投资回报率。在保持服务水平不变的前提下，我们可以采用多种方法来降低企业的投资。例如，不设库存而将产品直接送交客户，选择使用公共仓库而非自建仓库，运用 JIT 策略来避免库存，或利用第三方物流（TPL）服务等。显然，这些措施会导致可变成本的上升，但只要其上升值小于投资额，则这些方法均不妨一用。

3. 服务改善

服务改善是提高竞争力的有效措施。随着市场的完善和竞争的激烈，顾客在选择公司时，除了考虑价格因素外，及时准确的到货也越来越成为公司的有力的筹码。当然高的服务水平要有高成本作为保证，因此，权衡综合利弊对企业来说是至关重要的。服务改善的指标值通常是用顾客需求的满足率来评价，但最终的评价指标是企业的年收入。

总之，企业物流战略的制定作为企业总体战略的重要部分，要服从企业目标和一定的顾客服务水平，企业总体战略决定了其在市场上的竞争能力。

二、物流战略的分类

（一）即时物流战略

自 20 世纪 80 年代中期以后，企业的经营管理逐步向精细化、柔性化方向发展，其中即时制管理（Just In Time）得到了广泛的重视和运用。它的基本思想是在必要的时间、对必要的产品，从事必要量的生产或经营，因而不存在生产、经营过程中产生浪费和造成成本上升的库存，即所谓的零库存。即时制管理是即时生产、即时物流的综合体。即时化的物流战略又表现为以下两个方面。

1. 即时采购

即时采购是一种先进的采购模式，其基本思想是在恰当的时间、恰当的地点，以恰当的数量、恰当的质量从上游厂商向企业提供恰当的产品。它是从准时化生产发展而来的，是为了消除库存和不必要的浪费而进行持续性改进的结果。准时化生产是为了及时应对市场变化而组织的一种以小批量、多品种为生产特点的作业管理体制，其特点表现为：在生产方式上，采取在生产线上同时加工由多个品种组成的生产批量；在生产计划上，以天为单位制定每个品种的生产计划，而且允许生产计划随时变更；在生产工程上，各种零部件被放置在生产线旁的规定位置，不同的零部件以小批量的方式混合装载搬运。显然，准时化生产的一个重要之处在于物料或上端产品的采购必须是即时化的，即采购部门根据生产经营的情况形成订单时，供应商立刻着手准备作业，与此同时，在详细采购计划编制的过程中，生产部门开始调整生产线，做到敏捷生产，在订单交给供应商的时候，上游厂商以最短的时间将最优的产品交付给用户。所以，即时采购是整个即时制生产管理体系中的重要一环。

要做到即时采购，一方面，如何确立与上游供应商的关系十分重要。在传统的采购活动中，企业与供应商只是一种简单的买卖关系，所以，供应商的数量也较多。而在即时采购条件下，由于要求供应商的经营行为能充分对应下游企业的准时化生产，做到同步运作，一方面只有建立稳固的长期交易关系，才能保证质量上的一致性；另一方面，只有强化、指导对供应商作业系统的管理，才能逐步降低采购成本。因此，在即时采购条件下，企业是与少数供应商结成固定关系，甚至是单源供应。但是，在实际运作中，为了防止因为单源供应而产生竞争力弱化，或因意外原因产生生产停滞，一般都是采用数个供应商作为采购源，以加强供应商之间的竞争和能力的不断提高。除了通过供应商的选择来实现即时采购外，还有一个很重要的问题是如何对供应商实行有效的评价。通常在即时采购中企业对供应商绩效的监控，是通过供应商行为能力的划分来实施的，而这种能力已不仅仅是合约的履行能力（表现为质量、交货期等外在因素），还包括为使即时生产顺利而拥有的工程设计能力（即及时按照企业的设计图纸灵活组织作业生产的能力）、价值工程能力（即在企业设计的基础上改善设计、降低成本的能力）和部件设计的创新能力。

2. 即时销售

对于生产企业而言，物流管理的另一个重要机能就是销售物流。在构筑企业自身的物流系统、确立即时销售过程中，生产企业与零售企业出现了不同的发展趋势。对于生产企业而言，推行即时销售的一个最明显的措施是实行厂商物流中心的集约化，即将原来分散在各分公司或中小型物流中心的库存集中到大型物流中心，通过计算机等现代技术实现进货、保管、在库管理、发货管理等物流活动的效率化、省力化和智能化，原来的中小批发商或销售部以转为厂商销售公司的形式，专职从事销售促进、零售支持或订货等商流业务，从而提高销售对市场的反应能力以及对生产的促进作用；而在零售企业当中，物流中心有分散化、个性化发展的趋势，即物流系统的设立应充分对应一定商圈内店铺运营的需要，只有这样才能大大提高商品配送、流通加工的效率，减少销售中的损失，同时也使物流服务的速度迅速提高。当然，还应当看到的是，即时销售体制的建立除了通常所说的物流系统的构建外，信息系统的构筑也是必不可少的，如今很多企业一方面通过现代信息系统提高企业内部的销售物流效率，如 POS 系统、数字库存管理系统等；另一方面，也积极利用 EOS、EDI 等在生产企业与批发企业或零售企业之间实现订、发货自动化，真正做到销售的在线化、正确化和即时化。

（二）协同化物流战略

协同化物流是打破单个企业的绩效界限，通过相互协调、统一，创造出最适宜的物流运行结构。在如今流通形式多样化的情况下，各经济主体都在构筑自己富有效率的物流体系，反映到流通渠道中必然会积极推动有利于自身的物流活动和流通形式，因此会产生经济主体间的利益冲突。同时，不同规模的企业也会因为单个企业物流管理的封闭性产生非经济性。随着消费者消费个性化、多样化的发展，客观上要求企业在商品生产、经营和配送上必须充分满足消费者不断变化的需求，这无疑大大推动了多品种、少批量、多频度的配送。在这种即时化物流的背景下，一些中小型的企业面临着经营成本上升和竞争的巨大压力，一方面由于自身规模较小，不具备商品即时配送的能力，也没有相应的物流系统；另一方面，由于经验少、发展时间短等各种原因，也不拥有物流服务所必需的技术和知识，难以适应如今多频度少量配送的要求。即使有些企业具有这些能力，出于对成本的考虑，也要等到商品配送总和能达到企业配送规模经济要求才能够开展，这又有悖于即时化物流的宗旨。面对上述问题，作为企业物流战略发展的新方向，旨在弥合流通渠道中，企业间对立或企业规模与实际需要的矛盾，协同化或一体化物流应运而生。目前协同化的物流战略主要有三种形式。

1. 横向协同物流战略

所谓横向物流协同，是指同产业或不同产业的企业之间就物流管理达成协调、统一运营的机制。前者是产业内不同的企业之间为了有效地开展物流服务，降低多样化和及时配送产生的高额物流成本，而相互之间形成的一种通过物流中心的集中处理，实现低成本物流的系统。

从实践上来看，横向协同物流战略往往有两种形式，一是在承认并保留各企业原有的配送中心的前提下，实行商品别的集中配送和处理；二是各企业放弃自建配送中心，通过共同配送中心的建立，来实现物流管理的效率性和集中化。不同产业之间的协调物流是将不同企业生产经营的商品集中起来，通过物流或配送中心达成企业间物流管理的协调与规模效益。一般来讲，不同产业横向协同物流处理的商品范围比较广，而且从企业内部管理的角度看，更容易被接受。这主要是因为同产业协同物流由于相同类型企业的商品活动是集中进行的，因而各企业经营的情况以及商品流转的信息等易为竞争者所获得，即所谓的企业机密的泄漏，从而不利于企业经营战略的施展。相反，不同产业企业间的协同物流，由于相互之间分属于不同的产业，不存在直接的竞争替代性，因而既能保证物流集中处理的规模经济性，又能有效地维护各企业的利益以及经营战略的有效实施。

2. 纵向协同物流战略

纵向协同物流战略是流通渠道不同阶段企业相互协调，形成合作性、共同化的物流管理系统。这种协同作业所追求的目标不仅包括物流活动的效率性，即通过集中作业实现物流费用的递减，而且还包括物流活动的效果性，即商品能迅速、有效地从上游企业向下游企业转移，提高商品物流服务水准。纵向协同物流的形式主要有批发商与生产商之间的物流协作和零售商与批发商之间的物流协作等形式。

(1) 批发与厂商间的物流协作有两种形式：①在厂商力量较强的产业，为了强化批发物流机能或实现批发中心的效率化，厂商自身代行批发功能，或利用自己的信息网络，对批发企业多频度、小单位配送服务给予支援；②在厂商以中小企业为主、批发商力量较强的产业，由批发商集中处理多个生产商的物流活动。

(2) 零售与批发的协作表现形式有：①大型零售业建立自己的物流中心，批发商经销的商品都必须经由该中心，再向零售企业的各店铺进行配送。此外，与零售商交易的批发商数目尽可能减少，因此要求批发商从原来从事专业商品的经营转向多种类经营，使零售企业物流中心订货、收货等手续得到简化；②对于大型以外的中型零售企业来讲，它们不自己建立物流中心，而是由批发商建立某零售商专用型的物流中心，并借此代行零售物流。这种方法对于中型零售企业来讲，既可以有效利用批发商所持有的物流经验，又能享受免去本企业物流中心集配商品环节所带来的利益。

3. 通过第三方物流实现协同化

第三方物流是通过协调企业之间的物流运输和提供物流服务，把企业的物流业务外包给专门的物流管理部门来承担。它提供了一种集成物流作业模式，使供应链的小批量库存补给变得更经济，而且还能创造出比供方和需方采用自我物流服务系统运作更快捷、更安全，更高服务水准，且成本相当或更低廉的物流服务。从第三方物流协作的对象看，它既可以依托下游的零售商业企业，成为众多零售店铺的配送、加工中心，也可以依托上游的生产企业，成为生产企业，特别是中小型生产企业的物流代理。目前第三方物流无论在国际还是在国内都有着广阔的市场。例如，中国仓储协会1999年3月对我国家电、电子、日化、食品等450家大中型生产企业的典型调查表明，企业自己承担物流管理的占26%，全部委托第三方的仅占5.2%，自理与委托相结合的占68.8%（其中委托比例在30%以下的占42.3%，在30%~60%之间的占36.5%，60%以上的占21.2%）。在被调查的企业中，45.3%的企业正在寻求新的物流代理，其中又有75%的企业选择新型物流公司，21.9%选择纯运输公司，3.1%选择仓储企业，有64.3%的企业希望新的物流商提供综合物流服务，28.6%的企业希望提供干线服务，7.2%的企业希望提供分销服务。所有这些状况都表明，在积极发展协同物流时应充分关注第三方物流的作用。

（三）高度化物流战略

当今，企业经营规模不断扩大，国际化经营不断延伸，出现了一大批立足于全球生产和全球销售的大型跨国经营企业。这些企业的出现不仅使世界上都在经营、消费相同品牌的产品，而且产品的核心部件和主体部分趋向标准化。在这种状况下，全球型企业要想取得竞争优势，获取超额利润，就必须在全球范围内配置利用资源，通过采购、生产、营销等方面的全球化实现资源的最佳利用，发挥最大的规模效益。从当今全球化物流的实践看，出现了以下三种形式的发展趋势：

（1）作为全球化的生产企业，在世界范围内寻找原材料、零部件来源，并选择一个适应全球分销的物流中心，以及关键供应物资的集散仓库，在获得原材料以及分配新产品时，使用当地现有的物流网络，并推广其先进的物流技术与方法。

（2）生产企业与专业第三方物流企业的同步全球化，即随着生产企业全球化的进程，将以前所形成的，完善的第三方物流网络也带入全球市场。例如，日资背景的伊藤洋华堂在打入中国市场后，其在日本的物流配送伙伴，伊藤忠株式会社也跟随而至，并承担了其配送活动。

（3）国际运输企业之间的结盟。为了充分应对全球化的经营，国际运输企业之间开始形成了一种覆盖多条航线，相互之间以资源、经营的互补为纽带，面向长远利益的战略联盟。这不仅使全球物流更便捷，而且使全球范围内的物流设施得到充分利用，大幅降低运输成本。例如，目前正在如火如荼开展的国际航空业大联盟正是适应全球化经营的一种形式。

（四）互联网物流战略

现代信息技术的发展，特别是互联网迅速向市场渗透，促使企业的商务方式发生改变。由于互联网具有公开标准、使用方便、低廉的成本和标准图形用户界面等特点，使得利用互联网的物流管理具有成本低、实时动态性和顾客推动的特征。互联网物流战略表现为：

一方面，通过互联网这种现代信息工具，进行网上采购和配销，简化了传统物流烦琐的环节和手续，使企业对消费者需要的把握更加准确和全面，从而推动产品生产的计划安排和最终实现基于顾客订货的生产方式，以便减少流通渠道各个环节的库存，避免出现产品过时或无效的现象。

另一方面，企业利用互联网可以大幅度降低交流沟通成本和顾客支持成本，增强进一步开发现有市场的新销售渠道的能力。如今，互联网物流作为物流管理的一种新趋势正在企业实践中广为应用，如GE、摩托罗拉、丰田等都在积极推动互联网物流的发展。这里应当提出的是，互联网物流的兴起并不是彻底否定了此前的物流体系和物流网络，相反，它们是相互依存的，这是因为虚拟化企业之间的合作必然在实践中产生大量的实体商品的配送和处理，而这些管理活动必须以发达的物流网络为基础才能够实现，或者说互联网物流是建立在发达的实体物流网络基础之上的。

（五）绿色物流战略

从经济可持续发展的角度看，伴随着大量生产、大量消费而产生的大量废弃物对经济社会产生了严重的消极影响，这不仅因为废弃物处理困难，而且还容易引发社会资源的枯竭和自然环境的恶化。所以，如何保证经济的可持续发展是所有企业在经营管理中必须考虑的重大问题，对于企业物流管理而言也是如此。具体来讲，要实现上述目标，从物流管理的角度看，不仅要在系统设计或物流网络的组织上充分考虑企业的经济利益和经营战略的需要，同时也要考虑商品消费后的循环物流，这包括及时、便捷地将废弃物从消费地转移到处理中心，以及在产品从供应商转移到最终消费者的过程中减少垃圾商品的出现。除此之外，还应当考虑如何使企业现有的物流系统减少对环境所产生的负面影响，如拥挤的车辆、污染物排放等。显然，要解决上述问题，需要企业在物流安排上有一个完善、全面的规划，如配送计划、物流标准化、运输方式等，特别是在制定物流管理体系时，企业不能仅仅考虑自身的物流效率，还必须与其他企业协同起来，从综合管理的角度，集中合理地管理调度、生产和配送活动。

第二节　物流战略的规划和实施

一、物流战略的规划

企业物流战略规划是指企业高层管理机构根据企业长期经营、发展的总目标，结合企业内部条件和所处的外部环境制定出能够使企业达到总目标所需要遵循的物流管理方针和管理政策，实现总目标的经营途径和手段。物流战略规划是通过提高流程价值和顾客服务而实现竞争优势的统一、综合和集成的计划过程，通过对物流服务的未来需求预测和资源管理，提高顾客的满意度。

企业物流战略规划是在一定的内外环境下，为实现企业的既定目标所制定的若干层面的规划。

（1）物流经营层，即通过顾客服务，明确物流战略措施。经营活动的中心是向内部和外部顾客及时准确供货，而供货最终要靠物流完成。顾客服务水平的提升，在很大程度上依赖物流运作能力的提升，所以制定顾客服务的战略的关键之一，就是要有科学的物流战略措施，如快速反应 QR、有效顾客反应 ECR 战略等，为顾客服务提供支持。

（2）物流结构层，即物流系统的结构部分，包括渠道选择和设施建设。企业物流物理系统应该满足顾客的服务需求，物流系统的渠道结构和设施网络结构提供了满足这些需求的物资基础。物流渠道设计是指选择合理的物流通道，如公路、铁路、水路是航空路线，或是数种路线的结合。企业物流设施要解决的问题包括设施的功能、成本、数量、地点、服务对象、存货类型及自营或向第三方外筹等。

（3）物流职能层，即物流战略职能部分，主要是运输、仓储和物料管理。运输管理包括承运人选择、货物集并、车辆管理和承运绩效评定等；仓储方面的管理包括设施布置、货物装卸搬运技术选择、生产效率、安全、规章制度的执行等；在物料管理中，着重于需求预测、库存控制、生产进度计划和采购上的最佳运作。

（4）物流信息层，即构建完善的物流信息系统。物流信息系统是一体化物流思想的实现手段和现代物流作业的支柱。没有先进的信息系统，企业将无法实现物流的有效管理，无法提供优良的顾客服务和获得物流运作的高绩效。当今，企业要保持竞争力，必须构建完善的物流信息系统，实现信息的可得性、准确性、及时性、灵活性、应变性等的结合。

（5）物流组织层，即构筑适应企业规模和性质的组织结构。考虑外部环境和企业的性质规模，企业的总体组织机构模式可以采取以下结构形式中的一种：①直线制；②职能制；③直线职能制；④事业部制组织结构；⑤矩阵式组织结构；⑥控股型组织结构；⑦网络型组织结构。

其物流业务可以由：①企业内部设置专门的职能机构管理完成；②还可以部分物流业务由本企业物流业务部门完成，部分交由第三方物流完成；③两个或两个以上企业合资成立物流公司，完成物流经营业务；④将企业的物流业务全部外包给第三方物流。

二、物流战略规划的实施

（一）认识物流战略实施的制约因素

物流战略实施的制约因素主要有以下三个方面：

第一，员工队伍。企业员工，特别是企业的物流工作者是物流战略管理过程的主体，高素质的员工队伍，是物流战略顺利实施的基本保证。

第二，组织结构系统。企业组织结构的调整是实施物流战略的一个重要环节，任何一项物流战略都需要有一个与之相适应的组织结构去完成。

第三，企业文化系统。企业文化在物流战略实施过程中，积极的企业文化会对物流战略的实施起支持作用，反之会制约物流战略的实施。

（二）资源配置

资源配置是物流战略实施的重要内容，在企业的物流战略实施过程中，必须对所属资源进行优化配置。

（三）加强组织领导

（1）物流战略构建了企业的核心竞争力。企业高层领导要参与物流战略的研究制定、物流管理、物流职能与其他职能的协调工作。

（2）物流运作，必须坚持“依托总体，协调发展，长期规划，分段实施”原则。

第三节　物流的合理化

一、物流合理化的目标

要做到降低企业经营成本，让客户满意，物流运作必须做到合理化。物流合理化的目标包括六个方面，即距离短，时间少，整合好，质量高，费用省，安全、准确、环保。

（一）距离短

物流是物质资料的物理性移动。这种移动包括运输、保管、包装、装卸搬运、流通加工、配送等活动，最理想的目标是“零”距离。因为凡是“移动”都要产生距离，距离移动得越长，费用越大；距离移动得越短，费用越小，所以物流合理化的目标，首先是缩短距离。

拿运输来说，如果产品在产地消费，能大大节省运输成本，减少能源消耗。如果采取直达运输，尽量不中转，避免或减少交叉运输、空车返回，也能做到运距短。那么大、中城市间采取大批量运输方式，在城市外围建配送中心，由配送中心向各类用户进行配送，就能杜绝重复运输、缩短运距。现在一些发达国家进行“门到门”、“线到线”、“点到点”的送货，进一步缩小了运输距离，大幅度减少了运输上的浪费。距离短还包括装卸搬运距离短。货架、传送带和分拣机械等都是缩短装卸搬运距离的工具。

（二）时间少

时间少主要指的是产品从离开生产线算起至到达最终用户的时间，包括从原材料生产线到制造加工生产线这段时间，即物品在途时间少，如运输时间少、保管时间少、装卸搬运时间少和包装时间少等。如果能尽量压缩保管时间，就能减少库存费用和占压资金，节约生产总成本。在减少装卸、搬运时间方面，可以叉车作业、传送带作业、托盘化作业、自动分类机、自动化仓库等。装卸搬运实现机械化、自动化作业后，不仅大大缩短时间、节约费用、提高效率，而且通过装卸、搬运环节的有效连接，还可激活整体物流过程。在包装环节，使用打包机作业比人工作业要加快很多倍。现代物流手段之一的模块化包装和模拟仿真等，都为物流流程的效率化提供了有利条件。所以，尽量减少物流时间，是物流合理化的重要目标之一。

（三）整合好

物流是一个整体性概念，是运输、保管、包装、装卸搬运、流通加工、配送以及信息的统一体，是几个功能的有机组合。物流是一个系统，强调的是综合性、统一性和整体性。只有这样，才能发挥物流的作用，才可以降低成本、提高效益。单一发展、一枝独秀并不可取。

（四）质量高

质量高是物流合理化目标的核心。物流质量高的内容有运输、保管、包装、装卸搬运、配送和信息各环节本身的质量高；客户服务质量高；物流管理的质量高等。

就运输和保管质量来说，送货的数量不能有差错、地址不能有差错，中途不能出交通事故、不能走错路，保证按时到达。在库存保管方面，要及时入库、上架、登记，做到库存物品数量准确、货位确切，还应将库存各种数据及时传递给各有关部门，作为生产和销售的依据。库存数据和信息的质量要求也必须高标准。

物流合理化目标的归结点就是为客户服务，客户是物流的服务对象，物流企业要按照用户要求的数量、时间、品种，安全、准确地将货物送到指定的地点。这是物流合理化的主体和实质。物流质量高的另一方面是物流管理质量，没有高水平的物流管理就没有高水平的物流，物流合理化的目标也就变成一句空话。

（五）费用省

物流合理化目标中，既要求距离短、时间少、质量高，又要求费用省，这似乎不好理解，有人认为，既要提高物流质量，为用户提供周到的服务，又要同时要求节约物流费用，这不是相互矛盾吗？其实，如果真正实现了物流合理化，物流费用照样能省。比如，减少交叉运输和空车行驶会节约运输费用；利用计算机进行库存管理，充分发挥信息的功能，可以大幅度降低库存，加快仓库周转，避免货物积压，还能大大节省费用；采取机械化、自动化装卸搬运作业，既能大幅度削减作业人员，又能降低人工费用。

（六）安全、准确、环保

物流活动必须保证安全，物流过程中货物不能被盗、被抢、被冻、被晒、被雨淋，不能发生交通事故，确保货物准时、准地点、原封不动地送达。同时，诸如装卸、搬运、运输、保管、包装、流通加工等各环节作业，要符合环境保护要求，不能给周围带来负面影响，尽量减少废气、噪音、震动等公害。

二、运输合理化

（一）陆、水、空和管道运输构成运输系统

（1）运输系统运输合理化是指各种运输方式及其结合按照货物流通的规律，组织货物运输，力求用最少的劳动消耗，得到最高的经济效益。也就是在有利于生产、市场供应、节约流通费用、运力以及劳动力的前提下，使货物运输最短的里程，经过最少的环节，用最快的时间，以最小的损耗和最低的成本，把货物从出发地送到客户要求的地点。

（2）五要素。影响物流运输合理化的因素有很多，起决定作用的有五个方面，称作合理运输的“五要素”。

① 运输距离。运输过程中，运输时间、运输运费等若干技术经济指标都与运输距离有一定的关系。运距长短是运输是否合理的一个最基本的因素。

② 运输环节。每增加一个运输环节，势必要增加运输的附属活动，如装卸，包装等，各项技术经济指标也会因此发生变化，因此减少运输环节对物流运输合理化有一定的促进作用。

③ 运输工具。各种运输工具都有其优势领域，对运输工具进行优化选择，最大限度地发挥运输工具的特点和作用，是运输合理化的重要一环。

④ 运输时间。在全部物流时间中运输时间占绝大部分，尤其是远距离运输，因此，运输时间的缩短对整个流通时间的缩短具有决定性作用。此外，运输时间缩短，还有利于加速运输工具的周转，充分发挥其运力效能，提高运输线路通过能力。

⑤ 运输费用。运费在全部物流费用中占较大比例，运费高低在很大程度上决定整个物流系统的竞争能力。实际上，运费的相对高低，无论对货主还是对物流企业都是运输合理化的一个重要标志。运费的高低也是各种合理化措施是否行之有效的最终判断依据之一。

（二）运输合理化的措施

（1）提高运输工具实载率，充分利用运输工具的额定能力，减少车船空驶和不满载行驶时间。

（2）减少动力投入，增加运输能力。

（3）发展社会化的运输体系。

（4）开展中短距离铁路公路分流，推行“以公代铁”运输。

（5）尽量发展直达运输，减少中转。

（6）配载运输，即轻重商品的混合配载。

（7）“四就”直拨运输，包括就厂、就站（码头）、就库、就车（船）。

（8）发展特殊运输技术和运输工具，如专用散装罐车、集装箱高速直达车船运输。

（9）通过流通加工使运输合理化，产品形态和特性进行适当的改变，方便运输。

三、仓储合理化

（一）仓储系统合理化的概念

仓储系统运作合理化，是指在仓储系统运作中，用最经济的办法实现仓储的功能。仓储的功能是对需要的满足，要想实现被储物的“时间价值”，就必须有一定储量。商品储备必须有一定的量，才能在一定时期内满足需要，这是仓储合理化的前提或本质。如果不能保证储存功能的实现，其他问题便无从谈起。但是，储存的不合理又往往表现在对储存功能实现的过分强调，因而是过分投入储存力量和其他储存劳动所造成的。所以，合理储存的实质是，在保证储存功能实现前提下，尽量少投入。

（二）仓储合理化的标志

（1）质量标志。保证被仓储物的质量，是完成仓储功能的根本要求。只有这样，商品的使用价值，才能通过物流之后得以最终实现。在仓储中增加了多少时间价值或是得到了多少利润，都是以保证质量为前提的。所以，在仓储合理化的主要标志中，为首的应是反映使用价值的质量。现代物流系统已经拥有很有效的维护货物质量、保证货物价值的技术手段和管理手段，并在积极探索物流系统的全面质量管理问题，即通过对物流全过程的控制，通过工作质量来保证仓储物的质量。

（2）数量标志。在保证功能实现的前提下有一个合理的数量范围。

（3）时间标志。在保证功能实现的前提下，寻求一个合理的仓储时间。

（4）结构标志。它是从被储物不同品种、不同规格、不同花色的仓储数量的比例关系，对仓储合理性的判断，尤其是相关性很强的各种货物之间的比例关系更能反映仓储合理与否。

（5）分布标志。指不同地区仓储的数量比例关系，以此判断当地需求比，以及对需求的保障程度，也可以此判断对整个物流的影响。

（6）费用标志。考虑仓租费、维护费、保管费、损失费、资金占用利息支出等，才能从实际费用上判断仓储合理与否。

（7）如何减少仓储品偷窃和事故损失。储存物品的短缺和事故构成了无谓的仓储成本损失，很多情况下它们都是人为因素引起的。因此加强仓库作业管理，减少物品短缺和事故，是仓储成本管理的重要环节。减少储存物品短缺和事故的措施有：

① 每一个仓库都必须制定仓库规章制度，工作人员要严格遵守，做到防患于未然；

② 任何人必须经过许可才能进入仓库设施及周围场地，并严格通过一个大门进出货物；

③ 除非有出库单证，否则仓库不应该发放任何物品；

④ 销售人员有权使用的储存样品，应该与其他存货分隔开；

⑤ 定期进行岗位轮换；

⑥ 详细的存货记录应由一个未得到存货移动或存货保管授权的员工进行；

⑦ 存货明细的记录应当反映原材料、包装材料、在制品、产成品和样品等存货的数量和金额；

⑧ 高价、易被偷窃或限制性物品应储存于安全地区，只限授权的人员接触。

四、装卸搬运合理化

装卸搬运合理化是指以尽可能少的人力和物力消耗，高质量、高效率地完成仓库的装卸搬运任务，保证供应任务的完成。装卸搬运合理化，是针对装卸不合理而言。合理与不合理是相对的，由于受各方面客观条件的限制，不可能达到绝对合理。

（一）装卸搬运合理化的标志

（1）装卸搬运次数最少。

（2）装卸搬运距离最短。

（3）各作业环节衔接要好。

（4）库存物品的装卸搬运活性指数较高、可移动性强。

（二）装卸搬运合理化的原则

（1）省力化原则：能往下则不往上、能直行则不拐弯、能用机械则不用人力、能水平则不要上坡、能连续则不间断、能集装则不分散。

（2）消除无效搬运。

（3）提高搬运活性

（4）合理利用机械。

（5）连续化原则。

（6）保持物流的均衡顺畅。

（7）集装单元化原则。

（8）人格化原则。

（9）提高综合效果。

（三）装卸搬运合理化的基本途径

（1）坚持省力化原则。所谓省力，就是节省动力和人力。应巧妙利用物品本身的重量和落差原理，设法利用重力移动物品。

（2）提高装卸搬运灵活性。物料装卸、搬运的灵活性，是根据物料所处的状态，即物料装卸、搬运的难易程度，可分为不同的级别。如果很容易转变为下一步的装卸搬运而不需要过多做装卸搬运前的准备工作，则活性高；如果难于转变为下一步的装卸搬运，则活性低。为了对活性有所区别，并能有计划地提出活性要求，使每一步装卸搬运都能按一定活性要求进行操作，对于不同放置状态的物品作了不同的活性规定，这就是“活性指数”，分为0～4，共5个等级。活性指数越高，物品越容易进入装卸搬运状态。

（3）合理选择装卸搬运机械。合理选择装卸搬运机械，指在装卸搬运过程中要根据作业对象的重量、作业的地点、场合等的不同，选择不同的作业工具。例如，重量轻的物件可用叉车装卸，重量大的物件应用吊车装卸；同样是大件集装箱在火车站用龙门吊装卸；在码头前沿要用集装箱装卸桥装卸。同样是在码头前沿作业，散件货物用座吊装卸，集装箱必须用集装箱装卸桥装卸等。选择工具的基本原则是：一要提高工作效率；二要节约能源，降低成本。

（4）保持物流的顺畅均衡。所谓的顺畅是指在物件的移动过程中，不发生停滞。停滞意味着时间的浪费和转移过程中不必要的多次装卸，此举将导致更多的能源消耗和人力成本的增加。所谓的均衡，是指货物流动过程中，不同时间段内流动量的相等性。均衡性既可以保证运输效率，又可以使运输车辆合理负载，司机正常作息，确保运输安全。

（5）推行装卸搬运的单元化。所谓的单元化，是指在装卸搬运之前，将一些体积小、重量轻的物资，装进容量大的集装用具中。常用的集装用具有集装箱、集装袋和托盘等。装卸搬运单元化的好处是：一可保护商品，使其免受损失；二可提高装卸效率。

（6）实现装卸搬运的文明化。所谓装卸搬运装卸文明化：一是不要超载装船装车；二是要按规定程序和技术要求进行装卸搬运的操作；三是装卸搬运过程中轻取轻放，避免损坏物件；四是不要损坏装卸搬运工具；五是注意人身安全。

（7）创建物流“复合终端”。所谓“复合终端”，即对不同运输方式的终端装卸场所，集中建设不同的装卸设施。复合终端的优点在于：取消了各种运输工具之间的中转搬运，因而有利于物流速度的加快，减少装卸搬运活动所造成的物品损失；由于各种装卸场所集中到复合终端，这样就可以共同利用各种装卸搬运设备，提高设备的利用率；在复合终端内，可以利用大生产的优势进行技术改造，大大提高转运效率；减少装卸搬运的次数，有利于物流系统功能的提高。

（8）重视改善物流系统的总效果。装卸搬运在某种意义上是运输、保管活动的辅助活动。因此，特别要重视从物流全过程来考虑装卸搬运的最优效果。如果单独从装卸搬运的角度考虑问题，不但限制了装卸搬运活动的改善，而且还容易与其他物流环节发生矛盾，影响物流系统功能的提高。

五、包装合理化

包装既是生产的终点，又是物流的起点，它与物流有着密切的关系，是物流系统的重要组成部分。

包装的含义是指在流通过程中为保护产品、方便储运、促进销售，按一定技术方法而采用的容器、材料及辅助物的总体名称。包装是物流系统中的重要组成部分，需要和运输、仓储、配送等环节一起综合来考虑，全面协调。

（一）包装的功能

（1）保护产品，不受损坏，不丢失。

（2）方便物流，提高效率，便利运输，便利搬运装卸，便利储存。

（3）促进销售。

（4）便于使用。

（5）跟踪物品。

（二）包装分类

（1）按照基本功能进行分类：运输包装、销售包装等。

（2）按照包装材料进行分类：木质包装、纸质包装、塑料包装、金属包装、陶瓷包装、玻璃包装、草质包装、纤维包装、复合材料包装等。

（3）按照包装技术进行分类：防潮包装、防锈包装、防霉包装、防震包装、防虫包装、集合包装、收缩包装、拉伸包装及危险品包装等。

（4）按照包装容器进行分类：包装袋、包装箱、包装盒、包装瓶、包装罐等。

（5）按照包装适用范围进行分类：专用包装、通用包装等。

（6）按照包装使用次数进行分类：一次性包装、复用包装、周转性包装等。

（三）包装合理化

（1）能有效保护其内装产品。

（2）包装容量，质量适度。

（3）具有经济合理性。

（4）说明与标志清楚。

（5）符合绿色发展潮流。

六、流通加工合理化

流通加工又称流通过程的辅助加工活动，是物品在从生产地到使用地的流通过程中，根据客户的要求施加包装、分割、计量、分拣、刷标志、栓标签、组装等简单作业的总称。

（1）加工和配送结合。这是将流通加工设置在配送点中，一方面按配送的需要进行加工，另一方面加工又是配送业务流程中分货、分拣、配货的一环。加工后的产品直接投入配货作业，使流通加工与中转巧妙地结合在一起。同时，由于配送之前有加工，可使配送服务水平大大提高。它是当前流通加工合理化的重要形式，在煤炭、水泥等产品的流通中表现出较大的优势。

（2）加工与配套结合。在对配套要求较高的流通中，配套的主体来自各个生产单位。但是，完整配套有时无法全部依靠现有的生产单位完成。进行适当地流通加工，可以促成配套，大大提高流通加工的桥梁与纽带的能力。

（3）加工与合理运输结合。前文已提到过流通加工能有效衔接干线运输与支线运输，促进两种运输形式的合理化。支线运输转干线运输或干线运输转支线运输，常规条件下存在停顿的环节。如果按支线转干线或干线转支线的要求进行合理加工，就可免去停顿环节，从而大大提高运输及运输转载水平。

（4）加工与节约资源相结合。节约能源、节约设备、节约人力、减少消耗是流通加工合理化重要的考虑因素。对于流通加工合理化的最终判断，看其是否能实现社会和企业双赢，即既能增加企业利润又能节约社会资源。

（5）流通企业应该树立社会效益第一的观念，遵循产品生产总成本最低为原则。流通加工只能是生产加工的补充。如果流通中需要的加工能在生产过程中完成，且加工成本较低的话，此加工应在生产环节完成。倘若只是追求物流企业的微观效益，不适当地进行流通过程中的加工，甚至与生产企业争利，这就有悖于流通加工的初衷，或者说其本身已不属于流通加工地范畴。

七、配送合理化

（一）配送合理化的标志

对于配送合理与否的判断，是配送决策系统的重要内容，目前国内外尚无一定的技术经济指标体系和判断方法，按一般认识，以下若干标志是应当纳入的具体指标有以下几个方面。

1. 库存

（1）库存总量。在配送系统中，库存是从分散于各个用户转移给配送中心施行一定程度的集中库存。在实行配送后，配送中心库存数量加上各用户在实行配送后库存数量之和应低于实行配送前各用户库存量之和。

（2）库存周转。由于配送企业的调剂作用，以低库存保持高供应能力，库存周转一般总是快于原来各企业库存周转。此外，从各个用户角度进行判断，各用户在实行配送前后的库存周转比较，也是判断配送合理与否的标志。

2. 资金周转

（1）资金总量。用于资源筹措所占用流动资金总量，随储备总量的下降及供应方式的改变必然有较大程度的降低。

（2）资金周转。从资金运用来讲，由于整个节奏加快，资金充分发挥作用，同样数量资金，过去需要较长时期才能满足一定供应要求，配送之后在较短时期内就能达到此目的。所以资金周转是否加快，是衡量配送合理与否的又一标志。

（3）资金投向的改变。资金分散投入还是集中投入，是资金调控能力的重要反映。实行配送后，资金必然应当从分散投入改为集中投入，以增加调控作用。

3. 成本和效益

总效益、宏观效益、微观效益、资源筹措成本都是判断配送合理化的重要标志。对于不同的配送方式，可以有不同的判断侧重点。例如，配送企业、用户都是各自独立的以利润为中心的企业，则不但要看配送的总效益，而且还要看对社会的宏观效益及两个企业的微观效益，不顾及任何一方都必然出现不合理。如果配送是由用户集团自己组织的，配送主要强调保证能力和服务性，那么，效益主要从总效益、宏观效益和用户集团企业的微观效益来判断，不必过多顾及配送企业的微观效益。

由于总效益及宏观效益难以计量，在实际判断时，常以按国家政策进行经营、完成国家税收及配送企业和用户的微观效益来判断。

对于配送企业而言（在满足用户要求，即投入确定了的情况下），则企业利润反映配送合理化程度。

对于用户企业而言，在保证供应水平或提高供应水平（产出一定）前提下，供应成本的降低，反映了配送的合理化程度。

4. 供应保证标志

在配送过程中，各用户最担心的是害怕供应保证程度降低，这并不是简单的心态问题，更是承担风险的实际问题。配送合理化是提高而不是降低对用户的供应保证能力。供应保证能力可以从以下几个方面进行判断：

（1）缺货次数。实行配送后，必须下降才算合理。

（2）配送企业集中库存量 。对每一个用户来讲，其数量所形成的保证供应能力高于配送前单个企业保证程度。

（3）即时配送的能力及速度 。即时配送的能力及速度是用户出现特殊情况时的特殊供应保障方式，这一能力必须高于未实行配送前用户紧急进货能力及速度才算合理。

特别需要强调的是，配送企业的供应保障能力，是一个科学的、合理的概念，而不是无限的概念。具体来讲，如果供应保障能力过高，超过了实际的需要，属于不合理。所以追求供应保障能力的合理化也是有限度的。

5. 社会运力节约标志

末端运输是目前运能和运力使用不合理、浪费较大的领域，因而人们寄希望于配送来解决这个问题，这也成了配送合理化的重要标志。

运力使用的合理化，是依靠送货运力的规划和整个配送系统的合理流程，及与社会运输系统合理衔接实现的。送货运力的规划，是任何配送中心都需要花力气解决的问题，可以简化判断如下：社会车辆总数减少，而承运量增加；社会车辆空驶减少；一家一户自营运输减少，社会化运输增加。

6. 用户、企业仓库、供应、进货、人力、物力节约标志

配送的重要作用是以配送代劳用户。因此，实行配送后，各用户库存量、仓库面积、仓库管理人员减少为合理；用于订货、接货、供应的人员减少为合理。当真正了解用户的后顾之忧时，配送的合理化程度才可以说达到较高的水平。

7. 配送合理化措施

（1）推行一定综合程度的专业化配送。通过采用专业设备、设施及操作程序，取得较好的配送效果，并降低配送过分综合化的复杂程度及难度，从而追求配送合理化。

（2）推行加工配送。通过加工和配送结合，充分利用本来应有的中转，而不增加新的中转，求得配送合理化。同时，加工借助于配送，加工目的更明确，和用户联系更紧密，避免了盲目性。加工和配送的有机结合，投入不增加太多却可追求两种优势、两份效益，是配送合理化的重要经验。

（3）推行共同配送。通过共同配送可以以最近的路程、最低的配送成本完成配送，从而追求合理化。

（4）实行送取结合。配送企业与用户建立稳定、密切的协作关系，配送企业不仅成了用户的供应代理人，而且承担用户储存据点的作用，甚至成为产品代销人，在配送时将用户所需的物资送到，再将该用户生产的产品用同一车运回，这种产品也成了配送中心的配送产品之一，或者作为代存代储，免去了生产企业库存包袱。这种送取结合，使运力充分利用，也使配送企业功能有更大的发挥，从而追求合理化。

（5）推行准时配送系统 。准时配送是配送合理化的重要内容。配送做到了准时，用户才有资源把握，可以放心地实施低库存或零库存，可以有效地安排接货的人力、物力，以追求最高效率的工作。另外，保证供应能力，也取决于准时供应。从国外的经验看，准时供应配送系统是现在许多配送企业追求配送合理化的重要手段。

（6）推行即时配送。作为计划配送的应急手段，即时配送是最终解决用户企业担心断

供之忧、大幅度提高供应保证能力的重要手段。即时配送是配送企业快速反应能力的具体化，是配送企业能力的体现。即时配送成本较高，但它是整个配送合理化的重要保证手段。此外，用户实行零库存，即时配送也是重要的保证手段。

八、物流信息化

（一）物流信息化的含义

物流信息化是指物流企业运用现代信息技术对物流过程中产生的信息进行采集、分类、传递、汇总、识别、跟踪、查询等一系列处理活动，以实现对货物流动过程的控制，从而降低成本、提高效益的管理活动。物流信息化是现代物流的灵魂，是现代物流发展的必然要求和基石。

（二）物流信息系统的构成、特点及解决的问题

为实现物流信息化，企业必须构建自身的物流信息系统。所谓的物流信息系统，是指通过对与物流相关信息的收集、加工、处理、存储和传递来达到对物流活动的有效控制和管理，并为企业提供信息分析和决策支持的人机系统。它具有实时性、网络化、系统化、规模化、专业化、集成化、智能化等特点。物流信息系统以物流信息传递的标准化、存储数字化、物流信息处理的计算机化等为基本内容。

1. 物流信息系统的构成

物流信息技术根据物流的功能及特点可以分为：电子数据交换技术、计算机网络技术、智能标签技术、信息交换技术、数据库技术、数据仓库技术、数据挖掘技术、WEB 技术、条形码与射频技术、地理信息技术和全球卫星定位技术等。在这些信息技术的支持下，形成了以移动通信、资源管理、监控调动管理、自动化仓储管理、业务管理、客户服务管理、财务管理等多种业务集成的一体化现代物流信息系统。

2. 物流信息系统的特点

（1）集成化。集成化指物流信息系统将业务逻辑上相互关联的部分连接在一起，为企业物流活动当中的集成化处理工作提供基础。

（2）模块化。模块化是指物流信息系统划分为各个功能模块的子系统，各子系统通过统一标准来进行功能模块开发，然后再集成，组合起来使用，这样既能满足物流企业不同管理部门的需要，也保证了各个子系统的使用和访问权限。

（3）实时化。指借助于编码技术、自动识别技术、GPS 技术、GIS 技术等现代物流技术，对物流活动进行准确实时的采集活动，并采用先进的计算机与通信技术，实时地进行数据处理和传送物流信息。通过 Internet/Intranet 将供应商、分销商和客户按业务关系连接起来，使整个物流信息系统能够及时地掌握和分享属于供应商、分销商和客户的信息。

（4）网络化。网络化既是通过 Internet 将分散在不同地理位置的物流分支机构、供应商、客户等连接起来，形成一个复杂但有密切联系的信息网络，从而通过物流信息系统这个联系方式实时地了解各地业务运作情况。物流信息中心将对各地传来的物流信息进行汇总、分类以及综合分析，并通过网络把结果反馈传达下去，以指导、协调、综合各个地区的业务工作。

（5）智能化。智能化物流信息系统虽然尚缺乏十分成功的案例，但物流信息系统正朝着这个方向努力。比如，物流企业决策支持系统中的知识系统，它负责收集、存储和智能化

处理在决策过程中物流领域知识、专家的决策知识和经验知识。

3. 物流信息系统解决的问题

（1）缩短从订货到发货的时间。

（2）库存适量化。

（3）提高搬运作业效率。

（4）提高接受订货和发出订货的精度。

（5）防止发货、配货出现差错。

（6）提高运输效率。

（7）调整需求与供给。

（8）为领导对重大物流决策提供支持。

（三）企业构建物流信息系统的意义

现代物流管理以信息为基础，因而建立物流信息系统越来越具有战略意义，具体表现如下：

（1）在企业越来越重视经营战略的情况下，建立物流信息系统是不可缺少的。具体来说，为确保物流竞争优势，企业拥有一套将企业内部的供应信息系统、生产管理信息系统、销售管理信息系统和物流管理信息系统集成化的企业综合管理信息系统势在必行。

（2）为了提高生产效率，企业快步由纵向一体化向横向一体化转变，对外界的依赖愈来愈强，如何实现同合作伙伴准确实时的信息沟通，实现信息共享，是企业必须解决的重要难题。

（3）企业物流已经不是一个企业的问题，进入社会系统的部分日益增多。在这种形势下，物流信息系统将日益成为社会信息系统的一个重要组成部分。

本章小结

物流战略目标：成本最小、投资最少和服务改善。

物流战略的分类：即时物流战略、协同化物流战略、高度化物流战略、互联网物流战略、绿色物流战略。

物流战略规划的内容：物流组织层、物流经营层、物流结构层和物流职能层。

物流合理化的目标：距离短、时间少、整合好、质量高、费用省、安全、准确和环保。

运输合理化五要素：运输距离、运输环节、运输工具、运输时间和运输费用。

仓储合理化的标志：质量标志、数量标志、时间标志、结构标志、分布标志、费用标志和如何减少仓储品偷窃及事故损失。

卸搬运合理化的标志：装卸搬运次数最少、装卸搬运距离最短、各作业环节衔接要好、库存物品的装卸搬运活性指数较高、可移动性强。

装卸搬运合理化的原则：省力化原则、消除无效搬运、提高搬运活性、合理利用机械、连续化原则、集装单元化原则、人格化原则和提高综合效果。

包装合理化：能有效保护其内装产品，包装容量、质量适度，具有经济合理性，说明与标志清楚，符合绿色发展潮流。

流通加工合理化：加工和配送结合、加工与配套结合、加工与合理运输结合、加工与节约资源相结合、流通企业应该树立社会效益第一的观念、遵循产品生产总成本最低的原则。

配送合理化：库存低、资金周转快、成本低效益好、供应有保证、社会运力节约。

配送合理化措施：推行一定综合程度的专业化配送、推行加工配送、推行共同配送、实行送取结合、推行准时配送系统、推行即时配送。

物流信息系统的特点：集成化、模块化、实时化、网络化和智能化。

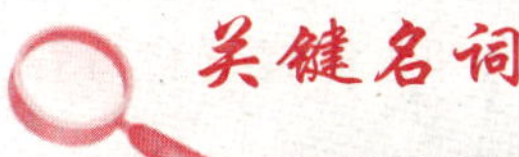

关键名词

物流战略　战略规划　物流合理化　物流信息化

即测即评

选择题

判断题

思考题

一、简答题

1. 企业物流战略是如何分类的？
2. 物流战略规划的内容是什么？
3. 如何实施物流战略？
4. 物流合理化的目标是什么？
5. 如何实现运输的合理化？
6. 仓储合理化的标志有哪几项？
7. 怎样实现配送的合理化？

二、论述题

物流信息系统的特点是什么？

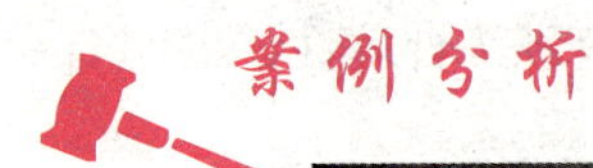

案例分析

联想集团的 VMI

联想集团的 VMI 物流项目已正式启动，联想成为国内 IT 界第一个“吃螃蟹”的企业，其物流管理模式也由此脱胎换骨。

VMI 即供应商管理库存，是一种在供应链环境下的库存运作模式，它将多级供应链问题变成单级库存管理问题，相对于按照用户发出订单进行补货的传统做法，VMI 是以实际或预测的消费需求和库存量，作为市场需求预测和库存补货的解决方法，即由销售资料得到消费需求信息，供货商可以更有效、更快速地适应市场变化和消费需求。

作为近年来在理论与实践上逐步成熟的管理思想，VMI 备受众多国际大型企业的推崇。例如，大型零售商沃尔玛、家乐福是实施 VMI 的先驱，朗科、惠普、戴尔、诺基亚等都是成功实施 VMI 的典范。

目前，联想电脑年销量达 300 多万台，名列全世界电脑生产厂商第八位，其业务规模完全达到了 VMI 模式的要求，并已经引起了供应商的重视。在国内 IT 企业中，联想是第一个开始品尝 VMI 滋味的，其在北京、上海、惠阳三地的 PC 生产厂的原材料供应均在项目之中，涉及的国外供应商的数目也相当大。

联想以往的物流运作模式是国际供应链管理通常使用的看板管理，即由香港联想对外订购货物，库存都放在香港联想仓库，当国内生产需要时由香港公司销售给国内公司，再根据生产计划调拨到各工厂，这样可以最大限度地减少国内材料库存，但是此模式经过 11 道物流环节，涉及多达 18 个内外部单位，运作流程复杂，不可控因素很大。同时，由于订单都是从香港联想发给供应商，所以大部分供应商在香港交货，而联想的生产信息系统只在内地的公司中使用，所以生产厂统计的到货准时率不能真实反映供应商的供货水平，导致不能及时调整对供应商的考核。

按照联想 VMI 项目要求，联想将在北京、上海、惠阳三地工厂附近设立供应商管理库存，联想根据生产要求定期向库存管理者即作为第三方物流的伯灵顿全球货运物流有限公司发送发货指令，由第三方物流公司完成对生产线的配送，从其收到通知进行确认、分拣、海关申报及配送到生产线，时效要求为 2. 5 小时。该项目将实现供应商、第三方物流与联想之间货物信息的共享与及时传递，保证生产所需物料的及时配送。实行 VMI 模式后，将使联想的供应链大大缩短，成本降低，灵活性增强。VMI 项目涉及联想的国际采购物料，为满足即时生产的需要，供应商库存物料在进口通关上将面临很多新要求，如时效、频次等。因此，海关监管方式对于 VMI 模式能否真正带来物流效率的提高至关重要。

针对联想所提出的 VMI 物流改革方案，北京海关与联想集团多次探讨，具体参与并指导联想集团对供应商管理库存模式的管理。北京海关改革了传统的监管作业模式，在保税仓库管理、货物进出口、货物入出保税仓库、异地加工贸易成品转关等方面都采取了相应的监管措施。

在物流方面，货物到港后，北京海关为其提供预约通关、担保验放等便捷通关措施，保证货物通关快速畅通，同时与其他海关配合协调，实现了供应商在境内加工成品的快速转关，避免所需货物“香港一日游”。另外，北京海关与深圳海关加强协调，双方起草了

“VMI 货物监管草案”。

在信息系统方面，海关通关作业系统、保税仓库管理系统与联想、第三方物流企业间的电子商务平台建立连接，实现了物流信息的共享，既方便作业又强化海关的监管，联想根据生产要求向第三方物流企业发出货物进口、出库、退运等各种指令后，由第三方物流公司向海关提出相应申请。海关接到审批查验后，由第三方物流企业完成货物出库、物流配送及出口报关、装运。据预测，VMI 项目启动后，将为联想的生产与发展带来可观的效益：一是联想内部业务流程将得到精简；二是使库存更接近生产地，增强供应弹性，更好地响应市场需求变动；三是改善库存回转，进而保持库存量的最佳化，因库存量降低，减少了企业占压资金；四是通过可视化库存管理，能够在线上监控供应商的交货能力。

总之，通过前文的叙述应明确以下几点：

（1）VMI，即供应商管理库存（Vendor Managed Inventory），是指供应商等上游企业基于其下游客户的生产经营、库存信息，对下游客户的库存进行管理与控制。

（2）为了克服供应商管理库存（VMI 系统）的局限性和规避传统库存控制中的牛鞭效应，联合库存管理（Jointly Managed Inventory，JMI）随之出现。简单地说，JMI 是一种在 VMI 的基础上发展起来的供应商与用户权利责任平衡和风险共担的库存管理模式。

（3）实施与供应商联合库存控制策略，中小制造企业与其供应商和用户应该做到：①库存连接的供需双方要从供应链整体观念出发，同时参与，共同制定库存计划，以解决供应链系统中由于各节点企业的相互独立库存运作而导致的需求放大现象。②各合作企业要建立有效的信息沟通渠道，提高信息的透明度、共享范围和使用价值，并充分利用诸如条形码技术、EDI 系统、EOS 系统和 POS 系统等现代物流技术来加强信息交流的有效性和实时性。

（4）联想原有的库存管理模式是使用看板管理实现的，即由香港联想对外订购货物，库存都放在香港联想仓库，当国内生产需要时由香港公司销售给国内公司，再根据生产计划调拨到各工厂。

原有库存管理模式存在的不足有：①此模式经过 11 个物流环节，涉及多达 18 个内外部单位，物流环节多，涉及面广，运作流程复杂，不可控因素很大。②生产信息系统只在内地的公司上使用，供应商不能共享。③信息失真，不能及时调整对供应商的考核。

（5）实施 VMI 的措施有：①由第三方物流伯灵顿全球货运物流有限公司管理库存，并负责分拣、海关申报及配送到生产线。②海关通关作业系统、保税仓库管理系统与联想、第三方物流企业间的电子商务平台建立连接，实现了物流信息的共享。③请北京海关参与并指导联想集团对供应商管理库存模式的管理，改革了传统的监管作业模式，使通关、担保验放更为便捷。

（6）实施 VMI 的优势有：①使联想内部业务流程得到精简。②使库存更接近生产地，增强供应弹性，更好地响应市场需求变动。③改善库存回转，进而保持库存量的最佳化，因库存量降低，减少了企业占压资金。④通过可视化库存管理，能够在线上监控供应商的交货能力。

最终使联想物流速度加快，时效缩短，及时保证生产所需物料的配送。同时使联想供应链大大缩短，成本降低，灵活性增强。

案例分析题：

1. 什么是 VMI？它与联合库存（JMI）有何区别？
2. 联想原有库存管理模式是如何实现的？存在哪些不足？
3. 联想是如何实施 VMI 的？实施 VMI 有何优势？

第十一章 Chapter 11 供应链战略

教学目标

（1）理解供应链类型的划分。
（2）明确如何实施供应链管理。
（3）能够解析供应链战略。
（4）掌握供应链战略的主要管理思想。
（5）深刻理解供应链绩效评价的内容。

开篇案例

德州仪器厂的供应链管理

美国德州仪器公司成立于1930年，是一家全球性的半导体公司，提供创新的DSP数字信号处理（Digital Signal Processing，DSP）和模拟技术，以满足客户在现实世界中信号处理的需要。除了半导体之外，公司的业务还包括传感器和控制器以及教育产品。德州仪器公司总部设在美国得克萨斯州的达拉斯，在全球超过25个国家设有制造、研发或销售机构，全球雇员约34500多人，在2003年德州仪器的销售收入达98.3亿美元。

20世纪90年代以来，由于科学技术的进步和生产力的发展，世界经济日益市场化、自由化和全球化，使得企业之间竞争变得愈发激烈，各个企业都面临着缩短交货期、提高产品质量、降低成本和改进服务的压力。德州仪器作为一家历史超过50年且在世界主要大陆拥有制造和销售中心的制造型企业来说，如何协调遍布世界各地的工厂的采购、生产和销售，使它们能够整合在一个架构之中，像人体的各个部分一样即时协调工作，是首先要解决的问题。

德州仪器根据调查分析得出结论：在半导体工业中，全球化是获得市场竞争力、提高市场份额和获得商业回报的必然趋势。然而，对分布在不同国家的生产制造部门的供应链进行有效的管理却很难做到，这就使得管理者在开拓全球市场的同时要面对许多问题。同时，半导体行业的特点是制造流程复杂、供应链长，而公司正在从商品驱动性很强的业务向客户定义型业务转变，以适应社会的发展，但是公司现有的供应链系统已经不能满足这种转变，必须对供应链系统进行改革，使公司能够在世界范围内将它的运营实现最优化，使得生产部门能够提高对客户的响应时间，同时缩短产品到达客户的时间，降低产品的生产周期和减少库存。

通过仔细的选择和分析，德州仪器最终选择了美商智佳科技公司（i2 TechnologiesInc，i2）作为他们的合作伙伴，因为 i2 所提供的解决方案与德州仪器想要达到的目标基本一致。德州仪器公司利用 i2 解决方案开展了新的供应链管理计划来优化全球的业务，这其中包括以下几点：

① 采购管理。包括支持多种货币、运输成本管理以及向多个供应商采购的多个订单、计算、进行供应商业绩分析等功能。

② 运输管理。包括交通工具租赁成本管理、运输路线及交付状态跟踪等功能。

③ 仓库/配送中心管理。包括计算机辅助商品货位查找及分配、商品的质量检验、仓库间商品调拨/配送等功能。

④ 库存控制。支持多种成本计算方法，质量管理功能可根据销售额和利润自动进行 ABC 分类，支持商品的批次和保质期管理等。

⑤ 直接交付。是根据客户的要求从供应商订货，并且供应商直接将货交付顾客的过程。一个直接交付订单可以包括多个来自不同供应商的商品，可以将一个直接交付订单分成多个送货单、多种订单状态。

⑥ 需求分析预测与自动补货。能够为缺货的商品自动地产生配送调拨单或采购单，实现商品的自动补货。

⑦ 财务系统。包括应收账款、应付账款、总账、现金管理和固定资产管理等功能模块。

⑧ 供应商关系管理。

供应链成功改革后，使德州仪器的晶片加工、成组测试部门以及产品配送中心可以协调工作，即使是分布在不同的地区，也可以像在一家工厂一样，这也就是我们常听到的虚拟工厂的概念。

同时，也缩短了产品规划周期和客户订货交付时间。现在德州仪器公司利用以天为单位的系统代替了之前以周为单位的系统，进而转向连续规划系统，这使公司能够基于对企业在全球范围运营的认识，为所有下属公司根据销售计划制定工厂的开工计划。并且对一些个性化市场的客户需求作出最迅速的反应。同时，由于缩短了生产周期和简化了生产流程，德州仪器公司降低了成本，这在经济不景气的时期是最大的收获，找到了点“时”成金的方法。

采用 i2 的解决方案，使德州仪器公司降低了库存量，并提高了对于市场预测的准确度，公司的规划人员现在可以通过分析数据来作出生产计划，而不是围着数据转，更好地集成了公司的物流和市场推广部门。i2 的解决方案还使德州仪器公司可以全面地了解其全球供应链的情况，真正将所有的生产分布统一到一个管理架构之下。供应链规划方案为公司的规划流程增加了制约管理，使公司能够发现问题，并迅速采取措施解决问题。

采用新的供应链管理系统后，德州仪器公司进一步增强了其产品在国际上的竞争力，提高了市场占有率，改善了股东权益。“在我看来，我们能在实施 i2 解决方案后的第一年轻松收回 2400 万美元的投资”，美国德州仪器公司供应链规划总监莎丽·坦普尔对 i2 方案如此评价。据有关资料显示，2002 年德州仪器的销售收入为 84 亿美元，到 2003 年公司收入增长到 98.3 亿美元，增长率达 17%。2003 年公司收益为 12 亿美元，而 2002 财年还亏损 3.44 亿美元。

本章知识结构图

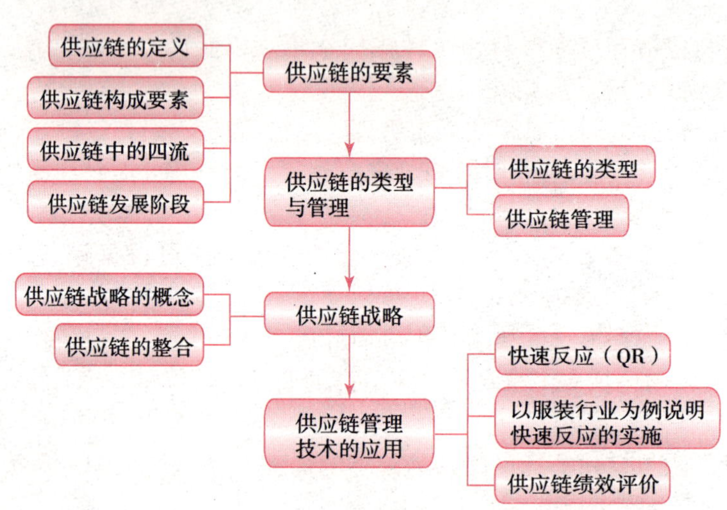

第一节　供应链的要素

一、供应链的定义

供应链是围绕核心企业，通过对信息流、物流、资金流的控制，从采购原材料开始，制成中间产品以及最终产品，最后由销售网络把产品送到消费者手中，将供应商、制造商、分销商、零售商、最终用户连成一个整体的功能网链结构。即由物料获取、物料加工并将成品送到用户手中这一过程所涉及的企业和企业部门组成的一个网络。一个供应链是一系列过程，其中一个过程补给下一个过程。它不仅是一条连接供应商到用户的物流链、信息链、资金链，而且是一条增值链，物料在供应链上因加工、包装、运输等过程而增加其价值，给相关企业带来收益。供应链示意图如图 11－1 所示。

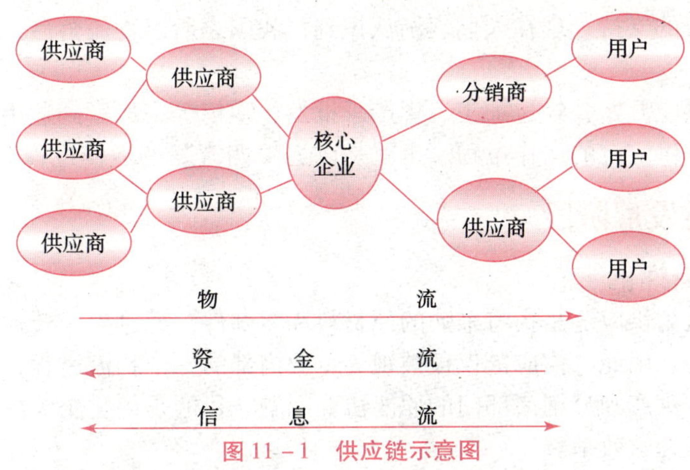

图 11－1　供应链示意图

二、供应链构成要素

一般来说，构成供应链的基本要素包括以下内容：

（1）供应商。供应商是指给生产厂家提供原材料或零部件的企业。

（2）厂家。厂家即产品制者，是产品生产的最重要环节，负责产品生产、开发和售后服务等。

（3）分销企业。分销企业为实现将产品送到经营地理范围内的每一角落而设立的产品流通代理企业。

（4）零售企业。零售企业是指将产品销售给消费者的企业。

（5）物流企业。物流企业即上述企业之外专门提供物流服务的企业。

三、供应链中的四流

供应链一般包括物流、商流、资金流、信息流四个流，它们有各自不同的功能以及不同的流向。

（1）物流。这是一个发送货物的程序。物流的方向是由供货商经由厂家、批发商、零售商等指向消费者。由于物流是第三利润源，理论界和企业界长期以来十分重视。许多物流理论都涉及如何在物资流通过程中短时间内以低成本将货物送达接受者。

（2）商流。这个流程主要是购销的流通过程，是接受订货、签订合同等的商业流程。该流程的方向是在供货商与购买者之间流动的。目前商业流通形式趋于多元化，既有传统的店铺销售、上门销售、邮购方式，又有通过互联网等新兴媒体进行购物的电子商务形式。

（3）资金流。资金流是货币的流通。为了保障企业的正常运作，必须确保资金的及时回收，否则企业就无法建立完善的经营体系。该流程的方向是由消费者经由零售商、批发、厂家等指向供货商。

（4）信息流。这个流程是为物流、商流和资金流提供信息支持的，为它们在运作中提供和发出相关信息，没有这些相关信息的支持，物流、商流和资金流也就无法进行。该流程的方向是在供货商与购买者之间双向流动的。过去人们往往把管理重点放在看得到的实物上，忽视对信息流的支持。现在人们逐渐认识到，我国之所以物流落后，与延误对信息的把握不无关系。

从原材料的供应开始，经过加工、生产、批发、零售等，最后到达用户，为其提供产品或服务的全过程是供应链的运作过程，也就是以上“四流”的运作过程。

四、供应链发展阶段

（一）企业内部链

早期的观点认为供应链是指将采购的原材料和零部件，通过生产转换和销售等活动传递给用户的一个过程。因此，供应链仅仅被视为企业内部的一个物流过程，它所涉及的主要是物料采购、库存、生产和分销诸部门的职能协调问题，目的是优化企业内部的业务流程，降低物流成本，提高经营效率。

（二）增值链

进入20世纪90年代，人们对供应链的理解发生了变化：首先，由于需求决定企业的兴衰，原来被排斥在供应链之外的最终用户、消费者的地位得到了前所未有的重视，从而被纳入了供应链的范围。其次，各环节的加工活动，由于消耗了物化劳动和活劳动，使产品增值。这样，供应链就不仅是内部链，而且是一个涵盖了整个产品运动过程的增值链。

（三）网链阶段

随着信息技术的发展和生产专业化的普及，一个企业往往是多条供应链的共有节点，企业间的关系呈现日益明显的网络化趋势，人们对供应链的认识从线性的单链转向非线性的网链，供应链的概念更加注重围绕核心企业的网链关系，即核心企业与供应商、供应商的供应商的一切向前的关系，与用户、用户的用户及一切向后的关系。供应链的概念已经不同于传统的销售链，它进一步跨越了企业界限，从扩展企业的新思维出发，从全局和整体的角度考虑产品经营的竞争力，使供应链从一种运作工具上升为一种管理体系，一种新的运营管理思维模式。

（四）当前阶段

世界权威的《财富》杂志早在2001年已将供应链管理列为21世纪最重要的战略资源之一。供应链管理是世界500强企业保持强势竞争不可或缺的手段。无论是制造行业、商品分销或流通行业，无论是从业还是创业，掌握供应链管理都是必须的，这是引导企业走向成功的必备技能。

第二节　供应链的类型与管理

一、供应链的类型

根据不同的划分标准，可以将供应链分为以下几种类型。

（一）按范围划分

（1）内部供应链。内部供应链是指企业内部产品生产和流通过程中所涉及的采购部门、生产部门、仓储部门、销售部门等组成的供需网络。

（2）外部供应链。外部供应链则是指企业外部的，与企业相关的产品生产和流通过程中涉及的原材料供应商、生产商、储运商、零售商以及最终消费者组成的供需网络。

内部供应链和外部供应链的关系：二者共同组成了企业产品从原材料到成品，再到消费的供应链。可以说，内部供应链是外部供应链的一个环节。供应链管理的难度在于如何做好多个环节的协调工作，因为每个环节都是一个企业法人，每个法人都有其自身的经济利益。因此，这种协调不仅是业务上的协调，更是经济利益上的协调。

（二）按稳定性划分

（1）稳定供应链。基于相对稳定、单一的市场需求而组成的供应链，稳定性较强。主要适应于需求稳定的日用品、大宗消耗的工业品。

（2）动态供应链。基于相对频繁变化、复杂的需求组成的供应链动态性较高。主要适用于季节性产品、新开发产品、价格敏感性产品等。在实际管理运作中，需要根据不断变化的需求，相应地改变供应链的组成。

（三）按供应链生产能力和用户需求划分

（1）平衡的供应链。供应链具有一定的、相对稳定的设备容量和生产能力，一个供应链的所有节点企业，包括供应商、制造商、运输商、分销商、零售商等，生产能力相对稳定，但用户需求处于不断变化的过程中，当供应链的容量能满足用户需求时，供应链处于平衡状态，这时的供应链称为平衡供应链。

（2）倾斜的供应链。如前述，供应链的生产能力是相对稳定的。当市场变化加剧，造成供应链成本增加、库存增加、浪费增加等现象时，企业不是在最优状态下运作，这时供应链则处于倾斜状态，称为倾斜的供应链。

（四）按供应链功能追求目标的不同划分

（1）有效性供应链。有效性供应链主要体现供应链的物理功能，即以最低的成本将原材料转化成零部件、半成品、成品以及在供应链中的运输等。

（2）反应性供应链。反应性供应链主要体现供应链的市场中介功能，即把产品分配到满足用户需求的市场，对未预知的需求作出快速反应等。

（3）创新性供应链。创新性供应链主要体现供应链满足客户需求功能，即根据最终消费者的喜好或时尚的引导，迅速调整产品内容与形式来满足市场需求。

（五）根据供应链中企业地位的不同划分

对于单一核心企业的供应链，根据其核心企业的不同，可以分为以生产商为主体的供应链、以批发商为主体的供应链、以零售商为主体的供应链和以第三方为主体的供应链。

（1）以生产商为主体的供应链。指供应链中某一节点企业为生产企业，该企业在整个供应链中占据主导地位，对其他成员具有很强的辐射能力和吸引能力，通常称该企业为核心企业或主导企业，如汽车产业、家电产业中的总装企业，均是该产业供应链中的核心企业，这类供应链就是以生产商为主体的供应链。

（2）以批发商为主体的供应链。批发商一般在供应链中执行配送功能，其供应链结构一般取决于产品的特征、生产商所选择的渠道、消费者的购买渠道及批发商的营销策略。绝大多数批量生产的消费品是通过批发商或零售商到达市场的。绝大多数工业品是从生产者手中转移到用户手中的，批发商往往是提供替换的零部件及小批量订货。

（3）以零售商为主体的供应链。零售商供应链的目标是增加消费量、降低库存、提高效率和利润与有效利用经营场所空间。因此，其供应链的形式应该尽量简化，更好地与制造商结成一体。沃尔玛公司就是使用这种模式的典型案例。

（4）以第三方为主体的供应链。第三方物流企业在参与供应链管理过程中，与供应链其他成员之间的合作不断加深，将业务延伸出物流领域，并成为整个供应链运作质量的真正控制者。

（六）根据供应链驱动原因的不同划分

（1）拉动型供应链。拉动型供应链是按顾客的需求组织生产、销售决策的供应链。这种供应链按客户订单制定生产计划和组织生产，所以提前期短、库存低、系统的变动性小，这对制造商非常重要。

（2）推动型供应链。推动型供应链是根据长期经验预测未来需求来组织生产和销售的。它的缺点是：一旦预测失误，一方面会造成产品积压，库存上升，生产成本增加；另一方面，由于对现实需求准备不足，会造成提前期的延时，削弱供应链的市场竞争力。

（3）混合型供应链。混合型供应链兼具拉动型供应链和推动型供应链的特点。该供应链一方面按订单组织生产确保用户的即时需求，同时，根据市场的预测，再多生产一部分，以满足未知客户的需要。从现实情况来看，大部分供应链属于混合型供应链。

二、供应链管理

今天的市场是买方市场，也是竞争日益激烈的全球化市场。企业要想在市场上生存，除了努力提高产品的质量之外，还要对它的市场活动采取更先进、更有效率的管理方式。时至今日，竞争已不仅仅是个体企业之间的竞争，更大程度表现为供应链之间的竞争。供应链要在竞争中占据优势，必须加强供应链管理。供应链管理就是在这样的现实情况下出现的，很多学者也对供应链管理下了定义，但是在诸多定义中比较全面的是“供应链管理是以市场和客户需求为导向，在核心企业协调下，本着共赢原则，以提高竞争力、市场占有率、客户满意度、获取最大利润为目标，以协同商务、协同竞争为商业运作模式。通过运用现代企业管理技术、信息技术和集成技术，达到对整个供应链上的信息流、物流、资金流、业务流和价值流的有效规划和控制，从而将客户、供应商、制造商、销售商、服务商等合作伙伴连成一个完整的网状结构，形成一个极具竞争力的战略联盟。”简单地说，“供应链管理就是优化和改进供应链活动，其对象是供应链组织和他们之间‘流’，应用的方法是集成和协同；目标是满足客户的需求，最终提高供应链的整体竞争能力。”供应链管理的实质是深入供应链的各个增值环节，将顾客所需的正确产品（Right Product）能够在正确的时间（Right time），按照正确的数量（Right Quantity）、正确的质量（Right Quality）和正确的状态（Right Status）送到正确的地点（Right Place）即“6R”，并使总成本最小化。

供应链管理是一种先进的管理理念，它的先进性体现在是以顾客和最终消费者为经营导向的，以满足顾客和消费者的最终期望来生产和供应的。供应链管理有以下几个特点。

1. 供应链管理是实现全过程的战略管理

传统的管理模式都是以企业本身利益最大化为导向，为此不惜牺牲上下游企业的合理所得。而且企业内部职能部门之间的性质、目标不同，容易造成相互的矛盾和利益冲突。因此各企业之间以及企业内部职能部门之间无法完全发挥其职能效率，很难实现整体目标化。

供应链是由供应商、制造商、分销商、销售商、客户和服务商组成的网状结构。链中各环节不是彼此分割的，而是环环相扣的一个有机整体。供应链管理把物流、信息流、资金流、业务流和价值流的管理贯穿于供应链的全过程。它覆盖了整个物流，从原材料和零部件的采购与供应、产品制造、运输与仓储到销售各种职能领域。它要求各节点企业之间实现信息共享、风险共担、利益共存，并从战略的高度来认识供应链管理的重要性和必要性，从而真正实现整体的有效管理。

2. 供应链管理是一种集成化的管理模式

供应链管理的关键是采用集成的思想和方法。它是一种从供应商开始，经由制造商、分销商、零售商直到最终客户的全要素、全过程的集成化管理模式，是一种新的管理策略。它把不同的企业集成起来，以增加整个供应链的效率，注重的是企业之间的合作，以达到全局最优。

3. 供应链管理以实现零库存为目标

零库存可以通过以下几种方式实现：

（1）委托保管方式。接受用户的委托，由受托方代存代管那些所有权属于用户的物资，从而使用户不再保有库存甚至不再保有保险库存，从而实现零库存。

（2）协作分包方式。在许多西方国家，制造企业都是一家规模很大的主企业和数以百计的小型分包企业组成金字塔形的供应链。主企业负责总装和产品市场开拓的指导，分包企业负责分包劳务、零部件制造、分包供应和分包销售。那么，分包零部件生产的企业，就可以采取各种生产形式和库存调节形式，使主企业的库存为零。

（3）轮动方式。轮动方式也称同步方式，是在对系统进行周密设计的前提下，使各环节的速率完全协调，从根本上取消库存，或仅仅在工作地保有少量待加工的在制品。

（4）准时供应系统。准时制实施依靠有效的计划和衔接达到供应和生产之间工位与工位之间的协调，从而实现零库存。

4. 供应链管理导向是最终客户的需求

无论构成供应链节点的企业数量多少，无论供应链节点企业的类型，也无论层次的繁简，供应链的形成都是以客户和最终消费者的需求为导向的。正是由于有了客户和最终消费者的需求，才有了供应链的存在，而且也只有让客户和最终消费者的需求得到满足，才能使供应链得到更大发展。

通过对供应链管理的概念与特点的分析可以得出以下结论：相对于旧的依赖自然资源、资金和新技术的传统管理模式，发展到以最终客户为中心，将客户服务、客户满意、客户成功作为管理出发点的供应链管理，的确具有多方面的优势。但是，由于供应链是一种网状结构，一旦某一局部出现问题，会很快扩散到全局，所以在供应链管理运作过程中，要求各成员企业对市场信息的收集与反馈要及时、准确，做到快速反应，降低损失。要做到这些，供应链管理还要有先进的信息系统和强大的信息技术作为支撑。

第三节　供应链战略

一、供应链战略的概念

所谓供应链战略，是指从供应链设计组合之日起，到为最终客户提供最佳产品或服务的管理运作全过程，都能够从供应链的全局和长远作出谋划。为此，在策略上必须确立正确的供应链设计原则，树立科学的供应链管理思想和进行必要的供应链整合。

（一）供应链战略解析

1. 协调和互补性战略

供应链涉及众多的成员和复杂的供求关系，供应链各个节点的选择应遵循强强联合的原则，以实现资源的充分利用。

2. 创新性战略

创新性原则是指在供应链设计中，应该具有创新的思想和眼光，打破传统企业管理中的常规和陈旧思想，集思广益，大胆开拓和创新，为供应管理新格局的形成打下基础。

3. 系统性战略

供应链的设计涉及供应链各个企业之间的种种关系，必须考虑战略伙伴的选择、成员之间的协同、利益的分配和风险规避等问题。还要系统研究市场竞争环境，企业现状等系统内外的问题。

4. 客户中心战略

供应链管理的最初目标就是以最佳的方式响应顾客的需求，所以在供应链设计时，应始终坚持以客户为中心的设计理念。供应链在运作中一般包括新产品的开发与设计、原材料采购、产品制造、运送、仓储、销售等活动、这些活动均由供应链上下游不同企业完成，设计时要充分考虑他们能为客户提供最佳服务。

5. 大局和高瞻远瞩战略

在以供应链的形式竞争的时代，企业的发展战略是依托供应链战略实现的，所以供应链的设计应该与企业的长期战略规划保持一致，在众多可供选择的企业中，要选择那些有利于企业长期发展，具有大局观和共同长远目标的企业进入供应链。

6. 动态性战略

由于供应链面对的市场环境是不断变化的，具有很大的不确定性，所以供应链上的合作伙伴关系会不断变化。一个企业常常不只是参加一个供应链，还经常面临退出或加入一个供应链的问题，而对于供应链也要经常变换节点企业，这就要求供应链在设计的时候必须是动态的，可以应对供应链的各种变动。

（二）供应链战略的主要管理思想

1. 战略管理思想

战略管理思想主要涉及组织的远期发展方向和范围。在理想的情况下，战略应使资源与变化着的环境，尤其是市场、消费者或顾客相匹配，以达到所有者的预期。管理者必须了解战略的力量不完全取决于某一企业的资源和管理状况，还与多家企业的资源和管理状况有关，即从产品设计开始，经由生产和销售，直至使用这一完整过程的所有环节有关。因此在战略的制定中，要求所有环节在现有资源的条件下，在管理方面应该服务和服从于供应链的总战略。

2. 流程再造与优化思想

1993 年哈默和钱皮发表了著名的《企业再造》，在世界范围内掀起了流程再造（BPR）的旋风。BPR 的目的是从根本上考虑企业的工作方式，对企业现有的业务流程进行根本性的改造，大幅度地改善质量、成本、服务等现代企业的绩效衡量标准。BPR 的基本思想对于企业构建供应链，对供应链进行集成管理同样适用。因为供应链的基本思想本来就是要把从供应商到供应商到顾客的顾客，即整个供应链作为一个完整的“流程”来看待和管理的。

业务流程再造的一个重要支持手段是信息技术。通过信息技术的应用，实现整个业务流程的信息共享和去除多余步骤，使整个业务流程简洁高效。

3. 生产与运作管理思想

生产与运作管理是对生产与运作活动的内容有计划、有组织的控制活动，从效率与安全的角度对生产要素投入的具体安排。其过程是将生产要素的“投入→转换→产出”经过多种形式的加工，使其形态改变，并提供给社会低投入、高附加值的合格产品。

在生产与运作管理过程中，涉及投入产出过程与运行系统的设计、运作与优化等一系列问题。而顾客最终满意，才是生产运作与管理的最终目标。作为一种运作管理技术，供应链管理将物流管理的覆盖环节进行了有效拓展，不仅实现了企业内部物流功能的整合，而且将与企业密切相关的供应商、销售商、最终顾客纳入全程管理。在这个层面上的企业集成，使企业的管理者能够将他们在日常竞争中起决定作用的主要价值活动的运作连接在一起，并保持高度协同。

4. 约束理论（TOC）中的瓶颈管理思想

约束理论的中心思想是：一个系统的产出速度、产出量取决于系统的瓶颈环节。管理的目标应放在寻找和解决这个瓶颈环节上，在其他环节，致力于改进对整体产出并无多大意义。

TOC 指出，系统各个部分的最优之和不等于系统的整体最优。也就是说，如果把一个系统看作一条有多个环节组成的链条，传统的管理思想认为，系统的整体产出等于该链条的各个环节总量之和，因此追求各个环节中量的增加。而 TOC 认为，系统的整体产出取决于链条的强度，只要有一个环节薄弱（瓶颈环节），这个链条就是薄弱的。依据 TOC 理论，在供应链管理中，要注重找出供应链运作中的最薄弱部分，并集中力量解决。

二、供应链的整合

（一）供应链整合的含义

供应链整合是供应链战略管理思想的具体体现。供应链在其运作过程中，由于市场环境的变化，或者设计构建上的不足，导致运转不畅、效率不高、竞争力不强，所以必须进行整合。所谓的供应链整合，就是以核心企业为核心，对供应链上相关过程、组织及其管理的优化，以提高整个供应链绩效的经营管理活动。

（二）供应链整合的内容

（1）供应链上的物流、资金流、信息流及其管理的流程整合。

（2）原材料供应、产品生产、产品分销、送至用户的流程整合。

（3）供应商、制造商、分销商、零售商、用户的节点整合。

（4）供应链运作过程中各种管理思想、管理组织、管理技术、管理方法的综合整合。

供应链整合作为一种有效的管理手段，要求对供应链的整个流程进行综合设计和改进，要求各个方面均能优化和充分协调的系统工程。

（三）供应链整合实现的基本条件

供应链要实现整合的目标，必须加强节点企业之间的合作，建立合理的利益分配机制。

（1）成员企业的协调合作。成员企业之间的协调合作是供应链整合成功的首要条件，只有各个成员企业之间相互协调合作，整个供应链才不至于成为一团散沙，不至于在相互掣肘中丧失系统优势。一方面，企业要以大局为重，通过利益调整，协调彼此的库存、物料采购、生产、营销和物流计划，使供应链的整体优势得到具体体现，同时保证各成员企业都能在供应链的合理运作中受益；另一方面，供应链遵循强强联合的原则，选择优势企业，并使其核心竞争力得以充分发挥，实现供应链整体业务水平的提升。

（2）提升共享信息水平。加强信息建设，提升供应链成员之间信息和知识资源的共享水平，通过对需求信息、存货状况、生产时间安排、市场预测、促销安排、货运时间安排等诸多信息资源的共享，就可以明确改进的环节，进行有效整合。因此，信息共享是开展供应链整合的基础，只有基于及时、准确、充分的信息，供应链企业才能作出正确的改进决策。同时，通过信息共享，可以避免企业掉进“信息黑箱”，造成过高库存、迟缓的市场回应速度和错误的生产销售计划。

（3）创建合理的成员利益机制。创建合理的成员利益机制是确保节点企业围绕供应链绩效最大化运作的制度保障。由于企业追求自身利益的最大化，这可能导致与供应链整体利益目标相冲突，因此，有必要建立一种利益协调机制，是为了整体目标而自身受损的企业获得一定补偿，这种补偿应来自由于供应链整合而获利较大的企业。例如，供应链的核心企业为了提升产品的性能，要求供应商放弃原有零部件的生产，改为生产技术含量高、结构更为复杂的零部件，供应商为此不得不更新设备，对员工进行再培训，这无疑会增加供应商的产品成本。那么，核心企业就应当从其销售新产品获得的超额利润中抽出一部分作为补偿供应商的损失，且补偿额应当大于损失额。

第四节　供应链管理技术的应用

供应链管理技术在 QR 、ECR、JIT、VMI、ERP 运作中得到广泛应用，以 QR 为例对这些技术作简单介绍。

一、快速反应（QR）

（一）快速反应的含义

国家标准《物流术语》对快速反应的定义是：供应链成员企业之间建立战略合作伙伴

关系，利用EDI等信息技术进行信息交换与信息共享，用高频率、小数量配送方式补充商品，以实现缩短交货周期、减少库存、提高顾客服务水平和企业竞争力为目的的供应链管理策略。

（二）快速反应的特征

1. 快速响应

对市场需求的快速响应是快速反应的本质特性。它通过快速设计、制造及分销，快速提供客户需要的产品或服务。快速响应既是对已有需求的快速响应，又是对未来需求的共同预测，并持续监视需求变化的快速响应。

2. 伙伴协作

现代企业的竞争不再是企业与企业之间的竞争，而是企业所在的供应链之间的竞争，只有加强供应链伙伴之间的协作，使本供应链较之对手供应链反应更快、效率更高，才能取得竞争的主动权，战胜竞争对手。

3. 利益共赢

供应链伙伴之间的互利互惠，是供应链正常运作的基础。企业追求的不仅仅是本企业利益的最大化，而是供应链整体利益的最大化，从而实现合作或利益的最大化，做到双赢。

4. 信息共享

信息共享直接影响到供应链的绩效。信息共享表现在供应链伙伴之间在市场预测、生产计划、生产进度、市场销售、物品配送、库存管理等方面的决策、运作信息的及时、准确沟通，确保供应链整体运作的协调性，提升供应链的运作效率。

5. 资源集成

所谓资源集成，是指在供应链的快速反应中，依靠供应链中的所有企业的资源（物质资源、信息资源、人力资源等）的集成。集成的表现形式，除了本企业资源在企业内部的合理使用外，还包括设施设备彼此间的有偿使用、信息传递的无缝对接、技术上的相互交流指导、资金上的相互支持等。

6. 过程柔性

这里所说的柔性包括产品的品种、数量柔性和时间柔性。虽然顾客需求的产品品种、数量变化频繁，提前期时长时短，但是生产过程能够根据需求的变化迅速作出调整，为顾客提供满意的服务。

（三）快速响应实施的条件

1. 开发和应用现代信息处理技术

信息技术的发展提高了物流的运作能力，从而实现了所需货物的快速交付。这些信息技术包括商品条形码技术、物流条形码技术、电子订货技术、数据读取系统、电子数据交换系统、预先发货清单技术、电子支付技术、供应商管理库存、连续补充货物方式等。

2. 供应方必须缩短生产周期

缩短生产周期，是高频率、小批量配送以及满足客户要求、产品迅速送达的前提，通过高频率、小批量的配送，可以提高顾客的服务水平，并减少产品库存。

3. 供应链各方建立战略合作伙伴关系

建立战略合作伙伴关系：一是在合作伙伴之间实现分工协作；二是及时发现和解决协作

中出现的问题；三是建立合理的利益分享机制。

4. 革新企业经营理念和组织形式

企业要改变大而全、小而全、单打独斗的传统经营理念，要学会利用外部资源增强企业的市场竞争力，提升企业的经营效率。同时，为了对客户需求作出快速响应，对不适应供应链运作的组织结构进行调整或重组，顺应变化的市场需求。

5. 改变传统的对企业商业信息保密的做法

当供应链企业建立了战略合作伙伴关系，并达成彼此间的充分信任后，对需要合作伙伴理解的信息，如市场预测、生产计划、生产进度、营销及库存等方面的信息，应与伙伴交流分享，以利于彼此发现问题、分析问题和解决问题。

二、以服装行业为例说明快速反应的实施

（一）业务流程重组和供应链再造

快速反应首先要打破企业内部的组织障碍，实现企业内部经营业务的集成；其次重塑制造商与零售商关系，结成紧密的战略联盟，采用先进的管理技术和信息技术实现企业间的业务集成。

（二）建立信息网络

在知识经济时代，信息和网络成为时代的特征。在快速反应链中，变化的起源在于市场的变化。供应链要想及时、准确地把握市场的变化，必须建立一个多方位、反应灵敏、传递快速、疏漏极少的信息网络。构建服装信息网络涉及信息网络的内容和流程两个部分。

1. 信息网络的内容

（1）服装及其他纺织品的市场供需及变化情况，如价格行情、产品供需、地域性差异和潜在市场等。

（2）各种原料、半成品、成品的供应商和销售商的详细资料，如生产商的规模、生产能力、产品规模、技术进步、工艺改造等情况。

（3）影响服装及其他纺织品的流行趋势的各种因素及变化情况，如地域、风俗习惯、经济水平和文化等。

2. 信息网络的运行流程

信息网络运行流程主要分为以下几个步骤：

（1）信息收集。传统的信息收集是生产链的反过程。销售商根据以往的销售情况进行市场预测，然后向生产商发出订单，生产商向供应商发出订单，层层向上游传递。因为销售商直接面对消费者，能够在一定程度上反映需求，所以销售商的信息有较高的利用价值。

（2）对获取的信息进行分析和判断。对获取的信息去伪存真，判断市场的威胁和机遇。为了加快这一过程的反应速度，应建立各种预测模型和专家系统，如市场模型、消费者购买动机模型、产品系统分析等。总之，要从对信息的分析中寻找新的商机，做好进入潜在市场的准备。

（3）信息输出。信息输出包含三部分内容：一是市场的一般资料，不需要进行加工和处理，只为企业提供及时的市场反馈；二是运用各种数据模型，对信息进行处理，对未来的市场进行预测，提供给相关单位；三是一种交互系统，根据对方的要求进行判断推理，向对方

提供决策依据，从而将对市场的快速反应转化为对产品的快速制造。

（三）现代化的生产方式

现代化的生产方式是指节奏快、周期短的生产方式。它能迅速更新品种，严格保证质量，大幅度缩短生产周期。现代化的生产方式需要现代化的生产设备和计算机辅助设施作为保障。只有应用自动化、计算机化、高科技化的现代生产设备，才能高效地生产优质产品。在生产过程中，借助计算机辅助设备，合理安排工艺，减少工艺间的停顿、运输和浪费，并减少库存。例如，服装加工的 CAD 系统，如图 11－2 所示。

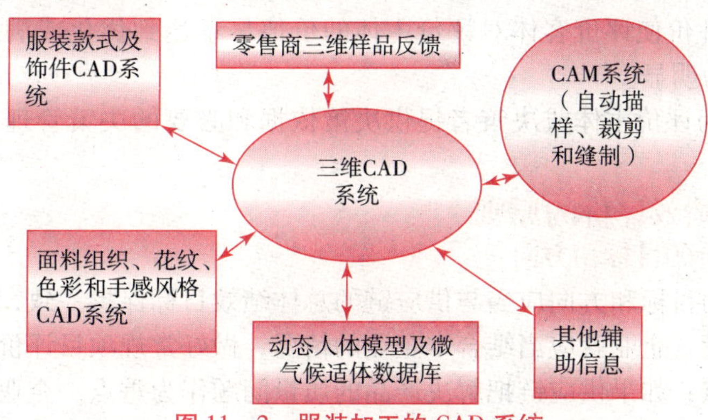

图 11－2 服装加工的 CAD 系统

在服装加工 CAD 系统中，当把面料的基本特征值、服装款式特性值及人体尺寸输入后，即可在计算机上完成虚拟制造，生成逼真的服装效果图。然后根据零售商的意见和其他辅助信息决定最终产品。最后由生产系统制造出成品。

（四）现代化的质量监控系统

现代化的质量监控系统和预测系统是快速反应体系的保证。在生产加工环节，采用性能优良、准确快速的智能化工艺监控和产品检验措施，是减少因为次品、废品的返工所造成的资源和时间浪费的基本保证。

（五）有效的人力资源保障

快速反应系统是一种精益系统，需要员工的主动和密切配合，这就要求特别重视人力资源的开发和利用。服装企业应培养和引进高素质的设计人员和技术人员，这些人员不仅对市场的流行趋势有很准确地把握，能及时把顾客需求的产品设计出来，还要熟悉物流环节的设计流程。同时要求他们能熟练运用计算机辅助设计（CAD）、计算机辅助制造（CAM）等先进技术，实现企业开发、设计、生产、营销及管理的高度集成化，增强企业的快速反应能力。

（六）建立良好的物流环境

快速反应的物流管理方法要求供应商在合适的时间向顾客提供合适的产品。在服装业的快速反应中，要求小批量、高频率、准时、高质量的交付顾客所需的产品。因此，无论是服装生产厂家，还是它的供应链合作伙伴批发商、零售商，都应具备较强的物流能力，只有这样，供应链的快速反应才能实现。

三、供应链绩效评价

（一）绩效评价的含义

绩效评价是指运用一定的技术方法，采用特定的指标体系，依据一定的评价标准，按照一定程序，通过定量、定性对比分析，对业绩和效益作出客观、标准的综合评价。

一般而言绩效评价的目的可分为三个层次：

（1）绩效评价是为了评价绩效的有无和大小。

（2）通过绩效评价使评价客体对评价主体的价值尽量达到优化或满意，这一点在对多个客体的评价中更为明显。

（3）绩效评价为评价主体或决策者提供决策依据和必要的决策管理程序，以利于其更好的决策。

（二）供应链绩效评价的原则

1. 明确绩效评价的目标和方向

企业绩效评价的目标和方向应当与供应链的总体绩效目标保持一致，如供应链的整体目标是要增加产品数量，企业就应当结合本企业的情况，做好常规项目评价的同时，把生产的数量作为评价的重点；如果供应链把解决产品的质量问题作为重点，企业就应当在做好常规项目评价的同时，把精力重点放在质量绩效的评价上，不能因为本企业的产品质量存在欠缺，影响供应链最终产品的产品质量。

2. 做好供应链内各企业的评价

供应链内各企业评价能够对其成员企业起到激励作用，目的是吸引优秀企业家加盟，淘汰不良企业，降低供应链解体风险，以保证各企业的利益或者提高供应链整体的绩效。供应链是一种各节点企业之间建立的网络关系，其基本点仍是各个企业。清楚了解各企业自身的特点，考虑节点企业自身的绩效，是供应链评价的重要组成部分，但是其评价角度要立足于供应链整体，强调企业对供应链整体运营绩效的贡献。

3. 做好供应链综合绩效评价

供应链之间竞争日趋激烈，引起人们对供应链综合绩效的日益重视。供应链综合绩效评价可通过对整个供应链运营状况的了解，找出供应链运营中的问题，提供供应链在市场中的生存、组建、运行、撤销的决策依据，保证供应链的健康发展。

4. 做好供应链内各企业激励关系评价

供应链激励是供应链管理的一项重要工作，主要专注于供应链环境下的成员企业，包括核心企业对非核心企业的激励，也包括非核心企业之间的激励。建立良好的激励机制可以调动成员企业的积极性，增强核心企业的开拓精神，保证供应链的整体利益。

5. 做好供应链内各企业合作关系评价

供应链内各企业合作关系的评价主要考察供应链的上游企业对下游企业提供的产品和服务的质量，从用户满意度的角度评价上下游企业之间合作关系的好坏。供应链中的各企业通过契约等形式结成联盟，对联盟中合作关系的恰当评价并非易事。这是因为：一般情况下，企业隶属于多条供应链，在不同的供应链中扮演着不同的角色，所以对供应链合作关系的评价，只能站在本供应链的角度作出判断，查找出上下游企业合作中存在的问题，并加以解决，避免合作成为整个供应链运作发展的瓶颈。

（三）供应链绩效评价的内容

1. 供应方面的评价

供应方面的评价是指上游供应商能否按照协议或订单按时、按质、按量将物资或服务提供给下游企业作出评价。

2. 提前期的评价

提前期是指下游企业从发出订单到收到货物为止所需要的时间。对服务而言，是指从发出服务邀请到开始提供服务的时间。提前期越短绩效评价越高。

3. 柔性的评价

柔性的评价是指系统运作由于内部或外部的干扰所能作出的调整幅度。可调整幅度大，说明系统具备高柔性；可调整幅度小，说明系统柔性差。由于供应链处在变化的市场环境中，所以供应链是否具备高柔性对它的生存至关重要。高柔性的供应链，可随市场需求的变化，对产品或服务迅速作出调整，以适应变化的市场。对整个供应链是如此，对供应链中的每个节点企业更是如此。

4. 稳定性的评价

稳定性的评价是对整个供应链而言的。供应链节点企业的进出虽然是正常的，但频繁的变化对供应链经营是不利的，因为无论是原有节点企业的退出，还是新企业的加入，都要支付一定的交易成本，况且新企业进入供应链还需一段磨合期，才会适应新的系统环境。所以，供应链以相对稳定为上策，除非迫不得已，否则不要轻易更换供应链成员。

5. 成本评价

供应链经营活动的最终目标是赚取利润，而成本又是获取利润多寡的决定性因素之一，所以，供应链应在满足顾客服务需求的条件下，努力降低成本。供应链的总成本取决于节点企业各自的成本，所以，节点企业要从供、产、销和物流环节最大限度地降低经营成本。

6. 简洁性评价

简洁性体现在供应链组织的层次结构。供应链的组织结构愈简练，愈可减少信息的失真，愈可减少整个供应链协调的难度，使供应链的运作更顺畅，提高整个供应链的运作效率。

7. 物流运作速度评价

物流是供应链的重要构成要素，它的关键指标是物流的反应速度，包括物资的运输速度、数据的处理速度、计划速度及执行速度。这几种速度的快慢会影响到供应链的成本、运作效率和顾客的满意度。

8. 可视性评价

供应链的可视性是指让员工参与企业内部信息及企业与合作伙伴的信息共享。内部的信息共享可以使员工了解企业对自己的要求，自己对企业的贡献状况，增强员工的主人翁意识，激励员工的生产积极性。与合作伙伴的信息共享，可了解伙伴的计划进展情况、库存情况、上下游企业的需求，实现本企业与合作伙伴的高效合作。

（四）供应链的绩效评价方法

1. ROF 法

ROF 法是利用可以反映供应链绩效的三个战略目标：资源（Resources）、产出（Output）、和柔性（Flexbility）的实现水平进行评价。

（1）资源评价的内容包括库存水平、人力资源、设备利用、能源利用等方面。

（2）产出评价的内容包括客户响应、质量及最终产品的产出数量等方面。

（3）柔性评价的内容主要包括范围柔性和响应柔性两方面，前者指可以变动的程度范围，后者指可以变动的容易程度。

这三个指标都具有各自不同的目标，资源评价是高效生产的关键；产出评价必须达到很高的水平以保持供应链的增值性；柔性评价则要达到变化环境中的快速响应。三者之间是相互作用、彼此平衡的。

2. 作业成本法

作业成本法（Activity Based Costing，ABC）的基本思想是产品的生产需要消耗活劳动和物化劳动，二者均需计入产品成本。作业成本法的特点表现在以下三个方面：

（1）以作业作为基本的成本计算对象，并作为汇总其他成本（如产品成本）的基石。

（2）注重间接费用的归集与分配，设置多样化的作业成本库，并采用多样化的成本动因。作为成本分配标准，使成本归集明晰化，从而提高成本的归属性。

（3）关注成本发生的前因后果。

3. 标杆法

标杆法就是将那些出类拔萃的企业作为企业测定的标准，以他们为学习对象。绩效标杆法可分为战略性标杆、操作性标杆和支持性活动标杆。绩效标杆法分为五个步骤：计划阶段→分析阶段→整合阶段→行动阶段→正常运作阶段，其实施过程如图 11－3 所示。

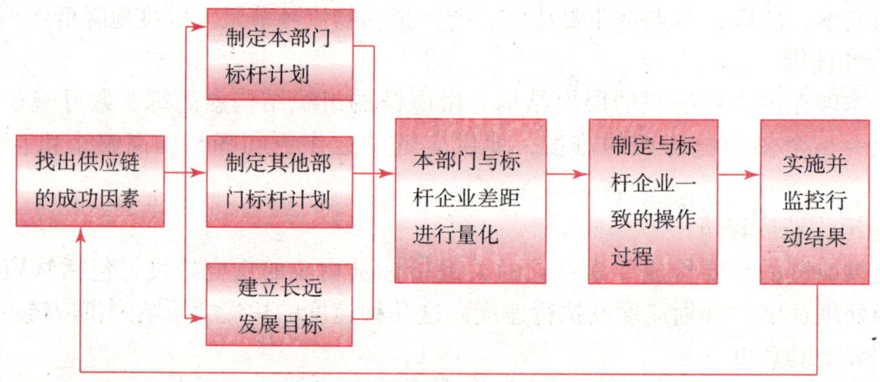

图 11－3　杆法实施过程示意图

4. 平衡供应链计分法

平衡供应链计分法（Balanced Supply Chain-Management Scorecards，BSC－MS）的概念提出了 BSC－MS 的四个角度：客户导向、内部流程、未来发展和财务价值，如表 11－1 所示。

表 11－1　平衡供应链计分法的四个角度

四个角度	任　务	关键问题	关键成功因素
客户导向	在正确的时间、正确的地点将正确的产品（或服务）以合理的价格和方式提供给客户，满足甚至超过客户的期望	供应链提供的产品或服务是否增加客户的价值，使客户满意	建立和保持同客户的密切关系；快速响应并满足客户的特定需求；提高供应链客户群的价值
内部流程	能够在合理成本下高效率生产	供应链内部的增值活动效率有多高，能否更好地实现核心竞争力	实现较低的流程运作成本；较高的运作柔性；提高经营中增值活动的比例，缩短生产提前期
未来发展	集成供应链内部资源，注重改进创新，抓住发展机遇	供应链管理系统是否具备这种机制	集成合作伙伴，稳定战略联盟；加强信息共享，减少信息不对称，提高信息及时效果，降低信息放大效应；研究可能的生产、组织、管理等各方面技术
财务价值	突出供应链的竞争价值，达到供应链伙伴盈利最大化	供应链伙伴对供应链的贡献率是否从供应链整体角度考虑	供应链资本收益最大；保证供应链伙伴在供应链中提供最高贡献率；控制成本及良好的现金流

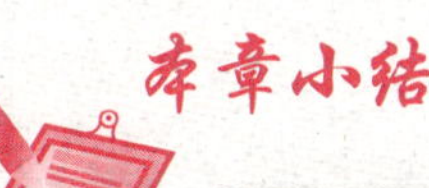

本章小结

构成供应链的基本要素包括：供应商、厂家、分销企业、零售企业、物流企业。

供应链四流包括：物流、商流、资金流、信息流。

供应链发展阶段：企业内部链、增值链、网链阶段、当代阶段。

供应链类型如下：

按供应链范围划分：内部供应链和外部供应链。

按稳定性划分：稳定供应链和动态供应链。

按供应链生产能力和用户需求划分：平衡的供应链和倾斜的供应链。

按供应链功能追求目标的不同划分：有效性供应链、反应性供应链和创新性供应链。

供应链管理特点：供应链管理把所有节点企业看作是一个整体的有机构成部分，实现全过程的战略管理，供应链管理是一种集成化的管理模式，供应链管理以实现零库存为目标，供应链管理导向是最终客户的需求。

供应链战略有：协调和互补性战略、创新性战略、系统性战略、客户中心战略、大局高瞻远瞩战略和动态性战略。

供应链战略的主要管理思想：战略管理思想、流程再造与优化思想、生产与运作管理思想和约束理论（TOC）中的瓶颈管理思想。

供应链整合实现的基本条件：成员企业的协调合作、提升共享信息水平和创建合理的成员利益机制。

供应链快速反应的特征：快速响应、伙伴协作、利益共赢、信息共享、资源集成和过程柔性。

快速响应实施的条件：开发和应用现代信息处理技术、供应方必须缩短生产周期、供应链各方建立战略合作伙伴关系、革新企业经营理念和组织形式、改变传统的对企业商业信息保密的做法。

供应链绩效评价的原则：明确绩效评价目标和方向、做好供应链内各企业的评价、做好供应链综合绩效评价、做好供应链内各企业激励关系评价、做好供应链内各企业合作关系评价。

供应链绩效评价的内容：供应方面的评价、提前期的评价、柔性的评价、稳定性的评价、成本评价、简洁性评价、物流运作速度评价和可视性评价

供应链的绩效评价方法：ROF 方法、作业成本法和标杆法。

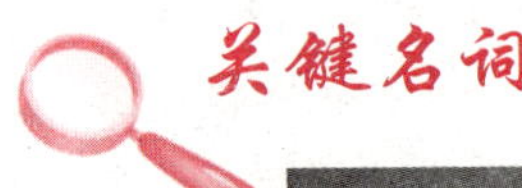

关键名词

供应链　类型　管理　供应链战略　技术应用

即测即评

选择题

判断题

思考题

一、简答题

1. 如何定义供应链？

2. 供应链的构成要素是什么?
3. 供应链有哪几种类型?
4. 如何实施供应链管理?
5. 如何解析供应链战略?
6. 供应链战略的主要管理思想是什么?
7. 快速反应的含义是什么?

二、论述题

试述供应链的绩效评价。

(一) 丰田汽车厂的精细流程

从时间及空间上重新规划企业的运作流程以提高客户满意度，是企业目前的紧迫任务，要么重构，要么被淘汰，企业已经站在精细供应链管理的十字路口。

日本丰田汽车公司总装厂与零部件厂家之间的平均距离为95.3km，日产汽车公司总装厂与零部件厂的平均距离为183.3km，克莱斯勒公司为875.3km，福特公司为818.8km，通用公司为687.2km。从各大汽车公司总装厂到各零部件厂的平均距离可以看出，合理的布局起着十分重要的作用。丰田汽车公司这种平均距离近的优势，充分地转化为管理上的优势。该公司的零部件厂家平均每天向总装厂发运零部件8次以上，每周平均42次。美国通用汽车公司零部件厂的发运频率仅为每天1.5次，每周平均为7.5次。显然，日本汽车公司的平均存货成本要低于美国汽车公司。由于丰田公司的零部件协作企业离公司总装厂相距较近，这给各企业管理人员、工程技术人员之间的相互沟通带来极大便利。丰田公司总装厂与零部件厂人员年平均面对面的沟通次数为7236人次/天，通用公司为1107人次/天。丰田公司这种频繁的人员交流为总装厂和零部件厂的充分沟通与协作创造了条件，便于双方解决在新车型开发、技术改造和生产中遇到的问题，从而加快新产品开发，提高产品质量，并降低经营成本。

当运货卡车还未到达工厂大门之前，安装在车上的基于卫星全球定位技术的移动数据终端，很快将卡车即将到来的消息传递到工厂的计算机系统，同时下载指令指引司机到正确的卸货区。当卡车驶入工厂大门时，计算机系统自动记录下所装货物的品种和数量，并使得零部件恰巧在需要时的前几分钟就到达装配线上……丰田汽车还通过信息的实时沟通，实现了零库存的目标。精细供应链管理创造了丰田汽车称霸全球汽车行业的神话。

案例分析题:

1. 丰田公司较之竞争对手的地理优势是什么?
2. 丰田公司的地理优势为其经营运作带来了哪些好处?

（二）戴尔公司的“直接经营”

戴尔公司以“直接经营”模式著称，其高效运作的供应链和物流体系使它在全球IT行业不景气的情况下逆市而上。根据权威的国际数据公司（IDC）的最新统计资料，在2002年第三季度，戴尔重新回到了全球PC第一的位置，中国市场上戴尔的业绩更加令人欣喜。戴尔公司在全球的业务增长，在很大程度上要归功于戴尔独特的直接经营模式和高效供应链，直接经营模式使戴尔与供应商、客户之间构筑了一个称之为“虚拟整合”的平台，保证了供应链的无缝集成。

事实上，戴尔的供应链系统早已打破了传统意义上“厂家”与“供应商”之间的供需配给。在戴尔的业务平台中，客户变成了供应链的核心。直接经营模式可以让戴尔从市场得到第一手的客户反馈和需求，因此生产等其他业务部门便可以及时将这些客户信息传达到戴尔原材料供应商和合作伙伴那里。这种在供应链系统中将客户视为核心的“超常规”运作，使得戴尔能做到库存周期为4天，而竞争对手大都还徘徊在30～40天。这样，以IT行业零部件产品每周平均贬值1%计算，戴尔产品的竞争力显而易见。

在不断完善供应链系统的过程中，戴尔公司还敏锐地捕捉到互联网对供应链和物流带来的巨大变革，不失时机地建立了包括信息搜集、原材料采购、生产、客户支持、客户关系管理以及市场营销等环节在内的网上电子商务平台。在valuechain. dell. com网站上，戴尔公司和供应商共享包括产品质量和库存清单在内的一整套信息。与此同时，戴尔公司还利用互联网与全球超过113000个商业和机构客户直接开展业务，通过戴尔公司的网站，用户可以随时对戴尔公司的全系列产品进行评比、配置并获知相应的报价。用户也可以在线订购，并且随时监测产品制造及送货过程。

戴尔公司在电子商务领域的成功实践，使“直接经营”插上了腾飞的翅膀，极大地增强了产品和服务的竞争优势。今天，基于微软视窗操作系统，戴尔公司经营着全球规模最大的互联网商务网站，覆盖80个国家，提供27种语言或方言以及40种不同的货币报价，每季度有超过9.2亿人次浏览。

随着全球贸易体系进程的加快，激烈的国际竞争对中国企业提出了前所未有的挑战。在以信息化为显著标志的后工业化时代，供应链在生产、物流等众多领域的作用日趋显著。戴尔模式无疑对中国企业实施供应链管理有着重要的参考价值，我们在取其精华的同时，还应根据自身特点寻找提升竞争力的有效途径。

案例分析题：

1. 戴尔公司的直接经营好处是什么？
2. 戴尔公司是如何发挥电子商务功能的？

第十二章 人力资源战略

Chapter 12

(1) 明确人力资源战略的含义和内容。

(2) 学会制定人力资源规划。

(3) 掌握人力资源计划制定的原则和目标。

(4) 掌握人力资源战略管理中如何对职工进行工作分析。

(5) 了解如何实施人力资源动态管理。

华为的人力资源管理

一、华为简介

华为技术有限公司成立于1988年，是由员工持股的高科技民营企业。华为从事通信网络技术与产品的研究、开发、生产与销售，专门为电信运营商提供光网络、固定网、移动网和增值业务领域的网络解决方案，是中国电信市场的主要供应商之一，并已成功进入全球电信市场。2002年，华为的销售额为220亿元人民币，目前有员工22000多人。截至2009年，华为已经成功跻身全球第三大设备商，一举成为中国最具影响力的通信设备制造厂商。

二、华为的人力资源管理体系构成

1. 华为的招聘之道——招聘七大原则

深圳华为十分注重企业人才的招聘，在招聘过程中秉承七大原则：①最合适的，才是最好的；②强调“双向选择”；③有针对性的招聘策略；④招聘人员的职责 = 对企业负责 + 对应聘者负责；⑤用人部门要现身专场；⑥设计科学合理的应聘登记表；⑦招聘充足的人才信息储备。

2. 薪酬制度

华为作为中国最具影响力的通信设备制造商，在企业员工的薪酬制度上采用以下五种模式：

（1）高工资是第一推动力——人高我高，人低我亦高。

（2）动态分配制。根据企业内外部的人力价格水平和员工的职、能、绩效以及长期发展潜力建立的一种崭新的薪酬体系。它不仅关注到企业薪酬水平的对外竞争力，也关注内部薪酬的合理性和激励性；不仅注重薪酬对绩效的牵引，还注重薪酬对员工能力的牵引。

（3）全员持股。华为的内部持股制度对吸引人才的作用是非常明显的。过去华为有“1 +1 +1”的说法，即在员工的收入中，工资、奖金、股票分红的收入比例是相当的。而其中股票是当员工进入公司一年以后，依据员工的职位、季度绩效、任职资格状况等因素来进行派发，一般是用员工的年度奖金来购买。如果新员工的年度奖金还不够派发的股票额，公司会贷款给员工，而员工也是很乐意于这种贷款，因为分红的比例历年来都保持在70%的高位。员工持股既是一种薪酬制度，也是一种有效的激励措施，容易形成上下一心的企业风貌。

（4）体贴的福利待遇。劳动法以内的五险一金，还有节假日奖励以及婚庆礼包。

（5）高奖金制度。

3. 激励体系

华为的激励体系是正激励和负激励的有机结合，可以有效约束，实现内部各个部门的默契配合，提高执行力。

正激励：基于对员工的肯定、承认、赞扬、奖赏、信任等，华为的正激励表现在满足员工对物质和精神的要求。

负激励：当组织成员的行为不符合组织目标或社会需要时，组织将给予惩罚或批评，使之减弱和消退，从而抑制这种行为。

在企业员工的激励体系上采用四种以下模式：

（1）分而治之的岗位管理。可以实现岗位工作的有效划分和默契配合，同时也能实现岗位职能的稳定。

（2）推行绩效导向制度。按员工完成工作的数量、质量、成本费用以及为企业作出的其他贡献进行考评，以结果看成效。

（3）干部末位淘汰制度。淘汰在单位名次排序中末尾的人员，可以给工作成绩不佳的人一次警告，促使每个员工认真工作。

（4）有效约束，实现内部各个部门的默契配合，提高执行力。

4. 知识型员工管理

知识型员工管理——内部创业，让员工做老板。

留住优秀人才对于企业生存发展的重要意义日益被社会充分认识，并愈来愈成为企业战略决策的重要内容，许多企业的老总和人事部门经理，无时无刻不在为如何留住人才而殚精竭虑。于是，薪酬水平越提越高，福利待遇越来越好。满足员工的物质和生活需求，似乎已成为招募和留住人才的唯一法宝。然而，据有关资料表明，在被人们公认为高薪酬、高福利待遇的金融、信息、汽车等行业，员工跳槽、人才流失现象并非罕见。在这样的背景下，建立企业内部创业机制，用事业来满足优秀员工成就感，并以此吸引人才的新模式出现了。深圳华为集团，为解决机构庞大和老员工问题，鼓励内部创业，将华为非核心业务与服务业务以内部创业方式社会化，通过提供一些资源给公司的优秀人才，帮助他们走出去创办企业。广州市鼎兴通信技术有限公司是一家华为内部创业公司，他们承担华为公司湖南、江西及广东市场近 1/3 的工程安装调试工作。这种内部创业公司为华为解决了很多后顾之忧，减少了市场运作成本，双方获利。而用友软件公司，则通过内部创业中的分公司制度，将总部的优秀人才遣往全国各地，建立各地分公司，配备相关资源，给予其更大的施展空间和市场潜力，从而留住优秀员工。

内部创业是由一个企业内的具有创业愿望和理想的员工发起，在组织支持下由员工与企业共担风险、共享成果的激励形式。建立企业内部创业机制，从表面上看，好像是企业拿自己的资源来成全他人的美事，但实际上，内部创业不仅可以满足企业优秀员工想当老板的心态，使企业运作趋于安定，更可以凭借制度的授权，减轻企业负责人的工作负担，这是一种可以让老板和员工双赢的管理制度。

所以，建立企业内部创业体系，解决的不光是优秀员工想往更高层次发展的欲望，更能通过这些内部创业使企业看到自身组织的不足，反思自己并能在有效的时间内探索出一条切实可行的变革之路。正是由于不断地发现问题，不断地调整、修正自己的战略，企业才会有继续生存的空间。

5. 员工的培训与发展

进入华为的新员工都要接受华为的培训，华为已经形成了自己的培训体系。在深圳，华为有自己的培训学校和培训基地，华为的所有员工都要经过培训，合格后才可以上岗。华为也有自己的网络学校，通过这个虚拟的学校，华为可以在线为分布在全世界各个地方的华为人进行培训。

在员工的培训与发展上采用以下四种模式：

（1）全员导师制度。华为对调整到新工作岗位的“老员工”，不管资历多长、级别多高，在进入新的岗位后，公司都要安排导师。所有的员工都需要导师的具体指导，通过“导师制”实现“一帮一，一对红”。

（2）非核心培训。将企业非核心内容的培训外包给培训机构。外包使培训与开发活动实现了以更低的费用、更好的管理、更佳的成本效益进行，并且责任更清晰。

（3）全员低重心培训。华为的培训体系基本涵盖了企业培训的所有内容，新员工培训系统、技术培训系统、管理培训系统、营销培训系统、专业培训系统、生产培训系统等，这些系统相互依存，争取做到为每位员工提供系统化、个性化的培训。

（4）富有挑战性轮岗制度。让职工轮换担任若干种不同工作的做法，从而达到考查职工的适应性和开发职工多种能力、提高换位思考意识、进行在职训练、培养员工管理能力的目的。

6. 独特的企业文化

以人为本的企业文化的构建本身就是一种人力资源管理上的突破，华为在十几年的发展过程中逐渐形成了独特的企业文化，在人力资源管理中扮演着越来越重要的角色。

（1）华为“骂”文化。骂，是一种警示、训诫，是一种宣泄，也是一种激励，是负激励的一种。

有一次，华为公司总裁任正非看到一篇质量低劣的报告，在上面批示了几个字：“臭、很臭、非常臭！”还有一次，华为有一位新员工刚到公司没几天，就给任正非写了一封“万言书”，论述公司的经营战略问题，任正非批复：“此人如果有精神病，建议送医院治疗；如果没病，建议辞退。”

（2）华为的狼性文化。狼有三大特征：一是敏锐的嗅觉，二是不屈不挠、奋不顾身的进取精神，三是集体合作和团体奋斗的意识。

狼性的四大特点“贪”、“残”、“野”、“暴”，都应在团队文化中得以体现，即对工作、对事业要有“贪性”，无止境地去拼搏、探索；狼性的“残”用在工作中，是指对待工作中的困难要毫不留情地把它们克服掉、消灭掉；狼性文化的“野”，是指在工作中、事业开拓中不要命的拼搏精神；狼性文化中的“暴”则是指在工作的逆境中，要粗暴地对待一个又一个难关，不能对难关仁慈。狼性血脉已经渗透华为员工的每个细胞，流入到华为管理层的每个环节。华为人是一群眼睛泛着绿光的狼，他们疯狂地掠夺人才，将其打造成一支巨大而高素质的战斗团队；他们“胜则举杯相庆，败则拼死相救”，团结起来，战无不胜，攻无不克；头狼任正非是一位极富传奇色彩的电信大佬，在他的身上有着土狼、军人、硬汉、战略家等各种光怪陆离的色彩。

（3）垫子文化。华为用垫子文化告诉每一个华为员工，只有加得起班，耐得住板凳磨的人，才可能取得成就，这种垫子文化说的就是艰苦奋斗精神。艰苦奋斗是华为文化的魂，是华为文化的主旋律，华为员工在任何时候都坚守这种文化，任何时候都不会因为华为的发展壮大而丢掉了他们的根本——艰苦奋斗。

三、华为人力资源管理面临的挑战

（1）人才流动的加剧和国际化人才的管理。公司所需人才的选择范围从国内拓展到国际，而国内人才选择公司的范围也同样扩展，作为人力资源部门其工作更加复杂。

（2）自由主义和价值多元化。在当今这个知识普及化的时代，知识不再是知识分子的垄断品。社会成员的学历普遍提高，企业内高学历的员工并不喜欢“当徒弟”，传统的由师傅“手把手教”的方式不再受欢迎，年轻的一代更喜欢具有一定冒险的自我成长方式。每个人都希望自己的个人成就被组织认可，而组织的承认有助于他们更进一步大胆创新，创造出更为出色的个人业绩。个人主义也导致价值观多元化，过去可能相隔30年的人还具有相同的思想，而现在相隔不足5年的员工其思想也大不相同了。没有什么观念可以称为是权威的或统一的，就是相同年龄的人，其需求也千差万别，思想五花八门，彼此的价值观互不相同。所有这些因素对人力资源管理的影响将着重体现在员工培训和激励上面。比如，拒绝“样板”意味着如何培养员工的创造力是一个重要课题；价值观多元化意味着教育和培训不能采取整齐划一的方法。传统的人力资源教育培训比较重视知识、技能的传授和政策、法律的理解。现在，企业也许更重视员工解决问题、集体活动、交涉联系、领导指挥等能力的培养。自由主义和价值多元化也意味着，为了对每一个个体进行最大的激励，管理者有必要进行灵活的考虑和处理。管理者应该认识到，对于一个有两个孩子且靠全日制工作维持生活的母亲，激励她工作的动力与一个单身且从事兼职工作的年轻人或是为了补充养老金而工作的老员工是完全不同的。

（3）高薪酬带来的高成本。随着社会环境和内部环境的变化以及行业利润率的普遍下降，使得华为不可能继续在业内维持远远高出竞争对手的薪资水平。

四、为了适应经济全球化发展，华为采取的应对措施

（1）人性管理。坚持以人为本的理念。管理必须在不违背公司整体利益的原则下去适应员工作为个体的某些个性特征，为管理者和被管理者提供更友好的接触面。

（2）人才开发。注重员工能力和知识的培养，留住人才，减少员工流失成本。

（3）国际化视野。随着经济全球化的推进，国内市场与国外市场的边界几乎已经不存在，世界各国之间的经济联系日益密切，人才流动开始呈现出国际化的态势。

（4）鼓励技术创新。提高企业的核心竞争力，增加竞争优势。

本章知识结构图

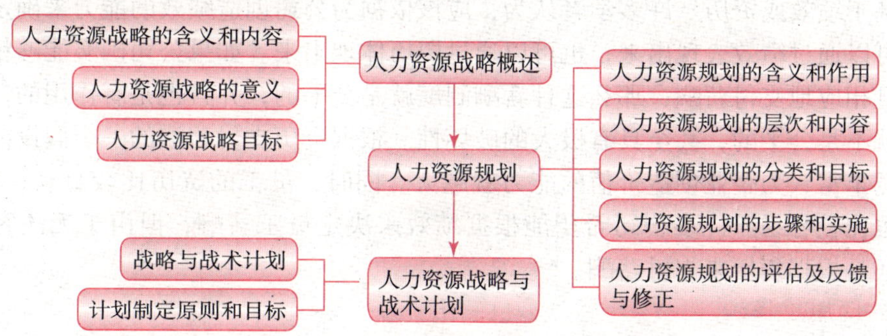

第一节 人力资源战略概述

一、人力资源战略的含义和内容

（一）人力资源战略的含义

人力资源战略，是科学地分析预测组织在未来环境变化中，人力资源的供给与需求状况，制定必要的人力资源获取、利用、保持和开发策略，确保组织在需要的时间和需要的岗位上，对人力资源在数量上和质量上的需求。

（二）人力资源战略的内容

1. 人力资源开发战略

人力资源开发战略，就是指有效地发掘企业和社会上的人力资源，努力提高员工的智慧和能力所进行的长远性的谋划和方略。企业可供选择的人力资源开发战略方案有：①引进人才战略；② 借用人才战略；③招聘人才战略；④自主培养人才战略；⑤定向培养人才战略；

⑥鼓励自学成才战略。

2. 人才结构优化战略

企业人才结构优化战略方案有：①人才层次结构优化战略；②人才学科结构优化战略；③人才职能结构优化战略；④人才智能结构优化战略；⑤人才年龄结构优化战略。

3. 薪酬战略

主要是薪酬决定标准。薪酬决定标准是指决定薪酬高低的依据，包括岗位、技能、资历、绩效和市场状况等。究竟按照何种依据来决定薪酬，取决于有关依据的特征和企业的具体状况。

（1）基于岗位或技能。传统薪酬制度通常按岗位来决定薪酬，因为岗位分析能够科学地衡量一个岗位对公司的价值，可以避免薪酬的决定受人为因素的影响。但由于岗位是流动和变化的，企业无法用过去的岗位分析结果来衡量现在的岗位对公司的贡献。此外，同一岗位，工作人员不同，其绩效也不同。因此，按岗位支付薪酬难以保证其激励的公正性。技能薪酬观认为，员工尤其是掌握多种技能的员工是公司竞争力的源泉，企业应该根据员工的技能水平来决定员工的薪酬，但是，技能薪酬往往依据员工的潜在能力，而不是对企业的实际贡献来决定员工的薪酬，这容易导致员工薪酬与公司绩效相脱节，不利于公司的持续发展。

（2）基于绩效或资历。许多学者认为，应该依据为公司创造绩效的能力来确定薪酬。这种能力既可以通过绩效表现出来，也可以通过资历体现出来。如果公司确实能够精确地衡量绩效，并且相应地支付薪酬，那么这种薪酬制度就是公平的，并且也是有作用的，否则这种薪酬制度就不是公平的，甚至具有极大的破坏性。根据资历支付薪酬的一个假设前提是：员工的资历越丰富，为企业创造价值的能力就越大。同时，员工的资历比较直观，容易确定，实施起来也比较容易。许多公司希望能根据绩效来决定员工薪酬，但由于无法客观衡量绩效，最终还是根据资历来支付薪酬。

4. 人才使用战略

可供选择的企业人才使用战略方案有：①任人唯贤战略；②岗位轮换使用战略；③台阶提升使用战略；④职务、资格双轨使用战略；⑤权力委让使用战略；⑥破格提拔使用战略。

5. 关于人力资源战略的选择

企业应结合以下因素来选择以上的各种人力资源战略：①国家有关劳动人事制度的改革和政策；②劳动力市场和人才市场的发育状况；③企业的人力资源开发能力；④企业人力开发投资水平；⑤社会保障制度的建立情况。

二、人力资源战略的意义

1. 人力资源战略是企业战略的核心

在企业竞争中，人才是企业的核心资源，人力资源战略处于企业战略的核心地位。企业的发展取决于企业战略决策的制定，企业的战略决策基于企业的发展目标和行动方案的制定，而最终起决定作用的还是企业对高素质人才的拥有量。有效地利用与企业发展战略相适应的管理和专业技术人才，最大限度地发掘他们的才能，可以推动企业战略的实施，促进企业飞速发展。

2. 人力资源战略可提高企业的绩效

员工的工作绩效是企业效益的基本保障，企业绩效的实现是通过向顾客有效地提供企业的产品和服务体现出来的。而人力资源战略的重要目标之一就是实施对提高企业绩效有益的活动，并通过这些活动来发挥其对企业作出贡献。过去人力资源管理是以活动为宗旨，主要考虑做什么，而不考虑成本和人力的需求；经济发展正在从资源型经济向知识型经济过渡，企业人力资源管理也就必须实行战略性的转化。人力资源管理者必须把他们活动所产生的结果作为企业的成果，特别是作为人力资源投资的回报，使企业获得更多的利润。从企业战略上讲，人力资源管理作为一个战略杠杆，能有效地影响公司的经营绩效。人力资源战略与企业经营战略相结合，能有效推进企业的调整和优化，促进企业战略的成功实施。

3. 利于企业形成持续的竞争优势

随着企业间竞争的日益白热化和国际经济的全球一体化，很难有哪个企业可以拥有长久不变的竞争优势。通常企业在创造出某种竞争优势后，在短时间内就被竞争对手所模仿，从而失去优势。而优秀的人力资源所形成的竞争优势很难被其他企业所模仿，所以正确的人力资源战略对企业保持持续的竞争优势具有重要意义。人力资源战略的目标就是不断增强企业的人力资本总合，扩展人力资本，利用企业内部所有员工的才能吸引外部的优秀人才，是企业战略的一部分。人力资源工作就是要保证各个工作岗位所需人员的供给，保证这些人员具有其岗位所需的技能，即通过培训和开发来缩短及消除企业各职位所要求的技能和员工所具有的能力之间的差距。当然，企业还可以设计与企业战略目标相一致的薪酬系统、福利计划、提供更多的培训、为员工设计职业生涯计划等来增强企业人力资本的竞争力，达到扩展人力资本，形成持续竞争的目的。

4. 对企业管理工作具有指导作用

人力资源战略可以帮助企业根据市场环境变化与人力资源管理自身的发展，建立适合本企业特点的人力资源管理方法。例如，根据市场变化确定人力资源的长远供需计划；根据员工期望，建立与企业实际相适应的激励制度；用更科学、先进、合理的方法降低人力成本；根据科学技术的发展趋势，有针对性地对员工进行培训与开发，提高员工的适应能力，以适应未来科学技术发展的要求等。一个适合企业自身发展的人力资源战略，可以提升企业人力资源管理水平，提高人力资源质量；可以指导企业的人才建设和人力资源配置，从而使人才效益最大化。将人力资源由社会性资源转变成企业性资源，最终转化为企业的现实劳动力。人力资源战略是实现企业战略目标、获得企业最大绩效的关键。研究和分析人力资源战略，有利于提升企业自身的竞争力，也是达到人力资本储存和扩张的有效途径。人力资源战略在企业实施过程中必须服从企业战略，企业战略形成的实际中也必须积极考虑人力资源因素，二者只有达到相互一致、相互匹配，才能促进企业全面、协调、可持续发展。

三、人力资源战略目标

人力资源战略作为一种最重要的职能战略，受公司战略支配，并反作用于公司战略。在企业集团管理模式下，人力资源战略规划应当实现如下目标：

（1）根据企业集团战略目标，确定人力资源战略。

（2）深入分析企业人力资源面临的内外部环境，发现问题和潜在风险，提出应对措施。

（3）合理预测企业中长期人力资源需求和供给，规划和控制各业务板块人力资源发展规模。

（4）制定核心人才职业生涯发展规划，打造企业核心人才竞争优势。

（5）规划核心重点专业/技术领域员工队伍发展，提高员工综合素质。

（6）提出人力资源管理政策和制度的改进建议，提升整体管理水平。

第二节　人力资源规划

一、人力资源规划的含义和作用

（一）人力资源规划的含义

所谓人力资源规划，也叫人力资源计划，是指根据企业的发展规划和发展战略，通过对企业未来的人力资源的需要和供给状况的分析及估计，对人力资源的获取、配置、使用、保护等各个环节进行职能性策划，以确保组织在需要的时间和需要的岗位上，获得各种必需的人力资源的规划。

人力资源规划的实质是促进企业实现其目标，因此它必须具有战略性、前瞻性和目标性，要体现组织的发展要求。

人力资源规划最显著的特点是把员工看作资源，这与传统的只涉及员工的招聘与解雇问题的人事计划完全不同。

（二）人力资源规划的作用

1. 有利于组织制定战略目标和发展规划

人力资源规划是组织发展战略的重要组成部分，同时也是实现组织战略目标的重要保证。

2. 确保组织生存发展过程中对人力资源的需求

人力资源部门必须分析组织人力资源的需求和供给之间的差距，制定各种规划来满足对人力资源的需求。

3. 有利于人力资源管理活动的有序化

人力资源规划是企业人力资源管理的基础，它由总体规划和各种业务计划构成，为管理活动（如确定人员的需求量、供给量、调整职务和任务、培训等）提供可靠的信息和依据，进而保证管理活动的有序化。

4. 有利于调动员工的积极性和创造性

人力资源管理要求在实现组织目标的同时，也要满足员工的个人需要（包括物质需要和精神需要），这样才能激发员工持久的积极性，只有在人力资源规划的条件下，员工对自己可满足的东西和满足的水平才是可知的。

5. 有利于控制人力资源成本

人力资源规划有助于检查和测算出人力资源规划方案的实施成本及其带来的效益。要通过人力资源规划预测组织人员的变化，调整组织的人员结构，把人工成本控制在合理的水平上，这是组织持续发展不可缺少的环节。

6. 对员工成长的帮助

人力资源规划是人力资源管理的一个主要方面，是企业人力资源战略形成的出发点。人力资源规划是将组织的未来需求与有责任感、有经验的员工在适当的时机与适当的岗位有机地结合的过程。人力资源规划越来越被企业重视，并成为企业战略不可缺少的部分。在竞争日益激烈的社会中，人力资源的吸纳、消化与开发成为人力资源规划的重点，使企业减少了人员的流动，降低了企业成本。所以，在人力资源规划中如何使员工成长，是企业不得不考虑的因素之一，这一点在具体的规划中均有体现。

7. 总体规划与人力资源规划统一

人力资源的总体规划是建立在企业总体战略的基础上，总体规划需要明确人力资源管理的职能战略目标、规划的周期、规划的范围，在明确企业总体规划的同时建立与之相适应的人力资源文化，从而吸纳、消化、开发人员。

二、人力资源规划的层次和内容

（一）人力资源规划的层次

人力资源规划包括两个层次，即总体规划及各项业务计划。人力资源的总体规划是有关计划期内人力资源开发利用的总目标、总政策、实施步骤及总的预算安排。各项业务计划包括配备计划、退休解聘计划、补充计划、使用计划、培训开发计划、职业计划、绩效与薪酬福利计划、劳动关系计划。

（二）人力资源规划的内容

（1）战略规划。是根据企业总体发展战略的目标，对企业人力资源开发和利用的方针、政策和策略的规定；是各种人力资源具体计划的核心；是事关全局的关键性计划。

（2）组织规划。组织规划是对企业整体框架的设计，主要包括组织信息的采集、处理和应用、组织结构图的绘制、组织调查、诊断和评价、组织设计与调整以及组织机构的设置等。

（3）制度规划。制度规划是人力资源总规划目标实现的重要保证，包括人力资源管理制度体系建设的程序、制度化管理等内容。

（4）人员规划。人员规划是对企业人员总量、构成、流动的整体规划，包括人力资源现状分析、企业定员、人员需求和供给预测、人员供需平衡等。

（5）费用规划。费用规划是对企业人工成本，人力资源管理费用的整体规划，包括人力资源费用的预算、核算、结算以及人力资源费用控制。

人力资源规划又可分为战略性的长期规划、策略性的中期规划和具体作业性的短期计划，这些规划与组织的其他规划相互协调联系，既受制于其他规划，又为其他规划服务。

人力资源规划是预测未来的组织任务和环境对组织的要求，以及为了完成这些任务和满足这些要求而设计的提供人力资源的过程。通过收集和利用现有的信息，对人力资源管理中的资源使用情况进行评估预测，通过确定未来公司人力资源管理目标来实现公司的既定目标。

三、人力资源规划的分类和目标

（一）人力资源规划的分类

一般来说，按照人力资源规划的时限划分，人力资源规划分为三种类型：长期人力资源规划、中期人力资源规划和短期人力资源规划。但对具体的时限却没有统一标准，有的企业将短期规划定为3～6个月，将中期规划定为6个月～2年，长期规划则定为2～5年。而有的企业，即使短期规划，也都定在3年以上。显然，具体的规划时限应根据组织的性质、规模来制定。

（二）人力资源规划的目标

（1）得到和保持一定数量具备特定技能、知识结构和能力的人员。

（2）充分利用现有人力资源。

（3）能够预测企业组织中潜在的人员过剩或人力不足。

（4）建设一支训练有素，运作灵活的劳动力队伍，增强企业适应未知环境的能力。

（5）减少企业在关键技术环节对外部招聘的依赖性。

四、人力资源规划的步骤和实施

（一）人力资源规划的步骤

1. 环境分析

分析企业所处的外部环境及行业背景，以及对于企业未来人力资源的影响和要求；对企业未来发展目标以及目标达成所采取的措施和计划进行澄清和评估。

公司人力资源部在正式制定人力资源规划前，必须向各职能部门索要公司整体战略规划数据、企业组织结构数据、财务规划数据、市场营销规划数据、生产规划数据、新项目规划数据、各部门年度规划数据信息。整理企业人力资源政策数据、公司文化特征数据、公司行为模型特征数据、薪酬福利水平数据、培训开发水平数据、绩效考核数据、公司人力资源人事信息数据、公司人力资源部职能开发数据。人力资源规划专职人员负责从以上数据中提炼出所有与人力资源规划有关的数据信息，并且整理编报，为有效的人力资源规划提供基本数据。

2. 人力资源现状分析

员工数量、质量、结构等静态分析，员工流动性等动态分析，以及人力资源管理关键职能的效能分析。具体包括企业现有员工的基本状况、员工具有的知识与经验、员工具备的能力与潜力开发、员工的普遍兴趣与爱好、员工的个人目标与发展需求、员工的绩效与成果、企业近几年人力资源流动情况、企业人力资源结构与现行的人力资源政策等。

3. 人力资源需求预测

通过对组织、运作模式的分析，以及对各类指标与人员需求关系分析，提炼企业人员配置规律，对未来实现企业经营目标、带来人员需求进行预测。

需求分析的主要任务是分析影响公司人力资源需求的关键因素，确定公司人力资源队伍的人才分类、职业定位和质量要求，预测未来三至五年人才队伍的数量，明确与公司发展相适应的人力资源开发与管理模式。

企业的人力资源需求预测主要是基于企业的实力和发展战略目标的规划。人力资源部门必须了解企业的战略目标分几步走，每一步需要什么样的人才和人力作支撑，需求数量是多少，何时引进比较合适，人力资源成本分析等内容，然后作出较为准确的需求预测。

4. 人力资源外部供给预测

外部人力资源供给预测包括本地区人口总量与人力资源比率、本地区人力资源总体构成、本地区的经济发展水平、本地区的教育水平、本地区同一行业劳动力的平均价格与竞争力、本地区劳动力的择业心态与模式、本地区劳动力的工作价值观、本地区的地理位置对外地人口的吸引力、外来劳动力的数量与质量、本地区同行业对劳动力的需求等。

5. 人力资源规划目标

企业人力资源战略规划的制定是基于以上获得的信息开展的，是与企业的发展战略相匹配的人力资源总体规划。对员工总量、结构数量等目标进行评估、总结和确认，并确定企业不同人员的能力素质目标。

6. 行动方案

制定达成规划目标的措施与途径，拟定招聘、培训、激励等策略。

主要内容包括：与企业的总体战略规划有关的人力资源规划目标、任务的详细说明；企业有关人力资源管理的各项政策策略及有关说明；企业业务发展的人力资源计划；企业员工招聘计划、升迁计划；企业人员退休、解聘、裁减计划；员工培训和职业发展计划；企业管理与组织发展计划；企业人力资源保留计划；企业生产率提高计划等相关内容。一份完整的人力资源战略规划是企业人力资源管理的基础和核心，企业的人力资源其他管理工作都会时刻围绕着它不断展开。

（二）人力资源规划的实施

人力资源规划的实施，是人力资源规划的实际操作过程，要注意协调好各部门、各环节之间的关系，在实施过程中需要注意以下几点：

（1）必须要有专人负责既定方案的实施，要赋予负责人拥有保证人力资源规划方案实现的权利和资源。

（2）要确保不折不扣地按规划执行。

（3）在实施前要做好准备。

（4）实施时要全力以赴。

（5）要有关于实施进展状况的定期报告，以确保规划能够与环境、组织的目标保持一致。

五、人力资源规划的评估及反馈与修正

（一）人力资源规划的评估

在实施人力资源规划的同时，要进行定期与不定期的评估，主要从以下三个方面进行：

（1）是否忠实执行了本规划。

（2）人力资源规划本身是否合理。

（3）将实施的结果与人力资源规划进行比较，通过发现规划与现实之间的差距来指导以后的人力资源规划活动。

（二）规划的反馈与修正

对人力资源规划实施后的反馈与修正是人力资源规划过程中不可缺少的步骤。当评估结果出来后应进行及时的反馈，进而对原规划的内容进行适时的修正，使其更符合实际，更好地促进组织目标的实现。

第三节　人力资源战略与战术计划

一、战略与战术计划

（一）战略计划

战略计划主要是根据公司内部的经营方向和经营目标以及公司外部的社会和法律环境对人力资源的影响，制定出一套跨年度计划。同时还要注意战略规划的稳定性和灵活性的统一。在制定战略计划的过程中，必须注考虑以下几个方面。

1. 国家及地方人力资源政策环境的变化

包括国家各种经济法规的实施，国内外经营环境的变化。国家以及地方对于人力资源和人才的各种政策规定等。这些外部环境的变化必定影响公司内部的整体经营环境，从而使公司内部的人力资源政策也随着有所变动。

2. 公司内部经营环境的变化

公司的人力资源政策的制定必须遵从公司的管理状况、组织状况、经营状况变化和经营目标的变化，所以，公司的人力资源管理必须根据以下原则，根据公司内部的经营环境的变化而变化。

（1）安定原则。安定原则是在公司不断提高工作效率的前提下，公司的人力资源管理应该以公司的稳定发展为其管理的前提和基础。

（2）成长原则。成长原则是指公司在资本积累增加、销售额增加、公司规模和市场扩大的情况下，人员必定增加。公司人力资源的基本内容和目标是为了公司的壮大和发展。

（3）持续原则。人力资源管理应该以公司的生命力和可持续增长并保持公司的长远发展潜力为目的；必须致力于劳资协调、人才培养与后继者培植工作。

3. 人力资源的预测

根据公司的战略规划以及公司内外环境的分析，制定人力资源战略计划，为配合公司发展的需要，以及避免制定人力资源战术计划的盲目性，应该对公司的所需人员作适当预测，在估算人员时应该考虑以下因素：

（1）公司的业务发展和紧缩而所需增减的人员。

（2）因现有人员的离职和调转等而所需补充的人员。

（3）因管理体系的变更、技术的革新及公司经营规模的扩大而所需的人员。

4. 企业文化的整合

公司文化的核心就是培育公司的价值观，培育一种创新向上、符合实际的公司文化。在公司的人力资源规划中必须充分注意与公司文化的融合与渗透，保障公司经营的特色，以及公司经营战略的实现和组织行为的约束力，只有这样才能使公司的人力资源具有延续性，具有符合公司的人力资源特色。

（二）战术计划

战术计划则是根据公司未来面临的外部人力资源供求的预测，以及公司的发展对人力资源的需求量的预测，根据预测的结果制订的具体方案，包括招聘、辞退、晋升、培训、工资福利政策、梯队建设和组织变革。

在人力资源管理中有了公司的人力资源战略计划后，就要制订公司人力资源战术计划。人力资源的战术计划包括四部分。

1. 招聘计划

针对公司所需要增加的人才，应制定出该项人才的招聘计划，一般一个年度为一个段落，其内容包括：

（1）计算本年度所需人才，并计划考察出可有内部晋升调配的人才，确定各年度必须向外招聘的人才数量，确定招聘方式，寻找招聘来源。

（2）对所聘人才安排工作职位，并防止人才流失。

2. 人员培训计划

人员培训计划是人力计划的重要内容，人员培养计划应按照公司的业务需要和公司的战略目标，以及公司的培训能力，分别确定下列培训计划：

（1）专业人员培训计划。

（2）部门培训计划。

（3）一般人员培训计划。

（4）选送进修计划。

3. 考核计划

一般而言，内部因为分工的不同，对于人员的考核方法也不同，在提高、公平、发展的原则下，应该把员工对于公司所作出的贡献作为考核的依据，这就是绩效考核的指导方法。绩效考核计划要从员工的工作成绩的数量和质量两个方面，对员工在工作中的优缺点进行测定。譬如科研人员和公司财务人员的考核体系不同，因此其在制定考试计划时，应该根据工作性质的不同，制订相应的人力资源绩效考核计划。计划至少包括以下三个方面：工作环境的变动性大小，工作内容的程序性大小，员工工作的独立性大小。绩效考核计划作出来以后，要相应制定有关考核办法，常用的方法包括排序法、平行法、关键事件法、硬性分布法、尺度评价表法、行为定位等级评价法、目标管理法。

4. 发展计划

结合公司发展目标，设计核心骨干员工职业生涯规划和职业发展通道。明确核心骨干员工在企业内的发展方向和目标，以达到提高职业忠诚度和工作积极性的目的。

数量和质量要对应起来，这样就可以有针对性地进行招聘或培训，为组织制定有关人力资源的政策和措施提供依据。

依据上面四点编制人力资源计划：根据组织战略目标及本组织员工的净需求量，编制人力资源规划，包括总体规划和各项业务计划。同时要注意总体规划和各项业务计划及各项业务计划之间的衔接和平衡，提出调整供给和需求的具体政策和措施。典型的人力资源规划应包括：规划的时间段、计划达到的目标、情景分析、具体内容、制定者、制定时间。

（1）计划时间段。确定规划时间的长短，要具体列出从何时开始，到何时结束。若是长期的人力资源规划，可以长达5年以上；若是短期的人力资源规划，如年度人力资源规划，则为1年。

（2）计划达到的目标。确定达到的目标要与组织的目标紧密联系起来，最好有具体的数据，同时要简明扼要。

（3）情景分析。情景分析主要是在收集信息的基础上，分析组织人力资源的供需状况，进一步制订该计划的依据。

未来情景分析：在收集信息的基础上，在计划的时间段内，预测组织未来的人力资源供需状况，进一步指出制订该计划的依据。

（4）具体内容。这是人力资源计划核心部分，主要包括以下几个方面：①项目内容；②执行时间；③负责人；④检查人；⑤检查日期；⑥预算；⑦规划制定者（规划制定者可以是一个人，也可以是一个部门）；⑧规划制定时间，主要指该规划正式确定的日期。

二、计划制定原则和目标

（一）计划制定的原则

1. 内部、外部环境的变化

人力资源计划只有充分地考虑了内、外环境的变化，才能适应需要，真正地做到为企业发展目标服务。内部变化主要指销售的变化、开发的变化、企业发展战略的变化以及公司员工的流动变化等；外部变化指社会消费市场的变化、政府有关人力资源政策的变化、人才市场的变化等。为了更好地适应这些变化，在人力资源计划中应该对可能出现的情况作出预测和风险变化，最好能有面对风险的应对策略。

2. 企业的人力资源保障

企业的人力资源保障问题是人力资源计划中应解决的核心问题。它包括人员的流入预测、流出预测、人员的内部流动预测、社会人力资源供给状况分析、人员流动的损益分析等。只有有效地保证对企业的人力资源供给，才可能去进行更深层次的人力资源管理与开发。

3. 双方都得到长期利益

人力资源计划不仅是面向企业的计划，也是面向员工的计划。企业的发展和员工的发展是互相依托、互相促进的关系。如果只考虑企业的发展需要，而忽视员工的发展，则会有损企业发展目标的达成。优秀的人力资源计划，一定是能使企业和员工得到长期利益的计划，一定是能使企业和员工共同发展的计划。

为了保证企业人力资源计划的实用性和有效性，人力资源计划将更加注重对关键环节的陈述。

对人力资源计划中的长期计划而言，也倾向于将计划中的关键环节明确化、细致化，并将它们提炼成具体的、可执行的计划，最好明确计划的责任和要求，并且有相应的评估策略。

由于人力资源市场和企业发展的变化周期加快，企业更倾向于编写年度人力资源计划和短期计划。

企业的人力资源计划将会更加注重关键环节的数据分析和量化评估，并且将明确地限定人力资源计划的范围。

（二）计划制定的目标

人力资源计划是为了确保组织实现下列目标：

（1）得到和保持一定数量具备特定技能、知识结构和能力的人员，充分利用现有的人力资源。

（2）能够预测企业组织中潜在的人员过剩或人力不足。

（3）建设一支训练有素、运作灵活的劳动力队伍，增强企业适应未知环境的能力。

（4）减少企业在关键技术环节对外部招聘的依赖性。

为达到以上目标，人力资源规划需要关注的焦点如下：

（1）需要多少人。

（2）员工应具备怎样的技术、知识和能力。

（3）现有的人力资源能否满足已知的需要。

（4）对员工进行进一步的培训开发是否必要。

（5）是否需要进行招聘。

（6）何时需要新员工。

（7）培训或招聘何时开始。

（8）如果为了减少开支或由于经营状况不佳而必须裁员，应采取怎样的应对措施。

（9）除了积极性、责任心外，是否还有其他物质可以开发利用。

本章小结

人力资源战略的内容：人力资源开发战略、人才结构优化战略、薪酬战略和人才使用战略。

人力资源战略的意义：人力资源战略是企业战略的核心，可提高企业的绩效，利于企业形成持续的竞争优势。

人力资源规划的作用：有利于组织制定战略目标和发展规划；确保组织生存发展过程中对人力资源的需求；有利于人力资源管理活动的有序化；有利于调动员工的积极性和创造性；有利于控制人力资源成本；有利于员工的成长；有利于总体规划与人力资源规划统一。

人力资源规划的层次：总体规划和各项业务计划。

人力资源规划的内容：战略规划、组织规划、制度规划、人员规划和费用规划。

人力资源规划的分类：长期人力资源规划、中期人力资源规划和短期人力资源规划。

人力资源规划的步骤：环境分析，人力资源现状分析，人力资源需求预测，人力资源外部供给预测，人力资源规划目标，行动方案。

人力资源管理原则：安定原则、成长原则和持续原则。

战术计划：招聘计划、人员培训计划、考核计划和发展计划。

计划制定原则和目标：内部、外部环境的变化，企业的人力资源保障，双方都得到长期利益。

关键名词

类别　内容　资源规划　战术计划

即测即评

选择题

判断题

思考题

一、简答题

1. 人力资源战略的含义和内容是什么？
2. 人力资源规划的层次和内容是什么？
3. 人力资源规划的分类标准是什么？
4. 人力资源规划分为哪几步？
5. 制订人力资源战略计划时必须考虑哪些因素？
6. 人力资源计划制定的原则和目标是什么？
7. 人力资源战略管理中，如何对职工进行工作分析？

二、论述题

试述如何实施人力资源动态管理。

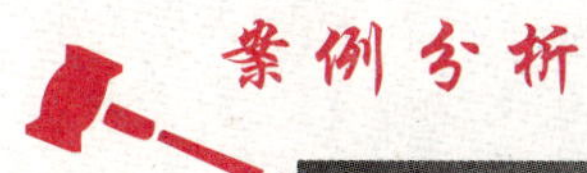

中小型企业如何吸引人才

在企业人力资源管理中，人力资源规划不仅具有先导性，而且具有战略性，所以对企业总体发展战略和目标的实现具有举足轻重的作用。

人是生产力诸要素中最活跃的因素。当代企业管理是以人为中心的管理。人是知识、信息、技术等资源的载体。人力资源是企业最宝贵的资源，企业间的竞争归根到底表现为人才的竞争。美国钢铁大王卡耐基就曾说：“假如我的企业被烧掉了，但把人留住，我 20 年后还是钢铁大王。”这就说明作为市场主体的企业必须高度重视人力资源的管理。现在越来越多的中小企业家、企业管理者都逐渐认识到人力资源管理对企业发展的重要性，但在人力资源规划中仍然存在许多问题和困惑。

究竟中小企业有没有必要进行人力资源规划？怎样才能制定出科学的人力资源规划？首先让我们分析一下中小企业在人力资源规划中存在的普遍问题。

（一）人力资源管理存在的问题

1. 缺乏战略认识

企业的整体发展战略决定了人力资源规划的内容，而这些内容又为建立人力资源管理体系、制订具体的人员补充计划、人员使用计划、人员接替与晋升计划、教育培训计划、薪酬与激励计划、劳动关系计划等提供了方向。中小企业往往难以从战略的高度来思考人力资源管理工作。有些老板甚至简单地认为，人力资源管理无非是缺人时招人、上岗前培训、发工资前考核三部曲，怎么也与企业发展战略挂不上钩，不能从企业战略规划——人力资源规划——人力资源管理的流程上实施人力资源规划与管理。而中小企业的管理者和 HR 们恰恰也没有充分意识到这一点，在具体制定和实施人力资源规划时易走入就事论事、出了什么问题就解决什么问题的怪圈中，没有从支持企业发展战略的角度来规划人力资源工作。各部门主管和经理也常常认为人力资源管理是人力资源部门的事，跟自己关系不大，未能从人力资源的系统管理上加以有效配合。

2. 企业战略不清晰、目标不明确

人力资源规划是企业战略规划的重要组成部分，同时也是企业各项管理工作的基础和依据。但许多中小企业没有清晰的企业发展战略和明确的战略目标，使人力资源规划没有方向感，不知道企业未来究竟需要什么样的核心能力和核心人才。企业尤其在快速扩张阶段，往往涉足于不同的业务领域，其中不乏许多新兴产业，而这些新兴产业在研发、生产、营销、管理、服务等各个环节也没有成熟的经验可以借鉴。比如，一些新开拓的项目，定岗定编工作也不像传统业务那么娴熟，在人力资源管理方面大多是走一步看一步。由于企业战略不清晰、目标不明确，从而导致人力资源规划缺乏方向性和目的性。

3. 人力资源规划不能随着外部环境的变化而及时调整

信息社会唯一不变的就是变。市场发展变化快，企业对市场变化的反应比较快，企业战略在调整，但人力资源规划往往不能得到及时调整，造成企业所需的人才不能得到及时的供应。

4. 缺乏人力资源管理的专门人才

人力资源工作是一项非常专业的工作，对个人素质、领悟能力和学习能力要求都很高。一位优秀的人力资源工作者，需要的是其对工作的深刻体验、对社会与人才的敏锐洞察和强烈的责任感。现实中，许多中小企业没有设立人力资源部，大多由办公室履行人力资源管理的职能。即使设了人力资源部的企业，在行使人力资源管理职能的时候，也普遍存在一些问题，具体表现在如下这些方面：对人力资源管理专业方面的知识储备不足，专业技能不够，缺乏系统的人力资源职业培训，取得人力资源管理师职业资格的寥寥无几。他们虽然有丰富的行政管理经验，但往往缺乏系统的人力资源管理知识，凭所谓的经验或感觉办事。多数中小企业领导对人力资源管理知识的学习培训认识不足，没有有效地安排人力资源管理者进行系统的人力资源管理知识的培训学习。人力资源管理者在没有专业管理知识的前提下，很难做出像样的、专业的人力资源战略规划来。人力资源规划工作是组织可持续发展的保障，其重要性对于寻求发展壮大的中小企业尤为突出。而能否制定并有效实施人力资源规划并不取决于公司规模的大小，最关键的是要依据公司的发展战略和经营管理特点来制定出适合自己的人才政策。

（二）解决问题的对策

1. 企业一把手要亲自抓人力资源规划工作

人力资源规划关系到企业的人才战略，决不仅仅是人力资源部门的事，企业一把手要亲自抓。只有领导重视了，这项工作才能落到实处。另外，企业一把手对企业的发展战略最清晰，对企业的竞争能力最了解，对企业需要什么样的人才感触最深，对留住核心人才最关注。

2. 制定明确的人力资源规划流程

理清企业发展战略——确定企业现实与未来所需的核心能力——确定企业所需的核心人才——进行岗位工作分析——进行人才需求预测——进行人才供应预测——制订人才招募与储备计划——制订人才培训与开发计划——制订人才薪酬与激励计划——制订人才绩效考核与晋升计划，按此流程制定和实施人力资源规划工作。

3. 根据企业发展战略，确定企业核心人才

人力资源规划的起点是清晰的企业发展战略和明确的企业核心竞争能力，从而确定企业核心人才，这是人力资源规划的根本。核心人力资源是决定企业生存发展的关键因素，人才需要激励机制、需要教育培训、需要设计合适的职业生涯计划、需要量的扩充和质的提高，并能长期驻留于企业。需要特别强调的是，人力资源总监、人力资源部经理、人力资源主管是企业核心人才之一。人力资源规划的目标就是满足企业发展中的人才需求，实现人才供需的基本平衡。

4. 制定具有前瞻性的、弹性的人力资源规划

所谓弹性人力资源规划，就是基于企业的核心竞争能力，能根据市场的不断变化，及时重新评估并调整企业的人力资源规划，在保证企业核心竞争优势的条件下，及时满足因外部经营环境变化导致的人才需求的变化。就是在评估现有的人力资源存量和界定企业核心人力

资源的基础上，完善预备性的人力储备规划，其目标是在企业面临生产或服务能力扩张性机遇时，尽可能快地配备企业所需的核心人员，以提高组织的快速反应能力。

随着知识经济的到来，中小企业面临的经营环境越来越无法预测，既充满变数又商机无限。人力资源规划必须适应企业经营管理的需要，保持一定的弹性，以免企业发生战略转移，而出现人力资源僵化、失调，进而妨碍企业的发展。同时，要进一步加强人力资源规划对人力资源管理活动的前瞻性、方向性和预见性功能。

5. 建立三维人力资源规划管理模式

切实可行的人力资源规划一定是建立在内部充分沟通、相互协作基础之上的。根据中小企业人力资源管理的特点，需建立一个在决策层、人力资源管理部门和一线经理之间进行科学分工与协作的三维人力资源规划模式，这将有助于人力资源规划的制定与实施。三维人力资源管理模式，要求决策层负责人力资源战略规划的把关，人力资源部门和一线经理要积极协作；人力资源管理部门具体负责人力资源战略规划的制定、岗位分析、需求和供给预测、招聘、培训、薪酬设计、绩效考核与激励及人力资源规划评价等基础业务；一线经理配合人力资源管理部门做好岗位分析、人员的面试筛选、岗前技能培训、严格管理和工作评估激励等辅助工作，形成多个部门对人力资源规划齐抓共管的局面。

6. 加强人力资源管理队伍建设

把既有人力资源管理实际工作经验，又有人力资源系统理论知识的人才配备到人力资源管理岗位上来。对从事人力资源管理的各级人员进行系统的培训，不断提高其人力资源管理水平。

总之，中小企业不但要重视整体战略规划，而且要制定与整体战略相适应的人力资源规划，制定适宜的选人、用人、育人、激人、留人的人才政策，保证企业核心竞争能力。人力资源规划服务于企业的总体发展战略，规定了企业人力资源开发、使用和激励的大政方针，为企业发展提供了所需的人力支持，实现了人力资源的供需平衡和最佳配置，使企业保持了智力资本竞争的优势，保证了企业战略目标的实现。

案例分析题：

1. 中小企业人力资源不足的原因是什么？
2. 中小企业解决人力资源不足的对策是什么？

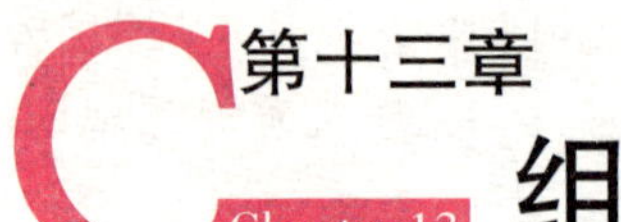

第十三章 组织结构战略

Chapter 13

教学目标

（1）理解组织结构设计应考虑的因素。

（2）掌握组织架构的内容。

（3）了解组织结构有哪几种类型。

（4）明确组织结构与企业总体战略的关系。

（5）掌握划分组织结构的战略类型。

开篇案例

美国通用公司的组织结构创新

1916 年，随着联合汽车公司并入“通用”，艾尔弗雷德·斯隆出任通用副总裁。作为通用副总裁的斯隆，发现通用公司在管理上存在问题，先后写了 3 份分析通用内部管理弱点的报告，但总裁杜兰特只是赞赏而不予采纳。1920 年下半年，快速扩张的“通用”在经营管理上的问题彻底暴露出来，公司危机四伏。这时杜兰特引咎辞职，皮埃尔·S·杜邦兼任总经理。

以杜邦为总裁的通用汽车公司新的行政班子由于与杜兰特所信奉的管理理念截然不同，迫切需要一种高度理性而客观的运营模式。斯隆先前进行的《组织研究》正好符合这样的要求。斯隆认为，大公司较为完善的组织管理体制，应以集中管理与分散经营两者之间的协调为基础。只有在这两种显然相互冲突的原则之间取得平衡，把两者的优点结合起来，才能获得最好的效果。由此他认为，通用公司应采取“分散经营、协调控制”的组织体制。根据这一思想，斯隆提出了改组通用公司组织机构的计划，并第一次提出了事业部制的概念。

1920 年 12 月 30 日，斯隆的计划得到公司董事会的一致同意，次年 1 月 3 日这个计划开始在通用公司推行。

在以后的 10 年中，斯隆改组了通用汽车公司。他将管理部门分成参谋部和前线工作部（前者是在总部进行工作，后者负责各个方面的经营活动）的做法为大家熟悉，这种分组在 19 世纪较大的铁路公司中已经成形。现代军队，特别是普鲁士军队也率先使用了这种组织形式，许多概念同时在工业公司中获得发展。斯隆也确实用过军事方面的例子来说明他正要在通用汽车公司中干什么。

斯隆在通用汽车公司创造了一个多部门的结构。他废除了杜兰特的许多附属机构，将力量最强的汽车制造单位集中成几个部门。这种战略已经被现在的人们所熟知，但在当时这是第一流的主意，并且被出色地执行了。多年后斯隆这样说道：我们的产品品种是有缺陷的。通用汽车公司生产一系列不同的汽车，造出价格尽可能各有不同的汽车，就好比一个指挥一次战役的将军，希望在可能遭到进攻的每个地方都要有一支军队一样。通用的车在一些地方太多，而在另一些地方却没有。首先要做的事情之一是开发系列产品，在竞争出现的各个阵地上对付挑战。

斯隆认为，通用汽车公司出产的车应从凯迪拉克牌往下排到别克牌、奥克兰德牌，最后到雪佛兰牌。这是 20 世纪 20 年代早期的产品阵容，以后有了改变，即 1925 年增加了庞蒂亚克牌，以填补雪佛兰和奥尔兹莫比尔中间缺口；奥克兰被淘汰了，增加了拉萨利，后来它也被淘汰了。

每个不同牌子的汽车都有自己专门的管理人员，每个单位的总经理相互之间不得不进行合作和竞争。这意味着生产别克牌的部门与生产奥尔兹莫比尔牌的部门都要生产零件，但价格和式样有重叠之处。这样许多买别克牌的主顾可能对奥尔兹莫比尔牌也感兴趣，反之亦然。这样斯隆希望在保证竞争优势的同时，也享有规模经济的成果。零件、卡车、金融和通用汽车公司的其他单位差不多有较大程度的自主权，其领导人成功则获奖赏，失败则让位。通用汽车公司后来成为一架巨大的机器，但斯隆力图使它确实保有较小公司所具有的激情和活力。

斯隆的战略及其实施产生了效果。1921 年，通用汽车公司生产了 21.5 万辆汽车，占国内销售的 7%；到 1926 年年底，斯隆将小汽车和卡车的产量增加到了 120 万辆。1940 年通用汽车公司产车 180 万辆，已达该年全国总销量的一半。相反，福特公司的市场份额 1921 年是 56%，而 1940 年是 19%，不仅远远落后于通用汽车公司，而且次于克莱斯勒公司而成了第三位。

今天，由理查德·瓦格纳领导的通用汽车公司一年生产汽车接近 1000 万辆，产品销往接近 200 个国家和地区。仅在中国，通用汽车公司就有 5 家合资企业，员工人数超过 13000 人，其别克、雪佛兰等著名品牌更是享有很高的声誉。

本章知识结构图

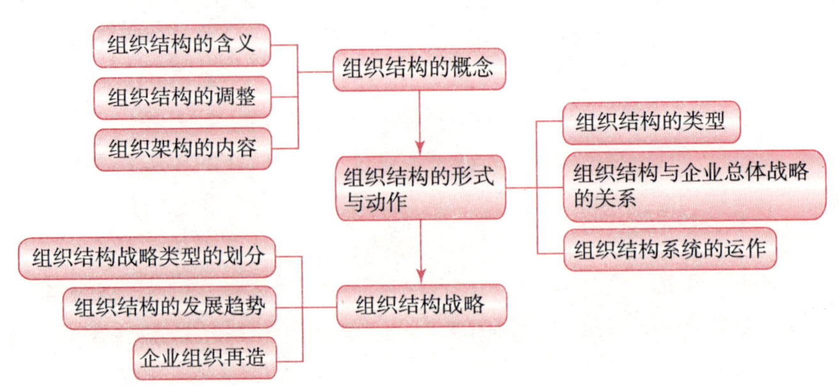

第一节 组织结构的概念

一、组织结构的含义

组织结构是指对于工作任务如何进行分工、分组和协调合作。组织结构是表明组织各部分排列顺序、空间位置、聚散状态、联系方式以及各要素之间相互关系的一种模式，是整个管理系统的“框架”，其本质是为实现组织战略目标而采取的一种分工协作体系，组织结构必须随着组织的重大战略调整而调整。从管理学的角度分析，主要是为了保证有效的通信和协调。

管理者在进行组织结构设计时，必须考虑六个关键因素：工作专业化、部门化、命令链、控制跨度、集权与分权、正规化。

1. 工作专业化

20 世纪初，亨利·福特（Henry Ford）通过建立汽车生产线而富甲天下，享誉全球。他的做法是给公司每一位员工分配特定的、重复性的工作。例如，有的员工只负责装配汽车的右前轮，有的则只负责安装右前门。通过把工作分化成较小的、标准化的任务，使工人能够反复地进行同一种操作，福特利用技能相对有限的员工，每 10 秒钟就能生产出一辆汽车。

福特的经验表明，让员工从事专门化的工作，他们的生产效率会提高。我们用工作专门化这个术语或劳动分工这类词汇，来描述组织中把工作任务划分成若干步骤来完成的细化程度。

工作专门化的实质是：一项工作不是由一个人完成，而是分解成若干步骤，每一步骤由一个人独立去做。就其实质来讲，一个人只完成工作活动的一部分而不是全部。

20 世纪 40 年代后期，工业化国家大多数生产领域的工作都是通过工作专门化来完成的。管理人员认为，这是一种最有效地利用员工技能的方式。在大多数组织中，有些工作需要技能很高的员工来完成，而有些则不经过训练就可以做好。如果所有的员工都参与组织制造过程的每一个步骤，就要求所有的人不仅要具备完成最复杂的任务所需要的技能，而且要具备完成最简单的任务所需要的技能。结果，除了从事需要较高的技能或较复杂的任务以外，员工有部分时间花费在完成低技能的工作上。由于高技能员工的报酬比低技能的员工高，而工资一般是反映一个人最高技能水平的，因此，付给高技能员工高薪，却让他们做简单的工作，这无疑是对组织资源的浪费。

同样重要的是，从组织角度来看，实行工作专门化，有利于提高组织的培训效率。挑选并训练从事具体的、重复性工作的员工比较容易，成本也较低，尤其是对于高度精细和复杂的操作工作。例如，如果让一个员工去生产一整架飞机，波音公司一年能造出一架大型波音客机吗？最后，通过鼓励专门领域中进行发明创造、改进机器、工作专门化等，有助于提高效率和生产率。

20 世纪 50 年代以前，管理人员把工作专门化看作是提高生产率的不竭之源，或许他们是正确的，因为那时工作专门化的应用尚不够广泛，只要引入它，几乎总是能提高生产率。但到了 20 世纪 60 年代以后，越来越多的证据表明，好事做过了头就成了坏事。在某些工作领域，由于工作专门化，人的非经济性因素的影响（表现为厌烦情绪、疲劳感、压力感、低生产率、低质量、缺勤率上升、流动率上升等）超过了其经济性影响的优势。

现在，大多数管理人员虽然并不认为工作专门化已经过时，但也不认为它还是提高生产率的不竭之源，他们认识到了在某些类型的工作中工作专门化所起到的作用以及使用过头可能带来的问题。例如，在麦当劳快餐店，管理人员们运用工作专门化来提高生产和售卖汉堡包、炸鸡的效率。大多数卫生保健组织中的医学专家也使用工作专门化。但是，像奥帝康公司和土星公司则通过丰富员工的工作内容，降低工作专门化程度而获得了成功。

2. 工作部门化

一旦通过工作专门化完成任务细分之后，就需要按照类别对它们进行分组，以便使共同的工作可以进行协调。工作分类的基础是部门化。

（1）对工作活动进行分类主要是根据活动的职能。制造业的经理通过把工程、会计、制造、人事、采购等方面的专家划分成共同的部门来组织其工厂。当然，根据职能进行部门的划分适用于所有的组织，只有职能的变化可以反映组织的目标和活动。一个医院的主要职能部门可能有研究部门、治疗部门、财会部门等；而一个职业足球队则可能设球员人事部门、售票部门、旅行及后勤部门等。这种职能分组法的主要优点在于：把同类专家集中在一起，能够提高工作效率。职能性部门化通过把专业技术、研究方向接近的人分配到同一个部门来实现规模经济。

（2）工作任务也可以根据组织生产的产品类型进行部门化。例如，在石油产品公司中，其三大主要领域（原油、润滑油和蜡制品、化工产品）各置于一位副总裁的统辖之下，每一位副总裁都是本领域的专家，对与他的生产线有关的一切问题负责；每一位副总裁都有自己的生产和营销部门。这种分组方法的主要优点在于：提高产品绩效的稳定性，因为公司中与某一特定产品有关的所有活动都由同一主管指挥。如果一个组织的活动是与服务而不是产品有关，每一种服务活动就可以自然地进行分工。比如，一个财会服务公司多半会设有税务部门、管理咨询部门、审计部等，每个部门都会在一个产品或服务经理的指导下，提供一系列服务项目。

（3）此外，还有一种部门化方法，即根据地域来进行部门划分。例如，营销工作，根据地域，可分为东、西、南、北4个区域，分片负责。实际上，每个地域都是围绕这个地区而形成的一个部门。如果一个公司的顾客分布地域较宽，这种部门化方法就有其独特的价值。

（4）过程部门化方法适用于产品的生产，也适用于顾客的服务。例如，如果你去机动车辆管理办公室去办驾驶执照，你必须跑好几个部门。办理驾照至少必须经过三个步骤，每个步骤由一个独立部门负责：①负责核查工作的机动车辆分部；②负责办理驾照具体工作的驾照部；③负责收费的财务部。

例如，某金属公司铝试管厂，生产过程由5个部门组成，即铸造部、锻压部、制管部、成品部、检验包装运输部，这是一个根据生产过程来进行部门化的例子。公司这样做的主要原因是：在铝试管生产过程中，由每个部门负责一个特定生产环节的工作。金属首先被铸造成巨大的胚料；然后送到锻压部，被挤压成铝管；再把铝管转送到试管部，由试管部负责把它们做成体积各异、形状不同的试管；再把这些试管送给成品部，由它负责切割、清洗工作；最后，产品进入检验、包装、运输部。由于不同的环节需要不同的技术，因此这种部门化方法对于在生产过程中进行同类活动的归并提供了基础。

（5）最后一种部门化方法是根据顾客的类型来进行部门化。例如，一家销售办公设备的公司可下设三个部门：零售服务部、批发服务部、政府部门服务部。比较大的法律事务所可根据其服务对象是公司还是个人来分设部门。根据顾客类型来划分部门的理论假设是：每个部门的顾客存在共同的问题和要求，因此，通过为他们分别配置有关专家，能够满足他们的需要。

大型组织进行部门化时，可能综合利用上述各种方法，以便取得较好的效果。例如，一家大型的电子公司在进行部门化时，根据职能类型来组织其各分部；根据生产过程来组织其制造部门；把销售部门分为若个地区的工作单位；又在每个地区根据其顾客类型分为几个顾客小组。但是，在20世纪90年代有两个倾向较为普遍：第一个倾向是以顾客为基础进行部门化越来越受到青睐。为了更好地掌握顾客的需要，并有效地对顾客需要的变化作出反应，许多组织更多地使用以顾客为基础划分部门的方法。例如，施乐公司已取消了公司市场部的设置，把市场研究的专家排除在这个领域之外。这样使得公司能更好地了解谁是它的顾客，并更快地满足他们的需要。第二个倾向是稳固的职能性部门被跨越传统部门界限的工作团队所替代。

3. 命令链

在20世纪20年代以前，命令链的概念是组织设计的基石，如今它的重要性大大降低。不过，在决定如何更好地设计组织结构时，管理者仍需考虑命令链的意义。

命令链是一种不间断的权力路线，从组织最高层扩展到最基层，澄清谁向谁报告工作。它能够回答员工提出的这种问题："我有问题时，去找谁？"，"我对谁负责？"

在讨论命令链之时，应讨论权威和命令的统一性。权威是指管理职位所固有的发布命令并期望命令被执行的权力。为了促进协作，每个管理职位在命令链中都有自己的位置，每位管理者为完成自己的职责任务，都要被授予一定的权威。命令统一性原则有助于保持权威链条的连续性。它意味着一个人应该对一个主管，且只对一个主管直接负责。如果命令链的统一性遭到破坏，一个下属可能就不得不穷于应付多个主管不同命令之间的冲突或优先次序的选择。

时代在变化，组织设计的基本原则也在变化。随着信息技术的发展和给下属充分授权的潮流的冲击，命令链、权威、命令统一性等概念的重要性大大降低了。

现在一个基层职工能在几秒钟内得到高层管理人员的信息。同样，随着信息技术的发展，日益使组织中任何位置的员工都能同任何人进行交流，而不需要通过正式渠道。而且权威的概念和命令链的维持越来越无关紧要，因为过去只能由管理层作出的决策，现在已授权给操作员工自己作决策。除此之外，随着自我管理团队、多功能团队和包含多个上司的新型组织设计思想的盛行，命令统一性的概念越来越无关紧要了。当然，有许多组织仍然认为通过强化命令链可以使组织的生产率达到最高水平，但这种组织越来越少了。

4. 控制跨度

一个主管可以有效地指导多少个下属？这种有关控制跨度的问题非常重要，因为在很大程度上，它决定了组织要设置多少层次，配备多少管理人员。在其他条件相同时，控制跨度越宽，组织效率越高。

显然，在成本方面，控制跨度宽的组织效率更高。但是，在某些方面宽跨度可能会降低组织的有效性。也就是说，如果控制跨度过宽，由于主管人员没有足够的时间为下属提供必要的领导和支持，员工的绩效会受到影响。

当然，控制跨度窄也有其好处，管理者可以对员工实行严密的控制。但控制跨度窄主要有三个缺点：第一，管理层次会因控制跨度窄而增多，管理成本高。第二，使组织的垂直沟通更加复杂。管理层次增多也会减慢决策速度，并使高层管理人员趋于孤立。第三，控制跨度过窄易造成对下属监督过严，妨碍下属的自主性。

加宽控制跨度，与各个公司努力降低成本、削减企业一般管理费用、加速决策过程、增加灵活性、缩短与顾客的距离、授权给下属等的趋势是一致的。但是，为了避免因控制跨度加宽而使员工绩效降低的情况，各公司都大大加强了员工培训的力度和投入。管理人员已认识到，自己的下属充分了解了工作之后，或者有问题能够从同事那儿得到帮助时，他们就可以驾驭宽跨度的控制问题。

5. 集权与分权

在有些组织中，一种是高层管理者制定所有的决策，低层管理人员只管执行高层管理者的指示。另一种极端情况是，组织把决策权下放到最基层管理人员手中。前者是高度集权式的组织，而后者则是高度分权式的组织。

集权化是指组织中的决策权集中于一点的程度。这个概念只包括正式权威，也就是说，某个位置固有的权力。一般来讲，如果组织的高层管理者不考虑或很少考虑基层人员的意见就决定组织的主要事宜，则这个组织的集权化程度较高。相反，基层人员参与程度越高，或他们能够自主地作出决策，组织的分权化程度就越高。

集权式与分权式组织在本质上是不同的。在分权式组织中，采取行动、解决问题的速度较快，更多的人为决策提供建议，所以，员工与那些能够影响他们工作生活的决策者隔膜较少，或几乎没有。

6. 正规化

正规化（formalization）是指组织中的工作实行标准化。如果一种工作的正规化程度较高，就意味着做这项工作的人对工作内容、工作时间、工作手段没有多大自主权。人们总是期望员工以同样的方式投入工作，能够保证稳定一致的产出结果。在高度正规化的组织中，有明确的工作说明书，有繁杂的组织规章制度，对于工作过程有详尽的规定。而正规化程度较低的工作，工作执行者和日程安排相对来说不那么僵硬，员工对自己工作的处理许可权比较宽松。由于个人许可权与组织对员工行为的规定成反比，因此工作标准化程度越高，员工决定自己工作方式的权力就越小。工作标准化不仅减少了员工选择工作行为的可能性，而且使员工无须考虑其他行为选择。

组织之间或组织内部不同工作之间正规化程度差别很大。一种极端情况是某些工作正规化程度很低，如大学书商（向大学教授推销公司新书的出版商代理人）工作自由许可权就比较大，他们的推销用语不要求标准划一。在行为约束上，不过就是每周交一次推销报告，并对新书出版提出建议。另一种极端情况是那些处于同一出版公司的职员与编辑位置的人，他们上午 8 点要准时上班，否则会被扣掉一定数量工资，而且他们必须遵守管理人员制定的一系列详尽的规章制度。

二、组织结构的调整

在具体进行组织结构调整时，应优先考虑的四点问题是：业务发展，客户导向，资源利用率，管理运营效率。

组织结构的构成一般分为职能结构、层次结构、部门结构和职权结构四个方面。

（1）职能结构。职能结构是指实现组织目标所需的各项业务工作以及比例和关系。其考量维度包括职能交叉或重叠、职能冗余、职能缺失、职能割裂或衔接不足、职能分散、职能分工过细、职能错位、职能弱化等方面。

（2）层次结构。层次结构是就纵向结构而言，指管理层次的构成及管理者所管理的人数。其考量维度包括管理人员分管职能的相似性、管理幅度、授权范围、决策复杂性、指导与控制的工作量、下属专业分工的相近性等。从组织总体型态的各部门一、二级结构进行分析。

（3）部门结构。部门结构是指各管理部门的构成（横向结构），其考量维度主要是一些关键部门是否缺失或优化。

（4）职权结构。职权结构是指各层次、各部门在权力和责任方面的分工及相互关系，主要考量部门、岗位之间权责关系是否对等。

三、组织架构的内容

1. 企业组织架构包含三个方面的内容：单位、部门和岗位的设置

企业组织单位、部门和岗位的设置，不是把一个企业组织分成几个部分，而是企业作为一个服务于特定目标的组织，必须由几个相应的部分构成，就像人要走路就需要脚一样。它不是由整体到部分进行分割，而是整体为了达到特定目标，必须有不同的部分。这种关系不能倒置。

2. 各个单位、部门和岗位的职责、权力的界定

这是对各个部分的目标功能作用的界定。如果一定的构成部分，没有不可或缺的目标功能作用，就像人的尾巴一样会萎缩消失，这种界定就是一种分工，但却是一种有机体内部的分工。

3. 单位、部门和岗位角色相互之间关系的界定

这是界定各个部分在发挥作用时，彼此如何协调、配合、补充、替代的关系。

这三个问题是紧密联系在一起的，在解决第一个问题的同时，实际上就已经解决了后面两个问题。但作为一大项工作，三者存在一种彼此承接的关系。我们要对组织架构进行规范分析，其重点是第一个问题，后面两个问题是对第一个问题的进一步展开。

关于企业组织架构设计规范的要求。对于这个问题，如果没有组织架构设计规范分析工具，就会陷入众说纷纭、莫衷一是的境地。企业组织架构设计规范化，要达到企业内部系统功能完备、子系统功能担负分配合理、系统功能部门及岗位权责匹配、管理跨度合理四个标准。

第二节　组织结构的形式与运作

一、组织结构的类型

1. 直线制

直线制是一种最早也是最简单的组织形式。它的特点是企业各级行政单位从上到下实行垂直领导，下属部门只接受一个上级的指令，各级主管负责人对所属单位的一切问题负责。厂部不另设职能机构（可设职能人员协助主管人工作），一切管理职能基本上都由行政主管自己执行。直线制组织结构的优点是：结构比较简单，责任分明，命令统一。缺点是：它要求行政负责人通晓多种知识和技能，亲自处理各种业务。在业务比较复杂、企业规模比较大的情况下，把所有管理职能都集中到最高主管一人身上显然是行不通的。因此，直线制只适用于规模较小、生产技术比较简单的企业，对于生产技术和经营管理都比较复杂的企业并不适宜。

2. 职能制

职能制组织结构，是各级行政单位除主管负责人外，还相应地设立一些职能机构。如在厂长下面设立职能机构和人员，协助厂长从事职能管理工作。这种结构要求行政主管把相应的管理职责和权力交给相关的职能机构，各职能机构有权在自己业务范围内向下级行政单位发号施令。因此，下级行政负责人除了接受上级行政主管人指挥外，还必须接受上级各职能机构的领导。

职能制的优点是：能适应现代化工业企业生产技术比较复杂、管理工作比较精细的情况；能充分发挥职能机构的专业管理作用，减轻直线领导人员的工作负担。但缺点也很明显：它妨碍了必要的集中领导和统一指挥，形成了多头领导；不利于建立和健全各级行政负责人和职能科室的责任制，在中间管理层往往会出现有功大家抢、有过大家推的现象；另外，在上级行政领导和职能机构的指导和命令发生矛盾时，下级就无所适从，影响工作的正常进行，容易造成纪律松弛、生产管理秩序混乱。由于这种组织结构形式具有明显的缺陷，

现代企业一般都不采用职能制。

3. 直线—职能制

直线—职能制，也叫生产区域制，或直线参谋制。它是在直线制和职能制的基础上，取长补短，吸取这两种形式的优点而建立起来的。目前，我们绝大多数企业都采用这种组织结构形式。这种组织结构形式是把企业管理机构和人员分为两类：一类是直线领导机构和人员，按命令统一原则对各级组织行使指挥权；另一类是职能机构和人员，按专业化原则，从事组织的各项职能管理工作。直线领导机构和人员在自己的职责范围内有一定的决定权和对所属下级的指挥权，并对自己部门的工作负全部责任。而职能机构和人员，则是直线指挥人员的参谋，不能对直接部门发号施令，只能进行业务指导。

直线—职能制的优点是：既保证了企业管理体系的集中统一，又可以在各级行政负责人的领导下，充分发挥各专业管理机构的作用。其缺点是：职能部门之间的协作和配合性较差，职能部门的许多工作要直接向上层领导报告请示才能处理，这一方面加重了上层领导的工作负担，另一方面也造成办事效率低。为了克服这些缺点，可以设立各种综合委员会，或建立各种会议制度，以协调各方面的工作，起到沟通作用，帮助高层领导出谋划策。

4. 事业部制

事业部制最早是由美国通用汽车公司总裁斯隆于 1924 年提出的，故有“斯隆模型”之称，也叫“联邦分权化”，是一种高度（层）集权下的分权管理体制。它适用于规模庞大、品种繁多、技术复杂的大型企业，是国外较大的联合公司所采用的一种组织形式，近几年我国一些大型企业集团或公司也引进了这种组织结构形式。事业部制是分级管理、分级核算、自负盈亏的一种形式，即一个公司按地区或按产品类别分成若干个事业部，从产品的设计、原料采购、成本核算、产品制造，一直到产品销售，均由事业部及所属工厂负责，实行单独核算、独立经营，公司总部只保留人事决策、预算控制和监督权，并通过利润等指标对事业部进行控制。也有的事业部只负责指挥和组织生产，不负责采购和销售，实行生产和供销分立，但这种事业部正在被产品事业部所取代。

5. 模拟分权制

这是一种介于直线职能制和事业部制之间的结构形式。

许多大型企业，如连续生产的钢铁、化工企业由于产品品种或生产工艺过程所限，难以分解成几个独立的事业部。又由于企业的规模庞大，以致高层管理者感到采用其他组织形态都不容易管理，这时就出现了模拟分权组织结构形式。所谓模拟，是模拟事业部制的独立经营、单独核算，而不是真正的事业部，实际上是一个个“生产单位”。这些生产单位有自己的职能机构，享有尽可能大的自主权，负有“模拟性”的盈亏责任，目的是要调动他们的生产经营积极性，达到改善企业生产经营管理的目的。需要指出的是，各生产单位由于生产上的连续性，很难将它们截然分开。以连续生产的石油化工为例，甲单位生产出来的“产品”直接就成为乙生产单位的原料，这当中无须停顿和中转。因此，它们之间的经济核算，只能依据企业内部的价格，而不是市场价格，也就是说这些生产单位没有自己独立的外部市场，这也是与事业部的差别所在。

模拟分权制的优点除了调动各生产单位的积极性外，还有解决企业规模过大不易管理的问题。高层管理人员将部分权力分给生产单位，减少了自己的行政事务，从而把精力集中到战略问题上来。其缺点是：不易为模拟的生产单位明确任务，造成考核上的困难；各生产单位领导人不易了解企业的全貌，在信息沟通和决策权力方面也存在着明显的缺陷。

6. 矩阵制

在组织结构上，把既有按职能划分的垂直领导系统，又有按产品（项目）划分的横向领导关系的结构，称为矩阵组织结构。

矩阵制组织是为了改进直线职能制横向联系差，缺乏弹性的缺点而形成的一种组织形式。它的特点表现在围绕某项专门任务成立跨职能部门的专门机构，如组成一个专门的产品（项目）小组去从事新产品开发工作，在研究、设计、试验、制造各个不同阶段，由有关部门派人参加，力图做到条块结合，以协调有关部门的活动，保证任务的完成。这种组织结构形式是固定的，人员却是变动的，需要谁，谁就来，任务完成后就可以离开。项目小组和负责人也是临时组织和委任的。任务完成后就解散，有关人员回原单位工作。因此，这种组织结构非常适用于横向协作和攻关项目。

矩阵结构的优点是：机动、灵活，可随项目的开发与结束进行组织或解散；由于这种结构是根据项目组织的，任务清楚，目的明确，各方面有专长的人都是有备而来。因此在新的工作小组里，能沟通、融合，能把自己的工作同整体工作联系在一起，为攻克难关、解决问题而献计献策。由于从各方面抽调来的人员有信任感、荣誉感，使他们增加了责任感，激发了工作热情，促进了项目的实现；它还加强了不同部门之间的配合和信息交流，克服了直线职能结构中各部门互相脱节的现象。

矩阵结构的缺点是：项目负责人的责任大于权力，因为参加项目的人员都来自不同部门，隶属关系仍在原单位，只是为“会战”而来，所以项目负责人对他们管理困难，没有足够的激励手段与惩治手段，这种人员上的双重管理是矩阵结构的先天缺陷。由于项目组成人员来自各个职能部门，当任务完成以后，仍要回原单位，因而容易产生临时观念，对工作有一定影响。

矩阵结构适用于一些重大攻关项目。企业可用来完成涉及面广的、临时性的、复杂的重大工程项目或管理改革任务。特别适用于以开发与实验为主的单位，如科学研究，尤其是应用性研究单位等。

二、组织结构与企业总体战略的关系

（一）战略决定组织结构

战略决定组织结构，有什么样的战略就要有与之相匹配的组织结构，同时组织结构又抑制着战略。企业不能从现有的组织结构的角度去考虑企业的战略，而应根据企业所处的内外环境的要求去制定战略，然后再根据新制定的战略来调整企业原有的组织结构。但组织结构也会促进或抑制战略的实现。因此，与战略不相适应的组织结构，将会成为阻碍战略发挥其应有作用的巨大力量，所以我们应根据企业的战略不断寻求健全而完善的组织结构。

（二）组织架构应是科学管理体系

企业的组织架构就是一种决策权的划分体系以及各部门的分工协作体系。组织架构需要根据企业总目标，把企业管理要素配置在一定的方位上，确定其活动条件，规定其活动范围，形成相对稳定的、科学的管理体系。

没有组织架构的企业将是一盘散沙，组织架构不合理会严重阻碍企业的正常运作，甚至导致企业经营的彻底失败。相反，适宜、高效的组织架构能够最大限度地释放企业的能量，使组织更好地发挥协同效应，达到“1+1>2”的合理运营状态。

（三）不合理组织架构的危害

很多企业正承受着组织架构不合理所带来的损失与困惑。组织内部信息传导效率降低、失真严重；企业作出的决策低效甚至错误；组织部门设置臃肿；部门间责任划分不清，导致工作中互相推诿、互相掣肘；企业内耗严重等。要清除这些企业病，只有通过组织架构变革来实现。在设计企业的组织架构之前我们首先面临的问题是：到底哪些因素会影响到企业组织架构的设置？这些因素将会引起组织架构发生哪些变化？

三、组织结构系统的运作

管理学意义上讲，组织结构实质上是一种职权——职责关系结构。一个现代化的、健全的组织机构一般包括如下关系子系统。

1. 决策子系统

组织的领导体系和各级决策机构及其决策者组成决策子系统。各级决策机构和决策者是组织决策的核心。

2. 指挥子系统

指挥子系统是组织活动的指令中心，在各职能单位或部门，其负责人或行政首脑与其成员组成垂直形态的系统。行政首脑的主要任务是实施决策机构的决定，负责指挥组织的各项活动，保证各项活动顺利而有效地进行。指挥子系统的设计应从组织的实际出发，合理确定管理层次，并根据授权原则，把指挥权逐级下授，建立多层次、有权威的指挥系统，来行使对组织各项活动的统一指挥。

3. 参谋—职能子系统

参谋—职能子系统是参谋或职能部门组成的水平形态的系统。各参谋或职能部门，是行政首脑的参谋和助手，分别负责某一方面的业务活动。设计参谋—职能子系统，要根据实际需要，按照专业分工原则，设置必要的参谋或职能机构，并规定其职责范围和工作要求，以保证有效地开展各方面的管理工作。

4. 执行子系统、监督子系统和反馈子系统

决策中心决定组织的大政方针，指挥中心是实施计划的起点，而执行子系统、监督子系统和反馈子系统是计划得以正确无误推行的机构。

指挥中心发出指令，这个指令一方面通向执行机构，同时又发向监督机构，让其监督执行的情况。反馈机构通过对信息系统的处理，比较效果与指令的差距后，返回指挥中心。这样，指挥中心便可以根据情况发出新的指令。

执行机构必须确切无误地贯彻执行指挥中心的指令。为了保证这一点，就应有监督机构监督执行情况，而反馈子系统是反映执行的效果。执行子系统、监督子系统和反馈子系统必须互相独立，三者不能合而为一。

第三节　组织结构战略

所谓的组织结构战略，是指根据企业总体经营战略要求、经营环境、方针以及组织之间的相互关系，对企业内部组织结构模式的发展变动所作的长期性策划。

一、组织结构战略类型的划分

一般分为三种类型：

（1）维持型战略。当环境比较稳定，现行组织结构又能适应经营管理需要时，企业应用此战略。

（2）重整型战略。当环境处于巨大变化中，现行组织结构已不能适应环境变化要求时，企业所采取的战略。

（3）调整型战略。当环境处于较大变动中，现行组织结构与环境变化要求不太适应时，企业应采取此战略。

从企业总体经营战略出发，根据经营环境、经营方针以及组织结构各要素之间的相互作用和依赖关系，视企业内部组织结构模型的发展变动作出长期性谋划。

二、组织结构的发展趋势

组织结构的扁平化，就是通过减少管理层次、裁减冗余人员来建立一种紧凑的扁平组织结构，使组织变得灵活、敏捷，提高组织效率和效能。彼得·德鲁克预言：未来的企业组织将不再是一种金字塔式的等级制结构，而会逐步向扁平式结构演进。根据2008年对美国41家大型公司的调查发现，成功的公司比失败的公司平均要少4个层级。

1. 扁平化

扁平化组织结构的优势主要体现在以下几个方面：第一，信息流通畅，使决策周期缩短。组织结构的扁平化，可以减少信息的失真，增加上下级的直接联系，信息沟通与决策的方式和效率均可得到改变。第二，创造性、灵活性加强，致使士气和生产效率提高，员工工作积极性增强。第三，可以降低成本。管理层次和职工人数的减少，工作效率提高，必然带来产品成本的降低，从而使公司的整体运营成本降低，市场竞争优势增强。第四，有助于增强组织的反应能力和协调能力。企业的所有部门及人员更直接地面对市场，减少了决策与行动之间的时滞，增强了对市场和竞争动态变化的反应能力，从而使组织能力变得更柔性、更灵敏。

组织结构框架实现了从“垂直式”向“扁平式”转化，是众多知名大企业走出大而不强困境的有效途径之一。美国通用电气公司推行“零管理层”变革，决策者把减少层次比喻为给通用电气公司脱掉厚重的毛衣。比如，在一个拥有8000多工人的发动机总装厂里，只有厂长和工人，除此之外不存在任何其他层级。生产过程中必需的管理职务由工人轮流担任，一些临时性的岗位，如招聘新员工等，由老员工临时抽调组成，任务完成后即解散。国内家电行业的知名企业长虹、海尔也不约而同地进行了企业组织结构的调整，实现了从原来的“垂直的金字塔结构”向“扁平式结构”的转化。

2. 网络化

随着信息技术的飞跃发展，信息的传递不必再遵循自上而下或自下而上的等级阶层，就可实现部门与部门、人与人之间直接的信息交流。企业内部的这种无差别、无层次的复杂的信息交流方式，极大地刺激了企业中信息的载体和运用主体——组织的网络化发展。

相对于官僚制组织而言，网络组织最本质的特征在于强调通过全方位的交流与合作实现创新和双赢。全方位的交流与合作既包括企业之间超越市场交易关系的密切合作，也包括企业内部各部门之间、员工之间广泛的交流与合作关系，而且这些交流与合作是以信息技术支撑的，并将随着信息技术的发展而得到不断地强化。当然，网络关系不能完全取代组织中的权威原则的作用，否则组织就会出现混乱，所以网络组织中的层级结构始终是需要保持的，只不过在组织结构网络化的条件下，采取的是层级更少的扁平化结构。

组织结构网络化主要表现为企业内部结构网络化和企业间结构网络化。企业内部结构的网络化是指在企业内部打破部门界限，各部门及成员以网络形式相互连接，使信息和知识在企业内快速传播，实现最大限度的资源共享。公司内部的无边界化，使内部沟通畅通无阻，极大地提高了管理效率。企业间结构网络化包括纵向网络和横向网络，纵向网络即由行业中处于价值链不同环节的企业共同组成的网络型组织，如供应商、生产商、经销商等上下游企业之间组成的网络，如通用汽车公司和丰田汽车公司就分别构建了一个由众多供应商和分销商组成的垂直型网络。这种网络关系打破了传统企业间明确的组织界限，大大提高了资源的利用效率及对市场的响应速度。横向网络指由处于不同行业的企业所组成的网络，这些企业之间发生着业务往来，在一定程度上相互依存。最为典型的例子是日本的财团体制，大型制造企业、金融企业和综合商社之间在股权上相互关联，管理上相互参与，资源上共享，在重大战略决策上采取集体行动，各方之间保持着长期紧密的联系。

组织的网络化使传统的层次性组织和灵活机动的计划小组并存，使各种资源的流向更趋合理化，通过网络凝缩时间和空间，加速企业全方位运转，提高企业组织的效率和绩效。

3. 无边界化

无边界化是指企业各部门间的界限模糊化，目的在于使各种边界更易于渗透，打破部门之间的沟通障碍，有利于信息的传送。

目前比较有代表性的无边界模式是团队组织，团队指的是职工打破原有的部门边界，绕开中间各管理层，组合起来直接面对顾客和对公司总体目标负责的以群体和协作优势赢得竞争优势的企业组织形式。这种组织成为组织结构创新的典型模式。团队一般可以分为两类：一类是“专案团队”，成员主要来自公司各单位的专业人员，其使命是为解决某一特定问题而组织起来，问题解决后即宣告解散；另一类是“工作团队”，可以进一步把它分为高效团队和自我管理团队，工作团队一般是长期性的，常从事日常性的公司业务工作。

因此，无边界思想是一种非常具有创新意义的企业组织结构思想，它完全是超国界、超制度、超阶级、超阶层的。组织作为一个整体的功能得以提高，已经远远超过各个组成部门的功能。

4. 多元化

企业不再被认为只有一种合适的组织结构，企业内部不同部门、不同地域的组织结构不再是统一的模式，而是根据具体环境及组织目标来构建不同的组织结构。管理者要学会利用每一种组织工具，了解并有能力根据某项任务的业绩要求，选择合适的组织结构，从一种组织转向另一种组织。

5. 柔性化

组织结构的柔性化是指在组织结构基础上，根据环境的变化，调整组织结构，建立临时的以任务为导向的团队式组织。组织柔性的本质是保持变化与稳定之间的平衡，它需要管理者具有很强的管理能力和控制力。

随着信息化、网络化、全球化的日益发展，企业内外部信息共享、人才共用已成为主要特征。全球范围跨国经济的发展和企业集团的壮大，已初步形成了一种跨地区、跨部门、跨行业、跨职能的具有高度柔性化的机动团队化组织。柔性化组织最显著的优点是灵活便捷、富有弹性，因为这种结构可以充分利用企业的内外部资源，增强组织对市场变化与竞争的反应能力，有利于组织较好地实现集权与分权、稳定性与变革性的统一。除此之外，还可以大大降低成本，促进企业人力资源的开发，并推动企业组织结构向扁平化发展。美国霍尼韦尔公司为巩固客户关系，组建了由销售、设计和制造等部门参加的“突击队”，这个临时机构按照公司的要求，把产品的开发时间由 4 年缩短为 1 年，挽回即将离去的客户。很显然柔性化的组织结构强化了部门间的交流合作，让不同方面的知识共享后形成合力，有利于技术的创新。

6. 虚拟化

组织结构的虚拟化是指通过技术把人、资金、知识或构想网络在一个无形（相对实物形态的统一的办公大厦、固定资产和固定的人员等）的组织内，以实现一定的组织目标的过程。

虚拟化的企业组织不具有常规企业所具有的各种部门或组织结构，而是通过网络技术把组合目标所需要的知识、信息、人才等要素联系在一起，组成一个动态的资源利用综合体。虚拟组织的典型应用是创造虚拟化的办公空间和虚拟化的研究机构。前者是指同一企业的员工可以置身于不同的地点，但通过信息和网络技术连接起来，如同在同一办公大厦内，同步共享和交流信息和知识；后者是指企业借助于通信网络技术，建立一个把分步于世界各地的属于或不属于本企业的研究开发人员、专家或其他协作人员联系在一起，跨越时空的合作联盟，实现一定的目标。

三、企业组织再造

（一）企业组织再造的含义

企业组织再造就是要改变企业在工业时代构建的组织模式，充分利用信息技术手段和现代管理理念，建立符合信息时代要求的组织模式。企业组织再造主要包括改变企业内部层级式的组织结构、建立供应链组织和虚拟组织。

（二）企业组织再造的内容

1. 改变企业内部层级式的组织结构

（1）组织消肿。组织消肿可以直接使企业组织结构简单化。裁员是消肿的直接结果，它使企业降低了成本，增强了活力。

（2）扩大管理幅度。减少层次是以扩大管理幅度为前提的。只有有效扩大管理幅度，才能达到减少管理层次的目的。管理幅度的扩大取决于一定的因素，如管理者及其下属的素质和能力，能否有效授权，信息沟通的现代化等。

（3）扁平组织。传统的组织结构形如金字塔，它是组织不断分层的产物。几乎所有传统企业的管理组织均呈现金字塔形状。这也是管理经典理论所一再表达的原则。然而现代信息技术从管理幅度切入，寻找到突破口，使管理法则重新发挥作用，组织层次开始随管理幅度的增大而不断减少；随着人们管理下属的能力的大幅度增长，企业组织由金字塔形向扁平形转化。

2. 建立供应链组织

企业供应链，也称企业网络，是指由同行业中具有上下游合作关系的企业组织所形成的企业群体。广义的供应链概念，则包括从供应商到制造商、零售商和顾客整个范围，集合其共同的技术和资源，链接成垂直整合的团队以发展和配销产品，完成整个从生产到消费的过程。供应链经济是20世纪80年代末才被人们使用的新概念。传统上，企业通常以规模经济和范围经济（专业化和多样化）提升竞争力，立足于企业本身，独享经济成果。供应链经济则不同，它遵循的理念是：只有当企业积极与其他企业联合，注重利用企业外部的资源，才有获取高效率，高收益的可能。理想的供应链经济效果，是建立在整体下分工的规模经济和范围经济基础上的整合。供应链经济是与信息社会相适应的一种经济。

3. 虚拟企业

虚拟企业是伴随信息网技术发展而产生的一种全新的企业经营方式，是供应链企业的一种典型组织形式，也称为业务外包和战略联盟。虚拟企业是依靠信息技术手段，将供应商、顾客甚至竞争对手等独立企业连接而成的企业供应链，目的是互享对方的技术、优势，分担成本以及市场渗透。虚拟企业有如下特点：

（1）信息网络化运作。虚拟企业通过网络可以将世界范围内的企业联结起来。

（2）优越性。参与者可以带来他的核心竞争能力，能够组成一个卓越的组织。

（3）彼此信任。这种合作关系需要更多的信任，密切合作可以使参与者更加信赖对方。

（4）组织无边界。这种新型的公司模式重新定义了传统企业的边界。人们将难以辨别一个企业从哪里开始、在哪里结束。

（5）临时性。参与关系可因某种市场机会迅速结盟，也会因某些原因变换组织成员。

耐克公司虽然是世界最大的旅游鞋公司，但却没有自己的工厂。公司将主要的财力、物力和人力投入到产品的设计和销售上，将产品生产外包给其他企业生产。它先后与马来西亚、英国、中国台湾和中国大陆等公司进行合作，并取得了巨大成功，从1985年到1992年，利润增长了24倍。著名的戴尔计算机公司也是虚拟化运作的成功企业。

（三）企业组织再造应注意的问题

在组织再造方面，应注意处理好四种关系：

一是总公司与子公司的关系。母子公司体制是现在大量企业所采用的一种组织框架，但是母子公司体制要真正做到能有效地协调母子公司的关系，而且能够使企业真正充满活力，而又不会失控，实际上是很艰难的事，必须在产权、权力和责任等方面进行明确的界定，才能构建企业管理的最基本框架。

二是事业部制与分公司的关系。应该明确分公司不是一个独立法人，实际上只是一个比车间更具有相对独立性的非法人地位的公司，一个企业到底是实行事业部制还是母子公司制，并没有一个千篇一律的模式，完全取决于企业的生产力发展状况。

三是纵向管理与横向管理的关系。一些企业之所以出现管理混乱、遇到问题相互推诿的情况，主要是横向管理过宽、过度造成的。企业组织再造必须注意这个问题，即使需要增加横向管理，也必须注意方式的科学性和规范性。

四是处理好管理与决策的关系。这就要求建立规范的法人治理结构，不能搞一言堂。

本章小结

组织结构设计考虑的因素：工作专业化、工作部门化、命令链、控制跨度、集权与分权和正规化。

具体进行组织结构调整时，应优先考虑四个问题：业务发展、客户导向、资源利用率和管理运营效率。

组织架构的内容：单位、部门和岗位的设置。

组织结构的类型：直线制、职能制、直线—职能制、事业部制、模拟分权制和矩阵制。

组织结构与企业总体战略的关系：战略决定着组织结构、组织架构应是科学管理体系、不合理组织架构的危害。

组织机构一般包括的关系子系统：决策子系统、指挥子系统、参谋—职能子系统、执行子系统、监督子系统和反馈子系统。

战略类型的划分：维持型战略、重整型战略和调整型战略。

组织结构发展趋势：扁平化组织结构、网络化、无边界化、多元化、柔性化和虚拟化。

企业组织再造的内容：改变企业内部层级式的组织结构、建立供应链组织和虚拟企业。

企业组织再造应注意的问题：总公司与子公司的关系、事业部制与分公司的关系、纵向管理与横向管理的关系、处理好管理与决策的关系。

关键名词

组织结构　结构形式　结构战略　发展趋势

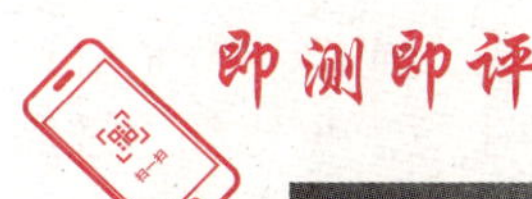

即测即评

选择题

判断题

思考题

一、简答题

1. 组织结构设计应考虑的因素是什么？
2. 在组织结构的构成上涉及的四种结构的内涵是什么？
3. 组织架构的内容是什么？
4. 组织结构有哪几种类型？
5. 组织结构与企业总体战略有何关系？
6. 完善的组织结构系统有哪几个子系统？
7. 如何划分组织结构的战略类型？

二、论述题

试述组织结构的发展趋势。

案例分析

叶成辉先生（中国地区总代理）谈 IBM 的矩阵式组织结构

IBM 是一个巨大的公司，所以很自然地要划分部门。单一地按照区域地域、业务职能、客户群落、产品或产品系列等来划分部门，在企业里是非常普遍的现象，从前的 IBM 也不例外。近七八年以来，IBM 才真正做到了矩阵组织。IBM 公司把多种划分部门的方式有机地结合起来，其组织结构形成了“活着的”立体网路——多维矩阵。IBM 既按地域分区如亚太区、中国区、华南区等，又按产品体系划分事业部如 PC、伺服器、软体等事业部；既按照银行、电信、中小企业等行业划分，也按销售、渠道、资源等不同的职能划分等。所有这些纵横交错的部门划分有机地结合成一体。

IBM 公司这种多维矩阵式组织结构带来的好处是什么呢？非常明显的一点就是，矩阵组织能够弥补对企业进行单一划分带来的不足，把各种企业划分的好处充分发挥出来。显然，如果不对企业进行地域上的细分，就无法针对各地区市场的特点把工作深入下去。而如果只进行地域上的划分，对某一种产品（如 AS/400 等）而言，就不会有一个人能够非常了解这个产品在各地表现出来的特点，因为每个地区都会只看重该地区整盘的生意。再比如，按照行业划分，就会专门有人来研究各个行业客户对 IBM 产品的需求，从而更加有效地把握住各种产品的重点市场。

“如果没有这样的矩阵结构，我们要想在某个特定市场推广产品，就会变得非常困难。”叶成辉说：“比如说在中国市场推广 AS/400 这个产品吧，由于矩阵式组织结构的存在，我们有华南、华东等各大区的队伍，有金融、电信、中小企业等行业队伍，有市场推广、技术支援等各职能部门的队伍，以及专门的 AS/400 产品的队伍，大家相互协调、配合，就很容易打开局面。”

首先，作为 AS/400 产品经理，会比较清楚该产品在当地的策略是什么。在中国，AS/

400 的客户主要在银行业、保险业，而不像美国主要是在零售业和流通业；在亚太区，AS/400 的产品还需要朝低端走，不能只走高端；中国市场上需要 AS/400 的价位、配置以及每个月需要的数量等，只有产品经理才比较清楚。从产品这条线来看，需要跟美国工厂订货，保证货源供应。从产品销售的角度看，AS/400 的产品部门需要各相关地区的职能部门协助，做好促销的活动，然后需要各大区、各行业销售力量把产品销售出去。比如，需要在媒体上做一些访问，就要当地负责媒体公关的部门协助。再如，“莲花宝箱”（为中国市场量身定制的 AS/400）除了主打银行外，还要大力推向中小企业市场，那么就需要跟中国区负责中小企业的行业总经理达成共识。当然，“莲花宝箱”往低端走，还需要分销渠道介入，这时就需要负责渠道管理的职能部门进行协调。从某种意义上讲，各方之间也互为“客户”关系，我方会创造更好的条件让各区、各行业更努力推广 AS/400。任何事情都有它的“两面性”。矩阵组织在增强企业产品或专案推广能力、市场渗透能力的同时，也存在固有的弊端。显然，在矩阵组织当中，每个人都有不止一个老板，上上下下需要更多的沟通协调，所以，IBM 的经理开会的时间、沟通的时间，肯定比许多小企业要长，也可能使得决策的过程放慢。其实，这也不成问题，因为大多数情况下还是好的，IBM 的经理们都知道一个好的决定应该是怎样的。另外，每一位员工都由不同的老板来评估他的业绩，不再是哪一个人说了算，评估的结果也会更加全面，每个人都会更加用心去做工作，而不是花心思去讨好老板。同时运用不同的标准划分企业部门，就会形成矩阵式组织。显然在这样的组织结构内部，考核员工业绩的办法也无法简单。在特定客户看来，IBM 公司只有“唯一客户出口”，所有种类的产品都是一个销售员销售的；产品部门、行业部门花大气力进行产品、客户推广，但是，对于每一笔交易而言，往往又是由其所在区域的 IBM 员工最后完成；等等。问题是最后的业绩怎么计算？产品部门算多少贡献，区域、行业部门又分别算多少呢？叶成辉说：“其实，IBM 经过多年的探索，早已经解决这个问题了。现在，我们有三层销售——产品、行业和区域，同时，我们也采取三层评估，比如说经过各方共同努力，华南区卖给某银行 10 套 AS/400，那么这个销售额给华南区、AS/400 产品部门以及金融行业部门都记上一笔。当然，无论从哪一个层面来看，其总和都是一致的。比如从大中华区周伟焜的立场来看，下面各分区业绩的总和，大中华区全部行业销售总额，或者大中华区全部产品（服务）销售总额，三个数位是一样的，都可以说明他的业绩。”

在外界看来，IBM 这架巨大的战车是稳步前进的，变化非常缓慢。叶成辉认为，这其实是一种误解。对于基层的员工，对于比较高层的经理，这两头的变化相对比较小，也比较稳定。比如说一名普通员工进入 IBM，做 AS/400 的销售，差不多四五年时间都不会变化，然后，可能有机会升任一线经理。再比如亚太区的总经理，也可能好多年不变，因为熟悉这么大区域的业务，建立起很好的客户关系，也不太容易。所以，外界就觉得 IBM 变动缓慢。但是，在 IBM 矩阵内部的变化还是很快的。中间层的经理人员差不多一两年就要变化工作，或者变化老板、变化下属，这样就促使整个组织不断地创新，不断地向前发展。叶成辉说，IBM 的每一位员工都会有这样的幸运。矩阵组织结构是有机的，既能够保证稳定的发展，又能保证组织内部的变化和创新。所以，IBM 公司常常流传着一句话：换了谁也无所谓。

案例分析题：

1. IBM 是如何构建矩阵式组织结构的？
2. IBM 的矩阵式组织结构有何优越性？

第十四章

Chapter 14

企业危机应对战略

教学目标

（1）了解企业危机如何分类。

（2）了解企业危机产生的原因。

（3）明确企业危机管理的基本原则。

（4）掌握危机管理的特性表现在哪几个方面。

（5）掌握做好企业危机的预防工作。

（6）能够进行特别危机处理。

开篇案例

Sony 应对全球金融危机的举措

北京时间 2008 年 12 月 9 日据国外媒体报道，全球第二大消费电子产品制造商索尼宣布：由于全球经济衰退对公司利润造成影响，公司将裁员 8000 人，并减少对消费电子产品制造业务的投资。

索尼在发表声明中称此次裁员将在电子产品部门展开，裁员人数占该部门员工总数的 5%。索尼称：削减投资和裁员主要是受全球经济形势突然变坏的影响。该公司将在明年 1 月宣布这些举措将为公司业绩产生什么样的推动作用。

尽管索尼此次宣布将裁员 8000 人，但部分市场分析师仍对索尼此次裁员人数是否足够表达了自己的疑虑。总部位于伦敦的大和证券投资公司（Daiwa SB Investments Ltd.）基金经理 Katsuhiko Mori 表示："8000 人的裁员规模看似很多，但对索尼而言这一裁员人数还不够充分，索尼当前并没有能够为公司带来稳定利润的核心业务。在裁员之后，我们想知道的是下一个推动索尼业绩增长的业务将是什么？”

索尼在今年10月曾表示该公司需要通过关闭一些工厂、削减资本支出和裁员来稳定公司业绩。索尼在周二称，公司将推迟扩大斯洛伐克液晶电视机制造厂产能的计划，削减半导体业务的开支，并关闭公司大约10%的制造厂。索尼表示通过限制投资和削减或退出非营利性业务，公司每年将节约超过1000亿日元，约合10.8亿美元的资金。索尼股票周二在东京证券交易所报收于1896日元，较上一交易日上涨了3.9%。

以下为索尼集团关于8000人裁员计划的说明全文：

索尼集团宣布关于提升电子业务盈利能力和运营效率的措施。日本东京——索尼公司将采取一系列措施强化企业架构，在集团范围内提升盈利的举措。这些举措是为应对全球经济环境的突然变化。在索尼经受经济环境急剧下滑影响最重的电子业务中，索尼已经采取了一些短期措施，包括调整生产、降低库存水平、削减营运花费。此外，索尼将调整产品价格以减轻日元升值的影响，取消或推迟部分投资计划，减少或撤出非营利性业务。索尼将重新规划国内和海外的生产工厂、员工重新安置，并且实施裁员。通过这些措施索尼力求建立一个有能力在截至2010年3月31日的财年，即2009财年内削减超过1000亿日元成本的企业架构。即将在电子业务中实施措施细节如下：

第一，重新评估投资计划。索尼已经仔细评估过在企业中期战略中公布的契合公司成长战略，以专注于核心业务为目的的投资计划，并将适当地减少或推迟该投资计划。特别是在半导体业务中索尼原计划是增加用于移动电话上的CMOS影像传感器的生产。现在准备通过将其中部分预期增长的生产量外包给第三方，以降低本财年的投资费用。此外，随着电视市场需求的迅速下滑，索尼决定将推迟近期考虑的在斯洛伐克Nitra工厂的投资扩产计划，这是索尼为欧洲市场组装液晶电视的工厂。按照前述计划，索尼计划到2010年3月31日止将电子业务的投资比中期计划中降低约30%。

第二，重新规划生产工厂。到本财年结束时索尼将在两家海外工厂实施停产措施，包括在法国的Dax技术中心，该设施是生产磁带和其他记录媒体的。通过继续推进包括生产运营合理化的措施，将生产转移和集中到低成本地区，并利用OEM和ODM合作伙伴，索尼计划到2010年3月31日将所有工厂的数量从现在的57家降低10%。

第三，员工重新安置和裁员通过重新规划生产工厂，评估开发和设计组织架构，整合销售和行政职能。索尼将实施全公司，包括总部的合理化措施。索尼将通过包括工作重新分配和向员工介绍外部岗位等项目，优化和重新安置员工队伍。作为上述措施的结果，到2010年3月31日索尼计划将全球电子业务员工数量从2008年9月30日的基础上裁减8000人。同时索尼还将减少季节性和临时性雇员的数量。除实施上述措施外，索尼还将继续采取必要的措施以保障短期和长期盈利以及实现公司发展。索尼将在2009年1月发布的本财年即2008财年第三季度财报中明示这些措施所带来的预期影响，包括实施这些措施所需的预期花费。

本章知识结构图

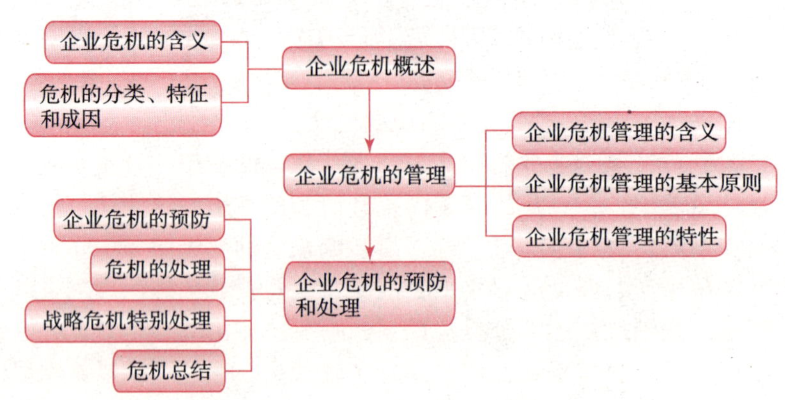

第一节　企业危机概述

一、企业危机的含义

企业危机应对战略是企业为应对各种危机情境所进行的规划决策、动态调整、化解处理等活动过程，其目的在于消除或降低危机所带来的威胁和损失。

企业危机是在企业经营过程中，由于宏观大环境的突然变化，如国家政策的调整、领导决策的失误，以及企业未能按照规范进行生产运营，引发的一系列危害企业的行为，从而导致企业危机。

根据美国《企业危机管理》一书的作者菲克普曾对《财富》杂志排名前500强的大企业董事长和CEO所作的专项调查表明，80%的被调查者认为，现代企业面对危机，就如同人们必然面对死亡一样，已成为不可避免的事情。其中有14%的人承认，曾经受到过严重危机的挑战。

普林斯顿大学的诺曼·R·奥古斯丁教授认为，每一次危机本身既包含导致失败的根源，也孕育着成功的种子。发现、培育，以便收获这个潜在的成功机会，是企业危机管理的精髓。而习惯于错误地估计形势，并使事态进一步恶化，则是不良的企业危机管理的典型。简而言之，如果处理得当，危机完全可以演变为“契机”。

没有人喜欢危机，但危机无处不在。企业如人，在成长过程中难免遇到各种风浪、起伏与挫折，在各种各样内外因素的交错之下，危机的种子就此萌芽生长。在同样的危机面前，有的企业可以镇定自若，在最短时间内平复危机；而有的企业却应对无措，损失惨重。毫无疑问，对待危机事件的心态、应对的策略、处理危机事件的能力，决定了企业遭遇危机事件之后的结果。

中国的市场经济发展三十多年，无数的企业家凭着自己的才能，创造了一家又一家业绩惊人的企业。尽管在创业及发展过程中，这些企业都曾遭遇过各种政策、法规、市场准入、竞争对手打压的障碍，也曾陷入资金、技术、人才匮乏的困境，但他们从未退缩过，而是凭着自己的智慧，以见招拆招的方式，让自己的企业掠过惊涛骇浪、跨越万水千山，成功抵达辉煌的行业彼岸。与其他国家的企业家相比，中国企业家从来不缺乏发展企业的勇气、智慧与能力。

但是，随着外部环境的复杂化、市场监管的规范化、消费者对产品的要求越来越苛刻，各种各样的危机事件也随之而来，如消费者投诉、媒体负面报道、产品质量问题被曝光等。许多习惯了成功的中国企业家，并不习惯面对危机。许多企业在危机来临面前，要么惊慌失措应对失当、要么沉默躲避忍受指责。而危机犹如星火，错误的应对方式往往如火上添油，只会使其迅速燎原，最终一发不可收拾。中国企业家并不缺少发展企业的智慧，缺乏的是相应的危机意识以及危机管理能力。

如何读懂中国各种市场规则、民众的消费心理与深刻把握中国媒体舆论的传播特性，以及在危机发生后如何运用“中国式的智慧”去处理危机，是决定危机处理成功与否的关键。本章所要探讨阐述的是企业在警惕防范危机发生的基础上，如何为品牌构筑一道危机防范的天盾，在危机来临之前进行有效的防范，在危机发生之后能够迅速处理危机，将负面效果降到最低。眼界决定高度，一个企业的危机公关意识有多强，企业的抗风险能力就有多强；一个企业对危机的预防与处理的效率如何，就决定了此企业能在波浪汹涌的竞争中行多远。

二、危机的分类、特征和成因

（一）企业危机的分类

企业的危机大体可以分为以下几种：经营危机、制度危机、管理危机、安全危机和竞争危机。

1. 经营危机

对企业来讲，经营是企业内向性活动与外向性活动的统一，以营利为目的，以智力、经验、财产手段进行的行为。企业经营环境包括两个层次：微观经济环境和宏观经济环境。微观经济环境包括产品定价、产品收益、生产成本、企业雇员等因素。这些微观因素影响着单个企业在市场上的经营活动。宏观环境不仅包括社会条件、社会总供求矛盾运动，还包括政府宏观财政、货币、产业、区域政策的制定和实施。同时，国内国际政治、经济结构和体制、法律、文化因素也是宏观环境的重要构成部分。在现代社会，政治、经济、文化、社会环境都在急剧变化，企业经营时刻面临着危机。企业经营必须适应微观环境与宏观环境的双重变化，才能在激烈的市场竞争中化解危机，立于不败之地。

2. 制度危机

企业制度是指企业的产权构成、组织方式和管理方式的体系和组合方式，是企业文化的主要内容之一。企业制度是实现企业目标的有力措施和手段。合理的企业制度能够保证企业正常运转，协调管理层和员工之间以及本企业与其他企业之间的关系，调动各方的积极性和创造性，从而实现企业目标。相反，如果企业制度不合理，将会妨碍企业的正常运转，削弱企业的市场竞争能力，导致企业经营失败。目前，传统企业制度面临着越来越多的挑战，企业危机加深。主要危机表现如下：

（1）传统企业制度的产权结构和治理结构难以适应知识经济时代的需求。

（2）社会分工更加细化，经济体系各部门、产业之间的联系更为紧密，交易行为的外部化更加明显，使传统的企业成本——收益关系遇到了挑战。成本与收益关系的严重不对称和分裂使结构相对稳定、统一、制度化的企业制度不能完全适应这一变化的需求。

（3）要素流动加快，资源配置的有效时间缩短，资本集聚、流动、转移更加频繁，传统的企业制度已不能适应这一变化的需求。一些柔性企业组织、虚拟企业、利益联盟、灵巧企业组织形式的出现不可避免地给传统的制度化企业组织带来了挑战。

（4）知识的资本化、资本来源与所属的多元化使企业活动跨越国家、民族界限，进一步全球化、国际化。很多企业行为的法律管辖和规范不再属于一国主权范围内的事，这也给企业制度带来了新的挑战。

（5）资本权益在空间、时间上进一步分离，企业内部交易费用上升。委托代理问题突出，代理成本有上涨之势。传统的企业制度已经很难解决代理成本上升的问题，因此，必须进行企业制度创新。

3. 管理危机

现代经济中的企业管理活动，不再是单纯的微观企业行为，还涉及社会伦理道德以及生态环境保护问题。在人道主义、民本主义、自由主义思潮日益盛行的社会经济体系中，企业管理面临着前所未有的压力与危机。

（1）企业管理的“伦理危机”。企业伦理准则是指企业经济活动过程中，应遵循的伦理标准、社会正义和行为规范的总和，包括公平与效率、社会期望、平等竞争、广告、公共关系、社会责任、消费者主权、企业行为方式等多方面价值规范。

（2）企业管理的绿色环境危机。人类面临的生态危机，包括人口危机、资源危机、环境危机、资金技术危机。企业管理者必须面对这些危机所带来的挑战，如人口压力增大、资源不足、环境受到破坏、资金不足、技术落后、物资短缺。生态危机越严重，企业管理危机越大。

4. 安全危机

企业安全主要涉及企业生产安全，经营安全、技术安全、资金安全、市场安全等多个方面。

（1）企业市场安全危机。所谓市场安全，是指企业能够在市场进行有效的经营活动，企业所需的要素和信息能便利地从市场获得，企业的产品和服务能方便地在市场上售出，能够获得丰富的市场利润。

（2）企业技术安全危机，主要表现在以下三个方面：第一，技术市场垄断引起的技术转让困难，使企业不能获得先进的技术，限制了其在市场上竞争能力的发挥。第二，企业用于技术开发的费用，相对于企业的长远发展而言，始终处于短缺不足地位，使企业面临技术“稀缺”难题，限制了企业的发展。第三，技术资源储备不足与技术装备率不高是制约企业发展的又一技术安全隐患。

（3）企业面对金融危机的压力。金融已经成为现代经济运行的核心，银行利率、股市、债券市场、外汇市场等金融活动的波动都会对企业经济活动产生影响，威胁企业安全运行。

5. 竞争危机

竞争危机主要表现在知识技术的竞争、人才的竞争、信息占用与处理能力的竞争、企业预测与决策能力的竞争和应付危机能力的竞争。

（二）企业危机的特征

（1）突发性。危机往往都是不期而至，令人措手不及的，危机到来的时候一般是在企业毫无准备的情况下瞬间发生，给企业带来混乱和惊恐。

（2）破坏性。危机发作后可能会带来比较严重的物质损失和负面影响，有些危机用毁于一旦来形容一点也不为过。

（3）不确定性。事件爆发前的征兆一般不是很明显。

（三）危机产生的原因

1. 流浪倾向

记得一位管理大师有个形象的比喻：没有战略的企业就像流浪汉一样无家可归。国内不少企业就有这种“流浪倾向”。他们缺乏企业战略，经营企业喜欢“脚踏溜冰鞋”，溜到哪儿算哪儿。许多企业经营者，因为烦冗的事务性工作而成为“大忙人”，以至于无暇顾及企业任务、方向及战略。管理大师彼德·德鲁克认为，使企业遭受挫折的最主要原因，恐怕就是人们很少充分地思考企业的任务是什么。试想一下，一家没有方向意识和连贯一致经营战略的公司，在激烈竞争的市场中，将会是什么结局。当一家企业像流浪汉一样，不知道应往哪里走时，其命运是极其危险的，因为它通常会走到不想去的地方。随着国有经济战略性重组的逐步推进，产业结构的调整和优化力度不断加大，以及市场结构的细分化、多样化，企业面临前所未有的“战略危机”。市场竞争的优胜劣汰，企业广泛的并购重组，使得企业的经营范围、组织规模、产品结构、市场范围等不可避免地发生重大改变。同时，由于跨国公司咄咄逼人，国内企业的竞争压力大大增加，因此，企业必须不失时机地重新制定企业战略，才能成功应对市场竞争。

2. 东施效颦

有些企业虽然也考虑制定战略，但其战略不是建立在对企业外部机会、威胁和内部优势、弱点的全面、科学分析与论证基础之上，而是喜欢走“东施效颦”的捷径。看到别的行业、别的企业的战略获得成功，便盲目跟风。尤其是在企业进入新产业的问题上，缺乏独立判断，热衷于“跟紧大势，人云亦云”，致使许多同行业内企业的发展战略高度雷同。例如，近年来我国许多家电企业不顾自身的资源状况，在战略上猛刮“高科技”之风，似乎企业只要与“高科技”沾边，就无往而不利。殊不知，高科技同时也蕴含着高风险，高科技企业在具备一般企业应有的资源之外，必须具有很强的抗风险能力，方能在市场上立足。这一问题不仅表现为仿效别的企业经营战略，而且还表现为仿效自己企业过去的经营战略。当环境的竞争要求企业战略发生变化时，企业却往往不能做到这一点。正如一个经典的军事案例所言：拿破仑之所以胜利，是因为它的敌人仍采用适用于以往战争的战略、战术和组织形式，而当他败于俄国人及西班牙人时，又是因为他对敌人采用了“以往行之有效”的战略，而敌人则以新的思维建立了不是适用于过去而是适用于未来的战略。企业如果固守过去曾行之有效的战略，必将败于竞争对手。这已为近年来一些企业的经营实践所验证。

3. 航母情结

国内企业有一种倾向，即认为企业越大越好，所跨行业、地区越多越好。近几年企业界有句流行语，就是“把小舢板焊接成航空母舰”。当你询问企业经营者，他的企业战略目标是什么时，得到的回答多半是“做大”。许多“小舢板”因外力作用而被焊接成了“航空母舰”，但由于缺乏协调，难以形成“有机体”和核心竞争能力，因而在市场的汪洋大海中，很难真正发挥航空母舰的作用。企业规模只有与企业所拥有的资源及运用资源的能力相适应，才能发挥规模效应。近些年，由于我们能够看到的或比较熟悉的往往都是一些大的跨国公司，因而给我们一种错觉，以为国外的公司都是跨行业的跨国公司。其实美国企业中的绝大多数都是专业化的中小企业。美国在世界500强，固然占有相当多的席位（如1998年就有185家），但美国还有2000多万家中小企业。因此，就企业战略而言，重要的不是“贪大”，而是“图强”。

4. 旧瓶装新酒

组织结构与经营战略具有统一性，有什么样的战略，就需要什么样的组织结构与其相适应。这是因为企业的组织结构不仅在很大程度上决定了目标和政策是如何确立的，而且还决定了企业的资源配置，这些都涉及企业的战略问题。企业经营者往往忽视对新的企业组织结构的制定，相当多的企业试图以旧的组织结构实施新的战略。不少企业的组织规模、经营领域、产品种类、市场范围等，随着新战略的实施已发生重大改变，而企业的组织结构却变化缓慢甚至一成不变。这种“旧瓶装新酒”的做法，往往致使企业的现行结构变得无效率，典型的症状包括：过多的管理层次，过多的人参加过多的会议，过多的精力被用于解决部门间的冲突，个人直接控制范围过于宽泛等。国内前些年“井喷式”发展的企业，后来之所以“雪崩式”倒下，除了外部环境的急剧变化等不利因素之外，在战略实施中组织结构调整的严重滞后及现行组织结构本身的缺陷显然难辞其咎。

5. 赶鸭子上架

战略实施与人才匮乏的矛盾是普遍存在的，但企业往往要在战略具体实施时，才会更加真切地意识到对实施新战略所需要的人才和技能的估计是如此不足。有些企业简单地认为只要有足够的资金，企业便“无所不能”，企业扩张就可“心想事成”。尤其是在经过一段高速成长期，企业完成了最初的资金积累，准备进行“二次创业”，实施跨行业经营战略之时，由于目标的“远大”、战略的“宏伟”，企业一时难以网罗足够的人才，于是便出现近年来企业普遍存在的现象——“赶鸭子上架”，即将管理能力、技术水平欠缺的人员，推上实施新战略的重要岗位。不仅经营管理者如此，技术研究、产品开发、市场营销、财务管理、信息管理等重要部门的业务人员，往往也是“赶鸭子上架”。企业在实施新战略时必须清醒地认识到，有了正确的经营思路，还要具有相应能力的管理者及员工，才能实现公司的战略意图，否则在执行过程中会偏离方向，不仅无法实现战略目标，反而很可能会给企业造成重大损失。

6. 见异思迁

短期利益与长期利益的矛盾有这样一种现象，经营者在制定战略时思想坚定而专注，但没过多久他们就“见异思迁”了。企业往往经不住市场上不断涌现的“利润增长点”的诱惑，热衷于“哪里热闹哪里赶”，不能一如既往地执行既定的战略。原先的战略被抛至脑后，企业被短期利益所左右，企业经营变成“游击战”，“打一枪换个地方”，结果在“运动中消灭了自己”。随着企业内外环境的变化，企业战略固然需要调整和发展，但这并不等于可以“踢开战略闹革命”。企业战略一旦付诸实施，就必须立足长远，必须专注于焦点，把资源集中在既定的战略上，培养核心竞争力，开发核心产品，只有这样企业才能获得长期利益，真正做大、做强。

7. 亡羊补牢

如果评价时机不当，不管在制定企业战略时考虑得多么全面、周详，由于市场环境瞬息万变，总会感到“变化大于计划”。因此适时地、客观地、高效地对正在实施的战略进行评价，并据此采取相应行动，无疑是保证企业实现既定目标的必要条件。但不少企业习惯于到年末，甚至是只有到发生重大问题时，才考虑进行战略评价。近几年，国内企业比较流行在经营出现严重挫折以后，才回过头来审视企业战略，总结出“几大反思”、“几大忏悔”等。其实，企业战略出现危机并非是一朝一夕的事，往往都有一段“潜伏期”。在早期阶段，企业经营者也大都有所察觉，但由于尚未出现严重偏差，不易引起经营者的重视。由于未能及时进行战略评价、找出问题所在并采取相应的纠正措施，当企业外部或内部出现某种“诱因”时，战略危机爆发就在所难免了。例如，当年的“三株口服液”仅仅因为与消费者的一桩官司就使企业发展出现重大挫折。战略评价何时进行才合适？实际上，战略评价活动应当持续地进行，而不只是在特定时期的期末或在发生了问题时才进行。

8. 只见树木不见森林

评价指标片面，导致企业在进行战略评价时，一方面容易片面强调短期的财务指标，如投资收益率、股本收益率、销售增长率、市场份额等。这些指标固然重要，但由于绝大多数财务指标都是为年度目标而不是为长期目标制定的，而有些战略需要经过几年甚至更长时间才能实施完毕，其结果方能显现。因此，这种做法有时不仅难以对战略作出公正、客观、准确的评价，反而在客观上弱化了战略目标，并极易对企业的战略实施产生误导。企业为了追求这些财务指标，将战略目标搁置一边，而采取种种与战略不一致甚至背道而驰的短期行为实不可取，我国证券市场上少数公司，短期内表现“绩优”，但好景不长，没过几年就出现巨额亏损，很能说明这一问题。

另一方面，企业在进行战略评价时，容易忽视质量指标。很多质量指标会因使用的会计方法不同而得出不同的结果，因此，质量指标的选择在战略评价中就显得非常重要。如缺勤率、调动率、生产质量、生产效率、员工满意度等都是影响绩效的重要因素。《财富》杂志每年对25个产业的企业进行评价，采用关键的八项评价指标包括：管理质量，创新性，产品或服务质量，长期投资价值，财务状况，对社区和环境义务的履行，吸引、培养和保留人才的能力，对公司资产的使用。可见，企业在确定战略评价指标时，不仅要“长短结合”，决心与耐心相得益彰，而且要“软硬兼施”，数量与质量相互统一，真正做到“既见树木又见森林”。

9. 远离数字化——评价手段落后

多数企业的战略评价，或者是“集中式的专家研讨”，或者是“零散的内部报告”，评价活动多是“静态”的，即并没将评价活动作为一个动态过程来管理，而是评价报告完成就意味着评价活动的结束。企业尚未形成相对稳定的评价机制和“动态”的评价体系，远离数字化的、落后的评价手段在企业中还普遍存在。

第二节　企业危机的管理

一、企业危机管理的含义

对一个企业而言，可以称之为企业危机的事项，是指当企业面临与社会大众或顾客有密切关系且后果严重的重大事故。

危机管理是指企业组织或个人通过危机监测、危机预警、危机决策和危机处理，达到避免、减少危机产生的危害，甚至将危机转化为机会的管理活动。

危机管理主要包括以下几个方面：

（1）危机管理者在决策和具体的生产经营活动的管理上，对危机防患于未然，即使危机发生也能将其影响最小化。

（2）危机管理者未雨绸缪，在危机发生之前就作出响应和恢复计划，对员工进行危机处理培训，并做好组织准备，以应对未来可能出现的危机。

（3）当危机威胁紧逼，冲击在即时，危机管理者需要洞察秋毫，解决危机于尚未发生之时。

（4）在危机情境出现时，危机管理者要及时出击，在尽可能短的时限内遏制和化解危机，减少危机带来的损失和负面影响。

（5）在危机过后，管理者需要对过去的决策和管理实践进行全面反思，这意味着此时运用的资源、人力和管理方法会与危机初期和中期有所不同。

危机管理的本质是危机管理需要一个既使用权威又使用民主的决策程序，在此环境中激发出一个富有弹性但又极具力度的决定。在危机发生时，能否临危不乱，保持冷静的头脑，是衡量企业领导人素质的一条重要标准。企业领导人对危机发生后的良好处理是对其下属工作的最好担保，而这种执行源自平时的准备。

危机管理的关键是捕捉先机，在危机危害组织前对其进行控制。制订危机处理计划有助于组织的生存和发展。

二、企业危机管理的基本原则

1. 制度化原则

危机发生的具体时间、实际规模、具体态势和影响深度，都是难以完全预测的。这种突发事件往往在很短时间内对企业或品牌产生恶劣影响。因此，企业内部应该有制度化、系统化的有关危机管理和灾难恢复方面的业务流程和组织机构。这些流程在业务正常时不起作用，但在危机发生时会及时启动并有效运转，对危机的处理发挥重要作用。国际上一些大公司在危机发生时往往能够应付自如，其关键之一是制度化的危机处理机制，从而在发生危机时可以快速启动相应机制，全面而井然有序地开展工作。因此，企业应建立成文的危机管理制度、有效地组织管理机制和建立成熟的危机管理培训制度，逐步提高危机管理的快速反应能力。

2. 诚信形象原则

企业的诚信形象，是企业的生命线。危机的发生必然会给企业诚信形象带来损失，甚至危及企业的生存，矫正形象、塑造形象是企业危机管理的基本思路。在危机管理的全过程中，企业要努力减少对企业诚信形象带来的损失，争取公众的谅解和信任。只要顾客或社会公众是由于使用了本企业的产品而受到伤害，企业就应该在第一时间向社会公众公开道歉以示诚意，并且给受害者相应的物质补偿。对于那些确实存在问题的产品应该不惜代价迅速收回，立即改进企业的产品或服务，以尽力消除不良影响，赢得消费者的信任和支持，维护企业的诚信与形象。“泰诺”中毒事件的处理维护了约翰逊公司的信誉，赢得了舆论和公众的一致赞扬，为今后重新占领市场创造了极为有利的条件。相反，老字号南京冠生园原本也是一个有竞争力的企业。2001 年 9 月，中央电视台对其月饼陈馅的曝光，使南京冠生园遭到灭顶之灾，连带全国的月饼销量下降超过六成。企业的形象危机甚至造成“三株”、“秦池”等知名品牌的销声匿迹。

3. 信息应用原则

随着信息技术日益广泛地被应用于政府和企业管理，良好的管理信息系统对企业危机管理的作用也日益明显。在信息社会中，企业只有持续获得准确、及时、新鲜的信息资料，才能保证自己的生存和发展。预防危机必须建立高度灵敏、准确的信息监测系统，随时搜集各方面的信息，及时加以分析和处理，从而把隐患消灭在萌芽状态。在危机处理时，信息系统有助于有效诊断危机原因、及时汇总和传达相关信息，并有助于企业各部门统一口径，协调作业，及时采取补救的措施。例如，在 2003 年 8 月的“进口假红牛”危机中，红牛维他命饮料公司及时查找信息来源，弄清事情真相。红牛公司立即同国内刊登该新闻的一些主要网站取得联系，向其说明事情真相，同时通知全国 30 多个分公司和办事处，要求它们向当地的经销商逐一说明事情真相，并坚定经销商对红牛的信心和信任。及时、准确的信息应用使“假红牛”的负面影响控制在一定范围之内，把危机对于品牌和公司的危害降低到了最低限度。

4. 预防原则

防患于未然永远是危机管理最基本和最重要的要求，危机管理的重点应放在危机发生前的预防，预防与控制是成本最低、最简便的方法。为此，建立一套规范、全面的危机管理预警系统是必要的。危机的发生具有多种前兆，几乎所有的危机都是可以通过预防来化解的。危机的前兆主要表现在产品、服务等存在缺陷，企业高层管理人员大量流失，企业负债过高，长期依赖银行贷款，企业销售额连续下降和企业连续多年亏损等。因此，企业要从危机征兆中透视企业存在的危机，企业越早认识到存在的威胁，就越能早采取适当的行动，控制住危机的发展。1985 年，海尔集团总裁张瑞敏当着全体员工的面，将 76 台带有轻微质量问题的电冰箱当众砸毁，力求消除质量危机的隐患，创造出了“永远战战兢兢，永远如履薄冰”的独具特色的海尔生存理念，给人一种强烈的忧患意识和危机意识，从而成为海尔集团打开成功之门的钥匙。

5. 企业领导重视和参与原则

企业高层的直接参与和领导是有效解决危机的重要措施。危机处理工作对内涉及从后勤、生产、营销到财务、法律、人事等各个部门，对外不仅需要与政府、媒体打交道，还要与消费者、客户、供应商、渠道商、股东、债权银行、工会等进行沟通。如果没有企业高层领导的统一指挥协调，很难想象这么多部门能做到口径一致、步调一致、协作支持并快速行动。由于中国企业更多趋向于人治，企业高层的不重视往往直接导致整个企业对危机麻木不仁、反应迟缓。因此，企业应组建企业危机管理领导小组，担任危机领导小组组长的一般应该是企业一把手，或者是具备足够决策权的高层领导。在“非典”危机中，我国最高领导人的高度重视和参与，对克服“非典”起到了重要的作用。

6. 快速反应原则

危机的解决，速度是关键。当危机降临时，当事人应当冷静下来，采取有效的措施，隔离危机，要在第一时间查出原因，找准危机的根源，以便迅速、快捷地消除公众的疑虑。同时，企业必须以最快的速度启动危机应变计划并立刻制定相应的对策。如果是内因就要下狠心处置相关的责任人，给受害者一个合理的交代；如果是外因要及时调整企业战略目标，重新考虑企业发展方向；在危机发生后要时刻同新闻媒体保持密切的联系，借助公证、权威性的机构来帮助解决危机，承担起给予公众精神和物质的补偿责任，做好恢复企业的事后管理，从而迅速有效地解决企业危机。例如，在2003年的“进口假红牛”危机中，红牛公司临阵不慌，出手“快、准、狠”，将危机的负面影响减少到最小，从容地应对了这场关系品牌和产品的信任危机，体现出红牛危机管理的水平。

7. 创新性原则

知识经济时代，创新已成为企业发展的核心因素。危机处理既要充分借鉴成功的处理经验，也要根据危机的实际情况，尤其要借助新技术、新信息和新思维，进行大胆创新。企业危机意外性、破坏性、紧迫性的特点，更需要企业采取超常规的创新手段处理危机。在遇到“非典”这种突发危机时，青岛啤酒公司通过“两个创新”牢牢地抓住了商机。一是渠道的创新。青岛啤酒公司在许多城市通过与供水系统联合，利用他们的配送网络，实现了“非接触”式的送货上门。二是销售终端的创新。青岛啤酒改变以城市的酒店为重点的销售终端，把力量集中在小区、社区和农村市场，有计划、有步骤地进一步开发家庭消费市场这个终端。

8. 沟通原则

沟通是危机管理的核心内容。与企业员工、媒体、相关企业组织、股东、消费者、产品销售商、政府部门等利益相关者的沟通是企业不可或缺的工作。沟通对危机带来的负面影响有最好的化解作用。企业必须树立强烈的沟通意识，及时将事件发生的真相、处理进展传达给公众，以正视听，杜绝谣言、流言，稳定公众情绪，争取社会舆论的支持。在中美史克PPA遭禁事件中，中美史克在事发的第二天召开中美史克全体员工大会，向员工通报了事情的来龙去脉，宣布公司不会裁员。此举赢得了员工空前一致的团结，避免了将外部危机转化为内部危机。沟通中要做到：①保证信息及时性；②保证受众的知情权；③重视受众的想法；④保持坦诚；⑤保证信源的一致性；⑥保证与媒体的有效沟通；⑦信息要言简意赅。

9. 调整战略原则

在企业发展过程中，为了适应这个瞬息万变的市场而作相应的战略管理调整是必然，但企业在进行调整的时候，必须要遵循战略调整相应的原则，只有按照相关调整原则，才能确保调整后的战略管理体系在企业发展中具有可实施性。一般企业战略调整需要遵循三大基本原则：①战略管理调整原则之动态适应；②战略管理调整原则之有效控制；③战略管理调整原则之局部调整。

对于企业管理者来说，实现企业的有效管理，推进企业健康发展，不能只为了解决现有问题进行战略调整，而忽视了战略调整将对企业正常运营的影响。一般而言，企业战略可以分为总体经营战略、业务单元战略和职能战略，所以企业在进行战略管理调整的时候，可以先从这些方面来考虑，逐一寻找影响企业运营、发展的因素进行相应的调整，这样既可以保证企业危机隐患的控制和解决，又能保证企业的正常运营和发展壮大。

三、企业危机管理的特性

1. 阶段性

企业面临的危机包含灾难、意外的发生，或是与产品有关的失败等。若没有完整的危机管理计划，一旦发生危机，将对企业造成极大伤害。许多企业危机在发生之前，几乎都有些许的征兆出现，让企业经营者有迹可循。危机的爆发一般都会呈现阶段性的发展。

2. 应对措施的全面性

危机出现与否以及出现的时机是无法完全掌控的。因此，管理阶层的应变能力与组织的平日危机处理计划与演练，可以降低危机的不确定性对企业所带来的影响，可以帮助企业内其他人员积极面对危机的出现。

3. 时间的急迫性

危机往往突然降临，决策者必须作出快速处置措施与响应，因此，在时间有限的条件下，如何获取所有相关的信息，作出正确的决策以遏止危机的扩大，是企业管理者必须注意的。1967 年阿波罗宇宙飞船失火，造成三名航天员罹难；1986 年挑战者号宇宙飞船爆炸事件等，事情发生极为迅速，美国 NASA 一时还不清楚到底出了什么错误导致意外的发生，但各大传媒以及社会大众对于这些意外事件的关注，使得 NASA 必须立即进行事件调查与对外说明。

4. 双面效果性

危机不见得必然会危害企业的生存。危机发生后，其负面影响效力大小决定了企业如何去面对危机、处理危机。危机处理不当会使企业蒙受不利影响或因而被淘汰，但如果危机处理得当将会为企业带来一个新的契机及转机，甚至能够提高企业的生产力和市场竞争力。

第三节 企业危机的预防和处理

一、企业危机的预防

危机管理的重点就在于预防危机，而不在于处理危机。出色的危机预防管理不仅能够预测可能发生的危机情境，积极采取预控措施，而且能为可能发生的危机做好准备，拟好计划，从而自如应付危机。危机的预防措施主要有以下几种。

1. 树立强烈的危机意识

危机管理的理念就是居安思危，未雨绸缪。在企业经营形势不好的时候，人们容易看到企业存在的危机，但在企业如日中天的时候，居安思危则并非易事，然而危机往往会在不经意的时候到来。所以，企业进行危机管理首先应树立一种“危机”理念，营造一个“危机”氛围，使企业经营者和所有员工面对激烈的市场竞争，充满危机感，理解企业有危机、产品有危机。用危机理念来激发员工的忧患意识和奋斗精神，不断拼搏、改革和创新，不断追求更高的目标。

2. 引入危机管理框架结构

以前，人们总是在危机发生时建立一个危机管理小组来协调和控制危机及其产生的影响，但这种小组是临时组建的，不具备行使一些特定任务所必备的各种技能，同时用来挑选小组成员也要花费很多时间。因此，我们可以尝试建立危机管理组织结构框架，它主要由三部分组成：第一部分是信息系统，第二部分是决策系统，第三部分是运作系统。信息系统主要负责对外工作，由信息整合部、信息对外交流部和咨询管理部组成。信息整合部对外派出信息侦察兵来收集信息，并对所收集的信息进行整理和评估鉴定；信息对外交流部负责应付公众、媒体、利益团体和危机之外的人；咨询管理部主要负责分析危机的影响和危机管理造成大众及相关利益集团对企业组织的看法，并提出改善的建议，把一些重要信息及时向企业高层报告。决策系统由危机管理者统帅，负责处理危机的全面工作，他必须有足够的权威进行决策，一般由首席危机管理者，如公司的经营决策层担任，也可由中级或基层管理者担任，但是这时必须由高级决策层授予其较大的权限。运作系统由部门联络部和实战部组成，其中部门联络部负责联络公司内部受危机影响的部门与不受影响的部门，是正常经营地区与受危机影响地区的联系纽带，而实战部则负责将危机管理者的策略计划翻译成实战的反应策略和计划，并通过专业知识来实施这些计划。这种危机管理框架结构，不管应付何种类型、规模与性质的危机，都清楚地限定了每一个部门的工作和目标。将组织内部的信息沟通和提供给外部团体的信息分开，减少误解和对抗，降低对企业信誉所造成的影响。

3. 建立危机预警系统

危机预警系统就是运用一定的科学技术方法和手段，对企业生产经营过程中的变数进行分析及在可能发生危机的警源上设置警情指标，及时捕捉警讯，随时对企业的运行状态进行监测，对危害自身生存、发展的问题进行事先预测和分析，以达到防止和控制危机爆发的目的。危机预警系统主要包括以下几方面内容：一是危机监测。指对可能引起危机的各种因素和危机的表象进行严密的监测，搜集有关企业危机发生的信息，及时掌握企业危机变化的第一手材料。二是危机预测和预报。指对监测得到的信息进行鉴别、分类和分析，使其更条理、更突出地反映出危机的变化，对未来可能发生的危机类型及其危害程度作出估计，并在必要时发出危机警报。危机监视与预测是相辅相成的，它们是企业进行危机预控和处理危机的基础与依据，其中最重要的是收集和整理信息，选择适宜的方法作出判断，以赢得危机处理的时间。三是危机预控。指企业应针对引发企业危机的可能性因素，采取应对措施和制订各种危机预案，以有效地避免危机的发生或尽量使危机的损失减少到最小。

4. 建立危机管理机构

这是企业危机管理有效进行的组织保证，这不仅是处理危机时必不可少的组织环节，而且在日常危机管理中也非常重要。危机发生之前，企业要做好危机发生时的准备工作，建立起危机管理机构，制定出危机处理工作程序，明确主管领导和成员职责。成立危机管理机构是发达国家的成功经验，是顺利处理危机、协调各方面关系的组织保障。危机管理机构的具体组织形式，可以是独立的专职机构，也可以是一个跨部门的管理小组，还可以在企业战略管理部门设置专职人员来代替。企业可以根据自身的规模以及可能发生的危机的性质和概率灵活决定。

5. 制订危机管理计划

企业应该根据可能发生的不同类型的危机制订一整套危机管理计划，明确怎样防止危机爆发，一旦危机爆发立即作出针对性反应等。事先拟定的危机管理计划应该囊括企业多方面的应酬预案，在计划中要重点体现危机的传播途径和解决办法。

二、危机的处理

危机预防管理只能使危机爆发次数或程度减到最低值，而无法阻止所有危机的到来，那么企业面临危机时如何应对呢？笔者以为企业可以从以下几方面人手：

（1）以最快的速度启动危机处理计划，如果初期反应滞后，将会造成危机的蔓延和扩大。

（2）引入危机管理框架结构。危机管理：顺不立，逆则起。

（3）开辟高效的信息传播渠道。

（4）选择适当的危机处理策略，如危机中止策略、危机隔离策略、危机排除策略、危机利用策略。

（5）充分发挥公证或权威性的机构对解决危机的作用。

三、战略危机特别处理

战略危机特别处理，属于例外性质的管理。当企业战略危机爆发时，应迅速成立特别危机小组，作为处理危机事件的专门机构。特别危机小组成员，由企业最高领导者、战略部经理、人事部经理、业务部经理和预警部经理组成，是企业出现战略危机时的最高处理机构。

当战略危机突来时，企业应该详细分析战略危机的病症及其机理，转变现有的战略，尽可能快地遏止和逆转企业的竞争和财务劣势。因此，管理部门必须寻找其根源。例如，销售的意外下降是由脆弱的经济导致，是由竞争战略制定的错误，是因为对一个本来可行的战略执行不得力，是运作费用很高，是因为存在重大的资源缺陷，还是因为债务过重。战略危机的应急战略有很多，依据不同的状况应有不同的战略对策，但基本的有：

（1）收缩战略。将企业的经营范围和规模大幅度缩减，尽可能保存技术实力和能力很强的工作人员；变卖资产，产生现金流。

（2）战略变动。如果衰弱的业绩是由于糟糕的战略所导致的，即企业战略危机，那么检查的任务就可以沿着下述的一些路径进行：第一，转向新的竞争途径，重新建立企业的市场位置；第二，彻底检查内部的活动、资源能力以及职能战略，以便更好地支持原来的业务战略；第三，与行业中的另一家企业合并，以新的合并企业的强势为基础，制定新的战略。

（3）提高收入。采取努力的目的在于不断提高销量，如削价、加强促销力度、扩大销售队伍、提升顾客服务水平、快速改善产品水准等。

（4）削减成本。这主要针对企业成本中有明显的肿块或者价值链有足够灵活性的企业。

削减成本是企业渡过危机的一种基本战略。

（5）联合措施。这是几种战略在比较宽的战线上采取的快速一致的行动。例如，企业聘用了新的管理者，并给予了他们以自由的决策权力，用来采取各种他们认为合适的行动，包括一些联合性的措施。

四、危机总结

危机总结是危机管理的最后一个重要环节，它对制订新一轮的危机预防措施有着重要参考价值，所以，应该对危机管理进行认真而系统的总结。

（1）调查分析。对引发危机的成因、预防和处理措施的执行情况进行系统的调查分析。

（2）评价。对危机管理工作进行全面评价，包括对预警系统的组织和工作程序、危机处理计划、危机决策等各方面的评价，要详尽地列出危机管理工作中存在的各种问题。

（3）修正。对危机涉及的各种问题综合归类，分别提出修正措施，改进企业的经营管理工作，并责成有关部门逐项落实，完善危机管理内容，并以此教育员工，警示同行。

（4）前瞻。危机并不等同于企业失败，危机之中往往孕育着转机。企业应将危机产生的沉重压力转化为强大的动力，驱使自己不断谋求技术、市场、管理和组织制度等系列的创新，最终实现企业的腾飞与发展。

本章小结

企业的危机分为以下几种：经营危机、制度危机、管理危机、安全危机和竞争危机。

企业危机的特征：突发性、破坏性和不确定性。

危机产生的原因：流浪倾向、东施效颦、航母情结、旧瓶装新酒、赶鸭子上架、见异思迁、亡羊补牢、只见树木不见森林和远离数字化。

企业危机管理基本原则：制度化原则、诚信形象原则、信息应用原则、预防原则、企业领导重视与参与原则、快速反应原则、创新性原则、沟通原则和调整战略原则。

企业危机的管理特性：阶段性、应对措施的全面性、时间的急迫性和双面效果性。

企业危机的预防：树立强烈的危机意识、引入危机管理框架结构、建立危机预警系统、建立危机管理机构、制订危机管理计划。

危机的处理：以最快的速度启动危机处理计划；引入危机管理框架结构；开辟高效的信息传播渠道；选择适当的危机处理策略；充分发挥公证或权威性的机构对解决危机的作用。

战略危机特别处理：收缩战略、战略变动、提高收入、削减成本、联合措施。

危机总结：调查分析、评价修正和前瞻。

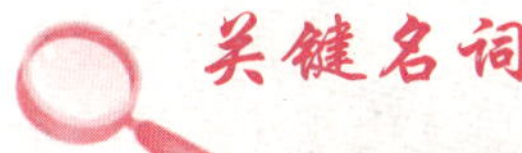

关键名词

企业危机　危机成因　危机管理　预防处理

即测即评

选择题

判断题

思考题

一、简答题

1. 企业危机如何分类?
2. 企业危机产生的原因是什么?
3. 企业危机管理涉及哪几个方面?
4. 企业危机管理的基本原则是什么?
5. 危机管理的特性表现在哪几个方面?
6. 如何进行特别危机处理?
7. 在危机总结中要做到哪几点?

二、论述题

试述如何做好企业危机的预防工作。

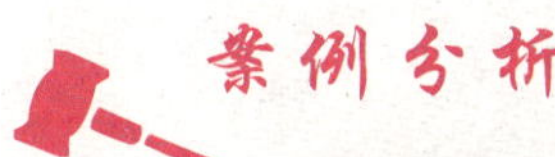

案例分析

危机下的品牌之道——看松下的品牌整合

当发生金融危机时，很多企业的现金都开始紧张，投资也开始变得谨慎，面临着生存压力，准备穿上棉袄过冬的企业在品牌战略、品牌运作上应该如何应对呢？

或许很多企业会将保持现金流、平稳谨慎地渡过危机作为自己的首选，或许有的企业恰恰想在危机中扩张自己的品牌影响力。我认为，在此情况下对于那些品牌支出相对高昂的企业来说，也许品牌的整合恰逢时机。

对于多品牌的企业而言，每个品牌的运营都需要较高的成本，尤其对于一些技术更新较快，或者产品生命周期缩短的产品而言，针对产品的品牌将持续地耗费巨大的成本，虽然多品牌有利于差异化和细分市场，还可以降低企业风险，并鼓励内部竞争。但是操作成本较高的多品牌战略不仅难以形成规模效应，也不利于应对金融危机下的恶劣环境。而如果集中资源塑造一个大品牌，高知名度、高信赖感能带动很多产品的畅销。

松下电器应对危机的品牌统一战略举措或许值得称道。松下电器产业株式会社原名Matsushita Electric Industrial Co，Ltd，其多品牌战略有其历史原因。松下电器旗下的“National”和“Panasonic”两个品牌差异化定位及区域市场覆盖的不重叠性，使品牌资源难以共享，成了供应链发挥协同效应的障碍，导致销售费用增加。

松下计划在2009年度将国内外所有品牌都统一为“Panasonic”，松下电器产业株式会社（Matsushita Electric Industrial Co，Ltd）更名为“Panasonic Corporation”。创始人松下幸之助的姓氏Matsushita正式退出历史舞台，而同时松下沿用了80多年的“National”品牌也寿终正寝。在全球海外市场中，“National”商标产品只占全部产品销售总额的9%，薄弱的“National”品牌削弱松下整体的品牌形象。松下原有的企业名称及品牌有明显的日本家族企业印象，也无益于松下的国际化进程。

松下电器现在集中资源发展强势品牌，实施品牌整合，力图实现品牌规模效应，提升海外市场的竞争力，使其未来的全球化更为深入。松下选择了既符合企业发展战略定位又有很强品牌影响力的“Panasonic”作为其全球唯一品牌，把“Panasonic ideas for life”作为全球统一的品牌概念，赋予品牌“适应数字网络社会”和“与环境共存”的新内涵。品牌整合有助于消除家族企业形象，品牌整合的过程与松下原有的企业文化一脉相承，而松下的企业文化是核心竞争力之一。

松下的品牌整合战略效果如何或许还有待检验，但仍不失为一个非常明智的应对危机之举，相信会有助于加强企业的影响力和效率，为松下的下一步战略做好充足的准备。松下的品牌整合战略相信也会为许多存在相似问题的企业提供一个不错的思路。

案例分析题：

1. 松下公司过去的品牌战略存在哪些不足？
2. 松下新的品牌战略具备哪些优势？

参考文献

［1］应可福．生产与运作管理［M］．北京：高等教育出版社，2008.
［2］明茨伯格．刘瑞红译．战略历程［M］．北京：机械工业出版社，2004.
［3］唐东方．战略规划三部曲［M］．北京：中国经济出版社，2009.
［4］吴永林．战略管理［M］．北京：经济管理出版社，2014.
［5］丁宁主．企业战略管理［M］．北京：北京大学出版社，2013.
［6］张英奎，蔡中华．人力资源管理［M］．北京：机械工业出版社，2013.
［7］崔国森．运筹学［M］．北京：中国统计出版社，1995.
［8］张国梁．企业文化［M］．北京：清华大学出版社，2010.
［9］苗莉．企业战略管理［M］．北京：清华大学出版社，2010.
［10］龚益鸣．质量管理学［M］．上海：复旦大学出版社，2004.
［11］戢守峰，李雪欣．现代物流企业经营战略［M］．北京：科学出版社，2006.
［12］王庆成．财务管理学［M］．北京：中国财政经济出版社，1998.
［13］汤姆森．战略管理［M］．北京：北京大学出版社，2000.
［14］马世华，林勇．供应链管理［M］．北京：机械工业出版社，2006.
［15］陈文汉，肖春荣．经济学基础［M］．北京：中国人民大学出版社，2012.
［16］张景智．国际营销学教程［M］．北京：对外经济贸易大学出版社，2003.
［17］施礼明，汪星明．现代生产管理［M］．北京：企业管理出版社，2007.
［18］诸鸿，陈智勇．新产品开发［M］．北京：中国人民大学出版社，2014.
［19］张德．企业文化建设［M］．北京：清华大学出版社，2003.
［20］王成荣．企业文化学教程（第二版）［M］．北京：中国人民大学出版社，2009.
［21］郑建民，丁世民．现代企业管理［M］．武汉：武汉理工大学出版社，2005.
［22］周玉泉．现代工业企业管理［M］．北京：中国轻工业出版社，2003.
［23］中国政府采购年鉴编委会．中国政府采购年鉴［M］．北京：中国财政经济出版社，2005.
［24］路铭．劳动经济学［M］．上海：复旦大学出版社，2003.
［25］朱金生．跨文化管理：碰撞中的协同［M］．广州：广东经济出版社，2001.
［26］刘霞，李建明．我国大企业管理现状与对策［M］．北京：机械工业出版社，2008.
［27］傅陪华．供应链管理［M］．杭州：浙江大学出版社．2011.
［28］陈曦译．孙子兵法［M］．北京：中华书局，2011.
［29］刘广第．质量管理学［M］．北京：清华大学出版社，1996.

［30］马林．用户完全满意［M］．北京：中国经济出版社，1998.
［31］吴金法．现代企业管理学［M］．北京：电子工业出版社，2003.
［32］孙左军．企业涉外会计［M］．大连：东北财经大学出版社，2008.
［33］财政会计司．企业会计准则讲解［M］．北京：人民出版社，2006.
［34］仕春．大学生常用法律法规汇编［M］．北京：法制出版社，2002.
［35］张晓华，王秀繁．经济学基础［M］．北京：机械工业出版社，2006.
［36］吴文辉．管理学基础［M］．北京：北京理工大学出版社 2011.
［37］吴请一．物流管理［M］．北京：中国物资出版社，2005.
［38］孙晓燕．现代零售管理［M］．北京：科学出版社，2006.
［39］迈克尔·波特，李明轩，邱如美译．国家竞争优势［M］．北京：华夏出版社，2002.